HEYNE BIOGRAPHIEN

Neville Williams

ELISABETH I. VON ENGLAND

Beherrscherin eines Weltreichs

Wilhelm Heyne Verlag
München

HEYNE BIOGRAPHIE
12/246

Aus dem Englischen
von Liselotte Mickel

Titel der Originalausgabe
ELIZABETH, QUEEN OF ENGLAND

Dieser Titel erschien bereits mit der Band Nr. 12/28

8. Auflage

1. Auflage dieser Ausgabe
Copyright © der deutschen Ausgabe 1969 by W. Kohlhammer Verlag,
Stuttgart, Berlin, Köln, Mainz
Die Originalausgabe erschien 1967
im Verlag Weidenfeld & Nicholson, London
Printed in Germany 1994
Zeittafel, Stammtafel, Bibliographie
wurden erarbeitet von Dr. Hubert Fritz
Umschlagillustration: Archiv für Kunst und Geschichte, Berlin
Umschlaggestaltung: Atelier Ingrid Schütz, München
Gesamtherstellung: Presse-Druck Augsburg

ISBN 3-453-07907-8

Inhalt

Vorwort zur deutschen Ausgabe

Vor mehr als zwanzig Jahren warnte mich einer meiner Freunde davor, ohne triftigen Grund eine Lebensbeschreibung einer Persönlichkeit in Angriff zu nehmen, die bereits in das *Dictionary of National Biography* aufgenommen wurde, da es in der englischen Geschichte zu viele andere Probleme gebe, die praktisch noch kaum erforscht seien. Warum also ausgerechnet noch eine weitere Biographie über die berühmteste aller englischen Königinnen?

Zu meiner Rechtfertigung möchte ich vorbringen, daß mich gerade dieses Thema persönlich stets außerordentlich fasziniert hat. Hinzu kommt, daß in den letzten dreißig Jahren zwar mehr Studien über die Tudor-Zeit erschienen sind als je zuvor, aber nicht eine einzige vollständige Monographie über Elisabeth selbst: Man hat nicht nur den leitenden Staatsmännern ihrer Regierung, sondern auch vielen weniger bedeutenden Zeitgenossen dicke Bände gewidmet; man hat eingehende Untersuchungen über die Politik und Verwaltung sowie die gesellschaftlichen und wirtschaftlichen Verhältnisse der Elisabethanischen Zeit angestellt; man hat zahllose Einzelfakten zusammengetragen, die unser Wissen über jene Zeit beachtlich erweitern und mehr oder weniger auch ein neues Licht auf die Königin selbst werfen – nur an eine Lebensbeschreibung Elisabeths wagte sich niemand. Es sah fast so aus, als würden wir demnächst einen *Hamlet* ohne den Prinzen haben.

Die Fortschritte in den historischen Erkenntnissen gehen zum Teil darauf zurück, daß mehr und mehr Originalquellen zugänglich gemacht worden sind, wobei es sich sowohl um amtliche Dokumente als auch um private Aufzeichnungen handelt. Das Ergebnis sind ganze Serien gedruckter Verzeichnisse, teilweise auch maschinengeschriebene Listen und kürzere Berichte mit Hinweisen auf umfangreiches, neu zu verarbeitendes Material. Ausführliche Hinweise auf die Originalquellen und eine Fülle von Einzeluntersuchungen finden sich in der englischen Ausgabe dieses Buches; in der deutschen Fassung wurde darauf verzichtet, wie auch einige für ein mit den englischen

Verhältnissen nicht so vertrautes Publikum uninteressante Textstellen weggelassen wurden, um den Leser nicht unnötig zu belasten.

Das vorliegende Werk stellt also eine Synthese dar: eine neue Würdigung Königin Elisabeths I. unter Berücksichtigung der jüngsten Forschungsergebnisse und Erkenntnisse. Dem Leser mag es überlassen bleiben zu beurteilen, inwieweit es vom traditionellen Bild Elisabeth Tudors abweicht. Es handelt sich hier – dies sei ausdrücklich betont – um eine Darstellung ihres Lebens und keine Zeitchronik oder gar eine Geschichte der Elisabethanischen Gesellschaft. Dementsprechend habe ich auf die Wiedergabe einiger historischer Ereignisse von allgemeinerer Bedeutung, die diesen Rahmen sprengen würden, sowie auf eine streng chronologische Reihenfolge verzichtet.

Es ist mir eine besondere Freude, daß durch diese Übersetzung des Kohlhammer-Verlags mein Buch nun auch meinen zahlreichen Freunden in Deutschland zugänglich wird, und ich hoffe, daß es mir noch neue dazugewinnen wird. Sie werden immer wieder auf enge Wechselbeziehungen zwischen dem England der Tudor-Zeit und dem Heiligen Römischen Reich deutscher Nation stoßen: im Bereich der Religion wie auch auf dem Gebiet des Handels, und auch die ausführlich behandelte Verlobungsgeschichte Elisabeths und Erzherzog Karls von Österreich dürfte die deutschen und österreichischen Leser besonders interessieren.

Hampstead Garden Suburb   Neville Williams
Herbst 1969

ERSTES KAPITEL

Rein englisch

Wie bei Eva fing alles mit einem Apfel an. An einem Februarmorgen des Jahres 1533 vernahmen die Höflinge, die sich in der Flüstergalerie der Politik vor Anna Boleyns Schlafzimmer in Schloß Whitehall versammelt hatten, als erste die große Neuigkeit. Als Lady Anne aus ihrem Zimmer kam, fiel ihr Blick auf einen ihrer ehemaligen Verehrer, den Dichter Wyatt; und aufgeregt rief sie ihm zu, seit drei Tagen verspüre sie einen so heftigen Appetit auf Äpfel wie nie zuvor, und der König habe zu ihr gesagt, das sei ein Zeichen dafür, daß sie ein Kind bekomme, doch sie habe ihm geantwortet, das stimme nicht. Dann brach sie in ein hysterisches Gelächter aus, machte kehrt und ließ ihre Zuhörer »verlegen und unbehaglich« zurück. Sie konnte ihren Triumph nicht länger für sich behalten, und ihre Umgebung schloß aus ihrem merkwürdigen Benehmen, daß die Geburt eines Thronerben ihr die Krone einbringen würde.

Tatsächlich lag Annas heimliche Vermählung mit König Heinrich schon einen Monat zurück. Sie war vollzogen worden, als das Kind, das sie trug, einen Monat alt war. Zu Ostern wurde die Ehe bei Hof offiziell bekanntgegeben. In der königlichen Kapelle wurde für Königin Anna gebetet, obwohl es Ende Mai wurde, bis Erzbischof Cranmer Heinrichs Ehe mit Katharina von Aragon für blutschänderisch erklärte und Anna als dessen in den Augen der Kirche und des Staates gesetzmäßige Gattin anerkannte. Schon zu Pfingsten folgte die Krönung. Die schweren Falten eines karmesinroten Brokatgewands verhüllten Annas veränderte Figur, so daß aller Augen auf ihrer Kette ruhten, deren Perlen »größer als Erbsen« waren. Nun fehlte nur noch eines, um Annas Triumph zu besiegeln; doch schon bereitete man im Palast von Greenwich alles auf die Geburt eines Prinzen vor, um dessentwillen Heinrich VIII. dem Papst die Stirn geboten hatte. Am Sonntag, dem 7. September 1533, zwischen drei und vier Uhr nachmittags, wurde Anna von einem Kind entbunden, das zur Bestürzung seiner Eltern und zur größten Verwunderung der Astrologen ein Mädchen war.

»Gott hat ihm seine Hand entzogen und ihn in seinem Trotz verhärtet, um ihn zu strafen und zugrunde zu richten«, stellte der kaiserliche Gesandte befriedigt fest. Und es war tatsächlich, als ob in der Epistel des Tages, die Heinrich bei der Messe hörte, die Worte des Apostels Paulus seiner spotteten: »Nun ist ja die Verheißung Abraham und seinem Samen zugesagt.« Eine Thronfolgerin? Eine Regentin? Das war unerhört! Und dennoch sollte dieses Kind der englischen Reformation, dieser Same von Englands Abraham, eine der bedeutendsten Herrschergestalten werden, welche die Weltgeschichte je hervorgebracht hat.

Als das Kind drei Tage alt war, wurde es vom Bischof von London, Stokesly, in der Franziskaner-Kirche zu Greenwich auf den Namen Elisabeth getauft. Der Lord-Mayor von London und die Stadtväter waren den Fluß heruntergekommen, um diesem festlichen Ereignis im königlichen Haus noch größere Würde zu verleihen. Als rangälteste Patin trug die Herzogin-Witwe von Norfolk das Kind, das mit einem Taufkleid aus Purpursamt angetan war, zunächst in einen Raum, den man vom Chor abgeteilt und in dem man ein Kohlenbecken aufgestellt hatte, damit die kleine Prinzessin nicht zu frieren brauchte, während sie für die Taufe fertiggemacht wurde. Das silberne Taufbecken stand auf einem Podest in der Mitte der Kirche unter einem mit Goldfransen eingefaßten Baldachin aus karmesinrotem Atlas. Nach vollzogener Taufe rief der Erste Wappenherold Englands: »Gott schenke in seiner unendlichen Güte der hohen und mächtigen Elisabeth, Prinzessin von England, ein glückliches und langes Leben.« Dann spendete ihr Erzbischof Cranmer, der einer der Taufpaten war, auch das Sakrament der Firmung. Trompeten schmetterten, Geschenke wurden überreicht, und ehe sich die Prozession wieder aufstellte, um in den Palast zurückzukehren, verteilte man zur Feier des Tages in der Kirche Waffeln und Konfekt. Heinrich hatte dem Gottesdienst nicht beigewohnt. Einer seiner Kritiker bemerkte anzüglich, in der Nacht sei auf den Straßen kein Feuerwerk abgebrannt worden, und die ganze Feier sei »für den Hof und die Stadt« überhaupt sehr kühl und unbehaglich verlaufen.

Elisabeth hatte ihren Namen zu Ehren ihrer Großmutter, der Gemahlin Heinrichs VII., erhalten, die als Kind Eduards IV. und Elisaqeth Woodvilles in den Purpur geboren war. In Italien nannte man sie »Ysabel«, während man in Spanien und im Reich von ihr unverblümt als von dem »Hurenkind« oder auch von dem »kleinen Bastard der Konkubine« sprach. Bald kamen Gerüchte auf, Heinrich sei gar nicht der Vater, sie sei ein untergeschobenes Kind armer Leute oder gar aus dem blutschänderischen Verkehr Anna Boleyns mit Lord Rochfort hervorgegangen. Zwei Klosterbrüder kamen ins Gefängnis, weil sie geäußert hatten, die Prinzessin sei mit heißem Wasser getauft worden, aber es sei »immer noch nicht heiß genug« gewesen. So begann Elisabeth ihren Lebenslauf unter den Verleumdungen und Anwürfen all derer, die in ihr das Symbol der Verfeindung Englands mit dem katholischen Europa und eine Gefahr für Marias Ansprüche auf den Thron sahen. Derartige Gehässigkeiten sollten ein Vierteljahrhundert lang nicht abreißen, doch hatten sie auf der anderen Seite eine um so größere Loyalität zur Folge. In späteren Jahren konnte Elisabeth feststellen, daß ihre Popularität hauptsächlich daher rührte, daß sie »rein englisch« war.

Schon ein paar Wochen nach der Taufe brachte man die Prinzessin aus der verpesteten Luft Londons in eine gesündere Gegend und richtete ihr eine eigene Hofhaltung ein. Am 10. Dezember siedelte sie unter der Obhut von Lady Bryan, die auch Maria von ihrer Geburt an betreut hatte, von Greenwich nach Hatfield über. Anfangs scheute man keine Kosten; mit der Zeit jedoch stellte ihr Haushofmeister fest, daß weit mehr Personal zum Haushalt der Prinzessin gehörte, als er angefordert hatte, da zahlreiche Bedienstete sich mehr eigene Diener hielten, als ihnen zustanden.

Im Januar erhielt Elisabeths Halbschwester Maria Befehl, sich ebenfalls nach Hatfield zu begeben. Man hatte ihr den Titel einer Prinzessin von Wales aberkannt, und nun tat ihr der Vater überdies noch die Schmach an, von ihr zu verlangen, daß sie bei ihrer kleinen Stiefschwester als Ehrendame fungierte. Maria aber, die damals schon fast achtzehn Jahre alt war, sträubte sich. Als man sie aufforderte, der kleinen Prinzessin zu huldigen, wandte sie ein, sie kenne keine Prinzessin außer sich selbst. Sie nannte Elisabeth zwar ihre »Schwester«, ebenso wie sie ihren Halbbruder, den illegitimen Herzog von Richmond, Henry Fitzroy, als ihren »Bruder« bezeichnete, aber vor Elisabeth als zukünftiger Thronerbin das Knie zu beugen, hätte Maria als eine Versündigung angesehen. So begann der kalte Krieg zwischen den beiden Schwestern, der erst mit Marias Tod enden sollte. Heinrich fuhr Maria barsch an, um sie zum Verzicht auf ihren Titel zu veranlassen, und Anna Boleyn verlangte, man solle »den verdammten Bastard ohrfeigen«. Man ging sogar so weit, ihre Juwelen zu konfiszieren. Es wäre höchst interessant, »die Ballade an die Prinzessin von Mylady Mary« zu kennen, um die der Geheimsiegelbewahrer Thomas Cromwell nur zu gut wußte, doch ist uns leider keine Zeile davon erhalten. Mit der Zeit lernte Maria jedoch, den Takt besser zu wahren. Sie schrieb an ihren Vater, Elisabeth sei ein Kind, an dem Seine Hoheit in Zukunft ohne Zweifel seine Freude haben werde.

Mit sechs Monaten stand »Ihre Gnaden beim König hoch in Gunst, wie das bei einem so hübschen Kind nicht anders zu erwarten ist«, und als Elisabeth fünfundzwanzig Monate alt war, kamen ihre Eltern überein, sie müsse »mit aller Sorgfalt der Muttermilch entwöhnt werden«. Mutter und Tochter genossen zu Beginn des turbulenten Jahres 1536 noch immer die volle Gunst des Königs. Am Sonntag, dem 9. Januar, inszenierte Heinrich zur Feier von Katharina von Aragons Tod eine Folge rauschender Feste. Es war fast wie eine Wiederholung der zwölf festlichen Tage zur Weihnachtszeit. Vom Kopf bis zum Fuß in gelbe Seide gekleidet führte er seine kleine Tochter »unter Fanfarenklängen und lautem Triumph« in die Kapelle; nach dem Essen nahm er sie wieder auf den Arm und zeigte sie den Höflingen. Aber noch bevor der Januar zu Ende ging, hatte Anna Boleyn ihr eigenes Todesurteil gefällt. Sie hatte eine Fehlgeburt, und da es ein Knabe war, sah man darin eine unverzeihliche Beleidigung der Würde der Krone. Die Hexenjagd begann auch sogleich, während Jane Seymour hinter den Kulissen schon bereitstand. Elisabeth aber geriet in Vergessenheit.

Kurz bevor Anna in den Tower gebracht wurde, sah man sie noch einmal an einem Fenster im oberen Geschoß des Palasts von Greenwich stehen. Ein protestantischer Flüchtling aus Deutschland, der die Szene vom Hof aus beobachtet hatte, erinnerte sich noch Jahre später daran, wie die unglückliche Königin mit ihrem Kind auf dem Arm sich vergeblich vor dem König zu rechtfertigen suchte. Am 20. Mai, dem Tag nach Annas Hinrichtung, heiratete Heinrich Jane Seymour, und als das Parlament im Juli zusammentrat, wurde Elisabeth genau wie zuvor Maria für illegitim erklärt, um den Weg für den erhofften männlichen Thronerben frei zu machen.

In all diesen Wechselfällen ihres jungen Lebens blieb für Elisabeth nur eines unverändert, das für sie jedoch von größter Wichtigkeit war: Sie blieb unter der Obhut von Lady Bryan, die ihr treu ergeben war. Unbeirrt sorgte sie weiter für das Kind und wandte sich an Cromwell und notfalls auch an den König selbst, damit alles seine Ordnung hatte. Sie hatte keinen leichten Stand, denn sie war eine Kusine Anna Boleyns, und ihr zweiter Mann war vor kurzem gestorben. Die größten Schwierigkeiten ergaben sich jedoch aus der veränderten Stellung ihres Schützlings: Man hatte Lady Bryan zwar kundgetan, daß Elisabeth nicht mehr Prinzessin von Wales sei, aber welchen Rang sie nun hatte, wußte sie »nur vom Hörensagen«. Und dann war da noch Sir John Shelton, der aufgeblasene Haushofmeister, der sie herumkommandierte und alles über ihren Kopf hinweg zu leiten suchte, obwohl sie nie etwas Schriftliches gesehen hatte, das ihn dazu ermächtigt hätte. »Master Shelton«, beklagte sie sich bei Thomas Cromwell, »will, daß Lady Elisabeth täglich an der offiziellen Tafel zu Mittag und zu Abend ißt. Ach, Mylord, das ist nicht das Richtige für ein Kind ihres Alters! Ich versichere Ihnen, Mylord, wenn das nicht geändert wird, kann ich mich nicht für ihre Gesundheit verbürgen. Denn an der Tafel hat sie Fleisch, Obst und Wein ständig vor Augen, und es ist sehr schwer für mich, Ihrer Gnaden diese Dinge abzuschlagen. Wie Sie wissen, Mylord, kann ich sie an der Tafel nicht zurechtweisen, und sie ist für eine ernste Rüge auch noch zu klein. Wenn es so weitergeht, fürchte ich, daß ich sie nicht so erziehen kann, daß es Seiner Königlichen Gnaden und ihr zur Ehre gereicht. Auch wird es ihrer Gesundheit schaden, und ich kann es daher mit meinem Pflichtbewußtsein nicht vereinbaren.« Sie wünschte, daß Elisabeth in ihrem Kinderzimmer eine für sie eigens zubereitete gesunde Kinderkost bekäme und nicht von den Erwachsenen an der allgemeinen Tafel verwöhnt wurde. Und in dieser Hinsicht setzte sie ihren Willen auch durch.

Trotz seines hohen Ranges fehlte es dem Kind aber auf katastrophale Weise an Kleidern, was zum Teil wohl daher kam, daß Elisabeth zu schnell gewachsen war. »Sie hat weder Röcke noch Hemden noch Unterröcke, weder Leinen noch Taschentücher«, beschwerte sich Lady Bryan wieder einmal. ... »Ich habe mir durchgeholfen, so gut es ging, aber länger kann ich es nicht so treiben. Ich beschwöre Mylord, dafür zu sorgen, daß Ihre Gnaden erhält, was sie braucht.« Überdies hatte das kleine Mädchen große Schwierigkeiten mit seinen Backenzähnen, die nur sehr langsam durchbrachen, so daß Lady Bryan ihm mehr seinen Willen lassen mußte, als sie es für gut hielt.

Als im Oktober 1537 die Taufe ihres Bruders Eduard feierlich begangen wurde, änderte sich für Elisabeth jedoch manches: In den Bittgebeten wurde ihr Name durch den Eduards ersetzt, und vor allem galt nun Lady Bryans Fürsorge vorzugsweise dem kleinen Prinzen. Sie machte sich hinfort sehr viel weniger Kopfzerbrechen über Elisabeths spärliche Garderobe als darüber, daß der Prinz »einen schönen Edelstein für seine Mütze« brauchte. Aber da Elisabeth ein kluges Kind war, begriff sie auch, ohne zu fragen, daß sie hinter ihrem Bruder, der eines Tages König sein würde, zurückstehen mußte, und sie gewann ihn herzlich lieb. Da Jane Seymour im Kindbett starb, war auch Eduard eine mutterlose Waise, was die beiden Kinder noch enger miteinander verband. Liebevoll nähte Elisabeth dem kleinen Bruder ein Batisthemdchen mit so sauberen Stichen, wie sie nur konnte.

Obwohl beide Schwestern als Bastarde galten, waren sie dennoch Königstöchter und daher wichtige Faktoren im großen Spiel dynastischer Politik. Die Frage von Elisabeths Verheiratung tauchte zum erstenmal 1535 auf. Damals wurde der Herzog von Angoulême, der jüngste Sohn Franz' I., als Bräutigam vorgeschlagen, ohne daß es aber zu ernsthaften Verhandlungen gekommen wäre: Da Maria und Elisabeth den Titel »Prinzessin« nicht mehr führen durften, war ihr Wert auf dem europäischen Heiratsmarkt erheblich gesunken, so daß der Staatsrat dem König, ihrem Vater, riet, »ihnen einen gewissen Rang zu verleihen, ohne den niemand besonderen Respekt vor ihnen haben« könne. Erst 1544 wurden sie jedoch durch Parlamentsbeschluß wieder in die Erbfolge eingesetzt.

Auch wenn die beiden Schwestern in Hunsdon oder im Gutshaus von More oft beieinander waren, hatten sie doch wenig gemeinsame Interessen. Die eine war halb spanisch, die andere »rein englisch«, und außerdem trennte sie ein Altersunterschied von siebzehn Jahren voneinander. Maria brachte Elisabeth verschiedene Kartenspiele bei, und da es bei einigen sogar um einen Einsatz ging, gab sie ihr auch hin und wieder ein wenig Geld, »damit sie spielen konnte«.

Bald nach Eduards Geburt wurde Katherine Champernowne Elisabeths Erzieherin und Hofmeisterin. Sie erwarb sich schnell das Vertrauen des Kindes, und »Kate«, wie Elisabeth sie zärtlich nannte, blieb viele Jahre lang in ihren Diensten. Sie hat später John Ashley geheiratet, der im Haushalt der Prinzessin eine Vertrauensstellung innehatte und eng mit dem Cambridger Gelehrten Roger Ascham befreundet war. Katherine vermittelte der Prinzessin die ersten fremdsprachigen Kenntnisse und brachte ihr die Grundbegriffe der klassischen Bildung bei, worin sich diese später unter der Anleitung von Cheke und Ascham in so beachtlicher Weise vervollkommnen sollte. Schon als sie sechs Jahre alt war, sagte Sir Henry Wriothesley, der durchaus kein Schmeichler war, von ihr: »Auch wenn sie keine weitere Erziehung erhielte, wäre sie trotzdem so, wie sie mir jetzt vor Augen steht, eine Zierde ihres Geschlechts, wie man es von einer Tochter ihres Vaters nicht anders erwarten kann.« Elisabeth sollte sich ihr ganzes Leben lang als würdige Tochter ihres Vaters erweisen.

In diesen Jahren kam sie nur selten an den Hof. Wenn sie in Chelsea wohnte, wurde sie manchmal in einer Sänfte nach Richmond oder Hampton Court gebracht, um ihrem Vater einen Besuch abzustatten, doch blieb sie nie lange bei ihm. Es war wohl auch besser für sie, daß sie auf diese Weise dem verderblichen Einfluß des Hoflebens entging und daß es ihr erspart blieb, das Fiasko von Heinrichs nächsten Ehen mitzuerleben. Heinrich hatte sich im Januar 1540 mit Anna von Kleve trauen lassen, doch wurde diese Verbindung bereits im folgenden Juli wieder annulliert. Die neue Königin, Katharina Howard, wurde im Februar 1542 nach einem schmutzigen Prozeß wegen Ehebruchs hingerichtet und erfuhr somit fast dasselbe tragische Schicksal wie ihre Kusine Anna Boleyn. Der Unterschied bestand nur darin, daß Katharina keine Nachkommen hinterließ.

Wir werden nie erfahren, auf welche Weise Elisabeth von den Ereignissen erfuhr, mit welchen Worten und mit welchen Nuancen man sie ihr hinterbrachte, beziehungsweise wie sie darauf reagierte. Jedenfalls war Heinrich für sie stets eine überragende Gestalt, ein Held, der kein Unrecht begehen konnte; obwohl sie wenig von ihm zu sehen bekam, hatte sie für ihn doch weit mehr übrig als nur die Gefühle einer gehorsamen Tochter. Sie war wie gebannt von seiner Macht, seiner Majestät, seinem Herrschertum und seiner Größe. Wie wunderbar war es doch, einen Vater zu haben, der König von Großbritannien, Frankreich und Irland, Verteidiger des Glaubens und Oberhaupt der Kirche war und als Verkörperung der neuen Monarchie der Reformation galt, selbst wenn er mit der Zeit korpulent und kränklich wurde. Sein Ruhm entschädigte Elisabeth reichlich für den Makel der Illegitimität, der ihr bis zu ihrer Thronbesteigung anhaftete, und sie bewies Heinrich wegen seiner Verdienste um Kirche und Staat bis zu ihrem Tod ein ehrenvolles Angedenken.

Im Sommer 1543 heiratete Heinrich seine sechste und letzte Frau, Katharina Parr, eine Witwe von dreißig Jahren, die im Ruf stand, eine der gebildetsten Frauen ihrer Zeit zu sein. Sie erwies sich als ideale Stiefmutter und bestand darauf, die Königskinder wieder an den Hof zu holen, so daß Elisabeth zum erstenmal in ihrem Leben für längere Zeit ein festes Heim fand. Wenn der Hof in Whitehall war, waren ihre Zimmer direkt neben denen der Königin, so daß Katharina und ihre Stieftochter fünf Jahre in enger Gemeinschaft lebten.

Der Königin war es auch zu verdanken, daß die Ausbildung der Prinzessin verbessert und intensiviert wurde. Ihre neuen Lehrer entdeckten bei Elisabeth eine angeborene Neigung zur Wissenschaft. John Cheke führte sie und ihren Bruder Eduard in die Klassiker ein, und bei Jean Balmain lernten die beiden Französisch; Italienisch studierte Elisabeth für sich allein bei Battista Castiglione. Zu Weihnachten 1544 vollendete sie eine englische Übersetzung des *Miroir de l'Ame Pécheresse* der Königin Margarethe von Navarra; sie widmete »diese frommen Meditationen einer christlichen Seele über die Liebe zu Gott und seinem Christus« Königin Katharina als Neujahrsgabe und schrieb dazu, sie sei sich bewußt, daß ihre Übersetzung noch verbesserungsbedürftig sei, doch überlasse sie dies dem Scharfsinn ihrer Stiefmutter und hoffe, daß ihr Werk sonst keinen Tadel verdiene. Zum Schluß wünschte sie schlicht und einfach »ein glückliches, gesegnetes neues Jahr«.

Im folgenden Jahr war Elisabeths Geschenk noch persönlicher. Es bestand in einer Übersetzung von Königin Katharinas eigenen Gebeten und Meditationen ins Lateinische, Französische und Italienische, die sie am 20. Dezember 1545 in Hertford vollendete. Diesmal entschuldigte sie sich nicht, und sie hatte auch keinen Anlaß dazu.

Im Schulzimmer wurden Hexameter und Pentameter, Paradigmata und Partikel, Optative und Konjunktive ohne Tränen gemeistert. Bald wagte sich Elisabeth auch an Kommentare zum griechischen *Neuen Testament*, an Studien über die Kirchenväter, an Platos *Staat* und die Reden Ciceros sowie an die klassischen Werke ihrer eigenen Zeit, wie Morus' *Utopia* und Erasmus' *Paraphrasen*. Es war keine leichtverdauliche Kost für eine Dreizehnjährige, aber Eduard, der noch vier Jahre jünger war, hielt mit ihr Schritt. Als ihr Vater in ihrem Alter gewesen war, hatte Erasmus einmal zu ihm gesagt, er hoffe, er werde die anderen mit seiner Liebe zu den Wissenschaften anstecken und seinen Hof einmal in eine Universität verwandeln. Nun schien sich dieser Wunsch zu erfüllen. Nichts wurde halb getan. Romane waren verpönt, dagegen waren Bücher mit Geschichten, die sich auf die klassische Mythologie, die Bibel oder die Geschichte bezogen, erlaubt – vorausgesetzt, sie liefen auf eine Moral hinaus. Elisabeth und Eduard pflegten sich, wenn sie getrennt waren, kleine hochtrabende Briefe, manchmal auf Französisch, gewöhnlich aber auf Lateinisch, zu schreiben – etwa so wie sich Geschwister heute Scherzpostkarten schicken. Zur Entspannung dienten Musik und Tanz, Handarbeiten, Reiten und Bogenschießen, und überall zeichnete sich die Prinzessin aus, nur im Handarbeiten nicht.

Dieses gründliche und gewiß nicht immer mühelose Studium theologischer Schriften hatte natürlich auch einen ganz bestimmten praktischen Zweck, denn im Zeitalter der Reformation waren theologische Streitgespräche ein Teil der hohen Politik. So kam es, daß Elisabeth später als Oberste Statthalterin ihrer Kirche in der Heiligen Schrift, den Kirchenvätern und allem, was zur Theologie gehörte, kaum weniger belesen war als ihre Bischöfe, und diese Kenntnisse kamen ihr sehr zustatten, als sie sich um die Beilegung der Religionsstreitigkeiten bemühte. Selbst im Alter von über sechzig Jahren nahm sie sich noch die Zeit, die *Tröstungen der Philosophie* des Boëthius und Werke von Horaz und Plutarch zu übersetzen. Ihr ganzes Leben ist sie dieser ihrer Gewohnheit – zu lesen, zu übersetzen und Anmerkungen zu machen – treu geblieben. Ihre Sprachkenntnisse versetzten sie, wenn die Situation es erforderte, in die Lage, ohne Dolmetscher mit Gesandten zu verhandeln, Depeschen zu lesen und ohne Hilfe eines Sekretärs Instruktionen aufzusetzen oder – Liebesbriefe zu schreiben.

Trotz dieser erstaunlichen sprachlichen Versiertheit, die sie sich als Prinzessin aneignete, und trotz ihrer bewundernswerten Kenntnisse in den Wissenschaften ihrer Zeit blieb ihre Einstellung jedoch »rein englisch«. Als englische Monarchin, die keinen Tropfen fremden Bluts in den Adern hatte, hat sie nie einen Fuß außerhalb ihres Landes gesetzt und nicht einmal ihrem Großvater Heinrich Tudor zu Ehren Wales besucht. In dieser Beschränkung auf ihre Insel und in ihrem Geschlecht lag ihre Stärke, zuweilen aber auch ihre Schwäche.

Das früheste Bild, das wir von Elisabeth kennen und das sich jetzt in Windsor befindet, zeigt ein blasses Mädchen mit unschuldigen Augen und rötlichem Haar, das ein einfach geschnittenes Kleid aus rotem golddurchwirktem Tuch und nur wenig Schmuck trägt; es hält ein kleines Buch in der Hand, während daneben auf einem Lesepult ein aufgeschlagener Foliant liegt. Trotz ihrer Selbstsicherheit und ihrer königlichen Haltung ist Elisabeth hier noch ein Kind. Die letzten Jahre von König Heinrichs Regierung waren die friedlichsten ihrer ganzen Jugend, und die Monate vergingen fast zu schnell. Trotz aller Wirren, die sie seit ihrer frühesten Kindheit erlebt hatte, war ihr Vater das einzig Beständige in ihrem Leben gewesen, und als er für immer von ihr ging, kamen endlose Schwierigkeiten auf die Vierzehnjährige zu.

Noch während Heinrich im Sterben lag, traf der Onkel Prinz Eduards, Eduard Seymour, Graf von Hertford, Anstalten, die Macht zu ergreifen. Seine Hauptfeinde, die Howards, hatten ihm dabei in die Hände gespielt, denn der Graf von Surrey hatte sich törichterweise auf hochverräterische Pläne eingelassen, und Seymour hatte daraufhin seine Verurteilung erwirken und dessen Vater, Lord-Kanzler Norfolk, in den Tower werfen können. Norfolk wäre zweifellos hingerichtet worden, wenn König Heinrich nicht gerade in jener Nacht gestorben wäre. Die Thronfolge-Akte von 1533, welche die

Krone nacheinander Eduard, Maria und Elisabeth zusprach, hatte Heinrich das Recht eingeräumt, die Thronfolge in seinem Testament noch zu ändern. In seinem Letzten Willen bestätigte er jedoch die vorgesehene Reihenfolge seiner leiblichen Kinder, traf aber weitere Vorkehrungen für den Fall, daß alle drei kinderlos sterben sollten. Dann, so verfügte er, sollte die Krone an die Nachkommen seiner jüngeren Schwester Maria fallen, die zuerst mit Kaiser Karl V. verlobt gewesen war, dann Ludwig XII. von Frankreich geheiratet hatte und sich, nachdem sie drei Monate später Witwe geworden war, vom Herzog von Suffolk, Charles Brandon, hatte entführen lassen. Aus dieser Ehe stammten ein frühverstorbener Sohn und zwei Töchter, Frances und Eleanor. Frances, die ältere, heiratete Henry Grey, der später zum Herzog von Suffolk erhoben wurde, und brachte drei Töchter zur Welt, wovon die älteste Lady Jane Grey war. Die andere Brandonschwester, Eleanor, heiratete Henry Clifford, den Grafen von Cumberland, und schenkte ihm eine Tochter namens Margaret. Heinrich VIII. zog also die ›Suffolk-Linie‹ den Kindern seiner älteren Schwester Margaret (der sogenannten ›Stuart-Linie‹) vor. In seinem Testament hatte der König genau festgelegt, welche seiner Staatsräte während der Minderjährigkeit seines Sohnes das Reich regieren sollten. Seymour riß jedoch nach dem Tod des Königs als Erzieher des königlichen Knaben die Macht an sich und wurde Lord-Protektor des Reiches mit dem Titel eines Herzogs von Somerset. Er leitete bald ein ehrgeiziges religiöses und soziales Reformprogramm in die Wege und versuchte eine protestantische Reformation durchzusetzen. Er war zu weltfremd, um einzusehen, daß die Staatsräte, die er um ihre Machtstellung gebracht hatte, vor nichts zurückschrecken würden, um ihn zu stürzen.

Elisabeth blieb zunächst mit ihrer Stiefmutter in Chelsea, aber die Ankunft eines Bewerbers sollte bald den Frieden ihres Haushalts stören. Thomas Seymour, der jüngere Bruder des Protektors, war in gewisser Hinsicht die beste Partie von ganz England. Er war ein alter Verehrer von Katharina Parr. Sie hatten vier Jahre zuvor heiraten wollen, aber Heinrich VIII. war ihm zuvorgekommen, und so hatte sich Seymour diskret vom Hof zurückgezogen. Jetzt, mit nahezu vierzig Jahren, war er noch immer eine glänzende Erscheinung, ein Charmeur voll verrückter Pläne. »Er war klug und freisinnig«, schrieb ein Freund über ihn, »aber er ging durch Arglist zugrunde.« Schon vor Eduards Krönung wurde er zum Ritter des Hosenbandordens geschlagen; als Lord Seymour of Sudeley wurde er in den

Rang eines Peers erhoben und außerdem zum Großadmiral befördert. Aber trotz all dieser Ehren mißgönnte er es seinem Bruder Somerset, daß es ihm gelungen war, die Zügel der Regierung in die Hand zu nehmen, statt König Heinrichs letzten Willen zu erfüllen, und er war entschlossen, sie ihm wieder zu entreißen.

Seymour schritt unverzüglich zur Tat. In den ersten Wochen der neuen Regierung streckte er bereits seine Hand aus, um eine der beiden Prinzessinnen zu gewinnen, welche – das war ihm gleichgültig. Der Protektor jedoch wollte von einer solchen Heirat nichts wissen, und so wandte Seymour seine Aufmerksamkeit der Königin-Witwe zu. Katharina war überglücklich darüber, aber auch sie war sich darüber im klaren, daß höchste Vorsicht geboten war. Zunächst suchte Seymour seinem Bruder Somerset die Zustimmung zu ihrem Heiratsplan abzuschmeicheln. Als er sich in seinen Hoffnungen getäuscht sah, heiratete er Katharina heimlich, wahrscheinlich Mitte April.

Elisabeth war schon lange vor ihrer Schwester in die Heiratspläne eingeweiht, denn Seymour ging im Chelsea-Palast aus und ein. Sie war ebenso begeistert von der heimlichen Romanze wie von der Aussicht, den Großadmiral zum Stiefvater zu bekommen. Als die Heirat schließlich auch bei Hof bekannt wurde, war Seymour »sehr verletzt«, da er jedoch mit anderen Dingen beschäftigt war, mußte er sie als *fait accompli* hinnehmen. Die Sache entfremdete die beiden Brüder einander noch mehr, zumal Katharina Parr und die Herzogin von Somerset einander nicht ausstehen konnten.

Sowie Seymour in Chelsea eingezogen war, begann er jedoch mit Elisabeth zu flirten und sie mit seinen Neckereien zu verfolgen. Er raubte der Vierzehnjährigen Küsse, gab ihr wenig taktvolle Kläpse und nahm ihr den Schlafzimmerschlüssel weg. Auch im Garten von Hanworth trieb er seinen Schabernack mit ihr. Eines Tages schnitt er ihr dort ihr schwarzes Kleid in Fetzen, wobei Königin Katharina sie festhielt. Niemand außerhalb des Hauses ahnte, daß die Königin-Witwe und der Großadmiral in das Schlafzimmer der Prinzessin einzudringen pflegten, um sie im Bett zu kitzeln. Schließlich besuchte er sie auch allein.

Eines Morgens kam Mistreß Ashley gerade dazu, als er Elisabeth im Bett zu küssen versuchte, und fuhr ihn an, er solle sich schämen und machen, daß er hinauskomme. Ein andermal hörte Elisabeth den Schlüssel im Schloß und versteckte sich hinter ihren Bettvorhängen, bis ihm das Warten zu lang wurde. Als er in Schloß Seymour barfuß und im Nachthemd in Elisabeths Schlafzimmer eindrang, um ihr guten Morgen zu sagen, und von Elisabeths Erzieherin abermals zur Rede gestellt wurde, brauste er heftig auf. Die Prinzessin aber sah sich inzwischen vor, daß sie fertig angezogen war, wenn er zu ihr hereinkam, und steckte meist die Nase in ein Buch.

Zweifellos fühlte sich Elisabeth zu Seymour hingezogen. Ein einziger Kuß hätte vermutlich ihre Leidenschaft geweckt. Indem er jedoch so tat, als ob er sie verführen wollte, beleidigte er ihre mädchenhafte Scheu, und Elisabeth wurde in ihrer Unschuld seiner routinierten Annäherungsversuche bald überdrüssig.

Auch Katharina Parr wurde die Possen leid. Sie wurde eifersüchtig auf die Prinzessin, die so häufig mit ihrem Gatten zusammen war, und ihre Eifersucht wuchs noch, als sich Katharina schwanger fühlte. Als sie zu Pfingsten 1548 die beiden »ganz allein ... und sie in seinen Armen« fand, war das Maß voll. Am nächsten Tag verließ die Prinzessin das Paar für immer und zog nach Cheshunt. Elisabeth und Seymour hatten mit dem Feuer gespielt, und es war ein Glück, daß sie sich dabei die Finger nur leicht verbrannt hatte.

Elisabeths Tageslauf erfuhr durch diesen Umzug keine so große Veränderung, wie man zunächst annehmen könnte, denn außer den beiden Ashleys war auch ihr neuer Lehrer Ascham mitgekommen. Im Januar war William Grindal, der ihre Studien drei Jahre lang beaufsichtigt hatte, an der Pest gestorben. Die Königin-Witwe hatte einen gewissen Mr. Goldsmith zu seinem Nachfolger ernennen wollen, Ascham wollte den Posten jedoch lieber selbst übernehmen, und dank seiner engen Freundschaft mit den Ashleys, durch seine guten Beziehungen zu Cheke und auf eigenen Wunsch der Prinzessin, die darauf bestand, von niemand anders unterrichtet zu werden, erreichte er sein Ziel. Er beglückwünschte Mistreß Ashley zu der akademischen Bildung ihres »erlauchten Schützlings«. Mit noch nicht fünfzehn Jahren verfügte Elisabeth über außergewöhnliche lateinische Kenntnisse; auch ihr Griechisch war gut, und ihre Fertigkeit im Französischen und Italienischen war bemerkenswert – *benissimo*, wie ein Venetianer in bezug auf das Italienische bezeugte. Besonderen Fleiß zeigte sie auch jetzt noch »im Studium des wahren Glaubens und der Wissenschaften«. Der von Ascham festgesetzte Stundenplan sah vor, daß Elisabeth den Tag mit der Behandlung von einem oder zwei Absätzen aus dem griechischen Neuen Testament begann und den Rest des Morgens mit der Lektüre der Tragödien des Sophokles oder der Reden des Demosthenes zubrachte. Nachmittags befaßte sie sich mit lateinischen Autoren, besonders mit Cicero und Livius, und ausgewählten Werken der Kirchenväter, wie zum Beispiel der *Disciplina virginum* des heiligen Cyprian. Aschams bevorzugte Methode war die Rückübersetzung, wobei er so vorging, daß er Elisabeth zum Beispiel eine Rede Ciceros zuerst ins Englische übersetzen und dann ins Lateinische zurückübersetzen ließ. Dabei war es ihm mehr um die humanistische Bildung seiner Schülerin zu tun als um ihren Wortschatz und die Grammatik. Sie sollte die einzelnen Werke ihres Gehaltes und Stiles wegen studieren: Beides zusammen sollte ihren Charakter formen helfen.

Unter allen Schülern des Verfassers des *Scholemaster* war Elisabeth seine »größte Leuchte«, und wenn er ihre Talente aufzählte, fand er des Lobes kein Ende. Als Ascham nach einer Auseinandersetzung, die er vermutlich mit ihrem Haushofmeister Parry hatte, ihren Dienst quittierte, pries er einem Freund gegenüber die Klugheit und den Fleiß, die Würde und Liebenswürdigkeit und noch viele andere Tugenden dieser sechzehnjährigen Prinzessin. Es sei bei ihr nichts von weiblichen Schwächen zu finden, und ihre Ausdauer stehe nicht hinter der eines Mannes zurück. Ihr Gedächtnis sei bewundernswert, und sie sei »ebenso begeistert von der Musik, wie sie in der Ausübung dieser Kunst bewandert« sei. Was ihre Kleidung anbetreffe, so sei sie mehr für das Elegante als für das Auffallende und habe nichts übrig für modischen Kopfputz und Goldornamente. Überschwenglich beteuerte er Bischof Aylmer gegenüber, er habe tagtäglich von Elisabeth mehr gelernt als sie von ihm. »Ich lehre sie Worte, und sie lehrt mich praktische Dinge. Ich lehre sie fremde Sprachen, und ihr bescheidenes, mädchenhaftes Wesen lehrt mich, was ich zu tun habe. Ich glaube, in ganz Europa hat niemand bessere Anlagen als sie.« Dies dürfte genügen, um die Beschuldigung zu widerlegen, sie habe sich bei ihren übermütigen Späßen mit Seymour wie eine liederliche Dirne benommen.

In Cheshunt studierte Elisabeth also fleißig weiter, und Seymour störte sie nun nicht mehr dabei. Wenn ihre Gesundheit es zuließ, betrieb sie auch körperliche Übungen. Ascham war nicht umsonst der Verfasser des *Toxophilus*, eines Standardwerks über die Kunst des Bogenschießens. Später hat John Ashley ein ähnliches Werk über die Reitkunst geschrieben.

Auch Seymour wurde nun mehr und mehr von seinen Pflichten als Großadmiral in Anspruch genommen. Das politische Ränkespiel hielt ihn nur allzuoft von Hanworth und Sudeley fern, wo Katharina der Geburt ihres Kindes entgegensah, so daß ihm die Königin-Witwe zärtliche Briefe schrieb, in denen sie ihm von ihrem Zustand berichtete. »Ich habe Eurem kleinen Burschen Euren Segen gegeben. ... Mary Odell, die bei mir schläft, hat ihre Hand auf meinen Bauch gelegt und gefühlt, wie er sich bewegt hat.« Im August 1548 starb Königin Katharina jedoch im Kindbett, nachdem sie in ihren Fieberphantasien ihre Umgebung angeklagt hatte, sie absichtlich vernachlässigt zu haben.

Nun war Seymour wieder frei und konnte um Elisabeth werben. »Ihr könnt ihn haben, wenn Ihr ihn wollt«, sagte auch Mistreß Ashley, die eifrig die Rolle einer Heiratsvermittlerin übernahm. »Nein«, erwiderte errötend die Prinzessin. »Und ich sage Euch, Ihr würdet Euch nicht weigern, wenn der Lord-Protektor und der Staatsrat es befürworteten«, schalt die Ältere. »Was gibt es Neues in London?« fragte Elisabeth ein andermal. Man antwortete ihr, das Gerücht wolle, daß sie und Seymour heirateten. Aber das junge Mädchen meinte lächelnd, das sei nichts als »Londoner Geschwätz«. Bei dem Gesellschaftsspiel »Händeziehen« wählte sie sich den Lord zum Partner und lief hinter ihm her, was zu vielen Neckereien Anlaß gab. Die Herren schlossen aus dem Getuschel der Damen, daß etwas im Gange sei, und Master Ashley riet seiner Frau, auf der Hut zu sein, »denn er fürchtete ernstlich, daß Lady Elisabeth eine Neigung zum Lord-Admiral gefaßt hatte«, errötete sie doch jedesmal, wenn sein Name fiel. Ihre Erzieherin konnte es jedoch nicht lassen, mit Thomas Parry die Geschichte immer wieder durchzuhecheln. Hinterher nötigte sie ihm dann freilich das Versprechen ab, keiner Menschenseele etwas zu verraten. Als Seymour Elisabeth in Hatfield besuchen wollte, war sie taktvoll genug, ihn abzuweisen.

Nun trug es sich zu, daß der Protektor in Durham Place im Strand, das man Elisabeth zeitweise als Wohnsitz eingeräumt hatte, einen Teil der Münze einzuquartieren beschloß, so daß die Prinzessin für sich und ihren wachsenden Hof dringend eine neue Unterkunft in der Hauptstadt benötigte. Vierzehn Tage vor Weihnachten ließ ihr Seymour durch ihren Haushofmeister einen Brief überbringen, in dem er ihr sein Haus Seymour Place als Wohnsitz zur Verfügung stellte. Als Parry ihre Begeisterung über diesen Vorschlag merkte, fragte er sie, ob sie den Großadmiral heiraten würde, falls der Staatsrat seine Zustimmung erteilte, worauf Elisabeth eine ihrer »Antworten gab, die keine Antworten waren«. Aber Seymour, dem sie hinterbracht wurde, legte sie zu seinen Gunsten aus. Im St.-James-Park unterhielt er sich heimlich mit Mistreß Ashley darüber, wie man sich zu verhalten habe, und Parry erteilte er den Auftrag, ausfindig zu machen, wann Elisabeth ihre Ländereien, die sie laut Testament Heinrichs VIII. zu beanspruchen hatte, übereignet würden und ob sie in der Nähe seiner eigenen Besitzungen lägen. Mit dem Geheimsiegelbewahrer sprach er darüber, ob der zukünftige Gatte der Prinzessin Anspruch auf ihr gesamtes Einkommen habe; ja, er ging sogar so weit, einen Günstling am Hof namens Fowler zu bitten, auszukundschaften, was der junge König darüber denke, den er laufend mit Taschengeld versorgte. Als man Eduard daraufhin fragte, wen Seymour seiner Ansicht nach heiraten sollte, antwortete er zuerst im Spaß: »Anna von Kleve«, und dann ernsthafter: »Maria, damit sie ihre Ansichten ändert.«

Für Seymour stand jedoch weit mehr auf dem Spiel als nur eine neue Heirat. Es ging ihm darum, seinen Bruder Somerset zu stürzen, und um dieses Ziel zu erreichen, scheute er vor nichts zurück. Er hatte Lady Jane Grey zu sich ins Haus genommen und hatte die Absicht, sie mit König Eduard zu verheiraten, ja, er plante sogar, sich des Königs zu bemächtigen. Er ging im St.-James-Palast ein und aus und zechte mit Fowler und anderen Günstlingen Eduards. Als er eines Morgens die Bemerkung hinwarf, man könne den König jetzt leicht entführen, standen ernste Absichten dahinter.

Der Großadmiral hatte sich jedoch übernommen. Seine Pläne waren nachgerade ein öffentliches Geheimnis. Die Warnungen seiner Freunde schlug er in den Wind, und so wurde er schließlich vor den Staatsrat zitiert. Als er einer Vorladung zu einer Unterredung mit seinem Bruder keine Folge leistete, brachte man ihn am 17. Januar 1549 in den Tower. Der ganze Haushalt von Hatfield wurde mit verdächtigt, und am nächsten Tag wurden Mistreß Ashley und Haushofmeister Parry ebenfalls verhaftet, da man hoffte, belastendes Material aus ihnen herauszufragen zu können, das die umlaufenden Gerüchte bestätigte.

Sir Robert Tyrwhit, den man nach Hatfield entsandte, um die Prinzessin zu verhören, hatte das Gefühl, als hätten sich alle gegen ihn verschworen. Elisabeth war »äußerst verlegen und weinte lange voller Mitgefühl«, als sie hörte, daß die beiden Stützen ihres Haushalts im Tower saßen. »Sie bestreitet, daß Mistreß Ashley und der Haushofmeister in irgendeiner Weise mit dem Großadmiral gemeinsame Sache gemacht haben«, schrieb er an Somerset, »trotzdem steht ihr auf die Stirn geschrieben, daß sie schuldig ist.« Er sei überzeugt, fügte er hinzu, daß sie noch vielen Verhören standhalten werde, ehe sie eine Schuld ihrer Erzieherin einräume. Der nächste Tag zeigte Tyrwhit, daß er es mit einem äußerst gewitzten Gegner zu tun hatte. »Sie hat sehr viel Verstand«, meinte er, »und nur mit List kann man etwas aus ihr herausbekommen.« Nachdem man Elisabeth sieben Tage lang zugesetzt hatte, erklärte sie sich endlich zu einem Brief an den Protektor bereit. Sie begann mit der kühlen Feststellung, daß, wenn Mistreß Ashley ihr jemals geraten habe, Seymour zu heiraten, sie stets hinzugefügt habe, sie wünsche nicht, daß sie es ohne Zustimmung des Staatsrates tue. Dann ging Elisabeth zum Angriff über. Die schmutzigen Gerüchte, daß sie selbst im Tower säße und sogar von Seymour ein Kind erwarte, beleidigten ihre Ehre und ihren guten Ruf. »Mylord, dies sind schändliche Verleumdungen«, schrieb sie. Und um ihnen ein Ende zu setzen, solle man sie an den Hof kommen lassen, damit sie sich dort zeige.

Eine weitere schlimme Woche verstrich. Dann erhielt Tyrwhit, um sie endlich mürbe zu machen, die Weisung, ihr die Bekenntnisse Kate Ashleys und Parrys zu zeigen, die – wie sie wohl sehen konnte – von ihnen eigenhändig geschrieben waren. Die Prinzessin überflog die Seiten »fassungslos und mit stockendem Atem«. Ihre Kate berichtete zunächst von dem mutwilligen Streich im Garten zu Hanworth, wo man ihr das Kleid zerschnitten hatte, und schilderte dann weitere Episoden, Unterhaltungen mit Parry und heimliche Gespräche mit ihrem Gatten, die sich auf Seymours Verhalten zu Elisabeth bezogen. All dies war peinlich zu lesen, aber am härtesten traf es sie, daß Mistreß Ashley zum Schluß den Protektor bat, sie in einem anderen Gefängnis unterzubringen, weil das ihre so schlecht sei, daß sie nicht darin schlafen könne, und weil es außerdem so dunkel sei. Es sei kein Glas in den Fenstern gewesen, so daß sie sie gegen die Kälte mit Stroh habe verstopfen müssen. Das junge Mädchen erschauerte bei dem Gedanken an die Kälte und Unheimlichkeit des Tower, die Kate Ashley um ihretwillen ertragen mußte. Ein Glück war nur, daß sie wenigstens nicht so töricht gewesen war zu schreiben, Elisabeth sei bereit gewesen, Seymours Antrag anzunehmen, ohne die Zustimmung des Staatsrats abzuwarten.

Somerset kam zu dem Ergebnis, daß Mistreß Ashley sich als äußerst unzuverlässige Dienerin erwiesen habe. Seine Frau lag ihm schon lange deswegen in den Ohren und machte ihm Vorwürfe, daß er Elisabeth nachts auf der Themse herumfahren lasse, und was der Leichtfertigkeiten mehr seien, die eine Hofmeisterin einer Schwester des Königs nie hätte erlauben dürfen. So setzte er nun Lady Tyrwhit an ihre Stelle. Als die Prinzessin von ihrer Ernennung erfuhr, rief sie heftig, Mistreß Ashley sei ihre Erzieherin, und sie habe sich nicht so aufgeführt, daß der Staatsrat ihr nun noch eine andere dazugeben müsse. Sie weinte die ganze Nacht und »ließ den ganzen folgenden

Tag den Kopf hängen«. Dann faßte sie wieder Mut und schrieb noch einmal an Somerset. Sie bedauere, noch einmal auf ihre Angelegenheit zurückkommen zu müssen, aber sie müsse darauf bestehen, daß der Staatsrat eine offizielle Proklamation veröffentliche, in der er die üblen Gerüchte dementiere, die über sie in Umlauf seien, und alle bestrafe, die sie verbreitet hätten. Auch bat sie ihn, gut zu Katherine Ashley zu sein, die ihr so lange treu gedient habe, lehre doch der heilige Gregorius, daß wir denen, die uns erzogen haben, ebenso nahestehen wie unseren leiblichen Eltern. Außerdem könnte man am Ende glauben, sie sei selber schuldig, wenn sie nun nicht zu ihrer Erzieherin stünde. Somerset veröffentlichte zwar nicht die verlangte Proklamation, aber er ließ Mistreß Ashley nach einigen Wochen wieder frei, und im Sommer durfte sie auf ihren Posten in Hatfield zurückkehren. Allerdings blieb auch Sir Robert Tyrwhit als Oberaufseher dort.

Auf der langen Liste von Seymours hochverräterischen Handlungen, die unschwer zusammenzustellen war und auf der alle seine Umtriebe seit Eduards Tod aufgeführt waren, stand auch sein Versuch, Elisabeth auf hinterlistige Weise zur Ehe zu überreden. Bevor er am 20. März das Schafott bestieg, gelang es ihm, mit behelfsmäßigem Material an beide Prinzessinnen zu schreiben. Er bestürmte sie, sich gegen den Protektor zu erheben, bevor es zu spät sei. Die Briefe wurden jedoch abgefangen und dem Staatsrat vorgelegt. Obwohl Elisabeth an den Intrigen Seymours unschuldig war, fiel sie nun, wenn auch nur halboffiziell, in Ungnade; jedenfalls empfing sie Eduard fast zwei Jahre lang nicht bei Hof. Jahre später kennzeichnete sie Seymour als einen »Mann von viel Verstand und sehr wenig Urteilskraft«.

Die aufregenden Ereignisse seit dem Tod Katharina Parrs hatten Elisabeth so zugesetzt, daß sie erkrankte. Mit ihren fünfzehn Jahren hatte sie in diesem seltsamen Tanz um Liebe und Tod, bei dem ihre Mutter gestrauchelt war, ihre ersten noch unbeholfenen Schritte getan und den Mann, der ihre Liebe erweckt hatte, durch das Beil des Henkers verlieren müssen. Dank der Ruhe und Entspannung, die sie in Cheshunt fand, und dank der Fürsorge von Dr. Bill, den der Lord-Protektor zu Elisabeths Pflege entsandt hatte, genas sie zwar bald wieder, doch blieben Seymour und die politischen Gefahren, in die sie seine Unbesonnenheit gestürzt hatte, tief in ihr haften.

Obwohl Elisabeth kraft des Testaments ihres Vaters ein angemessenes Einkommen zustand, bis die von ihm dafür bestimmten

Staatsräte einen passenden Gatten für sie gefunden hätten, erhielt sie bis 1550 nur ad hoc Beträge ausgehändigt. In diesem Sommer bekam sie nun endlich auf Grund des Privilegs, das Lord Seymour so viel Kopfzerbrechen bereitet hatte, ihren eigenen Besitz als Prinzessin übereignet. Dazu gehörten ausgedehnte Ländereien besonders in den Grafschaften um London, die ihr jährlich 3106 Pfund einbrachten, Schloß Berkhamsted, Ashridge College, die Abtei Missenden und die Lordschaft Ewelme nebst ihrer Stadtresidenz Durham Place im Strand, die sie bis dahin nur gemietet hatte. Ein paar Monate später tauschte sie einige Güter in Lincolnshire gegen Schloß Hatfield ein, wo sie einen großen Teil ihrer Kindheit verbracht hatte. Klug wie sie war, bat sie William Cecil, ihr bei der Verwaltung dieses Besitzes zu helfen, und ernannte ihn zu ihrem Oberaufseher. Cecil, der Elisabeth an Schläue nicht nachstand, bat um die Erlaubnis, die mühselige Kleinarbeit von einem Stellvertreter erledigen zu lassen, da er selbst kurz vor seiner Ernennung zum Staatssekretär stehe. So kam damals ein Bündnis zustande, das die schwierigen Jahre unter der Regierung Marias überdauerte und das Elisabeth am ersten Tag nach ihrer eigenen Thronbesteigung auf eine neue Grundlage stellte.

Elisabeth suchte sich in Hatfield aus der Politik herauszuhalten. John Dudley, Graf von Warwick, hatte im Herbst 1549 Somerset aus seinem Amt als Protektor verdrängt, und wenn dieser auch später wieder begnadigt wurde und aus dem Tower in den Staatsrat zurückkehrte, war er sich doch darüber im klaren, daß er es mit dem skrupellosen Dudley nicht aufnehmen konnte. Es hieß, im Staatsrat wage niemand ein Wort zu sagen, wenn man nicht Warwicks Billigung sicher sei. Schließlich brachte man doch noch genügend Beweise zusammen, um Somerset wegen Hochverrats hinrichten zu lassen. Dudley wurde 1551 zum Herzog von Northumberland erhoben, und obwohl er den Titel eines Lord-Protektors nicht annahm, sicherte er sich sämtliche Schlüsselstellungen in der Regierung.

Elisabeth war sich bewußt, daß sie eine viel zu exponierte Stellung einnahm, um sich auf irgendwelche Intrigen einlassen zu können. Ihre Erlebnisse mit Seymour waren ihr eine Lehre: daher ihre äußerste Vorsicht in Wort und Tat. Als der venetianische Gesandte nach Hatfield kam, um ihr seine Aufwartung zu machen und im Park zu jagen, beeilte sie sich, dem Protektor bereits am nächsten Tag durch Parry, der seine alte Stelle wieder eingenommen hatte, einen Bericht über den Besuch zu schicken. »Nicht weil Ihre Gnaden dieser Unterredung irgendwelche Bedeutung zumißt, sondern weil sie in Dingen, die wichtig klingen oder scheinen könnten, nichts wissen oder tun will, ohne Eure Lordschaft davon in Kenntnis zu setzen.« Elisabeth war wieder häufig krank. Wie Parry Cecil im September 1550 mitteilte, war »Ihre Gnaden schon längere Zeit von Rheumaschmerzen geplagt«. Nur das Gerücht, ihr Bruder liege im Sterben, veranlaßte sie, ihr Refugium zu verlassen und in feierlichem Aufzug nach London zu reisen, wo sie ihn zu ihrer größten Freude bei besserer Gesundheit fand.

Northumberland, der nach dem Tod des leidenden Eduard die Macht im Staat an sich zu reißen beabsichtigte, spielte zu dieser Zeit mit dem Gedenken, Elisabeth als Schachfigur in dieser Partie einzusetzen. Zeitweise erwog er, seinen Bruder Warwick zu zwingen, sich von seiner Frau scheiden zu lassen und die Prinzessin zu heiraten. Dann überlegte er, ob es nicht ratsamer sei, sie mit seinem Sohn Guildford Dudley zu verheiraten, wenn er auch mit der harten politischen Tatsache zu rechnen hatte, daß Elisabeths Anspruch auf den Thron hinfällig wurde, wenn man sich über Marias Rechte hinwegsetzte. Auch merkte er, daß die jüngere Prinzessin zu gescheit war, um sich mit seinen Plänen einverstanden zu erklären, daß sie zu sehr vor Fallstricken auf der Hut war und sich auch in ihren Briefen und Unterhaltungen nach allen Seiten hin vorsah. Sie hatte die Jugend auf ihrer Seite und konnte warten, bis er einen Fehler machte, der ihn zu Fall brachte. Auch wußte Elisabeth, daß in diesem Kampf um die Nachfolge ein Lord-Protektor es niemals mit einer Prinzessin von königlichem Blut aufnehmen konnte. Northumberland beschloß daraufhin, Guildford mit Lady Jane Grey zu verheiraten, die als Angehörige der Suffolk-Linie das älteste Anrecht auf den Thron hatte. Eduard brachte er dazu, ein von sechsundzwanzig Peers beglaubigtes Dokument zu unterzeichnen, das die Nachfolge auf Lady Jane Grey übertrug. Dann warteten die Verschwörer ungeduldig auf sein Ableben.

Da Elisabeth nichts von Northumberlands Plänen ahnte, verliefen die letzten Monate von Eduards Regierung für sie verhältnismäßig ruhig. Sie schrieb ihrem Bruder lateinische Briefe, die sie mit Sentenzen aus Pindar und Homer ausschmückte und in denen sie ihrer Freude darüber Ausdruck gab, daß er sich kräftiger fühlte, oder sich entschuldigte, nicht öfter geschrieben zu haben. Als Eduard im Sterben lag, hielt Northumberland die Nachricht zunächst vor Elisabeth geheim. Als er sie schließlich an das Bett des Knaben rief, schöpfte sie Verdacht und teilte ihm mit, sie sei für die Reise selbst zu krank, was sie mit ärztlichen Bulletins belegte. Wäre sie an den Hof gegangen, hätte sie sich ohne Zweifel im Tower wiedergefunden. Noch in derselben Woche verkündete der gute Bischof Ridley, um die protestantische Thronfolge zu rechtfertigen, seiner erstaunten Gemeinde in Paul's Cross, daß Maria und Elisabeth Bastarde seien. Eduard starb am 6. Juli 1553 im St.-James-Palast. Vier Tage später wurde Lady Jane Grey in London zur Königin proklamiert. Für Elisabeth, die die Ereignisse von Hatfield aus verfolgte, begann nun eine Zeit schwerer Prüfungen.

ZWEITES KAPITEL

Viel verdächtigt

Northumberland, der sich in London offensichtlich sicher fühlte, hatte nicht damit gerechnet, daß man auf dem Land überall Maria unterstützen würde. Auch das Heer, das er gegen ihre Anhänger in Ostanglien ausgehoben hatte, löste sich ihm unter der Hand auf. Schließlich wurde er in Cambridge verhaftet und versuchte verzweifelt, durch eine plötzliche Kehrtwendung sein Leben zu retten. Innerhalb von vierzehn Tagen brach die Verschwörung zusammen, und als Lady Jane Grey im Tower gefangen saß, trat die Thronfolge im Sinne Heinrichs VIII. in Kraft, obgleich auf diese Weise nun eine Frau an die Regierung kam.

Damit war Elisabeth plötzlich zur Schlüsselfigur der Opposition geworden: Für alle, die sich verschworen hatten, Maria aus Glaubensgründen oder auch später wegen ihrer spanischen Heirat wieder abzusetzen, war sie die einzige Alternative. Ihre schlimmen Erfahrungen in der Regierungszeit Eduards VI. hatten sie jedoch gelehrt, auf der Hut zu sein. In den nächsten fünf Jahren mußte sie ihre ganze Klugheit und Verstellungskunst und ihre ganze Meisterschaft im Hinhalten einsetzen, um sich vor dem Zorn Marias und dem Ränkespiel der Heißsporne in ihrer Umgebung zu schützen. Im geheimen frohlockte sie über ihre Popularität, die noch zunahm, als der römisch-katholische Ritus wieder eingeführt wurde und Maria ihren Plan, Philipp von Spanien zu heiraten, kundtat. Sie bemühte sich jedoch, ihren Triumph zu verbergen. Durch ihre Jugend und durch die Macht ihrer Persönlichkeit war sie der Königin ohnehin überlegen, so daß sich Elisabeth vorsehen mußte, daß ihr daraus keine Gefahr erwuchs. »Ihre Gestalt und ihr Gesicht sind sehr hübsch«, schrieb ein Gesandter, der sie besucht hatte, »und in allem, was sie tut, zeigt sie so viel Würde und Majestät, daß man ihr gleich ansieht, daß sie eine Königin ist«. Von Maria dagegen wußte er nur zu berichten: »Man könnte sie hübsch nennen, wenn sie ihre Jugend nicht bereits hinter sich hätte.« Hierin lag die Gefahr, die Elisabeth für Maria bedeutete. Elisabeth war vorerst die Thronerbin, und so wandte sich jeder, der an der Regierung etwas auszusetzen hatte, dem aufgehenden Gestirn zu. Daher wollte Elisabeth später als Königin auch nie einen Nachfolger benennen.

Sobald die Kronprätendentin beseitigt war, schrieb Elisabeth ihrer Schwester, um ihr zur Thronfolge zu gratulieren und taktvoll anzufragen, ob sie Trauerkleidung um Eduard anlegen solle, wenn sie zu ihrer Begrüßung an den Hof komme. Sie zog »mit einem stattlichen Gefolge von Reitern und wohlausstaffiert« in London ein, das sich auf eine prunkvolle Krönungsfeier vorbereitete. In ihrer Freude, daß ihr der Thron nun sicher war, schenkte Maria ihrer Schwester eine Brosche aus Diamanten und Rubinen, und der Großgarderobier erhielt Befehl, die Prinzessin mit karmesinrotem Samt, Spitze, Seide, goldenen Knöpfen und Troddeln sowie mit Hermelinpelz für ihre Kleider auszustatten, da sie beim Krönungsgottesdienst in der Abtei Marias Schleppe tragen sollte.

Obwohl Änderungen in Fragen der Religion bis zum Zusammentritt des Parlaments im Oktober aufgeschoben werden mußten, ließ Maria schon gleich zu Beginn ihrer Regierung im Palast Messen lesen, und für Eduard wurde in der Kapelle des White Tower ein vollständiges Requiem gesungen. Schon am 9. August berichtete der französische Gesandte Antoine de Noailles nach Hause, Maria versuche, ihre Schwester »à semblable dévotion« zu bekehren, »mais elle est si obstinée«. Ende des Monats bereits machten sich die Prinzessin und Anna von Kleve durch ihr Fernbleiben von der Messe verdächtig. Die schwesterliche Zuneigung der Königin zu ihrer Stiefschwester begann zu erkalten, und Elisabeth witterte Gefahr. Als Maria Anfang September in sie drang, ihren Irrglauben aufzugeben, bat sie um eine Privataudienz. Auf den Knien und mit Tränen in den Augen flehte sie die Königin an, ihr zu verzeihen, daß sie solche Ansichten hege, aber sie sei nun einmal ganz anders als ihre Majestät erzogen worden, und man habe sie »nie in der alten Lehre unterrichtet«. Während dieser Unterredung, die stundenlang gedauert zu haben scheint, bat Elisabeth ihre Schwester um einige Bücher, aus denen sie ersehen könne, »ob ihr Gewissen es erlaube, den anderen Glauben anzunehmen«, oder um einen Lehrer, der sie darin unterweisen könne. Schließlich versprach sie, zu Mariä Geburt am 8. September zum Beweis ihrer aufrichtigen Gesinnungsänderung zum erstenmal eine Messe zu besuchen.

Als der Tag kam, schützte sie zunächst Unwohlsein vor; dann »klagte sie den ganzen Weg zur Kirche über Magenschmerzen und sah leidend aus«. Doch Maria hatte sich in den Kopf gesetzt, zuerst

Elisabeth und dann ganz England dem alten Glauben zurückzugewinnen, und als die Prinzessin nun Miene machte nachzugeben, war die Königin äußerst erleichtert darüber und schenkte ihr wie einem artigen Kind weitere Schmuckstücke, die Elisabeth jedoch wochenlang nicht trug. Sie besuchte die Kapelle absichtlich nur unregelmäßig, und Maria sah sich bald veranlaßt, sie ins Verhör zu nehmen, ob ihre Bekehrung auch aufrichtig sei. »Ihre Teilnahme an der Messe ist Heuchelei«, klagte sie. Und umgab sie sich nicht nur mit Ketzern?

Maria nahm sich sehr zu Herzen, daß ihr der kaiserliche Gesandte, Simon Renard, gesagt hatte, Elisabeths Anwesenheit am Hof werde Anlaß zu endlosen Schwierigkeiten geben, und dies nicht nur auf religiösem Gebiet. Das Parlament, das gerade die Frage der Nachfolge beriet, bezeichnete Elisabeth zwar weiterhin als Bastard, schloß sie jedoch nicht von der Thronfolge aus, da das Unterhaus »nichts davon wissen wollte«. Es kam zu einer erregten Debatte zwischen Maria, Renard und Staatssekretär Paget, in deren Verlauf die Königin zu dem Schluß gelangte, daß man Elisabeth wegen ihrer ketzerischen Ansichten und ihrer Illegitimität, in denen sie ihrer Mutter gleiche, von der Nachfolge ausschließen müsse. Da die Mutter so große Verwirrung im Königreich angerichtet hätte, sei von der Tochter das gleiche zu befürchten. Als es Winter wurde, erfuhr das junge Mädchen alle möglichen Benachteiligungen. Elisabeth mußte ihren bevorzugten Platz bei Tisch anderen, zum Beispiel der Gräfin von Lennox, abtreten; man fing an, ihr aus dem Weg zu gehen, und tuschelte über sie. Trotz ihres Mißtrauens konnte sich Maria jedoch zu keinem entscheidenden Schritt gegen sie aufraffen. Auch wenn Renard finster bemerkte, der Tower sei noch viel zu gut für Elisabeth, lag doch nichts gegen sie vor, was ein striktes Eingreifen gegen sie gerechtfertigt hätte.

Schließlich ergriff Elisabeth selbst die Initiative und bat um die Erlaubnis, den Hof verlassen zu dürfen. Mit einem Seufzer der Erleichterung gestattete ihr Maria, am 6. Dezember in ihr Haus in Ashridge überzusiedeln. Elisabeth verabschiedete sich »sehr höflich« von der Königin, bekam eine prächtige Zobelhaube geschenkt und zog mit einem stolzen Geleit ab. Als sie etwa zehn Meilen von London entfernt war, ließ sie halten und schrieb Maria einen Brief, worin sie sie um »Chorröcke, Meßgewänder, Meßkelche und andere Gegenstände für ihre Kapelle« bat. Das war ein Schachzug, den man immerhin versuchen konnte, jedoch ließ sich die Königin nicht hinters Licht führen. In ihrer Erbitterung entschlüpfte ihr die Bemerkung, dieses Mädchen sei gar nicht ihre Stiefschwester. Sie habe eine Ähnlichkeit zwischen ihr und dem Musikus Mark Smeaton vom Hof ihres Vaters festgestellt. Dieser Smeaton sei »ein sehr hübscher Mann« gewesen.

Im Laufe des Winters kam es zu Verschwörungen, die zum Ziel hatten, Elisabeth und Eduard Courtenay miteinander zu verheiraten und sie auf den Thron zu erheben. Courtenay war 1526 geboren und hatte seit seinem zwölften Lebensjahr im Tower gefangen gesessen, bis ihn Maria ein paar Tage nach ihrer Thronbesteigung daraus befreite und zum Grafen von Devon erhob. Als dem Enkel König Eduards IV., »gut gewachsen und in Sprachen sehr bewandert«, sahen viele in ihm einen idealen Gatten für Maria selbst. Und als die Mitglieder des Unterhauses sie Mitte November ersuchten, jemanden aus dem Königreich zu heiraten, dachten sie dabei, ohne seinen Namen zu nennen, an Courtenay. Aber anstatt auf diesen Rat zu hören, verfolgte Maria weiter ihren Plan, die Werbung Philipps II. anzunehmen. In ihrem Staatsrat gab es allerdings auch Männer, wie etwa Lord-Kanzler Bischof Gardiner, die nun eine von der Königin gebilligte Heirat des Grafen mit der Prinzessin ins Auge faßten. Maria war jedoch nicht dafür zu gewinnen, was Gardiner allerdings nicht davon abhielt, hinter den Kulissen weiter zu intrigieren.

Es gab noch andere Komplotte, welche die spanische Heirat und ihre nachteiligen Folgen für das Königreich unter allen Umständen zu verhindern suchten und deren Rädelsführer, Sir James Croftes, Sir Thomas Wyatt, Sir William Pickering, Sir Nicholas Throgmorton und William Thomas, zu schnellem Handeln entschlossen waren. Croftes und Throgmorton suchten Elisabeth auf, wenngleich niemand erfahren sollte, was dabei tatsächlich gesprochen wurde. Sie schrieben ihr auch, doch war sie selbst zu sehr auf der Hut, um etwas Schriftliches aus der Hand zu geben. Jedenfalls aber haben sich die Anführer dieser Rebellion ihres Namens bedient, weil er breite Kreise anzog. Die Verschwörer wollten in einzelnen Grafschaften Aufstände anzetteln, die dann auf die Hauptstadt übergreifen sollten. Als Termin hatte man den Palmsonntag vorgesehen, und Frankreich hatte seine Hilfe zugesagt. Die Regierung schöpfte jedoch Verdacht, und die Verschwörer ließen sich zu übereiltem Handeln hinreißen. Courtenay versagte: Da er so lange in Gefangenschaft gewesen war, besaß er »weder den Mut noch die Erfahrung, die seine Rolle erfordert hätte«. Von dem großen Plan blieb nur Wyatts Aufstand übrig, der am 25. Januar 1554 in Kent losbrach.

Maria hatte ihrer Schwester kurz zuvor einen Brief geschrieben und ihr vorgehalten, daß sie ihr aus Ashridge keine Nachricht gegeben habe. Elisabeth erwiderte, sie habe sich nicht wohl gefühlt, und ging dann auf Marias Ehekontrakt mit Philipp ein, den sie als »Sache von großer Wichtigkeit« bezeichnete. Sie verglich ihn etwas zu optimistisch mit einem Haus, das auf festen Grund und nicht auf Sand gebaut sei, und schloß mit der Versicherung, sie stelle zwar nicht gern Vergleiche an, es gebe jedoch gewiß niemanden, der für sie herzlicher bete und dem ihre Größe mehr am Herzen liege. Dieser Brief kam an, kurz bevor Wyatt die Fahne des Aufruhrs erhob. Am 26. Januar erging aus dem St.-James-Palast eine dringende Order an »Unsere sehr teure und innigstgeliebte Schwester«, die sie an den Hof befahl. Der Ton des Briefs ließ keinen Zweifel aufkommen, wie er gemeint war. Elisabeth leistete dem Ruf jedoch keine Folge, sondern ließ mündlich ausrichten, sie sei zu krank, um reisen zu können. Allerlei Vorkommnisse sprachen gegen sie. Das peinlichste war, daß die Regierung die Kuriertasche des französischen Gesandten beschlagnahmt und darin außer einer Depesche nach Frankreich die Abschrift von Elisabeths Brief gefunden hatte, den sie die Woche zuvor an Maria geschrieben hatte. Wie diese Kopie in die Tasche gekommen war, bleibt unerfindlich; in jenen hektischen Tagen, als Wyatt den Sieg schon fast in den Händen hatte, lag immerhin die Vermutung nahe, daß die Prinzessin Beziehungen zu de Noailles unterhielt. »Viel verdächtigt« wurde sie in der Tat, und als sie nochmals aufgefordert wurde, nach London zu kommen, schützte sie abermals Krankheit vor.

Als die Rebellion niedergeschlagen war und Wyatt im Gefängnis saß, erschienen Großadmiral Lord William Howard und die Staatsräte Sir Edward Hastings und Sir Thomas Cornwallis am 9. Februar in Ashridge und ersuchten die Prinzessin um eine Audienz. Zwei Ärzte der Königin waren ihnen vorangereist, um über Elisabeths Gesundheitszustand Bericht zu erstatten. Sie fanden sie zwar krank und mit stark geschwollenem Körper – ein Übel, unter dem sie schon vor Jahren gelitten hatte –, doch war sie nach Meinung von Dr. Owen und Dr. Wendy reisefähig. Daraufhin überbrachten Lord William Howard und andere ihr den Befehl der Königin, sich nach London zu begeben, und fanden sie »sehr willig und gefügig«. Sie bat nur darum, die Reise noch etwas verschieben zu dürfen, womit Howard einverstanden war. Am nächsten oder übernächsten Tag erklärte sie sich bereit, Ashridge zu verlassen. Sie war auf das Schlimmste gefaßt.

Nachdem Elisabeth die vierte Nacht ihrer Reise im Haus eines Mr. Cholmondeley in Highgate verbracht hatte, wurde ihre Sänfte den Highgate Hügel hinuntergetragen, von dem aus man den Tower und die alte St.-Pauls-Kirche sehen konnte, und weiter ging es am Charterhouse in Smithfield vorbei durch die Fleet Straße nach Whitehall. Trotz der Kälte hatte Elisabeth die Vorhänge zu beiden Seiten ihrer Sänfte aufgezogen, so daß das Volk sie sehen konnte. Die durch das Pferdegetrappel aufmerksam gewordenen Londoner eilten aus ihren Häusern, um einen Blick auf ihre Märchenprinzessin zu werfen, die ganz in Weiß gekleidet und leichenblaß war. Viele fürchteten für ihr Leben, obgleich sie selbst in ihrer Krankheit noch »stolz, hochmütig und trotzig« wirkte. Im Palast verweigerte ihr Maria eine Audienz, und auch ihre Bitte, sie ihrer Gesundheit wegen in einem vom Fluß abliegenden Zimmer unterzubringen, blieb unerfüllt. So weilte sie etwas über einen Monat als Gefangene im Schloß, während Wyatt und seine Genossen verhört wurden.

Zunächst war nichts aus ihnen herauszubringen, was Elisabeth irgendwie belastet hätte. Auch Kanzler Gardiner und Sir John Bourne bemühten sich vergeblich, »Sir Thomas Wyatt dazu zu bewegen, über Elisabeth auszusagen«. Renard wunderte sich, daß man immer noch zögerte, Elisabeth selbst zu verhören, und äußerte den Verdacht, man schiebe es absichtlich hinaus, »in der Hoffnung, daß ein neuer Gesichtspunkt auftauchte, der sie retten könnte«. Er war fest davon überzeugt, daß, solange Elisabeth lebte, Philipp II. kaum ohne Gefahr nach England kommen konnte. Am 15. März gab Wyatt schließlich zu, an Elisabeth geschrieben zu haben, doch habe sie ihm nur mündlich und unverbindlich geantwortet. Nachdem man ihn für schuldig erklärt hatte, soll er unter Folterqualen und in der Hoffnung, sein Leben retten zu können, ein volles Geständnis unterzeichnet haben, in dem er auch die Prinzessin und Courteney beschuldigte. Vor seiner Hinrichtung am 11. April widerrief Wyatt jedoch und bestritt ihre Beteiligung am Komplott erneut.

Trotzdem und obwohl die Mitglieder des Staatsrates heftige Meinungsverschiedenheiten darüber austrugen, weshalb man sie nun eigentlich gefangensetze und wer von ihnen die Verantwortung dafür übernehmen sollte, wurde Elisabeth am Tag danach in den Tower eingewiesen. Für alle Fälle beschloß man aber, sie zu Wasser und nicht durch die Straßen in den Tower zu bringen, da sie in der Stadt zu viele Anhänger besaß. Als ihr der Marquis von Winchester und der Graf von Sussex den Befehl überbrachten, sich bereit zu machen, war sie vor Schreck wie gelähmt. Sie konnte es einfach nicht fassen, daß die Order von ihrer Schwester ausging, und bat, man sollte sie zu ihr lassen. Die Peers schlugen es ihr jedoch ab. Ob sie ihr dann wenigstens einen Brief schreiben dürfe, fragte sie. Winchester meinte, es käme nicht in Frage, Sussex jedoch konnte dabei nichts Schlimmes finden, und so gab man ihr endlich Feder, Tinte und Papier. Die Herren müssen eingesehen haben, daß es für Elisabeth nicht einfach war, an ihre Stiefschwester zu appellieren, die sie, seit sie nach Whitehall gebracht worden war, wie Luft behandelte, und daß die Prinzessin Zeit brauchte, um sich zu sammeln. Und tatsächlich war Zeitgewinn jetzt das wichtigste für Elisabeth: Er konnte ihr das Leben retten. Wenn es ihr gelang, bis zum Einsetzen der Flut an ihrem Brief zu schreiben, so bedeutete dies, daß die Barke, die sie zum Tower bringen sollte, nicht mehr unter der London Bridge hindurchkam. Elisabeth schrieb also:

»Wenn jemals einer die Wahrheit des alten Sprichworts erprobt hat, daß eines Königs Wort mehr bedeutet als der Eid eines gewöhnlichen Menschen, so flehe ich Eure Majestät in aller Demut an, es an mir zu beweisen und sich an Euer letztes Versprechen und meine letzte Bitte zu erinnern, daß ich nicht, ohne mich verantwortet zu haben und ohne triftigen Beweis, verurteilt würde, was jetzt der Fall zu sein scheint; denn mir ist ohne Nachweis meiner Schuld durch Euren Staatsrat der Befehl überbracht worden, mich in den Tower zu begeben, jenen Ort, der für falsche Verräter, nicht aber für eine treue Untertanin geeignet ist. Obwohl ich es nicht verdient habe, scheint es doch dem ganzen Königreich meine Schuld zu beweisen. Ich bitte jedoch zu Gott, mich eher, als daß ich so etwas täte, des schmachvollsten Todes sterben zu lassen.

Und zu dieser Stunde beteuere ich vor Gott, der mein Zeuge ist, daß ich die Wahrheit spreche. Was auch immer böse Zungen mir nachsagen mögen, ich habe nie etwas getan, geplant oder gebilligt, was Eurer Person schaden oder irgendwie dem Staat gefährlich werden könnte. Daher flehe ich Eure Majestät an, mich vor Euch selbst verantworten zu dürfen und mich nicht Euren Räten auszuliefern, und das möglichst, bevor ich in den Tower muß; sollte es jedoch nicht möglich sein, dann, bevor mir weiter der Prozeß gemacht wird. Jedenfalls vertraue ich fest darauf, daß Eure Hoheit mir Gelegenheit geben wird, mich zuvor zu verteidigen, damit man mir nicht weiter so Schändliches nachsagt, wie man es jetzt tut und ohne allen Grund. Möge das Gewissen Eure Hoheit veranlassen, mich besser zu behandeln, als daß ich in aller Augen verurteilt scheine, bevor meine Schuld erwiesen ist ...

So werfe ich mich im Geist noch einmal in aller Demut vor Euch nieder, da ich ja nicht meine Knie in Wirklichkeit vor Euch beugen darf, und flehe Euch an, mit Eurer Hoheit sprechen zu dürfen. Ich wäre nicht so kühn, darum zu bitten, wenn ich nicht von meiner absoluten Schuldlosigkeit und Treue überzeugt wäre. Was den Verräter Wyatt angeht, so hat er mir vielleicht einmal einen Brief geschrieben, aber ich beteure, daß ich ihn nie erhalten habe. Was aber die Abschrift meines Briefes anbetrifft, die ich an den französischen König geschickt haben soll, so möge mich Gott in alle Ewigkeit verdammen, wenn ich ihm je ein Wort, eine Botschaft, ein Zeichen oder einen Brief habe zukommen lassen. Für diese wahrheitsgemäße Versicherung bürge ich mit meinem Leben.«

Weiter wußte sie nichts zu sagen. Da das Geschriebene nur ein Drittel der zweiten Seite bedeckte und es gefährlich gewesen wäre, den Raum frei zu lassen, weil ein geschickter Fälscher einen plötzlichen Widerruf oder ein offenes Schuldbekenntnis hätte hinzufügen können, zog Elisabeth elf Striche quer über die Seite, so daß ihr gerade noch Raum blieb für eine letzte Bitte:

»Ich bitte demütig um ein einziges Wort von Eurer Hand.
Eurer Hoheit treueste Untertanin von allem Anfang an bis zu meinem Tode, Elisabeth.«

Als sie fertig war, war die Flut bereits so hoch gestiegen, daß die Barke nicht mehr ohne Gefahr zum Tower hätte gelangen können. So hatte sie wenigstens diesen einen Tag gewonnen.

Maria verschloß sich ihrem Flehen und war wütend über Sussex und Winchester. Sie hätten so etwas nie gewagt, wenn ihr Vater noch gelebt hätte, sagte sie und wünschte ihn sich nur für einen Monat ins Leben zurück. Die beiden Peers kamen am nächsten Morgen, einem regennassen Palmsonntag, wieder zu Elisabeth, und als sie mit ihnen unter den Fenstern der königlichen Gemächer vorbeiging, warf sie einen Blick hinauf, ob ihre Schwester sich ihr vielleicht zeigte. Aber ihre Majestät nahm an der Palmsonntagsprozession teil. Es war der Tag, den die Verschwörer ursprünglich für den Aufstand ausersehen hatten. Niemand jubelte der Prinzessin nun zu, als sie die Themse hinuntergerudert wurde. Am Wassertor, das seit jenen Tagen das »Verrätertor« heißt, war der Fluß so hoch gestiegen, daß Elisabeth fürchtete, beim Aussteigen nasse Füße zu bekommen. Sie wußte, daß auch ihre Mutter auf diesem Weg in den Tower gebracht worden war, und war auf den Tod gefaßt. Es kostete sie Mühe, mit ihren Aufsehern und den Soldaten zu reden. »Mein Gott«, sagte sie, »ich hätte nie gedacht, daß ich einmal als Gefangene hierher kommen würde. Ich bitte Euch alle, Ihr guten Freunde und Gesellen, seid meine Zeugen, daß ich nicht als Verräterin, sondern als eine Frau hierher komme, die Ihrer Majestät so treu wie nur eine ergeben ist, wofür ich gern den Tod erleiden will.« Nach ein paar Schritten fragte sie Sir John Gage: »Sind alle diese Bewaffneten meinetwegen hier?«

»Nein, Madame«, sagte der wachhabende Offizier und schüttelte den Kopf.

»O doch«, beharrte sie. »Ich weiß es wohl. Es wäre jedoch nicht nötig gewesen, da ich ja leider nur ein schwaches Weib bin.«

Sie stand Todesängste aus, man werde sie wie den kleinen Eduard V. und seinen Bruder stillschweigend beiseite schaffen. Als sie in ihrem Zimmer im Glockenturm war, sagte ihr Graf Sussex ein paar ermutigende Worte. Viele Mitglieder des Staatsrats hätten Mitleid mit ihr, und von sich selbst beteuerte er mit erhobenen Händen, er hätte diesen Tag lieber nicht erlebt. Er ordnete an, ihre Tür unverschlossen zu lassen, denn sie sei »eines Königs Tochter und die Schwester Ihrer Königlichen Majestät«. Am Morgen nach Wyatts Hinrichtung setzte man zwei Londoner Lehrlingen hart zu, weil sie das Gerücht verbreitet hatten, Wyatt habe mit seinen letzten Worten die Prinzessin vom Verdacht des Hochverrats gereinigt.

»Viel verdächtigt« wurde Elisabeth allerdings, aber Maria mußte schließlich einräumen, daß »sich kein Beweis fand«. Nach Wyatts Hinrichtung mußte sie dem kaiserlichen Gesandten gegenüber zugeben, daß, nachdem die Richter alle Dokumente genau geprüft hatten, die Beweise für eine Verurteilung ihrer Schwester einfach nicht ausreichten. Gardiner konnte nicht einmal die Kopie von Elisabeths Brief an Maria, die man in der Posttasche des französischen Gesandten gefunden hatte, vorweisen. Da in den Depeschen, zwischen denen sie gesteckt hatte, eine Unterredung des Kanzlers mit Courtenay erwähnt war, erklärte er, die Dokumente seien verlorengegangen, als die Rebellen seine Bibliothek durchsucht hätten. Nach einiger Zeit gewährte man Elisabeth etwas mehr Freiheit. Zuerst durfte sie in der Galerie auf und ab gehen, und später ließ man sie auch in den Garten des Gouverneurs hinunter. Der Sohn eines Wärters brachte ihr einen Blumenstrauß, und ein kleines Mädchen gab ihr winzige Schlüssel, »um damit die Tore aufzuschließen«. Anfang Mai übernahm Sir Henry Bedingfield ihre Bewachung. Da er hundert Soldaten mitbrachte, geriet Elisabeth aufs neue in Angst. Sie konnte ja nicht ahnen, daß man Anstalten traf, sie aufs Land zu bringen.

Maria befand sich in einer schwierigen Lage. Da sie keine Beweise in der Hand hatte, die genügt hätten, um Elisabeth den Prozeß zu machen, hatte sie auch nicht die Berechtigung, sie noch länger einzusperren. Andererseits erforderte es die politische Lage, die Prinzessin streng zu bewachen und vom Hof fernzuhalten. Ihre Stellung als Thronfolgerin – ganz abgesehen von religiösen Fragen – machte sie zum Brennpunkt der Opposition gegen die spanische Heirat, und schon eine Woche nach Wyatts Hinrichtung wurden in London Flugblätter verteilt, die alle wahren Engländer aufforderten, zusammenzustehen und »den spanischen Fürsten daran zu hindern, ins Königreich zu kommen«. Man mußte die Prinzessin außer Reichweite bringen, bevor Philipp landete, und so schlug Renard vor, man solle sie an den Hof von Brüssel schicken. Dieser Plan erwies sich jedoch als undurchführbar, da man fürchten mußte, in England werde ein neuer Aufstand ausbrechen, wenn man die Prinzessin nach Brüssel brächte. Damals begann die Königin von ihr wieder als von ihrer »Schwester« zu reden, und ihr Porträt wurde in Whitehall an seinen alten Platz gebracht. Nach vielem Hin und Her entschloß man sich, sie nicht nach Ashridge zu schicken, wo sie für Marias Seelenfrieden zu nahe gewesen wäre, sondern nach Woodstock in Oxfordshire. Hier wies man ihr ein ziemlich baufälliges, zugewachsenes Jagdhaus an, das in der Gegend lag, wo später Marlboroughs Schloß Blenheim erbaut wurde.

Am Tag vor dem Dreifaltigkeitssonntag brachte man Elisabeth auf dem Wasserweg nach Richmond. Hanseatische Kaufleute, die mehr Mut besaßen als ihre englischen Zunftbrüder, begrüßten sie mit einem königlichen Salut, als ihre Barke am Stahlhof vorbeifuhr; sie waren der Meinung, man habe sie freigelassen. Wenn wir Foxe Glauben schenken dürfen, war Elisabeth selbst jedoch gerade in jener Nacht, die sie in Richmond verbrachte, überzeugt, daß ihr Ende nahe bevorstand.

Bedingfield, der für die nächsten neun Monate zu ihrem Aufseher bestimmt war, war ein Landedelmann aus Norfolk und Mitglied des Staatsrats. Maria hielt ihn für besonders geeignet, weil er Katharina von Aragons Wächter in ihren letzten Lebensjahren gewesen war, die sie zur Zeit von Anna Boleyns Triumph und Elisabeths Geburt in Kimbolton verbrachte. Bedingfield hatte nicht die Absicht, der Prinzessin das Leben schwerzumachen, aber er war ein Pedant, der sich streng an seine Vorschriften hielt und Elisabeth durch seinen Mangel an Initiative und Phantasie zur Verzweiflung brachte.

Von Richmond wurde Elisabeth in einer Sänfte nach Windsor

getragen, wo sie eine Nacht im Haus des Dechanten verbrachte, »einem Ort, der besser für einen Geistlichen als für eine Prinzessin eingerichtet war«. Als sie am nächsten Tag in Buckinghamshire über die Themse fuhr, kamen die Etonschüler herausgelaufen, um sie zu sehen; in allen Dörfern und Weilern, durch die sie kam, bereitete man ihr einen königlichen Empfang und rief ihr zu: »Gott schütze Euer Gnaden.« Ihre Anwesenheit strafte das Gerücht Lügen, daß man sie aus dem Weg geschafft habe, und was nach Marias Absicht ein Weg in die Verbannung hätte sein sollen, ließ sich an wie die Rundreise einer Königin. Als sie Aston passierte, liefen vier Männer in die Kirche und läuteten ihr zu Ehren die Glocken, wofür sie freilich hinterher ins Gefängnis gesteckt wurden. Nur allzu schnell erreichte man Woodstock, das einen wenig fürstlichen Eindruck machte. Man konnte nur vier Räume zu Elisabeths Gebrauch herrichten. Sir Henry Bedingfield machte Einwände, als sich herausstellte, daß nur drei Türen verschließbar waren, und traf umständliche Vorkehrungen, um zu verhindern, daß man der Prinzessin aus der Außenwelt Botschaften zukommen ließ. Ein Trupp Soldaten hielt nachts auf einem nahen Hügel Wache für den Fall, daß sie einen Fluchtversuch machen sollte, was zu allerlei Gerüchten Anlaß gab. Hier blieb Elisabeth in völliger Einsamkeit bis Ende April 1555.

Kleinliche Vorschriften weckten Elisabeths Widerspruchsgeist. Als sie Parry bat, ihr ein paar lateinische Bücher zu schicken, mußten diese erst nach London gebracht und untersucht werden, ob nicht geheime Botschaften zwischen die Zeilen geschrieben waren. Elisabeth verlangte, auch außerhalb der Gärten im ganzen Park spazierenzugehen, und berief sich darauf, Winchester und Sir John Gage hätten es ihr erlaubt. Sie beschwerte sich darüber, daß Maria ihre Dienerinnen durch andere ersetzt hatte. In einigen Fällen gelangte sie durch Hartnäckigkeit auch zum Ziel, doch erreichte sie nicht, ihre liebste Dienerin, Mistreß Ashley, als »Mutter ihrer Mädchen« zurückzubekommen. Sie bat, an ihre Schwester schreiben zu dürfen, was man ihr kurz vor Marias Hochzeit auch zugestand. Obwohl uns ihr Brief nicht erhalten ist, können wir aus der Antwort der Königin schließen, daß sie abermals ihre Unschuld beteuerte. Maria befahl ihr, keine derart »heuchlerischen Briefe« mehr zu schreiben und lieber Gott zu bitten, ihr zu vergeben. Bedingfield las seiner Gefangenen diesen Brief zweimal vor, worauf sie ihn bat, in ihrem Namen an den Staatsrat zu schreiben. Er erklärte jedoch, er sei hierzu nicht befugt. Da rief sie außer sich, es sei in Woodstock schlimmer als im Tower, denn dort könnten die Gefangenen ihrem Gouverneur wenigstens ihr Herz ausschütten, und wenn sie ihn bitte, das dem Staatsrat auszurichten, so weigere er sich. Am nächsten Tag wiederholte sie ihre Vorwürfe und sagte, wenn Bedingfield weiterhin nicht schreibe, sei sie schlimmer daran als der gemeinste Verbrecher in Newgate. All dies meldete er in seinen umständlichen Berichten an den Hof, und eine Woche später hatte Elisabeth ihren Zweck erreicht. Sie schob jedoch, wie es ihre Art war, den Brief an den Staatsrat noch drei Wochen hinaus. Dann ließ sie Bedingfield endlich eine Petition an den Staatsrat aufsetzen, er möge zwischen ihr und der Königin vermitteln, damit sie sie endlich aus der Gefangenschaft entlasse. Sie bat, entweder vor Gericht gestellt zu werden oder die Erlaubnis zu erhalten, an den Hof zurückzukehren, »was sie nicht begehren würde, wenn sie nicht wüßte, daß ihre Loyalität selbst in den Augen Gottes ohne Makel ist.« Nachdem sie eine Woche vergeblich auf Antwort gewartet hatte, bat sie, einen Diener mit einer weiteren Botschaft an den Hof schicken zu dürfen, was ihr natürlich nicht gestattet wurde. »Und Ihre Gnaden sagt, sie sei sicher, daß Eure Lordschaften über meine übergroße Vorsicht lächeln werden«, berichtete Sir Henry. So ging das Duell bis zur beiderseitigen Erschöpfung weiter. Es heißt, die gefangene Prinzessin habe das Milchmädchen um sein glückliches, sorgloses Leben beneidet.

Im Juni schwollen ihr Gesicht und Glieder wieder an, und Elisabeth fragte an, ob die Leibärzte der Königin sie nicht behandeln könnten. Sie bekam jedoch zur Antwort, dies sei im Augenblick nicht möglich, ein tüchtiger Arzt aus Oxford werde ihr ebenso gute Dienste leisten. Sie tobte: »Ich habe nicht im Sinn, einem Fremden den Zustand meines Körpers zu zeigen, und werde alles Gott anheimstellen.« Bald darauf gab Maria nach und schickte ihr Dr. Owen, der, nachdem er sie untersucht hatte, meldete, Ihre Gnaden sei »voll kalter und wässeriger Körpersäfte«; man müsse sie purgieren, doch sei der Hochsommer die schlechteste Zeit für eine solche Behandlung. Eine sorgfältig zusammengestellte Diät besserte ihren Zustand etwas, und Elisabeth hielt tapfer durch bis Oktober, in dem man sie purgierte und zur Ader ließ.

Den ganzen Sommer über wartete Maria auf Philipps Ankunft, während Elisabeth ihre Scharmützel mit Bedingfield austrug und sich England über seltsame Geschehnisse erregte: Aus Babylon kam auf geheimen Wegen, die nur den Gewürzhändlern bekannt waren, die Kunde, der Antichrist sei in Gestalt eines Knaben geboren worden, der im Alter von acht Tagen bereits sprechen konnte. Auch

Dreinigen, abführen

wurden nicht weniger merkwürdige Naturereignisse beobachtet, in denen man böse Vorzeichen für die spanische Heirat sah. John Dee und andere Astrologen wurden verhaftet, weil sie gewagt hatten, zusammen mit dem Horoskop der Königin und ihres Verlobten auch das der Prinzessin zu erstellen. Maria verbrachte ihre Tage mit Beten und Fasten, da sie fürchtete, ihre Brautzeit werde sich so lange hinziehen, daß sie kein Kind mehr bekommen konnte. Endlich wurde sie an einem regnerischen Julitag in der Kathedrale von Winchester mit Philipp vermählt; anschließend begab sich das Paar nach Hampton Court, um dort die Flitterwochen zu verbringen. Die Tatsache, daß Philipp mit einem großen Gefolge von Spaniern angekommen war, die auf einträgliche Hofämter rechneten, machte ihn in England nicht beliebter. Wie ihr Herr hatten auch diese Spanier nicht viel für die Briten und ihr Land übrig. Die Damen am Hof erschienen ihnen ungebildet und schlecht gekleidet, und ihren Tanz wollten sie bestenfalls als »Einherstolzieren und Herumtraben« bezeichnen. Schon bald nach dem kühlen Empfang in England meinte einer dieser kritischen Südländer, die Heirat werde sich gewiß als Fehlschlag erweisen, wenn die Königin keine Kinder bekomme.

Jedenfalls glaubte Maria bald, ihre Gebete seien erhört worden. Sie fühlte sich schwanger und hoffte, trotz ihres Alters noch einen Thronfolger zur Welt bringen zu können, der England dem katholischen Glauben erhalten und ihre ketzerische Stiefschwester vom Thron fernhalten werde. Im Herbst kehrte Kardinal Pole nach zwanzigjähriger Abwesenheit nach England zurück, um das Land vom päpstlichen Interdikt zu lösen und König Heinrichs Reformation rückgängig zu machen. Inzwischen hatte das Parlament der Kirche freie Hand gegeben, gegen die widerspenstigen Geistlichen eine Ketzerverfolgung einzuleiten. Unter der Aufsicht des Bischofs von London, Edmund Bonner, wurden im Februar 1555 in Smithfield die ersten Scheiterhaufen entzündet. Viele der Eduardischen Geistlichen flohen auf den Kontinent, die übrigen fügten sich.

Dasselbe tat auch Elisabeth. Sie wollte in den *Acts and Monuments* von John Foxe nicht als Märtyrerin, sondern als Verkörperung der göttlichen Vorsehung ihren Platz finden. Am letzten Sonntag im August ging sie zum erstenmal zur Beichte und empfing das Sakrament des Altares. Als man Renard später berichtete, sie habe die Absolution erhalten, gehe täglich zur Messe und verbringe viele Stunden in stiller Andacht, äußerte er seine Zweifel an der Aufrichtigkeit dieser »Bekehrung« und meinte, sie tue ihr Bestes, um den Eindruck zu erwecken, sie habe sich bekehrt, sei jedoch zu klug, um sich ganz einfangen zu lassen. Und tatsächlich ließ sie in Woodstock ihren Kaplan die Litanei und einige der Meßgebete auf Englisch lesen, bis Maria davon hörte und sie wissen ließ, sie müsse sich mit dem lateinischen Gottesdienst abfinden, wie er bei Hof und im ganzen Land üblich sei. Daraufhin zeigte die Prinzessin tiefe Zerknirschung über ihren Irrtum und versprach, »von ganzem Herzen zu gehorchen«.

Die letzten Monate von Elisabeths Aufenthalt in Woodstock verliefen ohne besondere Ereignisse, da sie und Bedingfield sich aneinander gewöhnt hatten und Maria von anderen Dingen in Anspruch genommen war. Foxe berichtet die hübsche Anekdote, Elisabeth habe Bedingfield bei ihrer Thronbesteigung verboten, an den Hof zu kommen, und zu ihm gesagt, er solle heimgehen nach Norfolk. »Und wenn wir einen Gefangenen haben, den Wir in scharfem, strengem Gewahrsam halten wollen, werden Wir Euch holen lassen.« Sir Henry war über dieses Verbot gewiß erleichtert. Er wußte, daß die Königin, die ihn augenzwinkernd ihren »Gefängniswärter« nannte, ihm nicht ernstlich zürnte. Nach zwanzig Jahren scheint sie ihn bei einer ihrer großen Rundreisen durch ihre östlichen Landesteile in seinem Haus in Oxborough sogar noch einmal besucht zu haben.

Gleich nach Ostern 1555 erhielt Bedingfield Order, seine Schutzbefohlene nach Hampton Court zu bringen. In ihrer Krankheit und inneren Bedrängnis waren in Maria wieder die alten Ängste erwacht, und je näher der Tag der vermeintlichen Geburt kam, desto schlimmer plagten sie ihre Gewissensbisse. Wie, wenn sie im Kindbett sterben und vor ihren Schöpfer treten mußte, ohne sich mit ihrer Stiefschwester versöhnt zu haben? Philipp seinerseits wollte die Thronfolge endgültig geklärt sehen, da er beabsichtigte, England so bald wie möglich wieder zu verlassen, und selbst Renard änderte seine Haltung und meinte, man solle die Prinzessin in Gnaden wieder aufnehmen. Durch das Jahr, das sie fern von der ungesunden Luft und dem Nebel Londons auf dem Land verbracht hatte, hatte Elisabeth wenigstens ihre Gesundheit wiedergewonnen. Nach der bekannten Anekdote Holinsheds, die nicht umzubringen ist, soll sie, kurz bevor sie Woodstock verließ, mit einem Diamanten ihres Rings folgende drei Zeilen in eine Fensterscheibe geritzt haben:

> Von vielen verdächtigt ward ich,
> Doch kein Beweis fand sich,
> Sprach Elisabeth, die hier gefangen saß.

Sie kam »ganz privat, nur von drei oder vier ihrer Damen begleitet« an den Hof und wurde von Lord William Howard in Hampton Court empfangen und der Aufsicht der Herzogin von Alba übergeben, was eine offene Brüskierung darstellte. Elisabeth hatte Maria achtzehn Monate lang nicht gesehen, und mit Philipp war sie überhaupt noch nicht zusammengetroffen. Doch Maria hatte keine Eile, ihr eine Audienz zu gewähren, und Bedingfields Soldaten bewachten auch weiterhin ihre Tür. Wenn wir dem französischen Gesandten Glauben schenken dürfen, konnte Philipp allerdings nach drei Tagen seine Neugier nicht mehr bezähmen, und Maria ließ sich sogar dazu herab, ihr ein prächtiges Kleid für diese erste Begegnung zu leihen. Der Kanzler, Bischof Gardiner, versuchte Elisabeth dazu zu bewegen, ihre Beteiligung an Wyatts Rebellion zuzugeben. Elisabeth weigerte sich jedoch, um Vergebung zu bitten, da sie sich keines Unrechts bewußt sei. Als Gardiner Maria diese Worte hinterbrachte, äußerte diese »ihre Verwunderung darüber, daß Elisabeth so standhaft auf ihrer Unschuld beharrte«. Wenn die Prinzessin sich nichts habe zuschulden kommen lassen, hätte man kein Recht, sie gefangenzuhalten. Da aber Gerechtigkeit sein müsse, sagte sie zum Kanzler, solle er sich »etwas anderes einfallen lassen«. Elisabeth ließ sich jedoch auf nichts ein und blieb bei ihrer Behauptung. Wille stand gegen Wille, und nach vierzehn Tagen gab Maria nach.

Eines Abends gegen zehn Uhr kam Susan Clarence, die Intendantin von Marias Garderobe, zu Elisabeth ins Zimmer, um sie zur Königin zu bitten. Bei Fackelschein geleitete sie die Prinzessin durch den Garten in das Schlafgemach der Stiefschwester. Sobald Elisabeth das Zimmer betreten hatte, fiel sie auf die Knie und beteuerte abermals ihre Unschuld.

»Du willst also dein Unrecht nicht eingestehen und darauf beharren, daß Du die Wahrheit gesprochen hast«, fragte ihre Schwester. »Ich bete zu Gott, daß es so ist.«

»Wenn es nicht so ist, verlange ich aus den Händen Eurer Majestät weder Gnade noch Verzeihung«, antwortete die Prinzessin.

»So bleibst Du also hartnäckig bei Deiner Behauptung«, sagte Maria. »Vermutlich willst Du damit sagen, Du seist zu Unrecht bestraft worden.«

»Das würde ich mich nicht unterstehen, zu Eurer Majestät zu sagen.«

»Dann wirst Du es vielleicht zu anderen sagen«, wandte die Königin ein.

»O nein, Eure Majestät, das werde ich nicht tun. Ich habe meine Bürde getragen und muß sie weiter tragen. Ich bitte Eure Majestät inständig, mich stets als treue Untertanin zu betrachten, nicht nur von Anfang an bis heute, sondern für immer, solange ich lebe.«

So kam endlich bei diesem persönlichen Gespräch eine Versöhnung zustande. Maria nahm Elisabeths Loyalitätserklärung an und sagte ihr »ein paar beruhigende Worte«. Vielleicht hatte Philipp hinter einer Tapete versteckt alles mitangehört. Kurz darauf durfte Elisabeth sich wieder ungehindert am Hof bewegen, obwohl sie zunächst noch nicht in der Öffentlichkeit in Erscheinung trat. Später im Sommer wurde ihr gestattet, mit ihrer Dienerschaft auf das Land zu gehen. Um und die Situation noch weiter zu vereinfachen, schickte man den Grafen von Devon, Eduard Courtenay, ins Ausland.

In diesem regennassen Sommer des Jahres 1555, in dem das Korn nicht reifte – eine Heimsuchung, wie man sie in den letzten fünfzig Jahren nicht erlebt hatte – trafen sich jedoch verschiedene frühere Gesinnungsgenossen Wyatts in London, um einen neuen Aufstand zu planen, der wiederum zum Ziel hatte, Elisabeth und Courtenay an Stelle von Maria und Philipp auf den Thron zu heben. Diese Verschwörung war ebensosehr gegen Spanien wie gegen die Papisten gerichtet, denn es ging vor allem darum, die Krönung Philipps zum englischen König zu vereiteln. Diese sogenannte Dudley-Verschwörung erreichte im nächsten Frühjahr ihren Höhepunkt. Wie sich dieses Komplott im einzelnen entwickelte, ist unklar; wir sind, was die Rekonstruktion der Ereignisse angeht, weitgehend auf die Depeschen des französischen Gesandten angewiesen, der in der Absicht, die Pläne der Habsburger in England zu durchkreuzen, selbst bis über den Hals in die Intrigen verstrickt war. Heinrich Dudley, ein entfernter Verwandter des verstorbenen Herzogs von Northumberland, war unter König Eduard Hauptmann der Leibwache in Guisnes gewesen. Er und sein Helfershelfer John Throgmorton hatten vor, die Staatskasse zu rauben, sich des Tower zu bemächtigen und die Königin umzubringen. Die englischen Emigranten in Frankreich sollten unter Courtenays Führung auf der Insel Wight landen, während in den einzelnen Grafschaften, vor allem des Westens, Volksaufstände in die Wege geleitet werden sollten. Es war jedoch alles etwas wirklichkeitsfremd und laienhaft angelegt. Die Verabredungen wurden nicht geheimgehalten, die versprochene Hilfe blieb aus, und der Aufstand verlief im Sand. Daß das ganze nicht völlig als Farce endete, war allein der Standhaftigkeit Throgmortons zu danken, der auch auf der Folter die Namen seiner Mitverschworenen nicht preisgab.

Elisabeth wußte genau, was auf dem Spiel stand, und hielt sich aus dem zweifelhaften Unternehmen heraus. Noch hatte sie die Gefangenschaft, in die sie Wyatts Revolte gebracht hatte, in zu frischer Erinnerung, um ihren Hals zu riskieren. Sicher ist, daß einige Mitglieder ihres Haushalts in die Sache verwickelt waren: der Heißsporn Francis Verney zum Beispiel, der ihr Italienisch-Unterricht gab, und möglicherweise auch Mistreß Ashley. Man fürchtete in Elisabeths Umgebung allen Ernstes, daß man sie nach Spanien schicken werde, vielleicht sogar als Braut des unglücklichen Don Carlos, der damals erst elf Jahre alt war, und drang in sie, nach Frankreich zu fliehen. François de Noailles, der neue französische Gesandte, warnte sie jedoch davor: Eine Flucht wäre ihr Verderben, sagte er immer wieder, und noch in späteren Jahren stellte er gern fest, Elisabeth wäre nie auf den Thron gekommen, wenn sie damals nicht auf seinen Rat gehört hätte. Wie bei der Rebellion Wyatts tauchte auch jetzt Elisabeths Name immer wieder im Zusammenhang mit unzähligen Gerüchten und Äußerungen von Zeitgenossen auf, die uns zum Teil wörtlich überliefert sind. Es hieß, man wolle »Lady Elisabeth und Lord Courtenay auf den Thron erheben, um Gottes Wort wieder zur Herrschaft gelangen zu lassen und die Spanier und Papisten aus England zu vertreiben.« »Elisabeth«, äußerte ein anderer Zeitgenosse, »ist eine wirklich freigebige Dame und nicht so hartherzig wie ihre Schwester, und diese Freigebigkeit hat sie von ihrer Mutter, die eine der mildtätigsten Frauen war«. Rein persönlicher Natur war das Interesse jenes Biedermanns, der meinte: »Wenn meine Nachbarin aus Hatfield an die Regierung käme, erhielte ich meine Ländereien zurück.«

Diesmal bestand jedoch nicht die Gefahr, daß Elisabeth wieder in den Tower wandern mußte, dazu war ihre Stellung inzwischen zu sehr gefestigt. Philipp wußte, daß das Parlament in seine Krönung nie einwilligen würde, wenn Elisabeth in England eingekerkert oder ins Ausland verbannt würde, und Maria fühlte, daß ein Volksaufstand von weit größerem Ausmaß als der Dudleys und Throgmortons drohte, wenn ihrer Schwester etwas zustoßen sollte. Der Prinzessin wurde mitgeteilt, Maria weigere sich, den Gerüchten Glauben zu schenken, daß sie in das Komplott verwickelt sei. So sehr hatte die Königin ihre Einstellung seit 1554 geändert, als sie Elisabeths Schuld für erwiesen gehalten hatte, falls diese ihre Unschuld nicht beweisen konnte. Maria glaubte sich in ebenso großer persönlicher Gefahr wie damals, als Wyatt nach London marschiert war. Sie verdoppelte ihre Leibwache und ließ sich selten in der Öffentlichkeit sehen. Es hieß sogar, sie trage ein Panzerhemd. Aber sie wußte, daß die Gefahr ihr nicht von ihrer Schwester drohte. Zwei Jahre nach der Dudley-Verschwörung schrieb Simon Renard ein Memorandum über die allgemeine Lage zur Zeit, als er Gesandter Karls V. in London war. »Alle Komplotte und Unruhen, die England in den letzten vier Jahren beunruhigt haben, zielten darauf ab, die Regierung schon eher in Elisabeths Hände zu bringen, als der Lauf der Natur es gestattete«, heißt es darin. Elisabeth überlebte diese Komplotte, jedoch nicht – wie Renard meinte – durch die Unterstützung »einer organisierten und einflußreichen Partei«, die es nicht gab, sondern weil sie von treuen Dienern umgeben war. Man kann daher verstehen, daß ihr Hof im Juni 1556 umgestaltet wurde.

Mistreß Ashley wurde verhaftet, wobei ihre Sammlung von protestantischen Traktaten in Haus Somerset heftigen Argwohn erregte. Sie leugnete jedoch, irgend etwas von einer Verschwörung gewußt zu haben, und behauptete, ihre Loyalität sei zu allgemein bekannt, als daß man annehmen könne, sie habe zwei »so schlimmen Gesellen« wie Dudley und Throgmorton ihr Vertrauen geschenkt. Sir Thomas Pope wurde mit der Leitung von Elisabeths Haushalt betraut, die er nur widerstrebend übernahm. Aber die Prinzessin fand in ihm einen weit sympathischeren Kustoden als in Bedingfield. Er erwies sich als kultivierter Mann, dem vor allem das von ihm gegründete Trinity College in Oxford am Herzen lag und der einen weiteren Horizont hatte als der Landedelmann aus Norfolk. So verliefen die wenigen Monate, die Elisabeth unter seiner Aufsicht verbrachte, ohne besondere Ereignisse. Ihr treuer Haushofmeister Thomas Parry war noch immer auf seinem Posten, und Roger Ascham kam gelegentlich als willkommener Besucher. Sir Thomas war kein Griesgram. Er wußte, daß junge Leute, auch wenn sie so eifrig studierten wie die Prinzessin, gern vergnügt waren, und so wurde zum Beispiel am Fastnachtsdienstag in Hatfield Hall ein Fest mit Musik und Tanz veranstaltet.

Ende des Jahres kam die Nachricht nach England, daß Eduard Courtenay, den das Volk Elisabeth als Gemahl zugedacht hatte, in Padua gestorben war. Dieses Ereignis trug zunächst ebenfalls dazu bei, Elisabeths Lage zu erleichtern, ließ dann aber auch die allgemeine Diskussion um einen für Elisabeth passenden Gemahl erneut aufleben, zumal inzwischen allen außer Maria selbst klar geworden war, daß Philipp sie nur geheiratet hatte, um in England die Herrschaft zu erlangen. Daher kam, je mehr sich der Gesundheitszustand Marias verschlechterte, der Heirat Elisabeths eine um so größere Bedeutung zu. Im Laufe der Zeit hatte man bereits verschiedene Fürsten aus dem Hause Habsburg als passende Kandidaten für ihre Hand vorgeschlagen.

Da war zunächst Erzherzog Ferdinand, der in Prag residierte, und von dem es hieß, er sei »hochgemut und heiter«, und »sein stolzes Auftreten und seine Freigebigkeit« seien »nicht weniger bemerkenswert als sein Katholizismus«. Auch Don Carlos wurde immer wieder genannt, auch dann noch, als Elisabeth rundheraus erklärt hatte, sie werde nicht heiraten. Weiter kam noch Emanuel Philibert von Savoyen, ein Verwandter Philipps und Ratspensionär von Spanien, in Frage. Philipp unterstützte diesen Antrag Maria gegenüber mit allem Nachdruck, und als er nach einer Abwesenheit von neunzehn Monaten wieder für kurze Zeit nach England kam, brachte er die Herzogin von Lothringen mit, welche die Prinzessin zur Hochzeit mit Emanuel Philibert nach Flandern geleiten sollte. Als der König von Frankreich davon erfuhr, rief er aus: »Ich kann mir nicht vorstellen, daß die dort drüben das dulden werden.« Der französische Gesandte schickte die Marquise von Northampton zu Elisabeth, um sie zu warnen, worauf die Prinzessin mit Nachdruck versicherte, sie werde lieber sterben, als England Philipps Willen unterwerfen. Maria rief sie an den Hof, um den Plan mit ihr zu besprechen; da sie selbst jedoch fast genauso dagegen war wie die Prinzessin, erklärte sie Philipp, es sei ganz unmöglich, ohne Zustimmung des Parlaments eine solche Heirat in die Wege zu leiten. Philipp gab die Hoffnung nicht auf, seinen Willen endlich doch noch durchzusetzen, kam jedoch, solange er in England war, mit diesem Plan nicht weiter. An Ostern traf völlig unerwartet eine Gesandtschaft des Königs von Schweden ein, um für dessen Sohn Erich um Elisabeths Hand zu werben. Maria geriet in große Aufregung, da sie Philipps Zorn fürchtete, wenn man diesen Plan auch nur zur Diskussion stellte. »Nachdem Madame Elisabeth erwiderte, sie habe nicht den Wunsch zu heiraten, hat sie sich wieder etwas beruhigt, aber sie spricht noch immer unaufhörlich davon«, meldete der neue kaiserliche Gesandte Feria.

Nach Philipps Abreise war Maria auf die Gesellschaft ihrer Schwester mehr denn je angewiesen, und im Sommer 1557 lebten sie ein paar Wochen lang in engerer Gemeinschaft als wohl je zuvor seit dem Tode ihres Vaters. Man erzählte sich, die Königin habe sich damals wiederum guter Hoffnung geglaubt, und Elisabeth habe ihr voll Mitfreude Babykleider genäht. Auch die Londoner merkten, daß die Prinzessin bei Hof wieder in Gunst stand, als sie zur Feier der Mitsommernacht mit Maria in einer mit frischen Blumen geschmückten Barke den Fluß nach Richmond hinunterfuhr, wo Maria anschließend im Palast ein rauschendes Fest gab. Später im Jahr stattete die Königin Hatfield einen offiziellen Besuch ab, bei dem Elisabeth die beflissene Gastgeberin spielte. Die Schwestern sahen sich aus sicherer Entfernung gemeinsam eine Bärenhatz im Schloßhof an, und zur Abendunterhaltung hatte Elisabeth die Chorsänger von St. Paul kommen lassen. Einer der Knaben hatte eine so bezaubernde Stimme, daß die Prinzessin fragte, ob sie ihn auf dem Spinett begleiten dürfe.

Philipp hatte Maria nicht, wie sie im stillen hoffte, einen Thronerben hinterlassen, doch hatte dieser letzte Besuch, den er England abstattete, kaum weniger schwerwiegende Folgen. Es war ihm gelungen, Marias Unterstützung für seinen Krieg gegen Frankreich zu gewinnen, obwohl England in keiner Weise darauf vorbereitet war. Sechs Monate später war Calais verloren. Es fiel, wie ein englischer Augenzeuge sich ausdrückte, »durch die Nachlässigkeit des Staatsrates zu Hause, durch die Verschwörung von Verrätern anderswo und durch die Macht der Feinde, denen die Wut der Elemente und widrige Winde zu Hilfe kamen«. Es war ein nationales Unglück allerersten Ranges. Maria, der man die Hauptschuld an der Katastrophe gab, mußte erkennen, daß Englands Ansehen, statt durch ihre Heirat mit Philipp zu wachsen, einen absoluten Tiefpunkt erreicht hatte. Calais, die Bastion, für die ihr Vater ein Vermögen ausgegeben hatte, war verloren, und England war auf eine Größe wie zu König Harolds Zeiten zusammengeschrumpft. Der schmachvolle Verlust der französischen Festung mit all den schlimmen Folgen erweckte im englischen Volk ein leidenschaftliches Nationalgefühl, das sich Ende des Jahres im Jubel über Elisabeths Thronbesteigung Luft machte. Es war um so stärker, als es nach außen die Form eines militanten Protestantismus annahm, doch wäre es falsch, das nationalistische Element darin zu unterschätzen. Auch Elisabeth hat in den kommenden Jahren immer wieder Pläne geschmiedet und Verhandlungen geführt, um Calais zurückzugewinnen.

Maria aber verlor durch diese militärische Niederlage ihren letzten Halt. Sie fühlte sich von Philipp im Stich gelassen, und ihre Krankheit – Wassersucht, in heimtückisches Fieber oder was es sonst sein mochte – verschlimmerte sich ständig. Im Herbst lag sie dahinsiechend im St.-James-Palast, während Elisabeth in Hatfield auf den Augenblick wartete, da man sie rufen würde. Sie überließ nichts dem Zufall. Zuviel stand für sie auf dem Spiel, als daß sie dem Gang der Ereignisse passiv hätte zuschauen können. Was kümmerte es sie jetzt noch, daß man sie »viel verdächtigte«? Die Initiative im Duell mit ihrer Schwester war an sie übergegangen. Als im Spätsommer im

Ausland Gerüchte über Marias Tod umgingen, schickte Sir Nicholas Throgmorton zum Beispiel ein längeres geheimes Memorandum an Elisabeth, in dem er ihr auseinandersetzte, welche Taktik sie befolgen solle, »um sich durch einen vorsichtigen Anfang den Erfolg zu sichern«. Er machte Vorschläge – nicht nur uneigennützige, versteht sich –, wie die Ämter neu zu besetzen seien, und gab ihr Hinweise, wie sie in den ersten schwierigen Stunden nach ihrer Thronbesteigung die Regierung sicher in die Hände bekommen könne. Der Oktober war noch nicht zu Ende, da quittierte die Prinzessin solche Loyalitätserklärungen bereits mit der Versicherung, sie werde ihr in der Vergangenheit geleistete Dienste und Treuegelöbnisse nicht vergessen.

Elisabeth traf Vorkehrungen um Versuche, ihr den Thron streitig zu machen – ob sie nun von den Spaniern, Franzosen, den Thronprätendenten aus der Suffolk- oder der Stuart-Linie kommen sollten –, von vornherein zu vereiteln. Ihr Haushofmeister Parry stand in engem Kontakt mit Sir John Thynne, der sich für eine starke Anhängerschaft in Wiltshire verbürgte, falls es zu Schwierigkeiten kommen sollte. Es war sogar mit verschiedenen Hauptleuten der Garnison Berwick verabredet worden, daß sie mit ihren Truppen bis nach Hertfordshire marschieren sollten, um Elisabeth »den Stand, den Titel und die Würde einer Königin zu sichern«. Sie hatte Marias Bedrängnis im Juli 1553 noch in zu frischer Erinnerung, als daß sie mit einem friedlichen Thronwechsel gerechnet hätte, wenn sie auch darum betete, es möge ihr erspart bleiben, sich ihren Thron erkämpfen zu müssen.

Philipps Sonderbeauftragter, Graf Feria, der Elisabeth bereits im Juni besucht hatte, kam eiligst aus Brüssel angereist, als das Ende von Marias unglücklichem Leben herannahte. Am 9. November rief er den Staatsrat zusammen und erklärte sich in Philipps Namen mit Elisabeth als Nachfolgerin einverstanden, und auch Maria erholte sich noch einmal so weit, daß auch sie ihre Zustimmung geben konnte. Sie bat nur, man solle ihre Schwester versprechen lassen, den alten Glauben hoch zu halten und ihre Schulden zu bezahlen. Der Präsident des Reichsarchivs und der Oberhofmarschall ritten nach Hatfield, um ihr diese Nachricht zu überbringen. Am folgenden Tag traf auch de Feria dort ein, der bemüht war, von Anfang an das entscheidende Wort bei den Verhandlungen zu führen. Sie müsse sich darüber im klaren sein, sagte er, daß sie ihren Thron der Vermittlung ihres Schwagers verdanke. Elisabeth aber erwiderte ihm, das englische Volk habe sie auf diesen Platz gestellt und nicht ein fremder Fürst. »Sie hängt sehr an ihrem Volk«, stellte de Feria verwundert

fest, »und sie ist fest davon überzeugt, daß es auf ihrer Seite steht.«
Und er fügte hinzu: »Sie ist eine sehr eitle Frau, aber auch sehr schlau.
Offenbar bewundert sie ihren Vater und seine Politik sehr.« De Feria
war ein guter Menschenkenner, aber die Lage beurteilte er trotzdem
falsch. Als Elisabeth ohne Zwischenfälle auf den Thron kam, war er
fassungslos, und in dem Bericht an seinen Herrn meinte er höchst
bekümmert: »Was kann man schon von einem Land erwarten, das
von einer Königin und noch dazu von einem jungen Mädchen regiert
wird, das zwar klug, aber ohne jede Umsicht ist und das sich jeden
Tag ganz offen gegen die Religion stellt... Ich habe den Eindruck,
daß man Elisabeth unvergleichlich mehr fürchtet als ihre Schwester;
sie versteht es, Befehle zu erteilen und sich ebenso unwidersprochen
durchzusetzen wie ihr Vater.«

Maria starb am Donnerstag, dem 17. November 1558, vor Tages-
anbruch. Nachmittags läuteten bereits die Glocken zu Ehren der
neuen Herrscherin, wie sie es noch lange nach Elisabeths Tod alljährlich am Jahrestag ihrer Thronbesteigung tun sollten. So war sie
nun im Alter von fünfundzwanzig Jahren endlich zu ihrem Recht
gekommen. Sie war ohne die Liebe einer Mutter aufgewachsen und
hatte den Makel hinnehmen müssen, als Bastard zu gelten. Unter
zwei Lord-Protektoren hatte sie sich gegen den Verdacht des Hochverrats verteidigen müssen, und unter Maria hatte sie voller Todes-
angst im Tower gesessen. Sie hatte gesiegt trotz aller Schwierigkeiten,
in die sie Wohlwollende wie Feinde gestürzt hatten. Ihre ganze Erziehung, all ihr Wissen, ihre Selbstdisziplin und Selbstverleugnung,
ihre Einsamkeit und ihre Sorgen hatten einzig »der Krone des Reiches«
gegolten, die ihr zu Recht zustand, und sie war entschlossen, sie nie
wieder herzugeben.

DRITTES KAPITEL

Gottes Geschöpf

Das Parlament trat noch am 17. November zusammen. Dem Erzbischof von York und Lord-Kanzler, Nicholas Heath, fiel die Aufgabe
zu, den versammelten Mitgliedern des Ober- und Unterhauses die
Thronerledigung durch den Tod der Königin zu verkünden. Daraufhin zogen alle feierlich zum Portal der Westminster Hall, wo Elisabeth zur Nachfolgerin Marias proklamiert wurde. »Elisabeth, von
Gottes Gnaden, Königin von England, Frankreich und Irland, Verteidigerin des Glaubens et cetera«, verkündigte der Erste Wappenherold, »hat als einzige durch Blut und gesetzliche Nachfolge be-
rechtigte Erbin nach dem Tode ihrer geliebten Schwester die Thronfolge angetreten.« Er erinnerte die Untertanen an ihre Treuepflicht
gegenüber ihrer neuen Königin, die ihrerseits »keine geringere Liebe
und Fürsorge« zu ihrem Volk als ihre Vorgänger gelobte. Alle wurden ermahnt, Frieden zu halten und nicht unter irgendeinem Vorwand eine Änderung der althergebrachten Sitte und Ordnung zu
versuchen. Dann ritten die Herolde weiter, um die Proklamation vor
dem Lord-Mayor und den Ratsherren in Cheapside Cross zu wiederholen.

Alles war begeistert. In den Straßen wurden Freudenfeuer ent-
facht, ohne Rücksicht darauf, daß dies für die strohgedeckten Holz-
häuser eine große Gefahr bedeutete. Die Kirchenglocken läuteten.
Und in ihrer Freude, daß es mit der alten Ordnung nun vorbei war,
schleppten die Londoner Tische auf die engen Straßen, »um zu Ehren
der neuen Königin zu essen und zu trinken und fröhlich zu sein«. Als
die Nachricht vom Thronwechsel in die Städte und Dörfer der Grafschaften drang, wurde sie dort mit demselben Jubel aufgenommen.
Selbst im streng katholischen Norden, der so weit ablag von den
königlichen Umzügen und dem verführerischen Zauber des Herr-
schertums, wurde die neue Monarchin begeistert begrüßt. »Sie ist
eine Fürstin, wie man sie sich nur wünschen kann«, hieß es in York.

»In ihr ist kein Tropfen spanischen oder fremden Bluts, sondern sie ist hier unter uns rein englisch geboren und uns daher von Natur aus zugehörig.« Noch nie hatte einem neuen Monarchen eine solche Welle der Popularität entgegengeschlagen.

Die Königin selbst konnte den Treuekundgebungen nicht beiwohnen. Schon früh am Morgen war eine Abordnung von Räten und Höflingen nach Hatfield geritten, um Elisabeth die Hand zu küssen. Jahre später hat Naunton eine hübsche Anekdote erzählt, die, wenn sie wahr ist, der Szene nicht nachsteht, die sich 1837 im Kensington-Palast abspielte und in der eine andere Prinzessin von ihrem hohen Schicksal erfuhr. Als die Abordnung eintraf, um Elisabeth zu huldigen, soll sie – im Park – auf die Knie gesunken sein und die Worte des Psalmisten gesprochen haben: »Dies ist des Herrn Werk; es ist wunderbar in unseren Augen.« Auch soll sie später einmal gesagt haben, als sie vom Tod ihrer Schwester gehört habe, habe sie geweint und geweint. Es wurde Befehl gegeben, die Häfen zu schließen und die Küsten von Kent und Sussex sorgsam zu überwachen, da man sich noch immer im Krieg mit Frankreich befand. Dr. Bill, der Kaplan der Königin, erhielt den Auftrag, die Sonntagspredigt in Paul's Cross zu halten, da er als ein friedliebender Mann bekannt war. Ein glücklicher Zufall wollte es, daß Kardinal Pole, der Erzpriester der englischen Gegenreformation, starb, als Elisabeth gerade eben ein paar Stunden Königin war, so daß sie auch diesen unversöhnlichen Gegner los war.

Die Sitte verlangte, daß eine gewisse Trauerzeit eingehalten wurde, bevor der neue Monarch offiziell die Nachfolge antrat, und so berief Elisabeth ihren Staatsrat erst für Sonntag, den 20. November, zu seiner ersten Sitzung, nachdem in allen Kirchen im Land ein feierliches Tedeum abgehalten worden war. Sie ernannte William Cecil zu ihrem ersten Staatssekretär und forderte ihn auf, ohne Rücksicht auf ihre persönlichen Wünsche ihr stets den Rat zu geben, den er als den besten erkannt habe. Obwohl Cecil seiner Überzeugung nach Protestant war, hatte er sich unter Maria äußerlich dem Katholizismus gefügt. Er war jetzt achtunddreißig Jahre alt und nach den Maßstäben der Tudor-Zeit bereits ein Mann von großer politischer Erfahrung. Die Königin und ihr Staatssekretär begannen an diesem Tag eine Partnerschaft, die in der englischen Geschichte einzig dasteht und volle achtunddreißig Jahre währte.

Im späteren Verlauf dieses Sonntags richtete Elisabeth an die wichtigsten Mitglieder von Marias Staatsrat die folgenden Worte: »Meine Lords, das Gesetz der Natur drängt mich, um meine Schwester zu trauern«; die schwere Last, die mir auf die Schultern gelegt wurde, macht mich bestürzt. Doch will ich, da ich ja Gottes Geschöpf bin und die Pflicht habe, seinem Willen zu gehorchen, mein Schicksal auf mich nehmen, wobei ich von ganzem Herzen darum bete, der Herr in seiner Gnade möge mir helfen, die Dienerin seines göttlichen Willens in dem mir nun übertragenen Amt zu sein.«

Sie wollte den Staatsrat möglichst klein halten und wünschte im Augenblick so wenig Veränderungen wie möglich vorzunehmen. Noch zögerte sie, ihre Hand spüren zu lassen. Diejenigen, die ausscheiden mußten, bat sie, der Krone trotzdem die Treue zu halten. Niemand wunderte sich darüber, daß sie Thomas Parry zu ihrem Oberhofmarschall und ihre andere treue Verbündete, Kate Ashley, zu ihrer Ersten Hofdame ernannte. Daß Robert Dudley das hohe Amt des Oberhofstallmeisters übernahm, verursachte freilich einiges Kopfzerbrechen.

Nach drei weiteren Sitzungen des Staatsrats zog Elisabeth in Begleitung von mehr als tausend Lords, Rittern und Herren sowie deren Damen in ihre Hauptstadt ein. Allen voran ritt als Königlicher Oberzeremonienmeister der einzige Herzog Englands, ihr junger Vetter Norfolk. Als Elisabeth beim Charterhouse haltmachte, »kam ganz London aus den Häusern und empfing sie mit lautem Jubel«. Nachdem sie fünf Tage im Charterhouse verweilt hatte, zog sie mit viel Prunk und Gepränge durch die Straßen Londons zum Tower und nahm offiziell von der Zitadelle, die ihr Gefängnis gewesen war, Besitz. Unterwegs gewann sie sich durch ihre Leutseligkeit die Herzen des Volkes. Dann fuhr sie auf der Themse nach Somerset House, wo sie blieb, bis man in Whitehall alles für ihren Empfang zu Weihnachten vorbereitet hatte.

Elisabeth hatte den Wunsch, sobald wie möglich gekrönt zu werden, um allen Zweifeln an ihrer Legitimität zuvorzukommen. Obwohl die Akte von 1544 ihr die Thronfolge nach Maria zusicherte, war ein früheres Statut, das sie von der Nachfolge ausschloß, nicht annulliert worden. Auf Anregung Lord Robert Dudleys stellte Dr. John Dee durch eine astrologische Berechnung fest, daß Sonntag, der 15. Januar 1559, das günstigste Datum für ihre Krönung sei. So blieb nur wenig Zeit für die vielen Vorbereitungen, die noch zu treffen waren.

Als schwierigstes Problem stellte sich die Frage, wer die Krönungszeremonie vollziehen sollte. Durch Poles Tod war der Bischofsstuhl des Erzbistums Canterbury vakant geworden, und Erzbischof Heath von York weigerte sich, die Krönung vorzunehmen, da er über Gerüchte, die Lehre solle wieder geändert werden, ernsthaft beunruhigt war. Acht Bischofsstühle standen bereits leer, und der übrige katholische Episkopat bangte sowohl um die Zukunft der Kirche als auch um die eigene Existenz, ja sogar um das nackte Leben. Während die Protestanten, die aus ihrem Exil in Genf und Zürich nach England zurückkehrten, in Elisabeth ihre Deborah sahen, die das Reich aus dem Abgrund der Finsternis erretten würde, fürchteten die Anhänger der alten Kirche, daß Marias Tod das Ende einer Epoche bedeutete. Schließlich kam man zu dem Schluß, daß Bischof Oglethorpe von Carlisle als Suffraganbischof des Erzbischofs von York die Zeremonie vollziehen sollte. Die übrigen dreizehn englischen und walisischen Bischöfe mit Ausnahme des Londoner Erzbischofs Bonner wohnten der Krönung zwar bei, wirkten jedoch beim Gottesdienst selbst nicht mit. Elisabeth befahl Bonner, den sie nicht ausstehen konnte, Bischof Oglethorpe für die Feier seine prächtigsten Kirchengewänder zu leihen.

Bei den Kaufleuten der Stadt wurden kostbare Stoffe aller Art bestellt, um den Hof festlich einzukleiden. 3958 Pfund kosteten allein die gold- und silberdurchwirkten Stoffe, der Samt und die Atlasseide, welche der Seidenhändler William Chelsham lieferte. Mitte Dezember schickte man sogar einen Beauftragten nach Antwerpen, um dort einiges einzukaufen, was in London nicht zu haben war. Ein Heer von Schneidern verarbeitete dann all die kostbaren Stoffe zu prächtigen Kleidern und Dekorationen. Jedermann am Hof erhielt für diese Gelegenheit neue Gewänder. Die Hofnarren Will Somers und Jane bekamen Kostüme aus orangefarbenem Samt, der mit purpurfarbenem und goldenem Flitter verziert war. Die achtzehn in Goldtuch gekleideten Pagen trugen an ihren Helmen rote, weiße und gelbe Straußenfedern. Den Wappenherolden und Herolden, die bei den Zeremonien eine wichtige Rolle zu spielen hatten, wurden vom Hofmaler die Wappen mit Ölfarben auf ihre Gewänder gemalt. Die hohen Staatsbeamten, wie zum Beispiel der Großkämmerer, bekamen karmesinrote Samtgewänder, während die Staatsräte in karmesinrotem Atlas einherschritten. Jeder der neununddreißig Hofdamen, die ihrer Majestät am Tag vor der Krönung aufzuwarten hatten, wurden sechzehn Ellen Samt für ein Kleid und zwei Ellen Goldstoff für die Ärmelaufschläge zur Verfügung gestellt.

Für die Königin selbst fertigte man die denkbar prächtigsten Gewänder an. Als sie am Tag vor der Krönung in feierlicher Prozession durch die Stadt zog, präsentierte sie sich in einem Prunkmantel aus dreiundzwanzig Ellen Gold- und Silberstoff, der mit Pelz verbrämt und mit Seiden- und Goldspitze besetzt war. Während der Krönungszeremonie zog sie sich zweimal um. Im Parlament war sie mit einem hermelinbesetzten karmesinroten Samtkleid angetan. Ihre Staatsroben dagegen bestanden aus einem purpursamtenen Gewand mit weit herabhängenden Ärmeln, einem Mantel mit langer Schleppe aus dem gleichen Material, einem Hermelinpelz und einem silber- und goldgewirkten Umhang mit Troddeln. Sogar die Strümpfe waren aus Goldfäden. Während der Fahrt zur Abtei hatte Elisabeth einen Hut aus karmesinrotem Samt auf, der mit venezianischen Goldfäden und Perlen bestickt und mit Taftquasten und einem golddurchwirkten Seidenband verziert war, und trug ein Paar aus feinstem weißem Garn gestrickte Handschuhe. Man hat den Eindruck, daß ihre Garderobenmeister nicht zu teuer bezahlt waren, wenn sie allein für das Ausmessen der Stoffe 27 Pfund erhielten.

Auch Prunkgeschirre und -sättel für die Pferde wurden neu angeschafft. Die prachtvolle Sänfte Elisabeths war ganz mit Goldbrokat ausgeschlagen; eine Decke aus weißem Damast, die mit Atlas abgefüttert war, und acht dazu passende Kissen schützten die Monarchin vor der Kälte. Die im Zug mitreitenden Damen saßen auf roten Samtsätteln. Zwischen der Westminster-Hall und dem Choreingang der Abtei hatte man einen 700 Ellen langen blauen Teppich gelegt, der ganze 154 Pfund gekostet hatte, während die Stufen zum Thron mit einem kürzeren Stück »karmesinroter und grüner Seide« bedeckt waren.

Kein Wunder, daß dieser ganze Aufwand 16741 Pfund, 19 Schillinge und 8¾ Pence kostete, ganz zu schweigen von den Ausgaben für das große Bankett, die uns nicht überliefert sind. Elisabeth I. ist bei den Geschichtsschreibern als geizig verschrien, doch hat sie bei ihrer Krönung gewiß an nichts gespart. Dem eigentlichen Krönungsakt konnten nur verhältnismäßig wenige beiwohnen, aber unzählige Bewohner Londons und des übrigen England sahen sich die verschiedenen Umzüge und Schaustellungen an. Das Volk erwartete von seinem Monarchen bei einer solchen Gelegenheit einen verschwenderischen Aufwand, der etwas Wärme und Farbe in seinen grauen Alltag brachte. Ein Augenzeuge des großartigen Schauspiels meinte: »Im pomphaften Gepränge liegt das Geheimnis des politischen Erfolgs begründet«, womit er treffend einen Grundsatz formulierte, nach dem sich die Renaissancefürsten in ganz Europa richteten. Elisabeth verstand es wie keiner ihrer Vorgänger, bei ihrer Krönung die Herzen ihrer Untertanen höher schlagen zu lassen.

Mit großer Spannung wartete man darauf, wer als Großhofmeister*
von England fungieren würde. Es war dies ein Amt von höchstem
Ansehen, das seinen Träger nur dem Monarchen selbst unterstellte,
das jedoch in den beiden letzten Jahrhunderten nur bei Krönungen
zu neuem Leben erweckt worden war. Elisabeth entschied sich für
den Grafen von Arundel. Dieser sah sich bereits als ihren zukünftigen Gatten, doch bleibt unerfindlich, ob Elisabeth ihn mit seinem
hohen Amt bedachte, weil sie dem Volk zuliebe die ihr zugedachte
Rolle spielen wollte, oder ob die Gerüchte über Arundels ehrgeizige
Pläne erst durch diese Ernennung aufkamen. Er war nicht besonders klug und hatte bereits zwei Frauen begraben, auch hatte er mit
seinen siebenundvierzig Jahren seine Jugend schon hinter sich. Sein
hoher Rang war wohl das einzige, was für ihn sprach, vor allem
seine engen Familienbeziehungen zu dem Königlichen Oberzeremonienmeister, dem jungen Herzog von Norfolk, mit dem der Großhofmeister natürlich eng zusammenzuarbeiten hatte. Arundel wurde
außerdem für den Tag vor der Krönung zum Großkämmerer ernannt, der befugt war, im Tower dreißig Herren zu Rittern des
Bath-Ordens zu schlagen.

Elisabeth fuhr am 12. Januar zu Schiff zum Tower. Sie landete
diesmal nicht wie 1554 am Wassertor, sondern schritt zum Kai empor.
Bevor sie am übernächsten Tag den Tower wieder verließ, schickte
sie ein herzliches Dankgebet zu Gott empor, der sie »diesen freuden-
reichen Tag erleben ließ«. Sie verglich sich darin mit dem Propheten
Daniel, war doch auch sie »besiegt und nur durch Gottes Hilfe
gerettet worden«.

Elisabeth begann ihren Triumphzug durch die Stadt um zwei Uhr
nachmittags. Es war eine außergewöhnlich prächtige, feierliche Staats-
parade, bei der sie immer wieder anhalten ließ, um eine Ansprache
anzuhören oder die Ovationen des Volkes entgegenzunehmen. So
gewann sie die Herzen der Londoner. Sie fühlte instinktiv, wann sie
zu sprechen und wann sie aufmerksam zuzuhören hatte, wann sie
lächeln und wann sie feierlich werden mußte. Genauso verhielt sie
sich auch später bei ihren sommerlichen Rundreisen durch ihr Reich,
und ähnlich – wenn auch in bescheidenerem Rahmen – war es ja
auch bei ihrer Fahrt nach Woodstock zugegangen. Sie verstand es,
in den Herzen des einfachen Volkes eine leidenschaftliche Liebe und
Anhänglichkeit zu wecken und jedem einzelnen das Gefühl zu geben,

* Lord High Steward, ein hoher Beamter, der ehedem bei Prozessen gegen
  Pairs den Vorsitz führte.

daß sie seine Liebe herzlich erwiderte. Hierin lag eines der Geheimnisse ihres Königtums.

Vor ihr her schritten die Angehörigen ihres Hofstaats, die einfacheren Staatsbeamten, die Bischöfe, die Peers auf Zeit und die ausländischen Gesandten. Ihnen schlossen sich die Wappenherolde an, gefolgt von Arundel, der als Großhofmeister das Reichsschwert trug, von Norfolk als Königlichem Oberzeremonienmeister und von Oxford als Großkonnetabel von England. Ein prächtiger, von vier Rittern getragener Baldachin überspannte Elisabeths Wagen, und zu beiden Seiten marschierte die mit Streitäxten ausgerüstete Eskorte der Kgl. Ehrenwache. Unmittelbar danach kam Dudley, der als Oberhofstallmeister ein Pferd ohne Reiter am Zügel führte. Ihm folgten neununddreißig Ehrendamen, vierundzwanzig von ihnen auf Zeltern, die übrigen in drei Wagen. Die vornehmsten unter ihnen waren die Gräfin von Lennox, die Elisabeth bald das Leben schwer machen sollte, und die Herzoginnen von Norfolk, Suffolk und Somerset, denen die Gemahlinnen und Töchter der höchsten Peers des Reiches folgten. Ein Page, der aufzupassen hatte, daß kein Pferd scheute, ritt am Ende des Zuges, und die königliche Garde bildete die Nachhut. Es war ein unvergleichlicher Anblick.

Als die Königin in die Stadt einzog, wurde sie »auf ganz beispiellose Weise vom Volk empfangen, das überaus zahlreich erschienen war und aus dessen Gebeten, Wünschen, Willkommensgrüßen, Zurufen, liebevollen Worten und anderen Zeichen eine aufrichtige Zuneigung höchst gehorsamer Untertanen zu ihrer Königin sprach«. Die Straßen waren reich geschmückt. Bunte Decken, Banner und Wimpel flatterten aus allen Fenstern, an denen Elisabeths Weg vorüberführte; gelegentlich hatte man »zur Ergötzung ihrer Majestät« lebende Bilder gestellt. In der Fenchurch Straße deklamierte ein Knabe von einem mit fröhlichen Farben dekorierten Podium herab einen Willkommensgruß. Am oberen Ende der Gracechurch Straße hatten Londoner Bürger ein prächtiges Schaugerüst errichtet, das den Stammbaum der Königin darstellte. Das Ganze sollte die Vermählung der Häuser Lancaster und York symbolisieren, und die Bühne war dementsprechend mit roten und weißen Rosen bestreut. Hier wie auch bei den anderen »tableaux« erklärte ein Kind die Szene, und für Ihre Majestät und alle, die ebenso gebildet waren wie sie, wurde das Thema noch einmal in lateinischen Hexametern erläutert. In Cornhill war »der Thron des guten Herrschers« dargestellt, wobei der Reine Glaube den Fuß auf das Haupt des Aberglaubens setzte und die Weisheit die Unwissenheit und die Untertanentreue die Rebellion mit Füßen trat. Ihre Majestät versprach huldvoll, diese Tugenden hochzuhalten. Überall wo der Zug hinkam, ertönten die Freudenrufe der Menge und erklang Musik.

An einer anderen Stelle repräsentierten acht Kinder die Seligpreisungen des Matthäusevangeliums, die sämtlich auf Elisabeth bezogen waren. Am Ende von Cheapside überreichte der Stadtschöffe der Königin eine Börse mit tausend Mark in Gold zum Zeichen der treuen Gesinnung Londons. In einer ihrer charakteristischen Dankesreden sagte Elisabeth darauf: »Ich danke dem Lord-Mayor, seinen Amtsgenossen und Euch allen. Und wenn Ihr mich bittet, ich solle auch weiterhin Eure gute Herrin und Königin bleiben, so seid versichert, daß ich so gut zu Euch sein werde, wie es nur je eine Königin zu ihrem Volk war. An meinem guten Willen soll es gewiß nicht fehlen, und ich hoffe, daß ich auch immer die Macht dazu haben werde. Seid überzeugt, daß ich für Eure Sicherheit und Ruhe notfalls auch mein Leben hingeben werde. Gott möge es Euch allen lohnen.«

Ihre Worte, die Tatsache, daß sie die englische Bibel geküßt hatte, ihr Lächeln und viele scheinbar nebensächliche Dinge hatten vielen Freudentränen in die Augen getrieben. Man machte sich gegenseitig darauf aufmerksam, daß ein einfacher Rosmarinzweig, den ihr eine arme Frau in der Nähe der Fleet Bridge gegeben hatte, immer noch neben ihr lag, als sie Westminster erreichte. Schon nach zehn Tagen wurde ein ausführlicher Bericht über diesen prachtvollen Umzug, der so vielen Freude bereitet hatte, in der Fleet Street verkauft. Er stammte aus der Feder George Ferrers, der selbst im Zug mitgegangen war. So blieb dieser Tag des Triumphes allen, die ihn in London miterlebt hatten, im Gedächtnis haften; sie konnten immer wieder darüber nachlesen, und so erfuhren auch die Spätergeborenen davon, die ebenfalls treue Untertanen der Königin wurden.

Am nächsten Morgen fanden die Londoner, die früh aufgestanden waren, um etwas von der Prozession von der Westminster-Hall zur Westminster-Abtei zu sehen, die Straßen mit frischem Kies bestreut, denn es war ein kalter, frostiger Tag. Die geistlichen und weltlichen Lords legten ihre Amtstracht im Oberhaus an und wurden dann zum Palast hinübergeleitet. Der Dekan und die Domherren von Westminster gingen in reichem Ornat mit den übrigen Würdenträgern der Abtei und dem Chor der Königlichen Kapelle ebenfalls zum Palast hinüber. Der Dekan der Königlichen Kapelle, George Carew, trug die Krone Eduards des Bekenners, der die Abtei gegründet hatte, andere Würdenträger brachten die übrigen Krönungsinsignien, zwei weitere Kronen, das Zepter, den Reichsapfel, einen Ring und Armspangen sowie die Sporen und den Stab des heiligen Eduard.

In der Westminster-Hall stellten die Wappenherolde die illustre Versammlung streng nach Rang zu einem geordneten Zug auf: von den Angehörigen des niederen Adels, die keine besonderen Roben trugen, über die Vertreter der vornehmeren Familien bis hinauf zu den höchsten Würdenträgern des Reiches. Nach den Rittern kamen die Aufwärter bei der königlichen Tafel, die Ratsherren von London, die Pagen der Königin, dann die Sekretäre des Geheimsiegelbewahrers und des Königlichen Handsiegelbewahrers sowie die Sekretäre des Staatsrats. Es folgten die Kapläne mit ihren geistlichen Würdenträgern, die Ritter vom Bath-Orden, die Rechtsgelehrten, die Barone vom Schatzkammergericht, der Kronanwalt und der Oberstaatsanwalt, die Richter, die Geheimen Staatsräte und die Ritter des Hosenbandordens, die keine Peers waren. Dann kamen der Vorsteher des Schatzamtes, die Lord-Oberrichter vom Königlichen Gerichtshof und vom Zivilgericht, der Präsident des Reichsarchivs und die ausländischen Gesandten. Nebeneinander folgten der Hauptkaplan der Königlichen Kapelle und der Erste Torhüter des Palastes. Die Kanoniker und Domherren von Westminster schritten in ihrem prächtigsten Ornat einher. Dem Chor der Königlichen Kapelle, der *Salve Festa Dies* sang, folgten die Bischöfe in scharlachrotem Chorrock mit der Mitra auf dem Haupt, die Reichsbarone, die beiden Staatssekretäre, der Oberhofmarschall und der Schatzmeister des königlichen Haushalts. Danach kamen die Viscounts, Grafen und Marquis in ihren Staatsroben und -hüten mit ihren Adelskronen im Arm. Ihre Damen warteten bereits in der Abtei. Die beiden Wappenkönige Norroy und Clarenceux in ihren prächtigen, die Krönung symbolisierenden Gewändern, schritten vor den Krönungsinsignien her. Graf Huntington trug die Sporen, Graf Bedford den Stab des heiligen Eduard, und die Grafen von Derby, Rutland und Worcester präsentierten die drei bloßen Staatsschwerter. Der Erste Wappenherold Englands ging Seite an Seite mit dem Lord-Mayor von London und einem Zeremonienmeister, während der Großkämmerer, Graf Oxford, allein war. Hinter ihm kamen der junge Graf von Arundel mit dem Zepter in der Linken und der bejahrte Marquis von Winchester als Lord-Schatzmeister mit dem Reichsapfel in der Rechten. Der Herzog von Norfolk schritt mit der Krone des heiligen Eduard unmittelbar vor Königin Elisabeth einher, die von den Grafen Pembroke und Shrewsbury geleitet und deren Schleppe von der Gräfin von Lennox getragen wurde, während die zweiunddreißig Barone der Cinque Ports den Baldachin über Ihre Majestät hielten. Mit großer Feierlichkeit bewegte sich der prächtige Zug über den blauen Teppich in die Abtei, wo die Königin nach dem Ritus ihrer Vorgänger gekrönt werden sollte. Auf dem Weg gab es einen kleinen Zwischenfall. Der kostbare Teppich, der den Weg der Königin vom oberen Ende der Halle bis zum Chorportal der Abtei bedeckte, fiel Andenkenjägern zum Opfer. »Als Ihre Majestät darüberschritt, wurde er von denen, die daran gelangen konnten, zerschnitten«, so daß die Herzogin von Norfolk fast zu Fall gekommen wäre.

Wichtige Einzelheiten des langen Krönungsgottesdienstes kennen wir nicht, da uns über die religiöse Zeremonie weit weniger Zeugnisse überliefert sind als über den weltlichen Prunkzug. Als interessant mag hervorgehoben werden, daß es sich hier um die letzte Krönung nach lateinisch-mittelalterlichem Ritus handelte. Nachdem Elisabeth sich beim Schall der Trompeten auf einen Thron vor dem Hochaltar niedergelassen hatte, wurde sie an vier Stellen der Abtei zur Königin von England proklamiert und viermal vom Volk akklamiert. Daraufhin wurde sie zum Altar geführt, um ihre Opfergabe darzubringen, ein Goldstück im Wert von zwanzig Schilling sowie eine prächtige, in Karmesinrot und Gold gearbeitete Kelchdecke. Nach einer Predigt – zweifellos einer langwierigen Sache –, einem englischen Bittgebet und dem Rosenkranz, sprach der Bischof von Carlisle den Krönungseid, den Cecil ihm zum Ablesen hielt. Elisabeth verpflichtete sich darin, das Gesetz und die Sitten des Reiches zu achten, Frieden mit der Kirche und dem Volk zu halten und Gerechtigkeit und Wahrheit zu üben. Dann wurde die Litanei gesungen, mehrere lange Gebete wurden gesprochen, worauf als Höhepunkt die Salbung erfolgte. Man zog Königin Elisabeth einen Wappenrock aus weißem Sarsenett über und hielt die von ihr gestiftete Decke über sie, während der Bischof sie mit dem heiligen Öl salbte. Dann bekam sie eine Haube aus feinem Batist aufgesetzt und Handschuhe angezogen, die das Öl auf ihrem Haupt beziehungsweise an ihren Händen schützen sollten. Nachdem sie sich umgekleidet hatte und auf ihren Thron zurückgekehrt war, nahm der Bischof die Investitur vor. Er hing ihr zuerst ein Schwert an die Seite und streifte ihr die beiden »Armills« oder Armstreifen an. Unter Fanfarenklängen setzte er ihr sodann die Krone Eduards des Bekenners aufs Haupt, steckte ihr den Ring an den vierten Finger der rechten Hand und übergab ihr Zepter und Reichsapfel. Zuletzt reichte ihre Majestät dem Bischof das Schwert zurück, das er auf den Altar legte.

Nun huldigten die Großen des Reiches ihrer Königin. Zuerst »legte der Bischof von Carlisle seine Hand in die der Königin«, dann beugten die weltlichen Lords vor ihr die Knie und versprachen ihr mit einem Kuß auf die linke Wange, »mit Leib und Leben und in weltlicher Verehrung« ihre Vasallen zu sein. Bezeichnenderweise mußten alle anderen Bischöfe den weltlichen Peers den Vorrang lassen. Es war Elisabeths Rache dafür, daß sie sich geweigert hatten, sie zu krönen. Zum Schluß zelebrierte Bischof Oglethorpe ein feierliches Hochamt. Epistel und Evangelium wurden auf englisch und lateinisch verlesen. Elisabeth erhob sich anschließend von ihrem Thron und schritt zum Hochaltar, wobei ihr drei gezückte Schwerter und ein viertes in der Scheide vorangetragen wurden. Während des Offertoriums kniete sie vor dem Altar und küßte den Hostienteller, worauf verschiedene Gebete über sie gesprochen wurden. Sie kehrte dann jedoch nicht, wie es die liturgische Vorschrift erfordert hätte, auf ihren Thron zurück, sondern begab sich in einen mit einem Vorhang verschlossenen Kirchenstuhl in der St.-Eduards-Kapelle, wo sie bis nach der Wandlung blieb. Wahrscheinlich ging sie erst während des Agnus Dei zu ihrem Thron zurück, wo sie dann den Segen empfing. Sie kommunizierte nicht und wohnte auch der Wandlung als Protest dagegen nicht bei, daß Oglethorpe darauf bestanden hatte, nach römisch-katholischem Ritus die Hostie hochzuheben, obwohl es ihm beim letzten Weihnachtsgottesdienst untersagt worden war. Als das feierliche Amt vorüber war, zog sich die Königin hinter den Altar zurück und kleidete sich um. Inzwischen formierte sich der Zug wieder und verließ durch das große Westportal langsam die Abtei.

Nun begann die ebenso ausgedehnte weltliche Zeremonie. In feierlicher Prozession wurde die Königin, die jetzt wirklich »Gottes Geschöpf« war und die Krone des Reiches trug, in die Westminster-Hall zurückgeleitet, wo das traditionelle Bankett stattfand. Nachdem alle Geladenen – wieder nach strenger Rangordnung – Platz genommen hatten und die ersten Gänge feierlich aufgetragen worden waren, ritt der Champion der Königin, Sir Edward Dymoke, in voller Rüstung auf einem prächtigen Roß in die Halle – bereit, gegen alle zu kämpfen, die der Königin ihr gesetzliches Recht auf die Krone absprechen wollten. Es war dies das eindrucksvollste Relikt aus ritterlichen Zeiten. Ein Herold verkündete die Herausforderung. Der Champion warf den Fehdehandschuh auf die Erde, und damit war die Zeremonie, wie es hieß, »zur großen Freude und Genugtuung aller Zuschauer zu Ende«. Neue Gerichte wurden aufgetragen und weitere Weinfässer angezapft, und die ganze Zeit über spielten oben auf der Galerie Trompeter und andere Musikanten. Nach dem Mahl gab es vermutlich ein Maskenspiel oder eine andere Aufführung, da später 408 Pfund für Lustbarkeiten »bei der Krönung und den folgenden Feierlichkeiten« verbucht wurden. Ein Italiener, der mit dabei war, fand die Feier im ganzen herrlich, allerdings mit Ausnahme der Musik, von der er meinte, sie sei »nichts Rares gewesen«, und er wolle lieber darüber schweigen, da er schon Besseres gehört habe.

Am folgenden Tag erließ der Staatsrat eine Amnestie für alle Hochverratsverbrecher, für bestimmte Kapitalverbrechen und andere Gesetzesübertretungen, die vor dem 1. November 1558 begangen worden waren. Gewisse Individuen, die sich darauf verlassen hatten, daß es bei einer Krönung stets einen Generalpardon gab, hatten sich nach dem Tod Marias zahlreiche kleinere Verbrechen zuschulden kommen lassen; man hatte infolgedessen am 12. November eine Warnung ergehen lassen, daß ein solches Verhalten böse Folgen haben werde. Nun schloß die am 15. Januar proklamierte Amnestie die nach dem 1. November begangenen Verbrechen aus, und alle, die sich seither eines Einbruchs oder des Straßenraubs schuldig gemacht hatten, bekamen ihre verdiente Strafe.

Man hatte am folgenden Tag ursprünglich in Whitehall noch ein Turnier abhalten wollen, aber Elisabeth war so erschöpft von den Anstrengungen der beiden letzten Tage, daß man es auf Dienstag verschieben mußte. Andere Festlichkeiten folgten. Nach den trüben Monaten zu Ende von Marias Regierung schien das Leben bei Hof ein einziges langes Fest, so daß ein Besucher aus Mantua warnend den Finger hob ob der »Leichtfertigkeit und Unmoral bei den Bällen und Banketten«. Eines Nachts, so berichtete er, habe ein zweifacher Mummenschanz stattgefunden, bei dem ein paar Maskierte die Hofdamen der Königin entführt hätten, worauf sie eine andere Gruppe mit hölzernen Schwertern und Schilden wieder zurückeroberte.

Dann freilich forderten die Regierungsgeschäfte wieder ihr Recht. Am 25. Januar trat das Parlament zusammen, um eine neue Reformation zu beschließen.

VIERTES KAPITEL

Elisabeths via media

Schon im Augenblick ihres Regierungsantritts war Elisabeth entschlossen, die Streitigkeiten in Kirche und Staat ein für allemal beizulegen. Die Unsicherheit und ständigen Umwälzungen der letzten
beiden Jahrzehnte sollten ein Ende haben: Es sollte nicht mehr vorkommen, daß die unter dem einen Herrscher für richtig erklärte
Lehre unter dem nächsten als Ketzerei verdammt wurde. Elisabeth
ging das Problem im wesentlichen als Politikerin an, da sie genau
wußte, daß eine Schlichtung unter rein religiösen Gesichtspunkten
nur Unheil heraufbeschwören würde. So erklärte sie 1566 im Parlament mit einem Seitenblick auf die Bischöfe: »Man sagt, ich sei kein
Theologe. Nun habe ich mich aber, bis ich an die Regierung kam,
ausschließlich mit theologischen Fragen beschäftigt; dann habe ich
mich allerdings den Studien zugewandt, die für die Regierungsgeschäfte erforderlich waren.« Politik ist die Kunst des Möglichen.
Und wenn Elisabeth auch von vielen Seiten gehindert wurde, genau
das durchzuführen, was sie im Sinn hatte, so war die Beilegung der
Religionsstreitigkeiten vom Jahre 1559, die sich auf Suprematseid,
Uniformitätsakte und Prayer Book stützte, doch eine bemerkens-
werte Leistung. Um die nationale Einheit zu erreichen, mußte Elisabeth den religiösen »Konformismus« erzwingen: Das eine ließ sich
vom anderen nicht trennen, sondern es handelte sich hier eher um
verschiedene Aspekte desselben Phänomens.

Elisabeth sah ihre Aufgabe darin, für die Kontinuität in der Kirche zu sorgen, ihr eine dauerhafte Form zu geben und die Geistlichen dazu zu bringen, ihr Amt so zu führen, daß ihnen die Zustimmung, ja sogar die volle Unterstützung aller vernünftigen Gläubigen sicher war. Elisabeth war vorsichtig in der Gestaltung ihrer
Politik, doch hat sie niemals eine passive Rolle gespielt. Und wenn
sie auch in manchen Punkten einlenken mußte, um den Wünschen
extrem eingestellter Parlamentsmitglieder entgegenzukommen, war

die Beilegung des Religionskonflikts doch im wesentlichen ihr Werk. Die so entstandene Anglikanische Kirche, die durchaus als Kompromiß gedacht war, hat die Jahrhunderte überdauert. Unser ökumenisches Zeitalter mit seinem starken Verlangen nach Einheit im Christentum wird das Ideal und die Leistung der jungen Königin vielleicht besser würdigen können als die Generationen vor uns.

Elisabeths Jugenderlebnisse haben ihr Denken mitgeformt und sie zu dem gemacht, was sie war. Eine Versöhnung mit dem Katholizismus kam schon deshalb nicht in Frage, weil Elisabeth als Tochter Anna Boleyns von Rom gedemütigt worden war. Überdies hatte sie sich zu intensiv mit den neuen Wissenschaften beschäftigt und unter dem Einfluß ihrer Lehrer eine eigene Vorstellung von einer Kirchenreform gewonnen, wobei es ihr um ein besseres Verständnis der Heiligen Schrift und der Kirchenväter ging. Schon vor langer Zeit hatte Bischof Hooper Bullinger gegenüber geäußert, Elisabeth sei »entflammt ... im Glaubenseifer für die Religion Christi«. Doch war sie zu sehr Humanistin und Politikerin, um zu den religiösen Eiferern zu zählen. Auch war sie auf ihrer Insel geblieben und dadurch dem Einfluß der militanten Reformatoren auf dem Kontinent entgangen, die die Ansichten der englischen protestantischen Emigranten zur Zeit Marias so stark verändert hatten. Elisabeth wollte sich mit keiner religiösen Partei und mit keiner theologischen Richtung identifizieren, sondern sie behielt stets die ganze Nation im Auge, deren Führerin sie war. Sie betrachtete sich als Werkzeug der »Vorsehung Gottes«, dessen Aufgabe aber nicht darin bestand, die kalvinistische Theologie oder ein presbyterianisches Kirchenregiment einzuführen. John Knox mit seinen Fanfarenstößen von jenseits der Cheviot-Hügel war ihr genauso verhaßt wie der Suprema*t* [1]) des Papstes. Ein Franzose sagte Jahrzehnte später einmal zu ihr, bei ihm zu Hause glaube man von ihr, sie lese nichts als die Werke Calvins. »Sie hat mir versichert, sie habe nie einen Blick hinein getan, dagegen habe sie die Kirchenväter gelesen und sich sehr daran erbaut, und das um so mehr, als die späteren Schriftsteller nichts als Streitereien und Kontroversen im Sinn gehabt, jene dagegen sich damit begnügt hätten, Gott zu dienen.«

Gestützt auf die Kirchenväter und die westliche Tradition des Christentums einerseits sowie auf die englische Bibel andererseits suchte Elisabeth die Zerrissenheit des englischen Volkes zu beseitigen, indem sie die theologischen Lehrsätze so weit fassen ließ, daß Menschen aller Art unter den verschiedensten Lebensbedingungen in ihrer Kirche Platz fanden. An Stelle des extremen Protestantismus

1) Obergewalt, Überordnung

Heinrich VIII. (1491-1547);
Gemälde von Hans Holbein d. J.

Anna Boleyn (1503-1536)

unter Eduard und des exklusiven Katholizismus unter Maria strebte sie einen mittleren Kurs an. Ihre engste Umgebung anerkannte, »daß es große Klugheit und Umsicht erforderte, gleichzeitig den Glauben zu reformieren und Einigkeit unter den Untertanen zu schaffen«. Elisabeth wußte, daß die Weltkinder in ihrer Generation in der Regel klüger waren als die Gotteskinder und hatte sich entschlossen, selbst eine betont politische Rolle zu spielen. Dies fiel ihr schon deshalb leichter als manchem anderen Monarchen ihrer Zeit, weil sie im Gegensatz zu ihrer Schwester Maria nicht eigentlich tief religiös war, wenn ihre Frömmigkeit auch aufrichtig war und sie großes Interesse für theologische Probleme hatte. Im Grunde war sie der Ansicht, daß die Religion eine persönliche Angelegenheit sei und daß die Menschen innerhalb einer weitherzigen Nationalkirche sehr wohl ihre verschiedenartigen religiösen Bedürfnisse befriedigen könnten. Als Oberste Statthalterin dieser Kirche hegte sie, wie sie sagte, nicht den Wunsch, den Menschen ins Herz zu schauen. Unglücklicherweise hatten jedoch die protestantischen Emigranten, die aus Zürich und Genf, aus Frankfurt und Straßburg zurückkehrten, nachdem die Scheiterhaufen von Smithfield erloschen waren, für ein solches Maßhalten wenig Verständnis. Vor diesen falschen Propheten mußte Elisabeth auf ihrer Hut sein. »Die Wölfe aus Genf sind unterwegs«, grollte Bischof White in seiner Grabrede auf Königin Maria im Bewußtsein, daß eine Epoche zu Ende war, »und sie haben ihre Bücher voll verderblicher Lehren schon vorausgeschickt.« Was sie als Mission ihrer »Deborah« ansahen, war nicht mißzuverstehen. Wie der Balladendichter John Awdley sich ausdrückte, habe Gott vom Himmel auf England herabgeblickt, das bei Marias Tod in Scherben lag, und Elisabeth zur Pflicht gerufen:

> Da wechselte des Himmels Farbe
> Und aus dem Dunkel brach das Licht.
> Auf, ließ sich Gottes Stimme hören,
> Elisabeth, führ du das Land.
> Mein Wille werd' durch dich bekannt,
> Und das Geziefer sei verbannt
> Aus diesem deinem Reich.

Diese eifrigen Verfechter des Wortes Gottes, die London im Sturm genommen hatten, konnten es nicht abwarten, bis das Parlament ihrer neuen Reformation die legale Grundlage geben würde, und fingen an, »die evangelische Botschaft freier zu verbreiten, zuerst in Privathäusern und dann in Kirchen, und das Volk, das dringend Neuerungen wünschte, begann, sich in großer Zahl um sie zu scharen und untereinander und mit den Papisten über gegensätzliche Meinungen in religiösen Fragen zu streiten.« Dieses heftige Parteiergreifen war für die Königin wie ein Dolchstoß in den Rücken; und um zu verhindern, daß sich die Dinge ständig verschlimmerten und ihr vollends aus der Hand glitten, veröffentlichte sie eine Proklamation, in der sie der Geistlichkeit und dem Volk untersagte, die Gesetzgebung selbst in die Hand zu nehmen. Sie sollten ihr Vaterunser, ihre Zehn Gebote, das Apostolische Glaubensbekenntnis, die Episteln und das Evangelium in ihrer Muttersprache haben. Im übrigen jedoch sei der lateinische Gottesdienst beizubehalten, und »Ermahnungen« oder Predigten, die nur weitere Streitigkeiten provozierten, seien ganz zu unterlassen. Das war ein bitterer Tropfen in den Kelch all derer, denen das Prayer Book von 1552 nicht radikal und nicht gottesfürchtig genug war.

Nach Elisabeths Thronbesteigung waren außer den Heimkehrern Reformatoren der verschiedensten Bekenntnisse vom Kontinent nach England gekommen: einige, um der Verfolgung zu entgehen, andere in der Hoffnung auf ein besseres Vorankommen, allesamt jedoch voll Eifer, an der Erfüllung des Wortes Gottes mitzuwirken. Sie konnten unmöglich zulassen, daß England seinen Weg zum Heil als eine rein interne Angelegenheit auffaßte. So wetterten sie gegen alles, was auch nur entfernt an den römisch-katholischen Ritus gemahnte, und es steht zu befürchten, daß sie dies oft auch noch in einem recht mangelhaften Englisch taten. Diese Reformatoren vom Kontinent begriffen, genau wie die Schotten, nur langsam den Kern der Sache, daß nämlich die Königin entschlossen war, eine echte Nationalkirche zu schaffen, die das Recht hatte, über ihre Doktrin, ihren Ritus und ihren inneren Aufbau ohne fremde Einmischung zu entscheiden. *Cuius regio, eius religio*, galt auch hier, und Elisabeth gab der Welt immer neue Rätsel auf. »Gott schütze uns vor einer Heimsuchung, wie Knox sie Schottland bereitet hat«, betete Matthew Parker voll Inbrunst.

Um den Streit etwas zu dämpfen, wandte sich Elisabeth in ihren Verordnungen aus dem Jahr 1559 gegen »die unbesonnenen Schwätzer über die Bibel«, und nachdem die Neunundreißig Glaubensartikel in ihre endgültige, revidierte Form gebracht waren, ordnete sie an, daß »jedes vorwitzige Forschen« in theologischen Fragen zu unterbleiben habe. Ihrer Ansicht nach konnte allzu vieles Predigen und Disputieren, wobei auch die Laien ein Mitspracherecht für sich in Anspruch nahmen, wie auch die Verehrung Gottes in aller Öffentlichkeit leicht in ein »Prophezeien« in der Art eines heutigen teach-in ausarten. Das hätte dazu führen können, daß Presbyter, Kirchenälteste und Gemeindemitglieder sich ein gottgegebenes Recht anmaßten, eine eigene Politik zu betreiben, was das Ende einer einheitlichen Kirche bedeutet und den Episkopat, ja sogar die Monarchie selbst in Gefahr gebracht hätte.

Bereits bei seiner ersten Sitzung, die öffentlichen Angelegenheiten gewidmet war, begann das unverkennbar protestantisch eingestellte Unterhaus eine Debatte über die Kirche und verabschiedete an den darauffolgenden Tagen sehr bedeutsame Zusätze zum Suprematsgesetz, wozu unter anderem auch die Zulassung der Priesterehe gehörte. Unterdessen stimmte eine Konvokation unter Leitung Bonners für verschiedene Artikel, welche den Glauben an die Transsubstantiation und den Supremats des Papstes bestätigten und in denen rundheraus erklärt wurde, die Kirche allein besitze das Entscheidungsrecht in religiösen Fragen. Dies war kein guter Anfang für alle, die nach Einigkeit, Frieden und Harmonie strebten. Elisabeths Vater war es bei seiner Loslösung von Rom gelungen, die Bischöfe auf seine Seite zu bringen; Elisabeth dagegen wußte, daß sie mit einer solchen Unterstützung nicht rechnen konnte. Sie brauchte die Hilfe des Unterhauses, war jedoch nicht bereit, dafür den Preis zu zahlen, den seine radikalen Mitglieder forderten, denn sie war entschlossen, »die Religion so wiederherzustellen, wie ihr Vater sie hinterlassen hatte«, und beabsichtigte eine Neuausgabe des ersten Eduardischen Prayer Book mit möglichst geringen Änderungen. Die Gemeinen im Unterhaus aber stimmten für eine Religion in der Form, »wie sie im letzten Jahr König Eduards ausgeübt wurde«, das heißt also für das zweite Prayer Book.

Es wäre vielleicht erst viel später zu einer Uniformitätsakte und dem Elisabethanischen *Book of Common Prayers* gekommen, hätte nicht am 19. März 1559 die Nachricht vom Friedensschluß mit Frankreich London erreicht. Hierdurch war die unmittelbare Gefahr für England gebannt, und die Königin konnte es wagen, den extremen Elementen unter den Unterhausmitgliedern zwar nicht völlig nachzugeben, aber ihnen doch bei der Schlichtung der Glaubensstreitigkeiten ein größeres Mitspracherecht einzuräumen. Ihr ursprünglicher Plan war gewesen, nach Westminster zu gehen und der revidierten Fassung des Suprematsgesetzes ihre Zustimmung zu geben. Nun vertagte sie das Parlament bis nach Ostern, um für mehrere Disputationen über dogmatische Fragen Zeit zu gewinnen.

Als das Parlament wieder zusammentrat, wurde das Gesetz über den Supremat des Königs mit weiteren Abänderungen und im Anschluß daran eine Uniformitätsakte verabschiedet, die zwangsweise ein neues Prayer Book einführte. Mit dieser Akte hatten die Radikalen die Wiedereinführung des Prayer Book aus dem Jahre 1552 durchgesetzt, jedoch mit einem wichtigen Zusatz, für den Elisabeth selbst verantwortlich war. Anscheinend handelte es sich nur um ein unbedeutendes Zugeständnis, »nur um die Hinzufügung von zwei Sätzen bei der Verabreichung des Sakraments an die Kommunikanten«. Diese beiden Sätze verliehen jedoch dem Abendmahl eine grundsätzlich andere Bedeutung. Die Worte, die nach der Fassung von 1552 bei der Verabreichung des Sakraments zu sprechen waren, lauteten: »Nimm und iß dies zum Gedächtnis, daß Christus für dich gestorben ist, und sei dankbar« und »trinke dies zum Gedächtnis, daß Christus sein Blut für dich vergossen hat, und sei dankbar«, woraus klar hervorging, daß das Abendmahl eine Gedächtnisfeier war. Nun aber sollten diesen Worten die Sätze aus dem konservativeren Prayer Book von 1549 vorangestellt werden: »Der Leib unseres Herrn Jesus Christus, der für dich dahingegeben wurde, bewahre deinen Leib und deine Seele zum ewigen Leben«, und »das Blut unseres Herrn Jesus Christus, das für dich vergossen wurde, bewahre deinen Leib und deine Seele zum ewigen Leben.« Hierin lag der wesentliche Kompromiß. Hätte Elisabeth nur die beiden Sätze aus dem Prayer Book von 1552 übernommen, so hätte ihr dies nicht nur persönlich widerstrebt, sie hätte damit auch einen großen Teil ihrer Untertanen, nicht zuletzt die gemäßigten Marianischen Bischöfe, welche sie für ihre Einstellung zu gewinnen hoffte, vor den Kopf gestoßen. Hätte sie dagegen – wie es ihre ursprüngliche Absicht war – allein auf den Sätzen des Prayer Book von 1549 bestanden, so hätten das wiederum die Radikalen nicht hingenommen.

Die Auslegung der traditionellen Worte *Hoc est corpus meum*, die so lange in der toten Sprache wohlverwahrt geruht hatten, war zum Kernproblem der Reformation geworden. Elisabeth wußte sich jedoch auf meisterhafte Weise aus der Affäre zu ziehen. Sie wollte keine Änderung des Glaubens von Grund auf. Sie glaubte, wie sie einmal zu dem spanischen Gesandten sagte, »an das Sakrament des Abendmahls« und war nur »gegen drei oder vier Dinge in der Messe«. Ihre Kirche von England blieb, auch nachdem sie reformiert war, weiterhin katholisch, und als die Neununddreißig Artikel schließlich in ihrer revidierten Form vorlagen, leugneten sie weder die leibliche Gegenwart Christi, noch bekannten sie sich ausdrücklich zu dieser Lehre.

Die Suprematsakte, die Marias Ketzergesetz außer Kraft setzte und verschiedene Statuten des Reformationsparlaments wiedereinführte, betonte, daß die Anglikanische Kirche ohne Bruch aus der mittelalterlichen Kirche Englands hervorgegangen sei. Sie hatte die Aufgabe, »der Krone dieses Reiches ihre alten Rechtsbefugnisse, Autoritäten und Vorrechte zurückzugeben«. Erzbischof Heath richtete zwar einige bedeutungsvolle Anspielungen an die Adresse der Lords, daß nun eine Frau Oberhaupt der Kirche sei, aber im weiteren Verlauf der Verhandlungen fand man den Ausweg, die »et cetera« der feierlichen Proklamation bei der Thronbesteigung in einen »Obersten Statthalter« umzudeuten. Von diesem veränderten Titel abgesehen, wurde Elisabeth dieselbe Autorität wie ihrem Vater zugestanden. Sie selbst betrachtete sich als »Amme von Gottes Religion« und als »Oberherrscherin seiner Kirche«.

Sie hätte sich als Königin kaum dazu bereit erklärt, eine Stellung einzunehmen, die nicht die oberste war; außerdem war der Begriff des »Obersten Statthalters« von grundlegender Bedeutung für ihre nationale Kirche: Ohne ihn hätte keine Beilegung des Religionskonflikts eine wirkliche Einigung bedeutet. Er bestätigte das Königtum als eine von Gott sanktionierte Einrichtung. »Sie ist unser Gott auf Erden«, schrieb Lord North 1575 an Bischof Cox von Ely, »und wenn es etwas Vollkommenes aus Fleisch und Blut gibt, so ist es ohne Zweifel Ihre Majestät.« Auch Elisabeth war überzeugt, daß die sakramentale Salbung und Krönung in der Westminster-Abtei sie sowohl ihrer Natur wie auch ihrer Stellung nach von jedem Untertan, selbst von einem Erzbischof, abgehoben habe.

Die religiösen Eiferer sahen sich in ihren Hoffnungen insofern getäuscht, als die Bischofsverfassung der Kirche als die alleingültige beibehalten wurde, wenn auch die Besetzung der einzelnen Bistümer sich als schwieriges Problem erwies. Elisabeth schob die Festlegung definitiver Glaubensartikel solange wie möglich hinaus, denn jede öffentliche Stellungnahme zur Lehre hätte in diesem Stadium das Trennende hervorgekehrt, und sie wollte ja den Ausgleich. Die Reformfreudigen freilich waren mit ihrem halben Erfolg wenig einverstanden und nannten die Anglikanische Kirche »eine verkappte Papisterei« oder auch »einen Mischmasch«. Ihr Ziel war eine Reform der Kirche von Grund auf, die sie im nächsten Parlament noch durchzubringen hofften. Doch Elisabeth war entschlossen, ihnen nicht im geringsten nachzugeben, und ließ sie reden. Schon 1562 erschien

Bischof Jewels *Apologie*, die erste aus einer ganzen Reihe von Veröffentlichungen, welche die Anglikanische Regelung zu rechtfertigen versuchten, indem sie für diese *via media* eine eigene Philosophie entwickelten. »Wahrhaftig, Einheit und Eintracht stehen der Religion am besten an, und ist nicht Einheit das einzig sichere Merkmal, an dem wir die Kirche Gottes erkennen können?« Auf diese Frage erwartete Jewels ein nachdrückliches »doch«.

Trotz der Schwierigkeiten, die die Königin im Parlament von 1559 mit den Protestanten und den Marianischen Bischöfen hatte, vollzog sich der Übergang von Marias römisch-katholischem Glauben zu der neuen Staatskirche so friedlich wie ihre Thronbesteigung. Wie Camden bemerkte, war die ganze Christenheit voller Bewunderung darüber, daß sich vom 27. Dezember 1558, an dem sie ihre Proklamation über die Einführung einer Liturgie in der Muttersprache erlassen hatte, bis zum folgenden Juli, in dem von den Bischöfen zum erstenmal der Suprematseid gefordert wurde, alles so leicht und ohne Erregung abspielte. Nur einen Haken hatte die Sache, der jedoch zunächst kaum in Erscheinung trat: Als Oberste Statthalterin wies Elisabeth bis zuletzt den Gedanken weit von sich, »den Menschen ins Herz blicken zu wollen«. Als Königin jedoch sah sie sich gezwungen, ihre Untertanen auf ihre politischen Überzeugungen hin zu überprüfen, und da die weltliche und die religiöse Sphäre sich überschnitten, war schließlich die Ketzerei kaum mehr vom Hochverrat zu unterscheiden.

»Wir haben und hatten nicht die Absicht, die Ordnung Unserer Religion zu ändern, wie gelegentlich Unsere Gegner behaupten in der Absicht, den guten Willen Unserer besten Untertanen und Freunde in Frage zu stellen«, schrieb Elisabeth im Mai 1561 an ihren Gesandten in Paris. Ihre Kirche, sagte sie, sei eine Nationalkirche, und daher könne sie nicht dulden, daß ein päpstlicher Nuntius, der Briefe vom Tridentiner Konzil mitbringe, nach England komme. Roms Internationalismus bedrohe den aufkommenden Nationalismus des englischen Volkes. Wenn jedoch »ein allgemeines, freies Konzil mit Zustimmung aller christlichen Fürsten zustande käme«, das »die Oberhoheit, welche der Papst beansprucht«, nicht akzeptierte, so wolle sie sich gern daran beteiligen. Sie könne das Tridentiner Konzil, auf dem die katholische Lehre neu festgelegt wurde, nicht als »allgemeines Konzil« anerkennen, wenn dort keiner eine Stimme habe außer der auf den Papst eingeschworenen Geistlichkeit, und wenn die Gesandten von Fürsten ihrer Art nur zusehen dürften, wie andere »Verordnungen gegen Christi Religion« und folglich auch gegen sie selbst, die sie sich dazu bekannte, erließen. Sie, die »Verteidigerin des Glaubens« und »Oberste Statthalterin Gottes«, fühlte sich auf gleicher Stufe mit den »Allerchristlichsten Königen« von Frankreich, »Seiner Allerkatholischsten Majestät« von Spanien und den habsburgischen Kaisern des »Heiligen Römischen Reiches«. Das Dilemma lag jedoch darin, daß sich die feindlichen Lager auf dem Kontinent immer mehr verhärteten. Der Katholizismus war nach dem Tridentiner Konzil in seiner Haltung ebenso unerbittlich und kompromißfeindlich wie neuerdings der Kalvinismus, und dies gerade zu einer Zeit, in der die Elisabethanische Kirche sich bemühte, möglichst weitherzig und umfassend zu sein.

Anfang 1559 waren noch siebzehn »Marianische« Bischöfe im Amt, und Elisabeth hoffte, einige von ihnen für ihre Kompromißlösung gewinnen zu können, doch war Anthony Kitchen der einzige, der schließlich den Suprematseid leistete. Er war ein ehemaliger Benediktiner-Mönch und hatte sich trotz aller Religionswechsel seit 1545 auf seinem Bischofssitz in Llandaff behauptet. Der erste Bischof, der seines Amtes enthoben wurde, war der Londoner Bischof Bonner, der unter Nichtachtung des Gesetzes in der St.-Pauls-Kirche den alten römisch-katholischen Ritus weiter praktiziert hatte. Mitte August waren außer Kitchen nur noch Tunstal von Durham und drei andere Bischöfe im Amt. Unter diesen Umständen war es nicht leicht, einen Erzbischof zu finden. Die Königin hatte für dieses Amt von Anfang an Matthew Parker ins Auge gefaßt. Dieser schrieb jedoch zuerst von Cambridge aus sein »nolo episcopari«, wobei er seinen schlechten Gesundheitszustand vorschützte, da er gerade ziemlich schwer vom Pferd gestürzt sei. Auf weiteres Drängen hin erklärte er dann, Canterbury übersteige seine Fähigkeiten. Elisabeths Richtlinien für Kirchenvisitationen beunruhigten ihn, da sie sich darin gegen die Priesterehe ausgesprochen hatte und er selbst verheiratet war. Schließlich gab Parker jedoch nach. Später sagte er, er hätte nicht so schnell eingewilligt, der Tochter zu dienen, wenn er nicht so eng mit der Mutter, Anna Boleyn, verbunden gewesen wäre.

Zwar verweigerte die erste Bischofskongregation unter Tunstal die Weihe Parkers, so daß eine zweite zusammentreten mußte und Elisabeth noch einen unmißverständlichen Zusatz zu der neuen Bischofsordnung erließ. Endlich legten am 17. Dezember aber die vier erforderlichen Bischöfe ihre Hände auf Erzbischof Parker. Noch vor Weihnachten wurde die Wahl von sechs anderen Bischöfen bestätigt, und Ende des nächsten Jahres waren alle Bischofssitze Südenglands mit Ausnahme Oxfords wieder besetzt.

Elisabeth sah in ihrem Titel einer Obersten Statthalterin keinen leeren Ehrennamen. Ihre Richtlinien für Kirchenvisitationen haben wir bereits erwähnt; darüber hinaus beteiligte sie sich aber auch an der Auswahl der Gebete für ein revidiertes Kollektenbuch und wirkte bei der Besetzung der geistlichen Ämter aktiv mit. »Zur Erbauung des einfachen Volkes« bestand sie darauf, daß bei den Morgen- und Abendandachten »ersprießlichere Teile der Heiligen Schrift« statt der seither üblichen Schriftstellen verlesen wurden, da besonders gewisse Partien aus dem Alten Testament verwirrend und mit der christlichen Lehre oft nicht zu vereinbaren seien. Im übrigen verhielt sie sich dem Klerus gegenüber sehr reserviert: So wollte sie zum Beispiel keinen Geistlichen in ihrem Staatsrat haben, nicht einmal Parker. Sie widersetzte sich den Forderungen der Radikalen bezüglich der Behandlung der Marianischen Geistlichen, die sich nicht fügen wollten, als 1563 die Bußen und Strafen der Suprematsakte verschärft wurden und der Suprematseid von sämtlichen Angehörigen geistlicher Orden, von allen akademischen Würdenträgern, Lehrern, Parlamentsmitgliedern und Rechtsanwälten verlangt wurde. Der Gesetzesantrag der Regierung wurde im Unterhaus vom linken protestantischen Flügel dahingehend abgeändert, daß allen, die sich zum zweitenmal weigerten, den Eid abzulegen, die Todesstrafe angedroht wurde. Elisabeth stimmte dem neuen Gesetzesantrag zwar zu, wies Parker jedoch gleichzeitig an, allen Bischöfen einzuschärfen, darauf zu achten, daß niemand ohne schriftlichen Befehl zum zweitenmal zur Ablegung des Eides aufgefordert werde. Damit rettete sie zweifellos das Leben vieler römisch-katholischer Geistlicher und bewies wieder einmal, daß sie ein Meister der Taktik war. In späteren Jahren suspendierte sie Erzbischof Grindal, weil er nicht gegen die »Prophezeier« vorgegangen war, und als sie einmal über die Zustände in ihrer Kirche ernsthaft erzürnt war, erinnerte sie die Bischöfe mit unmißverständlichen Worten an ihre Pflicht: »Wenn Sie, meine Lords von der Geistlichkeit, diese Mißstände nicht abstellen, werde ich Sie absetzen. Kümmern Sie sich deshalb um Ihre Aufgabe.« Und sie meinte, was sie sagte.

Wenn die Beilegung der religiösen Streitigkeiten auch im wesentlichen das Werk der »Obersten Statthalterin« war, so blieb Cranmer im anglikanischen Gottesdienst von Anfang an tonangebend. Die englische Liturgie, in der die Heilige Schrift eine so wichtige Rolle spielt, mit dem charakteristischen Tonfall ihrer Kollekten, die sie Cranmers Inspiration verdankt, überlebte seinen Märtyrertod. Tatsächlich hat nichts, was die Bearbeiter des Prayer Book von 1662, 1928 oder sogar die von 1966 hinzuzufügen hatten, seine Stimme übertönen können. Elisabeth ehrte sein Andenken als das eines Mannes, der der Kaplan ihrer Mutter, der Erzbischof ihres Vaters und ein echt englischer Vorkämpfer gegen die Intoleranz der Papisten unter ihrer Schwester gewesen war. Hätte er 1554 seine Gemeinde im Stich gelassen und auf dem Kontinent Zuflucht gesucht, um dann später wieder nach Canterbury zurückzukehren, hätten sich wohl für beide Teile viele Schwierigkeiten ergeben, doch war Elisabeth zu sehr die Tochter ihres Vaters, als daß sie auch für diesen Fall keinen Ausweg gefunden hätte. So wie es nun einmal war, konnte sie nur sein Andenken lebendig halten.

In gewissen kirchlichen Fragen hatte Elisabeth ihre eigenen Ansichten, doch war sie zu klug, um darauf zu bestehen, daß sie allgemein angenommen wurden. Das hätte ihre Kirche nur eingeengt. So hätte sie es zum Beispiel gern gesehen, daß ihr Klerus unverheiratet geblieben wäre, da ihrer Meinung nach der geistliche Beruf ein Leben ohne Familie erforderte. Doch als Erzbischof Parker seinen Essay *Defence of Priests Marriages, Established by the Imperial Laws of the Realm of England* veröffentlichte, trieb sie die Sache nicht weiter: Die Priesterehe blieb erlaubt, aber man erschwerte sie. So mußte ein Pfarrer, der heiraten wollte, seine Auserwählte von seinem Bischof und zwei Friedensrichtern begutachten lassen und außerdem die Zustimmung der Eltern vorweisen. Bezeichnenderweise war Whitgift, der Erzbischof, mit dem die Königin die wenigsten Auseinandersetzungen hatte, unvermählt. Die Äußerung, welche Elisabeth Mrs. Parker gegenüber getan haben soll, als sie sich von dieser in Schloß Lambeth verabschiedete, ist unzweifelhaft eine literarische Erfindung ihres Patensohnes Harington: »*Madame*, kann ich Euch nicht nennen, und *Mätresse*, schäme ich mich, Euch zu nennen; also weiß ich nicht, wie ich Euch anreden soll, aber ich danke Euch trotzdem.« Die Tatsache jedoch, daß Harington die Geschichte veröffentlichen konnte, ist bezeichnend für Elisabeths Einstellung. Vielleicht fürchtete sie, daß ein Familienvater zuviel vom Einkommen der Kirche für sich verbrauchen würde oder daß eine klerikale Vetternwirtschaft einreißen könnte. Tatsache jedoch war, daß die erste Generation von Söhnen und Töchtern, die aus den anglikanischen Pfarrhäusern hervorging, zu den festesten Stützen der Elisabethanischen Reformation wurde. Die fünf jungen Geistlichen, welche die fünf Töchter des Bischofs von Chichester heirateten, sind sämtlich Bischöfe geworden.

Elisabeth sah in der Predigt ein zweischneidiges Schwert. Es gab zwar Kanzeln, die man auf die eigenen Ansichten »abstimmen« konnte, so daß die Regierung mit ihrer Propaganda von hier aus das einfache und häufig des Lesens unkundige Volk erreichte. Zuweilen waren die Predigten von Paul's Cross tatsächlich nichts anderes als Darlegungen der Regierungspolitik. Auch war der Jahrestag ihrer Thronbesteigung oft ein Anlaß zu Loyalitätskundgebungen von der Kanzel herab, besonders während der ersten Hälfte ihrer Regierung. Doch gab es auch Geistliche, die sich als recht unzuverlässig erwiesen, wenn sie auf Politik zu sprechen kamen. 1579 forderte der Staatsrat den Erzbischof von Canterbury auf, die Geistlichen zu ermahnen, »sich in ihren Predigten und Kanzelreden nicht in Staatsangelegenheiten einzumischen, die ganz gewiß nicht zu ihrem Beruf gehörten«.

Elisabeth selbst, die so gründlich in der Theologie Bescheid wußte, hatte große Freude an »einer guten Predigt«, vorausgesetzt, daß sie sich mit einem Thema nach ihrem Geschmack befaßte und nicht zu lang war. Außerdem konnte sie aus einer solchen Rede ersehen, ob ein Geistlicher eine Beförderung verdiente. Ein guter Prediger konnte sie mit seiner Beredsamkeit wohl für sich einnehmen, wie zum Beispiel Thomas Dove, von dem sie meinte, in dieser Taube sei »der Heilige Geist abermals vom Himmel herabgekommen«. Freilich bedeutete es eine strenge Prüfung, wenn man aufgefordert wurde, vor Ihrer Majestät zu predigen. Wenn der Prediger etwas sagte, womit sie nicht einverstanden war, pflegte sie ihm zu widersprechen und zu rufen: »Zu Eurem Text, Herr Prediger!« Notfalls schloß sie auch das Fenster ihres Kirchenstuhls, um mißliebige Worte nicht anhören zu müssen, wie es zum Beispiel Anthony Rudde erleben mußte, als er sich etwas taktlos zu dem Thema Tod äußerte. Als Dekan Nowell 1565 eine Fastenpredigt am Hof hielt und weitschweifig auf das Kruzifix in ihrer Kapelle einging, unterbrach sie ihn mit Worten: »Schweigt davon!« Da der Dekan sie offenbar nicht gehört hatte, unterbrach sie ihn noch einmal mit lauterer Stimme: »Laßt das; es hat nichts mit Eurem Gegenstand zu tun, und dieses Thema ist jetzt wirklich erschöpfend behandelt.«

Kurz nach seiner Ernennung zum Dekan von Durham wies Toby Matthew in einer Predigt vor der Königin darauf hin, daß bei Beförderungen die einzelnen Geistlichen oft ungleich berücksichtigt würden, und schließlich sollte doch niemand in seinem Leben umsonst arbeiten. Noch während er auf der Kanzel stand, sagte die Königin zu ihm: »Nun, wenn anderen auch ihre Belohnung entgangen sein mag, Ihr jedenfalls seid auf Eure Kosten gekommen.« Unter diesen Umständen kann man Bischof Jewel, der ein hinreißender Prediger und eifriger Kanzelredner war, verstehen, wenn er 1565 darum bat, man möge ihn davon dispensieren, in Whitehall die Fastenpredigten halten zu müssen. Das Risiko, Mißfallen zu erregen, war ihm zu groß.

Etwas völlig anderes waren natürlich die regelmäßigen Predigten in den Pfarrkirchen. Hier besaßen die Zuhörer nicht Elisabeths gründliche theologische Kenntnisse und ließen sich nur allzu leicht beeinflussen, was die Gefahr mit sich brachte, daß sie zu einem falschen Glauben verführt wurden. Aus diesem Grund hatte Elisabeth bei ihrem Regierungsantritt eine Zeitlang alle Kanzelreden verboten. In seinen Ermahnungen aus dem Jahre 1566 empfahl Parker allen, die die Predigterlaubnis besaßen, »namentlich in Streitfragen sich bei der Unterweisung des Volkes der Nüchternheit und Diskretion zu befleißigen, des Ernstes ihres Amtes eingedenk zu sein und sich zuvor fleißig mit dem ausgewählten Thema zu befassen, um es zur Erbauung der Zuhörer vortragen zu können«. Eine Lesung aus den Homilien, meinte er, sei besser für »eine ruhige Unterweisung« geeignet als eine Auslegung der Heiligen Schrift nach eigenem Gutdünken. Von manchen war dies jedoch zu viel verlangt. Als Erzbischof Grindal 1576 zu Elisabeth sagte, Predigen sei »das einzige Mittel und der einzige Weg zum Heil der Menschheit«, widersprach sie ihm heftig. Alles, was das Volk zu seiner Belehrung brauchte, stand ihrer Meinung nach im Prayer Book, in den biblischen Geschichten und dem Homilienbuch; daher seien drei oder vier Prediger in jeder Grafschaft genug. Die Homilie[1] über den Gehorsam bestätigte schließlich ausdrücklich, daß die Geistlichen »insbesondere und vor allem anderen ihren Fürsten zu gehorchen hatten«. Predigten von Hitzköpfen führten nur allzu leicht zu Abspaltungen, und es waren denn auch »Prediger des Wortes Gottes«, die sich schon bald daran machten, die Anglikanische Staatskirche mit ihrer »Propheterei« zu unterminieren.

Die Frage nach dem persönlichen Glauben der Königin ist oft mit Achselzucken beantwortet worden. Konnte man ihr selbst wirklich nicht »ins Herz blicken«? War sie wirklich nur eine »Politikerin«, die stets religiöse Überlegungen hinter den politischen zurücktreten ließ? War sie eine Oberste Statthalterin, die in ihrer Kontrollbefugnis über die Kirche nur eine ihrer vielen Regierungsaufgaben sah? Vertrat sie wie Erasmus den Standpunkt, daß der Staat über der Kirche stehe? Sah sie ihre einzige positive Mission darin, es allen recht zu machen? Die Worte »Gottes Vorsehung«, die sie so oft im Munde

1) Predigt über einen Abschnitt der Hl. Schrift.

führte, waren jedoch für sie kein bloßes Gerede. Zu ihrer Zeit und auch später hat man sie als Befreierin, Ketzerin, Papistin, Lutheranerin, Kalvinistin, Zwinglianerin, Arianerin, Sozianerin, Deistin und Quietistin bezeichnet, und John Wesley hat sogar von ihr behauptet, sie sei so gerecht und barmherzig wie Nero und so christlich wie Mohammed. Im Grunde wissen wir jedoch recht gut über ihre Neigungen und Abneigungen Bescheid, wenn sich die Königin auch aus politischer Klugheit in bezug auf strittige Glaubensfragen oft nur unbestimmt geäußert hat.

Was das zentrale Problem der Gegenwart Christi beim Opfer von Brot und Wein und beim Abendmahl betrifft, ließen die Worte des Prayer Book von 1559, wie wir sahen, absichtlich viele Auslegungen zu. Die eigene Auffassung der Königin darüber gibt weniger Rätsel auf. Ihr Name wird stets im Zusammenhang mit einem treffenden Vers genannt, den sie zitiert haben soll, als sie unter Marias Regierung nach ihrer Meinung über Christi Gegenwart beim Abendmahl gefragt wurde; bei welcher Gelegenheit dies geschah, tut nichts zur Sache, ebensowenig wie die Frage wichtig ist, ob sie selbst die Stanze verfaßt hat, was immerhin möglich, wenn auch nicht wahrscheinlich ist. Der Vers fand weite Verbreitung und wurde bereits 1565 von Zeitgenossen in Briefen zitiert:

> *Hoc est corpus meum*
> Wie Christus es gewollt und gesagt hat,
> wie Er es dankbar gesegnet und gebrochen hat,
> und so, wie es Sein heiliges Wort gemacht hat,
> so glaube und nehme auch ich es,
> bereit, mein Leben dafür zu geben
> und länger nicht auf Erden zu leben.

Die Auslegung des zur Zeit der Reformation so heftig umstrittenen *Hoc est corpus meum* der Vulgata klingt hier stark lutherisch, wenn die Königin dies auch zweifellos aus Prinzip bestritten hätte.

Christopher Barker hat 1582 eine Sammlung lateinischer Gebete herausgegeben, die die Königin persönlich zusammengestellt haben soll. Es ist zwar nicht möglich, ihre eignen Lehrmeinungen daraus abzulesen, aber die Tatsache, daß biblische Zitate und Anspielungen in Fülle darin vorkommen, charakterisiert Elisabeths Vorliebe für die Heilige Schrift, wenn sie auch stets betont hat, die frühen Kirchenväter seien die Handlanger des Alten und Neuen Testaments. Als sie einer ihrer Hofdamen ein Neues Testament schenkte, schrieb sie ihr folgende Zeilen hinein:

Vor allem Guten, das ich fand,
lob' ich mir ein ruhiges Leben.
Wer ein zufriednes Herz besitzt,
braucht nicht nach Reichtum zu streben.

Das Zeremoniell spielte im täglichen Leben am Hof eine große
Rolle. Selbst die einfachsten Verrichtungen, wie das Tischdecken,
erhielten durch ein bestimmtes Ritual eine fast religiöse Weihe. Vieles
davon war althergebracht und an allen Höfen des Westens üblich,
und Elisabeth trug kein Verlangen danach, den Glanz ihres Herrscher-
tums durch Vereinfachungen oder Neuerungen zu beeinträchtigen.
So war es nur natürlich, daß sie das Zeremoniell, das sie in weltlichen
Dingen beobachtete, auch auf die religiöse Sphäre übertrug, was ihr
ihre Kritiker als ein »Zurschaustellen der Andacht« ankreideten. Als
Bischof Aylmer und Dekan Nowell die Königin im November 1588
zum Dankgottesdienst für den Sieg über die Armada in der alten
St.-Pauls-Kirche empfingen, schritten ihnen fünfzig Geistliche in
prächtigen Chorröcken voraus. Elisabeth liebte Prozessionen und
erwartete von dem Zelebranten, daß er einen Chorrock trug, wenn
sie einem Gottesdienst beiwohnte.
Jewel hatte in den Meßgewändern »Überreste von den Amoritern«
gesehen, und ein Kruzifix auf dem Altar war »etwas zu Katholisches«
für ihn. »Es gibt noch zu viel Äußerlichkeiten«, meinte er, »auch das
ominöse kleine Silberkreuz steht immer noch an seinem alten Platz
in der Kapelle der Königin.« Andere Bischöfe erklärten sich zwar
widerwillig bereit, sich bei der Taufe zu bekreuzigen und beim Abendmahl niederzuknien, jedoch »nur, bis der Herr uns bessere Zeiten be-
schert«. Wenn Elisabeth in bezug auf die allgemeinen religiösen Be-
lange auch eine – zwar weitherzige – »Tochter ihrer Kirche« war,
folgte sie in ihrer privaten Andacht doch ihrem eignen Geschmack.
In ihrer Privatkapelle blieben die Altäre auf ihrem Platz, und zu beiden Seiten des Kruzifixes brannten weiterhin Kerzen. Sie hatte zwar
nicht umhin gekonnt, eine Verordnung zu erlassen, wonach die stei-
nernen Altäre aus den Pfarrkirchen zu entfernen waren, war jedoch
sehr erzürnt, wenn die Kirchenbesucher sie tatsächlich hinausbeför-
derten. Den Passus des Statuts über »abergläubische Gebräuche« legte
sie völlig anders aus als die meisten Parlamentsmitglieder. Auch in
ihren Augen waren Bilder und Altarschreine, Weihrauch, Meßglok-
ken, geweihte Kerzen und Totenmessen genau wie das Hochheben
der Hostie römische Praktiken. Andererseits betrachtete sie vieles,
was unter Eduard VI. abgeschafft worden war, als einen nützlichen,

wenn auch nicht unbedingt notwendigen Teil des Gottesdienstes, zum Beispiel die Meßgewänder und das Altarantependium.

Bischof Cox von Ely verdammte solche Insignien als »Zeichen des Tieres« und weigerte sich anfangs, das Abendmahl »in den goldenen Gewändern der Papisten« auszuteilen. Auch »wagte er nicht, den Gottesdienst in ihrer großen Kapelle abzuhalten, solange die Kerzen und das Kruzifix nicht entfernt waren«. Schließlich gab er jedoch nach. »In der Westminster-Abtei tragen die Kanoniker Achseltuch und Chorhemd genau wie die anderen, und sie haben auch Meßgewänder«, notierte ein Besucher aus dem Ausland, »und ich kann keinen großen Unterschied zwischen ihren Zeremonien und denen der römischen Kirche entdecken.« Aber gerade dieser kleine Unterschied war Elisabeth sehr wichtig. Die Kirche von England hatte in den reichen Falten ihres Gewandes Platz für Menschen aller Art und von jedem Stand, nicht zuletzt auch für die Königin selbst, die zwar keine »Frömmlerin« war, aber in ihrer eigenen Kapelle einem Glauben huldigte, den spätere Zeiten als »gemäßigt hochkirchlich« bezeichnet hätten. So hielt sie ihrer Hauptstadt, die einem strengen Protestantismus zuneigte, die Waage.

Elisabeths Politik, den Menschen nicht ins Herz blicken zu wollen, kommt besonders deutlich zum Ausdruck in ihrer Haltung gegenüber widerspenstigen Katholiken. Im allgemeinen konnten diese im ersten Jahrzehnt ihrer Regierung, ohne Nachteile befürchten zu müssen, den Beistand eines katholischen Priesters in Anspruch nehmen, wenn sie nur still für sich lebten, pro forma den Gottesdienst in der Pfarrkirche besuchten oder, falls sie fernblieben, ihre Buße entrichteten. Es genügte, wenn sie sich nach außen hin zur Staatskirche bekannten. Es war kein Geheimnis, daß die Kapellen des französischen, spanischen und kaiserlichen Gesandten auch von vielen Engländern besucht wurden. Einige Damen aus dem Haushalt der Königin brachten es sogar fertig, mit einer gewissen Regelmäßigkeit zur Messe zu gehen, wenn der Hof in London war. Auf dem Land, besonders in den Grafschaften des Westens und Nordens, herrschte kein Mangel an Priestern, die Zellen des alten Glaubens vor allem in den großen Adelshäusern am Leben hielten. Der Regierung waren diese Zustände meist bekannt, aber wenn auch überzeugte Protestanten im Staatsrat, wie Cecil, Knollys und Leicester, und einige streitbare Bischöfe eine Politik der Unterdrückung befürworteten, zog es die Königin damals noch vor, schlafende Hunde lieber nicht zu wecken, schienen ihr doch Unterdrückung und gutes Einvernehmen schlechte Bettgenossen.

Erst als Maria Stuart 1568 in England Zuflucht suchte, wurden die Katholiken zu einer wirklichen Gefahr, und die Regierung wies die örtlichen Friedensrichter unverzüglich an, notorische Papisten unter genaue Beobachtung zu stellen; ferner veranlaßte sie das Oberste Reichsgericht und die kirchlichen Gerichtshöfe zu strengen Maßnahmen. Da die meisten Katholiken mit Marias Sache sympathisierten und viele im Aufstand des Nordens in den Jahren 1569/70 ihr Leben für sie opferten, wurde die Verweigerung des Suprematseides zu einem schweren politischen Vergehen, das man nicht mehr als harmlose religiöse Verirrung stillschweigend dulden konnte. Die übereilte päpstliche Bulle, die die Königin 1570 mit dem Kirchenbann belegte, und die Tatsache, daß Maria Stuart Elisabeths Gefangene war, verschlimmerten die Situation noch, so daß die frommen Priester, die aus Douai und anderen Orten nach England kamen, um es für Rom zurückzuerobern, als Hochverräter sterben mußten.

In den ersten Jahren von Elisabeths Regierung kam die Gefahr für die religiöse Einheit jedoch nicht von rechts, sondern von links. Der Widerstand richtete sich damals gegen die Verordnung, welche den Priestern der Anglikanischen Kirche das Tragen von Meßgewändern vorschrieb. Für die Protestanten, von denen viele noch unter dem Eindruck von Zürich und Genf standen, war das weiße Chorhemd ein Anathema, ein Zeichen von Papisterei, »die Livree des Antichrist« und ein sichtbarer Beweis dafür, daß man vom Neuen Jerusalem noch weit entfernt war. So war der Streit um die Meßgewänder die erste einer ganzen Reihe von Kontroversen, die Unruhe in die Kirche von England brachten. Es gab auch zahlreiche Bischöfe, die mit den Protestanten sympathisierten. Noch andere Beschwerden wurden laut: Viele Geistliche wollten sich nicht bekreuzigen und verlangten, nach eigenem Gutdünken predigen zu dürfen, anstatt aus Parkers neuem Homilienbuch vorlesen zu müssen. Auch wollten sie lieber Psalmen singen, wie die schottischen Kalvinisten es taten, statt immer nur der Orgel zuzuhören.

Erzbischof Parker wäre lieber in seine Studierstube in Lambeth oder Croydon zurückgekehrt und hätte weiter an der Bischofsbibel gearbeitet, der neuen Bibelübersetzung, von der Elisabeth hoffte, sie werde der Genfer Bibel ihre Popularität nehmen. Die Königin spürte jedoch die Gefahr und nötigte Parker zu handeln. 1559 mußte sie mit den extrem eingestellten Protestanten im Parlament einen Kompromiß schließen und konnte gerade noch deren Drohung, sich der Kirche zu bemächtigen und sie von Grund auf zu reformieren, abwenden. Den Streit um die Meßgewänder beurteilte sie richtig als eine ernste Gefahr für ihren Supremat und die Einheit der Kirche. In diesem Kampf konnte sie kaum mit der Unterstützung ihres Staatsrats rechnen, da einige seiner prominentesten Mitglieder in enger Beziehung zum protestantischen Lager standen. Im vergangenen Jahr hatte das Oberste Reichsgericht zwar beschlossen, gegen alle widerspenstigen Elemente streng vorzugehen, die sich immer noch weigerten, den Supremat der Königin und ihre Staatskirche anzuerkennen, aber der Staatsrat hatte die Absicht, das Gesetz gegen die katholische Rechte und nicht gegen die protestantische Linke einzusetzen. Zwar veröffentlichte Matthew Parker sein *Buch der Ermahnungen* »zur Erhaltung von Ordnung und Sitte«, doch genügte diese Propaganda nicht. Besonders in London entstand ein beträchtlicher Widerstand gegen die Kirche, und Geistliche, die sich nicht fügen wollten, mußten ihres Amtes enthoben werden. Auch die Laien waren »in verschiedene Parteien gespalten und beschimpften fromme Priester mit lauten Worten«. So zeigten sich die ersten Risse in den Wänden der Anglikanischen Kirche. Jene Gemeinden, die sich damals aus eigenem Entschluß von der Staatskirche lossagten, waren die Keimzellen des englischen Nonkonformismus, und die Königin sah sich bald von dieser Seite her der heftigsten Kritik ausgesetzt. Bußen und Gefängnis vermochten gegen die Spaltung nichts auszurichten. »Diese glaubensstrengen Leute«, sagte Parker nicht ohne Mitgefühl zu Elisabeth, »würden eher ihr Hab und Gut opfern und ins Gefängnis gehen, als daß sie nachgeben.«

Diese Separatisten der sechziger Jahre kamen in Privathäusern, auf freiem Feld und gelegentlich auch auf Schiffen zusammen. Sie setzten ihre eigenen Pfarrer ein und bauten eine Selbstverwaltung auf, die in den Händen von Ältesten und Diakonen lag. Sie verehrten Gott auf ihre Weise, ohne vor der Obersten Statthalterin das Knie zu beugen, was bedeutete, daß sie eine Bresche in die Einheit der Kirche schlugen. Ihre Weigerung, sich von der Königin ihren christlichen Lebenswandel vorschreiben zu lassen, konnte eines Tages dazu führen, daß der Monarchie selbst die Existenzberechtigung abgesprochen wurde. Der unerschrockene Peter Wentworth wagte es 1576 sogar, in Elisabeths Gegenwart zu sagen, er wolle »lieber ihre irdische Majestät als die himmlische Majestät Gottes beleidigen ... Denkt daran, Madame, daß Ihr nur ein sterbliches Geschöpf, wenn auch eine mächtige Fürstin seid und daß der droben im Himmel mächtiger ist.« Nicht Oberste Statthalterin zu sein, bedeutete für Elisabeth aber soviel wie nicht Königin zu sein, was sie viel später in einem Brief an Jakob VI. von Schottland zum Ausdruck brachte:

»Erlaubt mir, Euch zu warnen, daß in Eurem Reich wie in dem meinen sich eine Sekte von gefährlichen Konsequenzen erhoben hat. Diese Leute wollen keinen König, sondern ein Presbyterium und möchten Unseren Platz einnehmen und Unsere Privilegien genießen, indem sie das Wort Gottes vorschieben und behaupten, sie allein verstünden es richtig zu befolgen. Seid ja auf der Hut vor ihnen! Wenn sie erst einmal in die Herzen Unserer Untertanen Zweifel an Unserer Religion eingepflanzt haben und sagen, daß Wir uns irren, so könnte dies Folgen haben, die ich kaum auszudenken, geschweige denn dem Papier anzuvertrauen wage ...«

Es hatte in der vorangehenden Generation mit den Fanfarenstößen des John Knox angefangen. Nun richtete der Presbyterianismus seine Angriffe gegen das Herz der Anglikanischen Kirche.

Eine merkwürdige Seite des religiösen Lebens in England war die Neigung, nach alttestamentarischer Manier in einer schwülstigen, bilderreichen Sprache zu »prophezeien«. Ein Spanier bemerkte dazu: »Sie sind so voller Prophezeiungen in diesem Land, daß nichts geschieht, ohne daß sie sofort mit irgendeiner Prophezeiung herausrücken, die es vor soundso viel Jahren vorausgesagt haben will, und tatsächlich schenken sogar ernsthafte Leute und gute Katholiken solchen Dingen Beachtung und legen ihnen eine größere Bedeutung bei, als sie gewöhnlich zugeben.« Gerechterweise hätte er allerdings nicht vergessen sollen, daß es auch am Hof Philipps II. einen Wahrsager gab, der in hohem Ansehen stand. Elisabeths friedliche Thronbesteigung, ihre Kirchenpolitik, ihre Erfolge und Irrtümer waren tatsächlich von dem einen oder anderen »vorhergesagt« worden. In einigen ihrer Reden wandte sie sogar selbst dieses Verfahren an, und die Tatsache, daß sie auf die Voraussagen des Dr. Dee und anderer Weissager etwas gab, beweist, daß der Unterschied zwischen ihr und gewissen Predigern, die ihre englische Bibel nach Parallelen zu aktuellen politischen Ereignissen durchblätterten und von sich behaupteten, die Stimme des Geistes über den Wassern vernommen zu haben, doch nicht ganz so groß war. Als die alte St. Pauls-Kirche 1561 abbrannte, sahen viele darin ein Zeichen des göttlichen Zorns, der sich gegen die Kirche, den Episkopat und die Oberste Statthalterin richtete.

Die »Prophezeierei« gewann in den siebziger Jahren jedoch einen recht anderen Aspekt, als der gelehrte Theologieprofessor Cartwright aus Cambridge an die Spitze einer kirchlichen Reformbewegung trat, die sich einzig auf die Autorität der Bibel stützte. Das »Prophezeien«

nahm damals die Form von öffentlichen Frage- und Antwortstunden zwischen Geistlichen und Laien an – eine Mischung von brain-trust und teach-in –, die sicher zum eigenen Bibelstudium anregte, aber auch reichlich Gelegenheit bot, Lehren und Meinungen zu verbreiten, die der Kirche abträglich waren. Elisabeth sah darin mit Recht eine »Herausforderung ihres königlichen Regiments«. Die »Prophezeierei« war um so gefährlicher, als auch viele Bischöfe zu ihren begeisterten Anhängern zählten. Diese streng puritanische Bewegung überschattete Matthew Parkers letzte Lebensjahre in Canterbury und brachte seinen Nachfolger, Edmund Grindal, zu Fall.

Statt diese Unsitte auszurotten, verteidigte Erzbischof Grindal ihre Anhänger in offener Opposition gegen die Königin. Sie wies ihn zurecht und forderte ihn auf, sofort einzugreifen und das Prophezeien zu unterbinden. Grindal aber gebrauchte Ausflüchte. Er sagte, derartige Übungen würden von der Heiligen Schrift empfohlen, sie dienten der Hebung des allgemeinen Niveaus in der Gemeinde und der Erziehung der Laien. »Wenn es Eurer Majestät beliebt, mich aus diesem oder irgendeinem anderen Grund aus meinem Amt zu entfernen, werde ich in aller Demut mich dem unterwerfen«, fügte er hinzu. Wenn er vorgehabt hatte, Elisabeth mit dieser Drohung zu bluffen, hatte er sich allerdings getäuscht. Weder Burghleys noch Leicesters Fürsprache halfen ihm noch. Im Mai 1577 schrieb Elisabeth selbst an die einzelnen Bischöfe und befahl ihnen, der »Prophezeierei« ein Ende zu machen. Bald darauf suspendierte sie Grindal für sechs Monate von seinem Amt. Er hatte sich des Ungehorsams gegen seine Königin in ihrer Eigenschaft als »oberste kirchliche Autorität« schuldig gemacht. Die Kirche mußte während dieser sechs Monate bei allen ihren Vorhaben auf ihren Primas verzichten, die Oberste Statthalterin aber blieb.

Danach fehlte es nicht an Versuchen, den Konflikt beizulegen, und man sprach davon, daß Grindal mit der gebotenen Zerknirschung den Lords des Staatsrats ein Bekenntnis seiner Irrtümer ablegen und sie bitten solle, bei der Königin ein gutes Wort für ihn einzulegen. Sie weigerte sich jedoch, ihm zu vergeben, da ihr sein Brief an die Lords zu sehr wie eine Rechtfertigung vorkam und er darin keine Besserung gelobte. Da es politisch nicht ratsam schien, ihn seines Amtes ganz zu entheben, beließ sie es bei der Suspendierung in der Hoffnung, er werde freiwillig zurücktreten. Grindal ließ sich jedoch mit seinem Entschluß Zeit, obwohl sich sein Augenleiden ständig verschlimmerte. Sein Tod im Juli 1583 befreite die Königin endlich aus einer peinlichen Lage. Der Erzbischof vermachte ihr in seinem letzten Willen ein griechisches Neues Testament, da er ihr »nichts Wertvolleres zu bieten hatte«. Sein Nachfolger in Canterbury wurde schließlich John Whitgift, der Vizekanzler der Universität Cambridge gewesen war, als Cartwright seine *Ermahnung an das Parlament* veröffentlichte. Whitgift hatte damals den Traktat als »Phantasterei« abgelehnt und behauptet, es werde »die Wissenschaften, die Religion, ja das ganze Königreich durcheinanderbringen«. Solche Ansichten gefielen der Königin, und ihr Verhältnis zu Whitgift, den sie mit dem Spitznamen »mein schwarzer Gemahl« bedachte, war weniger gespannt als ihre Beziehungen zu irgendeinem anderen Geistlichen in ihrer ganzen Regierungszeit. Er teilte, wie wir noch sehen werden, ihre heftige Abneigung gegen den Puritanismus, den er mit nie erlahmendem Eifer zu unterdrücken suchte. Freilich waren Königin und Erzbischof nicht in allen Fragen einer Meinung. Als sie zum Beispiel in seinen Artikeln aus Lambeth vom Jahre 1584, die für die Geistlichen in seiner Erzdiözese bestimmt waren, kalvinistische Anschauungen über die Prädestination und Gnadenwahl entdeckte, bestand sie darauf, daß er sie wieder zurückzog.

Die ersten, die 1575 für ihren Glauben sterben mußten, waren zwei holländische Wiedertäufer. Die Bezeichnung »Anabaptist« wurde im Sprachgebrauch des sechzehnten Jahrhunderts auf vielerlei Abtrünnige angewendet, angefangen bei den Fanatikern aus Münster, die in der vorangegangenen Generation ein Jahr lang mit ihren Ausschreitungen ganz Europa in Schrecken versetzt hatten, bis zur Sekte, deren Führer Jan van Leyden war, welcher über die Notwendigkeit der Einführung einer sozialistischen Republik predigte. Sämtliche Regierungen waren sich darüber einig, daß dieser linksextreme Flügel des Protestantismus sehr gefährlich werden konnte. An Ostern 1575 machte man in einem Haus in der Nähe von Aldgate eine Razzia und warf siebenundzwanzig Mitglieder der holländischen Gemeinde, die man dort aufgriff, ins Gefängnis. Einige widerriefen später ihre Ketzereien in Paul's Cross. Die anderen, meist Frauen, wurden vor das Konsistorialgericht des Bischofs von London gebracht, aber »obwohl man sich die größte Mühe mit ihnen gab, wurde nur eine Frau bekehrt«. Die übrigen trieb man mit Peitschenhieben von Newgate zum Fluß hinunter, wo ein Schiff bereitstand, das sie nach Holland zurücktransportieren sollte. John Peters und Henry Turwent, die sogenannten »Männer aus Flandern«, wurden am 22. Juli in West Smithfield »unter großen Qualen und unter Schreien und Weinen« auf dem Scheiterhaufen verbrannt. Es war unweit der Stelle, wo neunzehn Jahre zuvor Bonners Feuer gewütet hatten. Elisabeth hatte selbst das Todesurteil unterzeichnet und sogar den Platz für die Hinrichtung bestimmt. Wäre Erzbischof Parker nicht kurz zuvor gestorben, wären die Unglücklichen vielleicht mit dem Leben davongekommen.

Abgesehen von den Aufständischen im Norden, die sich den Grafen Northumberland und Westmorland anschlossen und gleich ihnen als Hochverräter hingerichtet wurden, war Cuthbert Mayne der erste Katholik, der für seinen Glauben den Tod erlitt. Er starb im November 1577. In der englischen Strafgesetzgebung hatte man auf Grund der päpstlichen Bulle von 1570, die Elisabeth exkommunizierte, den Begriff des Hochverrats erweitert, und kein Priester, der sich zu Rom bekannte, konnte – falls man ihn erwischte – künftig auf Gnade hoffen. Mayne war der Neffe eines Geistlichen der Anglikanischen Kirche, der die Absicht hatte, ihn nach bestandenem Examen in einer Pfründe seiner Familie unterzubringen. Er schickte ihn deshalb nach St. Alban Hall in Oxford. Cuthbert wurde schon bald Kaplan im St. John's College, wo er unter den Einfluß seines hochbegabten Lehrers Edmund Campion und seines Freundes Gregory Martin geriet. Rom gewann ihn für sich, und er ging in das neugegründete englische Priesterseminar in Douai, um dort seine Studien fortzusetzen. Hier wurde er 1575 zum römisch-katholischen Priester geweiht. Das Hauptziel von Douai war es, Priester auszubilden, die später nach England zurückkehren und sich der gefährlichen Aufgabe widmen sollten, den Gläubigen die Messe zu zelebrieren und weitere Seelen für die Kirche Roms zu gewinnen. Cuthbert Mayne gehörte zu dem ersten Trupp junger Priester, die von Douai nach England gingen. Er wirkte mehrere Monate lang in Cornwall, bis man sein Versteck entdeckte und ihn nach Launceston brachte, wo man ihn des Hochverrats überführte. Er hatte sich »zu der Autorität des Bischofs von Rom bekannt, eine päpstliche Absolution veröffentlicht und den Gebrauch eines abergläubischen Emblems, Agnus Dei genannt, eingeführt, das aus Stein und Silber bestand und vom Bischof von Rom geweiht war, wodurch es Vergebung der Sünden und Schutz in Gefahren verleihen sollte«. Sein Mentor Edmund Campion folgte ihm 1581 in den Märtyrertod.

Der Tod der niederländischen Anabaptisten und die Hinrichtung Cuthbert Maynes bewiesen, daß Elisabeths Theorie von der Einheit von Kirche und Staat praktisch zusammengebrochen war. Es zeigte sich, daß die Staatskirche von 1559 den politischen Spannungen nicht gewachsen war. Aber ihre Oberste Statthalterin hielt an ihrem Ideal fest, da sie kein besseres an seine Stelle zu setzen hatte. Der Staat war zu schwach, um sich die Duldung einer radikalen Gruppe von Nonkonformisten von links oder rechts leisten zu können. Elisabeths Absicht, den Menschen nicht ins Herz zu blicken, um ihre privaten religiösen Ansichten zu erforschen, vorausgesetzt, daß sie sich nach außen fügten, konnte nicht so weit gehen, daß sie eine Bindung an rivalisierende Instanzen und Organisationen duldete. Ein »Staat im Staat«, wie ihn die Hugenotten in Frankreich errichteten, konnte nur zu verheerenden Bürgerkriegen führen, und tatsächlich kam Frankreich während der gesamten Regierungszeit Elisabeths nicht zur Ruhe. England dagegen erlebte in dieser Zeit nur einen einzigen Aufstand. Einzelne, wie Campion und Mayne, mußten für ihren Idealismus ihr Leben lassen, Gefängnisstrafen und empfindliche Geldbußen wurden verhängt, und extreme Elemente wurden in die Verbannung geschickt. Aber der Erfolg dieser Politik war, daß England vom Bürgerkrieg verschont blieb.

Semper eadem, lautete die Devise der Königin, was nach Camdens Interpretation bedeutete, daß sie »in ihrem ganzen Leben und in allen ihren Taten einen gleichmäßigen Kurs einhielt«. Dem entsprach auch die goldene Mitte, die sie in ihrer Kirchenpolitik anstrebte. Was sie wollte, war eine geistig hochstehende, innerlich starke Kirche, die frei von weltlichem Ehrgeiz war und Männer wie Frauen begeistern konnte. Obwohl ihr Staatsrat aus Laien bestand, war diese Kirche trotzdem der wichtigste Partner der Krone.

Die Kirche mußte den Schutz des Staates freilich teuer bezahlen. Elisabeth mußte notgedrungen auf die noch immer beträchtlichen Einkünfte der Bistümer und Dekanate zurückgreifen, da die Krone im Gegensatz zu ihnen bitter arm war. Die reichste Beute aus der Auflösung der Klöster hatten bereits vor ihrer Zeit Höflinge durch Kauf oder Pacht an sich gebracht, und sie selbst kam im Lauf der Jahre durch ihre wachsende Geldnot in immer größere Verlegenheit. Um 1500 konnte ein Herrscher nicht mehr wie im Mittelalter von seinen Krongütern leben und die Regierung des Königreichs aus seinen eigenen Einkünften finanzieren. Durch immer neue Geldentwertungen, den ständig wachsenden Aktionsradius des Staates wie durch revolutionierende Änderungen in der nationalen Verteidigung und der Führung der Außenpolitik, in deren Verlauf England sich zu einem Nationalstaat entwickelte, wurde die Beanspruchung der königlichen Schatulle schließlich untragbar. Um ihr

Budget auszugleichen, schröpfte Elisabeth die Kirche, und ihre Forderungen wurden immer drückender.

Durch eine Akte des Jahres 1559 wurde es den Erzbischöfen und Bischöfen verboten, Land aus ihrem Besitz auf länger als drei Lebensalter (21 Jahre) zu verpachten, statt der bisher üblichen neunundneunzig Jahre, wenn der Pachtvertrag nicht auf die Königin überschrieben wurde. Mit andern Worten, die auf lange Zeit verpachteten Kirchengüter gingen an die Krone, und die einträglichen Patronatsrechte kamen dem Hof zugute. Dieselbe Akte sprach der Königin das Recht auf die weltlichen Besitzungen der gerade vakanten Bischofssitze zu und autorisierte sie, Krongüter gegen diese Ländereien auszutauschen. Dieses Statut, das Strype »die Akte zur Ausplünderung der Kirche« nannte, ermöglichte es Elisabeth, ihre Zahlungsfähigkeit auf Kosten des Kirchenbesitzes zu erhalten. Es lag nun durchaus in ihrem Interesse, Bischofssitze so lange wie möglich vakant zu halten, und so gab es zum Beispiel zwischen 1568 und 1589 und wiederum von 1592 bis nach ihrem Tod in Oxford keinen Bischof. Ely, der fetteste Brocken, war neunzehn Jahre und Bristol vierzehn Jahre lang vakant.

Bischöfliche Pachtgüter als Belohnung für Höflinge und Hofbeamte, ja sogar für einen König von Portugal im Exil, kosteten Ihre Majestät keinen Schilling. Besonders ihre Günstlinge, wie Leicester und Hatton, Oxford und Heneage, pflegte sie aus dieser Quelle für ihre Dienste zu belohnen.

Wenn ein hoher Geistlicher befördert werden wollte, sah er sich in der Regel gezwungen, der Königin Ländereien zu überschreiben oder ihren Schützlingen Jahresrenten zu gewähren. Thomas Godwin wäre 1584 nicht Bischof von Bath und Wells geworden, wenn er nicht mit der Königin einen Pachtvertrag auf neunundneunzig Jahre über Ländereien abgeschlossen hätte, die er dann Sir Walter Raleigh übergeben durfte. Richard Fletcher mußte, als er 1595 sein Bistum Worcester gegen London vertauschen wollte, aus seinen Einkünften in Worcester »an verschiedene Höflinge nach Wahl der Königin« »Gratifikationen« bis zu zweitausend Pfund zahlen, und Fletcher tat, wie geheißen, um »auch nicht das kleinste Quentchen ihrer Gunst einzubüßen«. Auch Gervase Babington, der von Exeter nach Worcester versetzt werden wollte, mußte 1597 als Gegenleistung seinen wertvollsten Besitz, das Gut Crediton, verpachten, während Bischof Scambler von Norwich im Jahr der Armada den größten Teil seiner Ländereien für achtzig Jahre an Sir Thomas Heneage abzutreten hatte. Noch beängstigender sank der Wert der früher reichsten

Bischofssitze. Durham, eines der wohlhabendsten Bistümer, büßte tausend Pfund seiner Einkünfte ein, der Wert von Lincoln verringerte sich um die Hälfte, und Winchester schien ganz eingehen zu wollen.

So wurden die Bischofssitze und Dekanate an den Höchstbietenden verschachert. Gegen Ende von Elisabeths Regierung wagte es der Bischof von Durham, sie indirekt der Simonie zu beschuldigen, als man ihn aufforderte, ein Angebot für das vakante Erzbistum York zu machen. Die Oberste Statthalterin konnte nicht voraussehen, wie das durch die Akte von 1559 geschaffene System sich auswirken würde, und die Folgen ihrer Gewinnsucht – oder vielmehr ihr bereitwilliges Ohr für die Gewinnsucht anderer – traten erst in den letzten fünfzehn Jahren ihrer Regierung in Erscheinung. Es waren zu wenig ernsthafte Proteste dagegen laut geworden. In der Art, wie sie die Kirche ausplünderte, war Elisabeth zweifellos ein Kind ihrer Zeit. Sie zog nur die logische Konsequenz aus der Nationalisierung und Säkularisierung des Besitzes der Klöster und Gilden unter ihrem Vater, doch trägt sie die volle Verantwortung dafür, daß die Finanzen der Kirche so erschüttert wurden, daß sich die Monarchie letzten Endes selbst ihrer Stütze beraubte.

FÜNFTES KAPITEL

Unverbindliche Antworten

Nachdem die Religionsstreitigkeiten 1559 zur Zufriedenheit der Mehrheit des englischen Volkes beigelegt waren, stellte sich als vordringlichstes Problem die Frage der Nachfolge. Da Elisabeth noch jung war und man annahm, daß sie im Gegensatz zu ihrer Schwester Kinder zur Welt bringen könne, sah man die Thronfolge zunächst in erster Linie im Zusammenhang mit ihrer Heirat. Elisabeth betrachtete es jedoch als ihre persönliche Angelegenheit – der zugegebenermaßen größte Bedeutung zukam –, wen sie einmal heiraten würde und wer ihre Nachfolge anträte, falls sie plötzlich kinderlos sterben sollte. Wenn das Parlament oder der Staatsrat wieder einmal auf eine Entscheidung in dieser Frage drängten, gab Elisabeth »Antworten, die keine waren«.

Da sie sich von Anfang an hartnäckig weigerte, einen Nachfolger zu benennen, fing man von allen Seiten zu intrigieren an. Um sie von ihrer *via media* abzubringen, unterstützten die Katholiken die Ansprüche der Stuarts, während die strenggläubigen Protestanten für die Ansprüche der Suffolk-Linie eintraten. Die Königin selbst entschied sich für keine der beiden Parteien. Sie sah in jedem, der Ansprüche auf den Thron erhob, bereits den Hochverräter. Sie wußte aus eigener Erfahrung, daß ein Thronanwärter, auch wenn er sich noch so sehr zurückhielt, doch plötzlich als Marionette einer Partei an ihre Stelle gesetzt werden konnte. Dann hätte sie sich möglicherweise »innerhalb eines Monats« im Tower wiedergefunden. Bevor wir uns nun den zahlreichen Bewerbern um ihre Hand zuwenden, scheint es uns deshalb geraten, den Tudor-Stammbaum daraufhin zu betrachten, von welchen Mitgliedern dieses Hauses Elisabeth Gefahr drohte und wie sie mit ihnen verfuhr.

Im Gegensatz zu ihrem Vater war Elisabeth der Ansicht, daß die Ansprüche der Stuarts am besten begründet und für sie selbst daher am gefährlichsten seien. Als die Nachricht von Marias Tod vier Tage nach Elisabeths Thronbesteigung nach Frankreich kam, proklamierte Heinrich II. seine Schwiegertochter zur Königin von England, worauf die damals siebzehnjährige Maria, Königin von Schottland und den Inseln und Dauphine von Frankreich, nichts Eiligeres zu tun hatte, als das königliche Wappen Englands in ihr eigenes einzufügen; zuerst nur privat, später aber in aller Öffentlichkeit. Als Throgmorton, der damals englischer Gesandter in Paris war, sich bei dem Konnetabel von Frankreich darüber beschwerte, zuckte der große Mann nur die Achseln. Ihm sei nichts davon bekannt, sagte er, denn er habe sich im Gefängnis befunden, als Maria den Dauphin geheiratet habe. Im übrigen möge Throgmorton nicht vergessen, daß Elisabeth sich immer noch »Königin von Frankreich« nenne und die französischen Lilien im Wappen führe. Marias Thronansprüche bezogen sich nicht nur auf den Fall, daß Elisabeth kinderlos sterben würde, sondern sie betrachtete sich als rechtmäßige Königin von England und wollte ihre Stelle einnehmen.

Dies ist das Wappen von Königin Maria, Dauphine von Frankreich, der edelsten Dame der Welt, denn sie ist zugleich Königin von Schottland, England und Irland, weil Gottes Vorsehung es so gut fand.

Der Inhalt dieses Verses bestimmte die weiteren Beziehungen der Königinnen und wurde zu einem wichtigen Faktor der internationalen Politik.

Durch den Tod Heinrichs II. von Frankreich am 10. Juli 1559 wurde Elisabeths Lage äußerst kritisch, da sein Nachfolger Franz II., Maria Stuarts Gatte, eine Marionette in den Händen des Hauses Guise war. Die Guises aber waren entschlossen, in Schottland Marias Ansehen dem aufständischen Adel gegenüber wiederherzustellen und ihre Ansprüche auf den englischen Thron so nachdrücklich wie möglich zu unterstützen. Nie hatte die »alte Allianz« eine so bedrohliche Form angenommen wie zu der Zeit, als Heinrich von Guise und sein Bruder, der Kardinal von Lothringen, Frankreich regierten, während ihre Schwester, Maria von Guise, Regentin von Schottland war. Die schottischen Lords von der Kongregation setzten, von John Knox angefeuert, die Regentin ab. Da sie jedoch nicht in der Lage waren, auch ihre französischen Truppen aus dem Land zu jagen, wandten sie sich mit der Bitte um Unterstützung an Elisabeth. Der Feldzug gegen die Franzosen nördlich der englischen Grenze, der auch »Krieg der Insignien« genannt wurde, weil er dadurch ausgelöst worden war, daß Maria Stuart sich widerrechtlich des englischen Wappens bedient hatte, dauerte sechs Monate. Danach unterzeichnete man im Juli 1560 den Vertrag von Edinburgh. Die Schotten räumten Elisabeth das Recht auf ihren Thron ein und verbürgten sich dafür, daß ihre eigene Königin ihren Anspruch auf die englische Krone aufgeben würde.

Der plötzliche Tod Franz' II. brachte allerdings neue Komplikationen, denn Maria entschloß sich, nach Schottland zurückzukehren. Sie bat Elisabeth, durch England reisen zu dürfen. Da sie sich jedoch standhaft weigerte, den Vertrag von Edinburgh zu ratifizieren, falls Elisabeth sie nicht zu ihrer Nachfolgerin ernannte, schlug ihr diese ihre Bitte ab. Diese Kränkung hat ihr Maria wohl nie verziehen. Die Suche der jungen verwitweten Königin nach einem neuen Gatten machte die Situation nur noch ernster.

Es gab noch eine weitere Thronanwärterin aus der Stuartlinie: Lady Margaret Douglas, Gräfin von Lennox, die eine Kusine ersten Grades von Elisabeth war. Nach dem Tod Jakobs IV. von Schottland hatte Margaret Tudor den Grafen von Angus, Archibald Douglas, geheiratet. Ihr einziges Kind, das ebenfalls Margaret hieß, wurde von Heinrich VIII. in Prinzessin Marias Haushalt geschickt, der sie treu ergeben war. Auf Grund ihres standhaften Katholizismus und ihrer Heirat mit dem Grafen Matthew von Lennox sah sich Heinrich gezwungen, sie von der englischen Erbfolge auszuschließen. Diese Ehe war in der Tat gefährlich, denn Lennox besaß seinerseits Erbansprüche auf den schottischen Thron. Die Gräfin lebte auf ihren Besitzungen in Yorkshire, wo ihr Sohn, Lord Henry Darnley, 1545 geboren wurde. Die Tatsache, daß er in England das Licht der Welt erblickt hatte, gab ihm in den Augen seiner Mutter größere Anrechte auf die englische Krone als Maria, und solange Maria Königin von Frankreich war, begünstigten auch die englischen Katholiken Darnley. Ein schwerwiegendes Hindernis für seine Ansprüche, das Elisabeth weidlich ausnutzte, war, daß der Papst die Ehe zwischen Margaret Tudor und Angus für ungültig erklärt hatte. Dadurch war Lady Lennox zum Bastard geworden. Sie verfolgte jedoch einen großen Plan, von dem sie glaubte, er werde diesen Schönheitsfehler mehr als wiedergutmachen. Sie wollte nicht mehr und nicht weniger, als ihren Darnley mit der verwitweten Maria verheiraten. Sobald sie vom Tod Franz' II. hörte, begann sie mit ihren Intrigen am französischen Hof. Darnley war ein hübscher, schlanker Junge, der sich im Sport und den höfischen Künsten hervortat, jedoch ein Spatzenhirn besaß. Es gelang ihm tatsächlich, Maria zu bezaubern. Sie heirateten und stellten Elisabeth damit vor ein *fait accompli*. Die Ehe wurde höchst unglücklich, aber aus ihr ging Elisabeths Nachfolger hervor.

Nachdem Lady Jane Grey 1553 auf so verhängnisvolle Weise in die Verschwörung Northumberlands verstrickt worden war, waren die Erbansprüche des Hauses Suffolk auf Janes Schwestern Katherine und Mary Grey übergegangen. Lady Katherine, die 1538 geboren war, hatte Henry Herbert, den späteren Grafen von Pembroke, geheiratet. Die Ehe wurde jedoch nie vollzogen, und als ihr Vater und ihre ältere Schwester hingerichtet wurden, ließ sich Herbert wieder von ihr scheiden. Bei ihrer Thronbesteigung holte Elisabeth Lady Katherine Grey an ihren Hof, wo sie sie streng überwachen ließ, gab es doch Gerüchte über einen tolldreisten Plan: Es hieß im August 1559, man habe vor, Katherine aus England zu entführen und nach Spanien zu bringen, um sie dort mit Philipp II. oder auch mit Don Carlos zu verheiraten, »da sie ja die nächste Erbin des Königreichs sein soll«. Im Winter 1560 heiratete Katherine jedoch heimlich den Grafen von Hertford, Eduard Seymour. Niemand wußte zunächst etwas von dieser Eheschließung, die bemerkenswerterweise von einem katholischen Priester vollzogen wurde, bis sich im folgenden August herausstellte, daß Katherine schwanger war. Elisabeth schickte sie daraufhin prompt in den Tower, und als Hertford aus Frankreich zurückkam, ereilte ihn dasselbe Schicksal. Er wurde jedoch in einem anderen Teil des Tower untergebracht als seine Frau, die am 24. September ihren Sohn Eduard zur Welt brachte. Cecil fand, daß die Königin Lady Katherine unnötig hart behandelte. Elisabeth jedoch war überzeugt, daß hinter dieser Ehe mehr steckte als bloße Liebe. Sie witterte eine Verschwörung, von der Cecil nichts ahnte. Im nächsten Jahr nahm eine Kommission, der der Erzbischof von Canterbury vorstand, diese Ehe noch einmal unter die Lupe, und da weder der Priester noch ein Trauzeuge aufzufinden war, wurde sie für ungültig erklärt, und Hertford wurde von der Sternkammer zu einer Buße von 15000 Pfund verurteilt, weil er »eine Jungfrau von königlichem Blut verführt« hatte.

Obwohl die beiden nun in den Augen des Gesetzes nicht mehr Mann und Frau waren, bestachen sie die Gefängniswärter und kamen auch weiterhin zusammen. Als Lady Katherine im Februar 1563 einen zweiten Sohn im Tower zur Welt brachte, hatte sie alle Hoffnung verwirkt, bei der Königin noch einmal Gnade zu finden. Hinzu kam, daß ein Kanzleisekretär und Parlamentsmitglied mit Namen John Hales, der als strenger Protestant bekannt war, ein Traktat über die Thronfolge veröffentlichte, in dem er sich für Lady Katherines

Ansprüche einsetzte. Dies kostete den Verfasser seine Freiheit und Sir Nicholas Bacon seinen Sitz im Staatsrat. Elisabeth war höchst beunruhigt, denn sie vermutete, daß eine Verschwörung im Gange war, Katherines Ehe zu legitimieren. Als die Pest in London wütete, hatte man Katherine gestattet, ihr Gefängnis im Tower mit einem auf dem Land zu vertauschen, nun jedoch sah Elisabeth auf Grund ihrer beiden gesunden kleinen Söhne in ihr eine zu gefährliche Rivalin, um ihr auch weiterhin solche Vergünstigungen zu gewähren, so daß sie den Tower nur zu gelegentlichen Besuchen im Haus des Gouverneurs in Cockfield Hall verlassen durfte. Lady Katherine, Fullers »Dame Tränenreich«, erblickte man jahrelang selten mit trockenen Augen, bis sie schließlich 1568 starb. In ihrer Erleichterung, daß sie sie endlich los war, zahlte Elisabeth sechsundsiebzig Pfund für ein prächtiges Begräbnis in der Kathedrale von Salisbury. Katherines Söhne scheinen zeitweise in Cecils Haus erzogen worden zu sein. Lange danach heiratete ihr Vater Frances Howard; als er jedoch 1595 den Thronansprüchen seiner Söhne zuliebe diese Ehe wieder auflösen wollte, wurde er verhaftet. Für alles, was ihr Königtum so nahe berührte, hatte Elisabeth ein gutes Gedächtnis, genau wie ihr Nachfolger Jakob I., der Katherine Greys Enkel, William Seymour, in den Tower warf, als dieser sich vermaß, Arabella Stuart heiraten zu wollen.

Auch Katherines jüngerer Schwester, Lady Mary Grey, erging es nicht besser. Sie blieb trotz der »Schande« ihrer Schwester als Ehrendame am Hof, denn Elisabeth wollte sie unter allen Umständen unter den Augen haben. Nachdem sie sechs Jahre dort verbracht hatte, darüber fünfundzwanzig Jahre alt geworden war und fürchten mußte, eine alte Jungfer zu werden, warf sie ein Auge auf Thomas Keys, den Chef der Türhüter von Westminster Palace. Es war ein höchst ungleiches Paar, denn Lady Mary war sehr klein und Key ein Riese. Eines Abends im August 1565 speiste Mary noch äußerlich ruhig in einem ihrer Zimmer im Whitehall Palast mit den Töchtern Lady Staffords, ging dann in das Privatgemach der Königin und von da aus in das Ratszimmer, wo sie einem Boten ein verabredetes Zeichen für ihren Türhüter aushändigte. Um neun Uhr abends wurden sie bei Kerzenschein in einem Haus in der Nähe des Wassertors von einem nicht näher bezeichneten Priester getraut. Als Elisabeth davon erfuhr, war sie außer sich. Daß eine ihrer Ehrendamen – und noch dazu eine Thronanwärterin – ohne ihre Erlaubnis heiratete, war geradezu Majestätsbeleidigung; daß sie aber gleichsam vor den Augen der Königin eine heimliche Ehe so weit unter ihrem

Stand einging, war schlechthin unverzeihlich. Keys wurde ins Fleet Gefängnis gesteckt, wo er drei schlimme Jahre lang vergeblich auf Begnadigung wartete. Um die Freiheit zu erlangen, erbot er sich sogar, freiwillig in Irland zu dienen. Seine Gesundheit ließ zu wünschen übrig, besonders seit er ein Stück Rindfleisch gegessen hatte, das in eine Flüssigkeit gefallen war, die zum Waschen räudiger Hunde bereitstand. Endlich ließ man ihn heraus, jedoch nur unter der Bedingung, daß er ruhig für sich lebte und keinen Versuch machte, seine Frau zu besuchen. Einen Brief, den er mit einer Empfehlung von Erzbischof Parker an die Königin schickte und in dem er sie um die Gnade anflehte, »nach Gottes Gebot« mit seinem angetrauten Weib zusammenleben zu dürfen, wurde kurzerhand zurückgewiesen.

Lady Mary war inzwischen nach Chequers in Buckinghamshire gebracht worden, wo sie unter der Aufsicht von William Hawtrey lebte. Dann wurde ihr erlaubt, in Greenwich bei der Herzogin-Witwe von Suffolk zu wohnen, einer guten Seele, die bedauerte, keine passenden Möbel zu besitzen, um dem jungen Mädchen ein Zimmer einrichten zu können. Aus Anhänglichkeit an ihren Mann unterschrieb Mary ihre Briefe auch weiterhin mit »Mary Keys«, und als er starb, bat sie Elisabeth vergeblich um die Erlaubnis, Trauerkleider tragen zu dürfen. Die Unglückliche starb 1578.

Noch ein anderes Mitglied der Suffolk-Linie hatte einen gewissen Anspruch auf den Thron, der gewichtig genug war, um Elisabeth zu beunruhigen. Es war Lady Margaret Strange, eine Kusine ersten Grades der unglücklichen Schwestern Grey, das einzige Kind ihrer Tante Eleanor, die mit dem Grafen von Cumberland verheiratet war. Zu Königin Marias Zeiten hatte mancher ihren Anspruch für gewichtiger gehalten als den ihrer Kusinen Grey, da ihre unmittelbaren Angehörigen mit der Verschwörung um Lady Jane nichts zu tun gehabt hatten. Der venetianische Gesandte, der in Elisabeth einen Bastard ohne Recht auf den Thron sah, schrieb, Margaret sei »die nächste von allen zum königlichen Blut«, so daß ihr die Nachfolge gebühre. Sie war bereits mit Henry Stanley, Lord Strange, verheiratet, der später Graf von Derby wurde. Die ersten zwölf Jahre von Elisabeths Regierung verbrachte Lady Margaret am Hof, aber als sie 1570 anläßlich des Todes ihres Vaters beurlaubt wurde, zögerte sie, nach Whitehall zurückzukehren. Elisabeth jedoch beorderte sie als ihre »sehr nahe Blutsverwandte« kategorisch an den Hof zurück. Der betreffende Brief stammt aus der Zeit kurz nach der Rebellion im Norden. Lady Margarets verstorbener Vater war zwar ein treuer Anhänger Maria Stuarts gewesen, trotzdem war sie gewiß die Letzte, welche die Rebellen auf ihren Schild erhoben hätten. Daß Elisabeth sie trotzdem an ihren Hof zurückberief, zeigt, wie empfindlich sie reagierte, wenn es um ihren Thron ging. Sie wollte alle Anwärter, soweit sie nicht im Tower saßen, unter ihren Augen haben, genau wie später Königin Victoria alle ihre Verwandten in ihrer Umgebung festhielt. Die arme Margaret aber suchte in ihrem Kummer Trost in der Gesellschaft von Magiern und Zauberkünstlern.

Auch einen männlichen Thronanwärter gab es, doch bereitete er Elisabeth kein Kopfzerbrechen. Es war Henry Hastings, Graf von Huntingdon, der väterlicherseits von Eduard III. und durch seine Mutter, eine geborene Pole, von Herzog Georg von Clarence, dem Bruder Eduards IV., abstammte. Obwohl die Poles als Abkömmlinge der Plantagenets Heinrich VIII. verdächtig gewesen waren, sah Elisabeth in Huntingdon niemals einen ernsthaften Rivalen. Andere gaben ihm jedoch mehr Chancen, und als die Königin 1562 dem Tode nahe schien, galt ihnen die Kandidatur des Grafen als die aussichtsreichste. Für ihn sprach, daß er ein Mann und ein Protestant war und Verbindungen zu den vornehmsten Adelshäusern hatte. Er war ein leidenschaftlicher Puritaner, der »für fanatische Prediger immer wieder Geld auftrieb«. 1569 suchte er sich von Elisabeth die Erlaubnis zu erwirken, seinen Besitz verkaufen und sich in Frankreich dem Heer der Hugenotten anschließen zu dürfen. Die Königin brauchte ihn jedoch im Land, und er gab ihr nie einen Anlaß, an seiner Loyalität zu zweifeln. Schon die Tatsache, daß er mit Leicesters Schwester verheiratet war, sprach für ihn. Er wurde der gestrenge Lord-Präsident des »Rates im Norden«, der sich damit begnügte, seine Familiengeschichte zu schreiben, anstatt die Hand nach der Krone auszustrecken.

Bis zu ihrem Tod mußte sich Elisabeth mit dem Erbfolgeproblem auseinandersetzen. Kurz bevor sie starb, hörte sie von einer Heirat, die zwischen zwei jungen Thronanwärtern der nächsten Generation aus den Häusern Stuart und Suffolk (vgl. S. 92) geschlossen werden sollte. Gewisse Kreise wollten Arabella Stuart, die Tochter von Darnleys jüngerem Bruder, mit Katherine Greys Enkel, William Seymour, verheiraten. Arabella, die im Jahr der Armada im Alter von vierzehn Jahren als Hofdame zu Elisabeth gekommen war, hatte sich damals durch ihren Hochmut so unbeliebt gemacht, daß man sie wieder nach Hause schickte. 1603 bestand Elisabeths letzte Defensivhandlung darin, daß sie das Mädchen ins Gefängnis steckte.

»Wir haben hier einen regen Besuch von Bewerbern und manchen

Streit unter den Liebhabern«, schrieb Cecil im Oktober 1559. Er war den ganzen Mummenschanz schon damals leid, obwohl er doch erst in den Anfängen steckte. Da Elisabeth als die beste Partie in der ganzen Christenheit galt, wurde das Werben um ihre Hand zu einer Art Pflichtübung der internationalen Politik. Es stand so viel auf dem Spiel, daß die unwahrscheinlichsten Kandidaten auftauchten. Einen Monat, nachdem Cecil die vorbesagte Äußerung getan hatte, »bewarben sich zehn oder zwölf Gesandte um ihre Gunst«. Aus all den konfusen Depeschen der Diplomaten und dem allgemeinen Hofklatsch geht nur eines klar hervor: Jedermann im In- und Ausland erwartete von Elisabeth, daß sie heiraten würde, und die meisten glaubten, daß diese Heirat eher eine Frage von Wochen als von Monaten sein werde. Die Königin genoß diese Situation. Je mehr Bewerber auftraten, desto mehr Spaß machte es ihr, den einen gegen den anderen auszuspielen.

Graf de Feria, der würdevolle Gesandte Philipps, der Jane Dormer, eine der Ehrendamen der verstorbenen Königin geheiratet hatte, vertraute fest darauf, daß sein Herr bei seiner Werbung um Elisabeth auf keinen ernsthaften Widerstand stoßen würde. Schon kurz nach ihrem Regierungsantritt berichtete er nach Spanien: »Wenn sie sich überhaupt dazu entschließt, sich außer Landes zu verheiraten, wird sie unfehlbar Eure Majestät ins Auge fassen.« Vor der Krönung schon hatte ihm Philipp gelegentlich schriftliche Anweisungen gegeben, welche Taktik Elisabeth gegenüber anzuwenden sei. De Feria sollte ihr ruhig zu verstehen geben, es werde keine Schwierigkeiten machen, vom Papst einen Dispens für ihre Heirat zu bekommen, selbst wenn sie dann immer noch als »Ketzerin« angesehen werde. Als de Ferias Versuche kläglich gescheitert waren, erhielt er den Auftrag, Philipp als »guten und treuen Bruder, der ihr aufrichtig wohlwolle«, herauszustellen und ihr klarzumachen, daß von einer Heirat nicht mehr die Rede sein könne, wenn sie »gefährliche Neuerungen in der Religion« einführe. Elisabeth speiste Philipp mit schönen Worten ab. Sie konnte es sich nicht leisten, ihn mit einer unumwundenen Absage zu verärgern, solange die Friedensverhandlungen mit Frankreich noch nicht abgeschlossen waren und sie auf seinen Beistand bei der Rückeroberung Calais' zählte. Philipp seinerseits konnte einfach nicht begreifen, wieso sie zögerte, ihn, den Herrn zweier Kontinente, zum Gatten zu nehmen, und auch de Feria stand ihrem merkwürdigen Verhalten ratlos gegenüber. Es kamen ihm Zweifel, ob er der Richtige sei, um mit einem »jungen Ding« eine so intime Angelegenheit zu besprechen, und er bat, man möge ihm Bischof Quadra zu Hilfe schicken.

Während man in Cateau-Cambrésis die Vorverhandlungen für den Frieden unterzeichnete, hatte der Graf in Whitehall seine vierte Privataudienz über die leidige Angelegenheit. Diesmal sagte ihm Elisabeth klipp und klar, sie habe nicht den Wunsch zu heiraten, und behauptete, sie habe dies schon von Anfang an durchblicken lassen. Sie räumte bereitwillig ein, daß es ihr »zur Ehre gereichen würde«, Philipps Gemahlin zu werden, und daß es der Sicherheit ihrer beiden Länder gegen Frankreich dienlich wäre, aber ebensoviel könne man auch mit einer guten, geschwisterlichen Freundschaft erreichen. Dann kam sie darauf zu sprechen, daß Philipp ja mit ihrer Schwester verheiratet gewesen sei, was möglicherweise ein Ehehindernis darstelle – ein unausgesprochener Hinweis auf die Gewissenskonflikte König Heinrichs bezüglich seiner Ehe mit Katharina von Aragon, die die Witwe des Prinzen Arthur gewesen war. Freilich bestand die Möglichkeit eines päpstlichen Dispenses, aber Elisabeth sprach dem Papst inzwischen rundweg jede Autorität ab. Auch war ja ihr geliebtes Volk gegen eine Heirat mit einem Ausländer; viele meinten, »Philipp werde nur eben zur Hochzeit kommen und sofort wieder nach Spanien zurückkehren«, fügte sie lachend hinzu. Abschließend sagte sie, sie könne Philipp unmöglich zum Gatten nehmen, da sie ja eine »Ketzerin« sei, was sie voller Stolz betonte. Als Philipp von dieser wohlüberlegten und wohlbegründeten Absage erfuhr, empfahl er ihr die Söhne des Kaisers des Heiligen Römischen Reiches, die Erzherzöge Ferdinand und Karl, als passende Heiratskandidaten und warb selbst unverzüglich um die Hand Elisabeths von Valois, der schönen Tochter Katharinas von Medici.

Inzwischen hatte sich auch das Unterhaus, dem die Thronfolge mehr Kopfzerbrechen bereitete als der Königin, mit der Heiratsfrage beschäftigt. Anfang Februar schlugen einige Parlamentsmitglieder vor, die Königin in aller Demut zu ersuchen, einen Engländer zu heiraten. Der Sprecher beschränkte sich aber taktvollerweise auf die allgemeine Bitte zu heiraten, ohne Einschränkungen zu machen. Ein paar Tage später verlas er vor dem Haus ihre huldvolle, ausführliche Erwiderung. Wenn es Gott je gefallen werde, ihr Herz einem anderen Leben als dem in Jungfräulichkeit geneigt zu machen, könnten sie sicher sein, daß sie nie etwas beschließen werde, was dem Königreich zum Nachteil gereiche, für dessen Wohl, Heil und Sicherheit sie jederzeit bereit sei, ihr Leben hinzugeben, und auf wen ihre Wahl auch immer fallen werde, so werde er sich sicher genauso wie sie für das Königreich und seine Bewohner einsetzen. Ihre treuen Gemeinen brauchten sich keine Sorgen zu machen, daß sie wie Maria eine Ehe eingehe, in der nationale und religiöse Interessen preisgegeben werden mußten: »Und wenn es auch dem Allmächtigen gefallen sollte, daß ich weiter gesonnen bleibe, außerhalb des Standes der Ehe zu leben, so braucht doch niemand zu befürchten, daß Er mein Herz und Eure Weisheit nicht so beeinflußt, daß mit Seiner Hilfe zu gegebener Zeit Vorsorge getroffen wird, daß das Reich nicht ohne einen zum Herrscher geeigneten Thronerben bleibt, der ihm vielleicht mehr nützen wird als ein von mir geborener Nachfolger. Denn wenn mir persönlich auch Euer Wohlsein noch so sehr am Herzen liegt und auch in Zukunft immer liegen soll, so könnten doch meine Nachkommen aus der Art schlagen und vielleicht Euch weniger gnädig gesinnt sein. Und schließlich soll es mir genügen, wenn auf einem Marmorstein geschrieben steht, daß eine Königin so und so lange regiert hat und als Jungfrau lebte und starb.«

Bei ihrer Bitte, Elisabeth möge sich einen Engländer zum Gemahl nehmen, dachten einige Parlamentsmitglieder an den Grafen Heinrich von Arundel, den Großhofmeister der Krönungsfeierlichkeiten, den Elisabeth selbst jedoch sicher nie in Betracht gezogen hat. Andere hatten Sir William Pickering im Sinn, der fieberkrank in Flandern gelegen hatte und erst im Mai am Hof auftauchte. Er war der Sohn des Hofmarschalls Heinrichs VIII. Eine Zeitlang war er ein Zechkumpan des Dichters Surrey gewesen und später Diplomat geworden. Mit seinen fast dreiundvierzig Jahren war er immer noch ein großer, stattlicher Mann, der im Ruf stand, ein Liebling der Frauen zu sein. Bei seinem ersten Besuch bei Hof empfing ihn Elisabeth heimlich. Am nächsten Tag verbrachte er in aller Öffentlichkeit bereits fast fünf Stunden im Palast, und die Londoner, die schnell zu Rückschlüssen bereit waren, wetteten bald fünfundzwanzig zu hundert, daß er König würde. Die Königin wies ihm bald darauf eine Wohnung im Palast von Greenwich an. Er gab ein Vermögen für Kleider aus, gab üppige Feste und »aß immer allein, während Musikanten spielten«.

Pickerings Stern leuchtete jedoch nur kurze Zeit. Seine Prahlerei und seine Mißachtung des Hofprotokolls verärgerten viele Adlige. Mit Dudley geriet er sogleich aneinander, und bald darauf hielt ihn auch Arundel auf der Schwelle zu den Gemächern der Königin an und sagte zu ihm, sein Platz sei im Audienzzimmer, nicht im inneren Heiligtum, zu dem nur die Peers Zutritt hätten. Der Ritter entgegnete, er wisse das ebensogut wie Arundel, nannte ihn einen »unverschämten, ungehobelten Kerl« und ließ sich nicht zurückhalten. Elisabeth ließ sich seine Gesellschaft zwar gern gefallen, dachte jedoch nicht im Traum daran, ihn zu heiraten. Sie beauftragte ihn noch mit ein paar diplomatischen Missionen, dann verschwand Sir William von der Bildfläche. Er starb 1575 als Junggeselle in London und hinterließ seiner natürlichen Tochter Hester eine prachtvolle Bibliothek.

Ausländische Bewerber ließen sich nicht ganz so leicht abfertigen. Zu Anfang von Elisabeths Regierung setzten viele auf Herzog Adolf von Holstein, der jedoch außer seinem Protestantismus nicht viel vorzuweisen hatte, wenn auch Quadra widerwillig einräumen mußte, daß er »ebensogut gefiel« wie sein eigener katholischer Kandidat, Erzherzog Karl. Als Herzog Adolf im April 1560 für zehn Wochen in Somerset-House Quartier bezog, schützte Elisabeth ein Fieber vor und bemühte sich, ihn möglichst wenig zu Gesicht zu bekommen. Dies kühlte seine Liebesglut jedoch so wenig ab, daß er später von Deutschland aus seine Werbung fortsetzte in der Hoffnung, sie könnte inzwischen ihre Meinung geändert haben. Elisabeth aber teilte ihm höflich mit, sie müsse »leider bei ihrer alten Melodie bleiben«.

Erich XIV. von Schweden zeigte sich besonders hartnäckig. Schon unmittelbar nach ihrer Thronbesteigung schickte er einen Gesandten zu ihr, der ihm den Weg bahnen sollte. Dieser legte die Höflichkeit der Königin völlig falsch aus und meldete seinem Herrn: »Ihre Miene, ihre Stimme, ihre Worte und ihre Gesten zeigen deutlich ihre Bereitwilligkeit und ihre Liebe.«

Im Mai 1559 bat Erich Elisabeth, seine Sonderbeauftragten zu empfangen und die Vorbereitungen zur Hochzeit mit ihnen zu besprechen. Elisabeth suchte verzweifelt, diesen Besuch hinauszuschieben, und hoffte nur, daß die unvermeidliche Zurückweisung des Antrags die Freundschaft zwischen ihren beiden Ländern nicht beeinträchtigen würde. Der Schwede aber war taub für alle diesbezüglichen Winke und schrieb ihr im Juli einen leidenschaftlichen lateinischen Liebesbrief, dem ein offizielles Schreiben folgte, welches die Abreise einer Sondergesandtschaft, geführt von seinem jungen Bruder, Herzog Johann von Finnland, ankündigte, die ihre »günstige Antwort« entgegennehmen sollte. Also mußte Elisabeth die Komödie zu Ende spielen.

Herzog Johann landete im September und wurde im Haus des Bischofs von Winchester einlogiert. Er zechte mit dem Lord-Mayor, warf nach allen Seiten mit Geld um sich und drängte der Königin, so oft es ging, seine Gesellschaft auf. Der kaiserliche Gesandte, der um jeden Preis Elisabeth für Erzherzog Karl einzunehmen versuchte, bemühte sich, den Herzog unmöglich zu machen, indem er erzählte, sein Vater sei nur ein Bauer gewesen, der sein Königreich von den Dänen gestohlen habe, worauf Johann drohte, ihn umzubringen. Die Königin mußte schließlich dafür sorgen, daß die beiden sich nicht im Palast trafen, weil zu befürchten war, daß sie sich in ihrer Gegenwart verprügelt hätten. Ganz ohne Zweifel amüsierte es sie, alle so an der Nase herumzuführen. Erich konnte es nicht glauben, daß sie tatsächlich nichts von ihm wissen wollte, und beschuldigte seinen Bruder Johann, er gehe selbst auf Freiersfüßen. Johann wurde zurückberufen und heiratete unverzüglich die Tochter des Königs von Polen. Sein Nachfolger brachte Elisabeth Goldbarren und Pferde zum Geschenk und eine Liebesbotschaft Erichs, in der er versprach, in Kürze selbst zu kommen und ihr sein Herz zu Füßen zu legen. Schließlich aber wurde doch nichts daraus. Der Mut verließ ihn, und Erich wandte unvermittelt seine Aufmerksamkeit zunächst Maria Stuart und dann einer französischen Prinzessin zu. Schließlich aber kapitulierte dieser große Liebhaber vor den Reizen eines hübschen Mädchens aus seinem eigenen Volk. Sie hieß Karin und war die Tochter eines einfachen Soldaten. So wurde Elisabeth ihren Schweden glücklich los.

Inzwischen sangen der spanische und der kaiserliche Gesandte unverdrossen das Loblied der Söhne des Kaisers. Zuerst war Ferdinand, der ältere von beiden, an der Reihe. Elisabeth hatte einmal erklärt, sie werde nur »einen großen Fürsten nehmen« – eine Kategorie, welcher der Erzherzog zweifellos angehörte. Aber nach allem, was man in London in Erfahrung gebracht hatte, war er bigott, und Elisabeth meinte geringschätzig, er könne wohl nichts als für seinen Vater und für seinen Bruder beten. So ließen ihn die Gesandten schleunigst fallen und setzten sich für Erzherzog Karl ein. Als sie die Verhandlungen zu beschleunigen suchten, erklärte die Königin mit aller Bestimmtheit, sie werde nie einwilligen, einen Mann zu heiraten, den sie nicht gesehen habe, wobei sie zweifellos an das peinliche Erlebnis ihres Vaters mit Anna von Kleve dachte, denn sie fügte hinzu, sie traue keinem Porträtisten. Einige, die Karl kannten, behaupteten, er habe einen ungeheuren Kopf, der noch weit größer sei als der des Grafen von Bedford, der bereits genügte, einem den Mut zu nehmen. Elisabeth schlug vor, er solle ihr doch – am liebsten inkognito – einen Besuch abstatten. Am nächsten Tag machte der Hofnarr Will Somers seine Späße darüber und sagte, Erzherzog Karl befinde sich bereits als Kammerherr verkleidet in der kaiserlichen Gesandtschaft in London und warte auf eine Gelegenheit, die Königin zu besichtigen.

Baron Rabenstein kam Ende Mai aus Deutschland, um das Terrain zu sondieren. Elisabeth eröffnete ihm, sie habe bezüglich ihrer Heirat noch keinen Entschluß gefaßt, bitte ihn jedoch, mit ihren Räten zu sprechen. Am nächsten Tag erhielt der englische Gesandte in Augsburg den Auftrag, Erkundigungen über Karl einzuziehen. Man interessierte sich für sein Alter, seine Größe, sein Gewicht, seine Kraft, sein Aussehen, seinen Gemütszustand, seine persönlichen Eigenschaften, seine Erziehung und seine religiösen Ansichten. Auch wollte man wissen, ob er »schon eine Frau geliebt« habe und »auf welche Weise«. Noch bevor die Tinte trocken war, hatte die Königin jedoch schon selbst an Kaiser Ferdinand geschrieben und ihm erklärt, obwohl sie sich der Ehre bewußt sei, die der Antrag für sie bedeute, habe sie doch nicht die Absicht, ihr unverheiratetes Leben aufzugeben. Ihr Alter und ihre Stellung könnten dies vielleicht seltsam erscheinen lassen, doch habe sie diesen Entschluß nicht erst jetzt oder unüberlegt gefaßt. Es habe Zeiten gegeben, in denen eine Heirat sie vor großem Kummer und vielen Gefahren hätte bewahren können, aber weder die Angst vor Gefahren noch das Verlangen nach Freiheit habe sie dazu bewegen können. Soviel für die Vergangenheit. Gott werde die Zukunft lenken. Sie selbst werde nur das Wohl des Königsreichs im Auge haben.

Tu, felix Austria, nube, hieß es, jedoch nicht in England. Allerdings ließ Elisabeth aus politischen Gründen noch eine Hintertür offen, und es wurden noch viele Vorstöße unternommen und noch viele Unterredungen über Karl geführt, bis Elisabeth das Heiratsprojekt vier Jahre später unter völlig neuen Aspekten ernsthaft wieder aufgriff.

Im April 1559 geschah es, daß Lord Robert Dudley scheinbar über Nacht Elisabeths Zuneigung gewann, womit eine Verbindung zustande kam, die trotz aller Streitigkeiten, Mißverständnisse und Umwälzungen, welche das Hofleben mit sich brachte, bis zu seinem Tod im Jahr der Armada dauerte. Als fünfter Sohn des Herzogs von Northumberland, John Dudley, hatte er 1550 im Alter von siebzehn Jahren Amy Robsart geheiratet. Durch den Einfluß seines Vaters wurde er Oberhofjägermeister bei Eduard VI. Dann jedoch ließ er sich wie seine ganze übrige Familie in die verhängnisvollen Intrigen mithineinziehen, die zum Ziel hatten, seinen jüngeren Bruder Guildford mit Lady Jane Grey zu verheiraten und die Herrschaft an sich zu reißen. Im Januar 1554 wurden Robert und seine Brüder vor Gericht gestellt und als Hochverräter zum Tod verurteilt. Königin Maria ließ das Urteil jedoch nur an Guildford vollstrecken; die anderen wurden, nachdem sie weitere zehn Monate im Tower gesessen hatten, begnadigt. Robert suchte sich die Gunst des Hofes durch Kriegsdienste zurückzuerobern, wozu ihm Philipps Krieg gegen Frankreich eine günstige Gelegenheit bot. Nach der Schlacht von St. Quentin erhielt er den Titel eines Feldzeugmeisters, und Maria beseitigte den Makel, der ihm noch vom schmählichen Tod seines Vaters her anhaftete, indem sie ihn aufs neue in den Rang des Sohnes eines Herzogs erhob. Dann begann mit Elisabeths Thronbesteigung sein kometenhafter Aufstieg. Günstlinge kamen und gingen, er aber blieb zum Mißbehagen ernster Staatsmänner und zur Verwunderung erfahrener Diplomaten.

Robert Dudley war eine blendende Erscheinung, wie die von ihm erhaltenen Porträts und die Worte seiner Zeitgenossen gleichermaßen bezeugen. Sein plötzlicher Aufstieg zum Ruhm machte ihn aber zum Gegenstand zahlloser boshafter Anekdoten. Dieser *nouveau riche*, der das Herz der Königin erobert hatte und mit Ehren und Reichtümern überhäuft wurde, wurde sein ganzes Leben lang verdächtigt und von vielen leidenschaftlich gehaßt. Er konnte unberechenbar und gefährlich sein, und man war überzeugt, daß dieser Parvenu keine Grundsätze kannte. Sein Ehrgeiz schien grenzenlos, und es sah ganz danach aus, daß er seine hochgesteckten Ziele auch erreichen würde. Er war ein Außenseiter, den seine Zeitgenossen entweder schwarz oder weiß malten. Da sein männliches Auftreten Elisabeth gefiel, geriet er in den Ruf eines Wüstlings. Seine Feinde sagten ihm nach, er halte sich an den Kammerdamen Ihrer Majestät schadlos und habe ihnen dreihundert Pfund für eine Nacht geboten. Ebenso groß wie seine Sinnlichkeit sei seine Gewalttätigkeit, meinten andere, und indem er seine Feinde vergifte, bringe er etwas Abwechslung in sein ehebrecherisches Leben. »Nehmt Euch vor diesem Zigeuner in acht«, warnte Graf Sussex seine Freunde noch auf seinem Sterbelager, »er ist für Euch alle ein zu harter Bissen. Ihr kennt diese Bestie nicht so gut wie ich.«

Mitte April stand der Oberhofstallmeister so hoch im Kurs, daß de Feria von ihm berichten konnte: »Er tut, was er will, und es heißt sogar, Ihre Majestät besuche ihn bei Tag und bei Nacht in seinem Zimmer. Man spricht so offen darüber, daß sogar behauptet wird, seine Frau habe eine kranke Brust, und die Königin warte nur auf ihren Tod, um Lord Robert zu heiraten.«

Derartige Skandalgeschichten verbreiteten sich rasch, und Kate Ashley fiel vor ihrer Herrin auf die Knie und flehte sie an, den üblen Gerüchten ein Ende zu machen und ihren Verehrer zu heiraten. Was dann aus Lady Dudley werden sollte, sagte sie allerdings nicht. Elisabeth jedoch verteidigte sich temperamentvoll und behauptete, in ihren Beziehungen gebe es keine Heimlichkeiten. Sie befinde sich die ganze Zeit in Gesellschaft ihrer Damen und verstehe nicht, daß jemand etwas Unschickliches oder Unrechtes in ihrem Verhalten zu einem Mann von so ehrenhaftem Charakter finden könne. Falls sie jedoch jemals an einem so ehrlosen Lebenswandel Gefallen finden sollte – wovor sie Gott bewahren möge –, so wisse sie nicht, wer es ihr verbieten könne.

Jahre später schrieb Camden, man könne die Anziehung, welche die beiden aufeinander ausgeübt hätten, nur mit Hilfe der Astrologie erklären, mit den geheimen Konstellationen der Sterne zur Stunde seiner Geburt und einer dadurch verursachten besonderen Konjugation ihrer Geister. Der Zufall wollte es, daß Dudley, wenn er ihr schmeicheln wollte, immer den richtigen Ton traf. Er ging auf ihre Launen ein, wenn sie eine Ablenkung von den Staatsgeschäften suchte, er amüsierte sie, und vor allem behandelte er sie als junge Frau, die sich leidenschaftlich nach einer aufrichtigen persönlichen Zuneigung sehnte und nicht immer nur die Königin sein wollte, die über die Herzen ihrer Untertanen regierte. Nachdem sie so lange einsam und ungeliebt gewesen war, gab er ihr die innere Sicherheit, nach der sie verlangte. Kein Wunder also, daß sie in seiner Gesellschaft fröhlich und lebhaft war und daß sie mißmutig und unruhig wurde, wenn sie ihn nicht an ihrer Seite hatte. In diesem Stadium handelte es sich wahrscheinlich um eine rein platonische Freundschaft. Da Dudley verheiratet war, kam Elisabeth nicht in Gefahr, sich ihm ganz hinzugeben, was ihr diese Beziehung noch reizvoller machte. So tauchte auch die Frage, ob sie ihn genug liebte, um ihn zu heiraten, damals noch nicht auf.

Im Herbst 1559 gab es wegen Lord Robert große Aufregung am Hof. Es waren Gerüchte im Umlauf, man plane einen Anschlag auf sein Leben, wobei der Herzog von Norfolk die treibende Kraft zu sein schien. »Die Königin und Robert sind höchst beunruhigt über den Herzog von Norfolk, da er sich ganz offen über ihre Leichtfertigkeit und ihr schlechtes Regiment aufhält. Das Volk schämt sich über das, was am Hof vorgeht, am meisten aber der Herzog«, schrieb Bischof Quadra. Er scheint auch an Dudley persönlich geschrieben und ihn gewarnt zu haben, er werde nicht in seinem Bett sterben, wenn er sein anmaßendes Wesen nicht ändere. »Der Herzog und die anderen können es nicht dulden, daß er König wird«, meinte er, womit er zweifellos ebenso recht hatte, wie die Gerüchte von einem Mordanschlag aus der Luft gegriffen waren.

Um die Weihnachtszeit hatte Norfolk mit Dudley eine Aussprache, in der jener »so offen« für eine Heirat Elisabeths mit Erzherzog Karl eintrat, daß Lord Robert ihm erwiderte, wer der Königin den Rat gebe, einen Ausländer zu heiraten, sei »weder ein guter Engländer noch ein treuer Untertan«, worauf die beiden Herren sich erzürnt den Rücken kehrten. Schon wenige Tage nach diesem erregten Zusammentreffen nötigte Elisabeth dem Herzog den Posten eines Generalleutnants im Norden auf. Der Ausbruch des Kriegs gegen die Franzosen in Schottland stand unmittelbar bevor, und die Vermutung liegt nahe, daß Norfolk diese Bestallung Dudley verdankte, der ihn so weit wie möglich vom Hof entfernen wollte. Während Norfolks Abwesenheit in der ersten Hälfte des Jahres 1560 wuchs Dudleys Einfluß ständig. Absurde Gerüchte kamen auf. Die einen behaupteten, Sir Robert lege ein großes Waffenlager an, andere wiederum sagten ihm nach, er spiele von Tag zu Tag eine wichtigere Rolle in der Regierung. Auch munkelte man, er habe die Absicht, sich von seiner Frau scheiden zu lassen. Man wollte wissen, daß die Königin und ihr Günstling ganze Tage hinter verschlossenen Türen verbrachten, »ohne zum Vorschein zu kommen«, und daß sie seinem Zauber so sehr verfallen sei, daß sie sich nicht mehr auf die Staatsgeschäfte konzentrieren könne. »Es gibt niemand in England, der es nicht laut in die Welt hinausschreit, daß dieser Mensch mit seiner Eitelkeit das Land ruiniert«, hieß es, und wenn dies natürlich auch kein objektives Zeugnis war, zeigt es doch, wie besorgt man am Hofe war.

Mitte Juni reimte sich die alte Mutter Dowe aus Brentwood merkwürdige Geschichten zusammen, die sie auf ihren Wanderungen durch den Südosten von Essex aufgelesen hatte. Dudley habe der Königin einen prächtigen Unterrock geschenkt, behauptete sie. »Glaubst du wirklich, daß es ein Unterrock war?« warf eine Gevatterin ein. »Ach wo«, sagte die alte Annie, »ich wette, er hat ihr ein Kind gemacht«, und im nächsten Dorf erzählte sie, Lord Robert und Elisabeth hätten allerhand Kunststückchen miteinander angestellt, und er sei der Vater ihres Kindes. »Aber sie hat doch noch gar kein Kind?« »Vielleicht nicht«, erwiderte die Alte, »aber wenn sie noch keines hat, ist es unterwegs.« Sie wurde verhaftet, und der Magistrat beschloß, sie unter Ausschluß der Öffentlichkeit zu verhören, um zu verhindern, daß die Skandalgeschichten noch weiter unter das Volk kamen. Aber noch nach zehn Jahren gab es boshafte Schwätzer, die behaupteten, Elisabeth habe ein Kind von Dudley. Obwohl man einigen von ihnen zur Strafe die Ohren abschnitt, machten diese Verleumdungen Dudley noch in den achtziger Jahren so zu schaffen, daß der Staatsrat ihm mit einer Verordnung zu Hilfe kommen mußte.

Als Cecil nach längeren Verhandlungen in Schottland an den Hof zurückkehrte, war er bald am Ende seiner Weisheit. Eines Tages schüttete er dem spanischen Gesandten sein Herz aus. Er sagte zu ihm, die Königin richte durch ihre Verbindung mit Dudley das Reich zugrunde, und England werde sich das nicht mehr lange gefallen lassen. Er selbst erwäge ernstlich zurückzutreten, bevor das Gewitter vollends losbreche, denn Elisabeth wolle nicht auf ihn hören. Vielleicht könne der Herr Gesandte mit einigen guten Ermahnungen etwas bei ihr ausrichten. Während dieser Unterhaltung soll Cecil zweimal geseufzt haben: »Lord Robert wäre besser im Paradies als hier.«

Dann trat plötzlich eine völlig neue Situation ein. Am 8. September fanden die nach einem freien Tag heimkehrenden Dienstboten ihre Herrin Amy Robsart mit gebrochenem Genick am Fuß der Treppe in Cumnor House liegen. Sofort kam der Verdacht auf, daß man es mit einem Verbrechen zu tun habe. Deuteten nicht zahllose Skandalgeschichten und Weissagungen darauf hin, daß Dudley seiner Frau den Tod gewünscht hatte? Die Schreckensbotschaft erreichte Lord Robert in Windsor. Elisabeth schickte ihn vom Hof, bis die Totenschaukommission ihre Untersuchung abgeschlossen hatte. Dudley begab sich in größter Verwirrung in sein Haus in Kew. »Ich komme mir hier vor, als ob ich träumte, und ich bin viel zu weit weg von dem Ort, wo ich hingehöre«, jammerte er. Niemand konnte bestreiten, daß keiner im Haus gewesen war, als sich Lady Dudley das Genick gebrochen hatte, und da aus diesem Grund auch niemand nachzuweisen war, daß er sie die Treppe hinuntergestoßen hatte, erkannte die Untersuchungskommission auf Tod durch Unfall. Inzwischen hat die moderne Medizin eine einleuchtendere Erklärung für diesen geheimnisvollen Todesfall in längst vergangenen Zeiten: Es besteht heute kaum mehr ein Zweifel daran, daß Amy Robsart an einem Brustkrebs in vorgeschrittenem Stadium gelitten hat, der zu einer plötzlichen Wirbelsäulenfraktur führte. An Robert Dudley aber blieb der Verdacht haften, auch wenn ihn das Gesetz von jeder Schuld freisprach. Viele machten ihm zum Vorwurf, daß er der Beerdigung seiner Frau fernblieb, obwohl er den Feierlichkeiten in seinem erregten Zustand kaum gewachsen gewesen wäre.

In den europäischen Hauptstädten nahm das boshafte Getuschel um Elisabeth und Dudley nun unheildrohende Formen an. Der arme Throgmorton wagte sich in Paris kaum noch unter die Leute. Er schrieb »tränenden Auges« über die skandalösen Gerüchte und wünschte sich den Tod: »Die Haare sträuben sich mir, und meine Ohren glühen über das, was ich hören muß ... Es gibt manche, welche sich nicht zu sagen scheuen: ›Was ist das wohl für eine Religion, die es zuläßt, daß ein Untertan seine Frau umbringt und die Fürstin es ihm nicht nur hingehen läßt, sondern auch noch bereit ist, ihn zu heiraten?‹« Mit Lord Robert verunglimpfte man aufs neue seine ganze Familie bis zurück zu seinem Großvater.

In all diesem Geschrei und Gezeter war nur eine vernünftige Stimme zu hören, die unerwarteterweise von dem in Irland weilenden Grafen von Sussex kam. Er hielt zwar nicht viel von Dudley, war aber der Königin um so treuer ergeben und äußerte Cecil gegenüber, Elisabeths Beziehungen zu Lord Robert seien ausschließlich ihre eigene Angelegenheit. »Wenn die Königin jemand lieben will«, schrieb er, »lasse man sie doch lieben, wo und wen sie will.« Ihre Heirat sei äußerst wichtig, und wenn ihre Wahl auf Dudley falle, solle man sie doch gewähren lassen, denn nach dem Grundsatz *omnes eius sensus titillarentur* (alle ihre Sinne sollten vor Begierde entbrennen) sei dies die beste Gewähr dafür, daß England durch diese Verbindung zu seinem ersehnten Thronerben komme. Als Cecil Sussex' Brief las, wußte er bereits, daß die unmittelbare Gefahr vorüber war. Er teilte de Quadra mit, Elisabeth habe sich entschlossen, Lord Robert nicht zu heiraten, und er hoffe, daß nun der Weg endgültig frei sei für die Hochzeit mit Erzherzog Karl.

Auch andere Mitglieder des Staatsrats hielten die Zeit für gekommen, die Verhandlungen mit dem Erzherzog zu beschleunigen, aber Elisabeth setzte wiederum »alle Hebel in Bewegung, um nicht heiraten zu müssen«. Dennoch war es, als ob die gesamte Innen- und Außenpolitik sich ausschließlich um ihre Heirat drehte. Im November entschloß sich die Königin, ihren Günstling in den Grafenstand zu erheben und ihm seine alte Stellung am Hof wiederzugeben; dann jedoch überlegte sie es sich wieder anders, und als ihr das Patent zur Unterschrift vorgelegt wurde, zerschnitt sie es mit ihrem Federmesser. Nachdem sie abermals eingelenkt hatte, vermutete man in ihrer Umgebung, daß sie Dudley am Dreikönigstag zum Grafen von Leicester machen werde, aber im letzten Augenblick änderte sie ihren Entschluß wieder. Ihre Vernunft hatte endlich über ihre Leidenschaft gesiegt, und es schien ihr im Augenblick politisch nicht ratsam, ihm schon wieder in der Öffentlichkeit ihre volle Gunst zuzuwenden.

Sie liebte ihn immer noch und hätte ihn wohl auch geheiratet, wenn nicht Amy Robsarts Tod unter so verdächtigen Umständen eingetreten wäre. Ihr Weg hätte klar vor ihr gelegen, wenn die Unglückliche friedlich in ihrem Bett verschieden wäre. Elisabeth war »kein Engel«, wie sie selbst von sich bekannte, aber wenn sie auch eine tiefe Zuneigung zu einem Mann empfunden hatte, der schon verheiratet war und der mit ihr zusammen war, als seine gesetzmäßige Gemahlin starb, so war doch »nichts Unschickliches zwischen ihnen vorgefallen«, wie sie immer wieder betonte. Wäre es anders gewesen, wüßten wir ohne Zweifel aus den Kuriertaschen der ausländischen Gesandten in London genau darüber Bescheid. Wir können sicher sein, daß sie in ihren Briefen auf alle Einzelheiten ausführlich zu sprechen gekommen wären, da sie alle im Palast ihre bezahlten Mittelsleute hatten. »Wenn es sich auch um eine Liebesaffäre gehandelt hat«, meinte Lord Roberts Schwager Henry Sidney, »so hatten sie doch die Absicht zu heiraten, und das war gewiß nichts Unzulässiges.«

Nach außen suchte Elisabeth nun Haltung zu wahren. Im Februar 1561 sagte sie zu de Quadra, sie liebe Dudley um seiner guten Eigenschaften willen, doch habe sie nie vorgehabt, ihn oder »irgend jemand anders« zu heiraten. Freilich werde ihr von Tag zu Tag klarer, daß sie es wohl nicht werde vermeiden können, schließlich doch noch eine Ehe einzugehen. Aber was würde wohl König Philipp von ihr denken, wenn sie mit einem ihrer Diener davongelaufen wäre wie die alte Herzogin von Suffolk, die ihren Reitknecht Adrian Stokes geheiratet habe? Der Gesandte konnte nicht aus ihr klug werden, und als er Philipp von der Unterredung berichtete, kam er wieder einmal darauf zurück, daß gewisse Ärzte behaupteten, Elisabeth könne keine Kinder bekommen – ein Punkt, auf den später noch einzugehen ist.

Zur Mittsommernacht arrangierte Lord Robert zu Elisabeths Unterhaltung eine prächtige Lustfahrt auf der Themse, und während beide den Vorführungen zusahen, neckten sie Bischof de Quadra, der ebenfalls mit von der Partie war. Dudley sagte im Spaß zu ihm, er solle sie trauen, worauf Elisabeth ihm mit der Bemerkung das Wort abschnitt, dazu könne der Herr Gesandte wohl nicht genug Englisch. Offenbar hatte ihr Günstling immer noch nicht alle Hoffnungen aufgegeben. Henry Sidney wandte sich mit dem Einverständnis seines Schwagers sogar an Philipp mit der Bitte, seinen Antrag zu befürworten, was dieser ihm auch zusagte, falls Dudley feierlich verspreche, in England den Katholizismus wieder einzuführen. In einem der letzten Gespräche, die Elisabeth mit de Quadra über das heikle Thema hatte, sagte sie zu ihm, was die Welt auch immer von ihr denke, sie sei so frei von jeder ehelichen Bindung wie am Tag ihrer Geburt.

Ganz gewiß werde sie niemals jemanden heiraten, den sie nicht zuvor gesehen und genügend kennengelernt habe, so daß sie möglicherweise doch einen Engländer zum Gatten nehmen müsse; in diesem Fall, fügte sie hinzu, wisse sie sich allerdings keinen geeigneteren als Lord Robert. Bischof de Quadra spielte seine Rolle unverdrossen weiter. Im Juni 1562 betonte er in einem Brief, die Tatsache, daß die Königin noch immer unverheiratet sei, wäre nicht zuletzt sein Verdienst, obwohl der alte Fuchs gleichzeitig das Gerücht verbreitete, Elisabeth und Dudley hätten in aller Heimlichkeit im Londoner Haus Lord Pembrokes geheiratet.

Damals stand Dudley wieder hoch in Gunst. Der Tod Amy Robsarts war zwar nicht vergessen, aber doch in den Hintergrund gerückt, und da die Zahl der ausländischen Bewerber kleiner wurde, hoffte er noch immer auf die Krone eines Prinzgemahls. »Die Königin möchte, daß jeder sich in sie verliebt«, bemerkte der neue spanische Gesandte, »ich bezweifle jedoch, daß sie selbst sich jemals so sehr in jemanden verlieben wird, daß sie ihn heiratet.« (Den armen de Quadra hatte man auf Grund seiner Intrigen ablösen müssen.) Elisabeth dürfte damals zu der bitteren Erkenntnis gekommen sein, daß sie ihren »süßen Robin« nie würde heiraten können. Er war seinem Charakter und seiner politischen Einstellung nach eine zu zwielichtige Figur, als daß sie ihn hätte zu ihrem Gatten nehmen können, ohne damit ihren Staatsrat und ihr Volk unwiderruflich in Parteien zu spalten. Trotzdem hing sie an ihm bis zu ihrem Ende.

Die Frage der Thronfolge geriet im Oktober 1562 in ein kritisches Stadium, da Elisabeth in Hampton Court ernstlich erkrankte. Sie fühlte sich nicht wohl und nahm ein Bad in der Hoffnung, ihre Unpäßlichkeit damit loszuwerden, doch das Fieber stieg weiter. Es stellte sich heraus, daß sie an den Pocken erkrankt war, jener gefährlichen Seuche, an der die Gräfin von Bedford erst unlängst gestorben war. Tagelang kam die Krankheit nicht richtig zum Ausbruch. Elisabeths Vetter Hunsdon schickte zu Dr. Burcot, einem aus Deutschland emigrierten Arzt, der ihm selbst bei einer Erkrankung gute Dienste geleistet hatte. Als dieser jedoch zu Elisabeth sagte: »Herrin, Ihr habt wohl die Pocken«, ließ sie ihn hinauswerfen. Ihre Krankheit verschlimmerte sich jedoch weiter, und sie schien dem Tode nahe. Verzweifelt nahm man das Risiko auf sich, Dr. Burcot zurückzuholen. Dieser ließ sich ein scharlachrotes Tuch geben, wickelte Elisabeth hinein und ließ nur eine Hand frei, in die er ihr eine Flasche mit einem Beruhigungstrunk gab. Was er sich immer von dieser Prozedur versprochen haben mag, der Ausschlag kam zum Vorschein, das Fieber ging herunter, und sie war gerettet. Lady Sidney, die ihre Königin aufopferungsvoll pflegte, erkrankte schließlich selbst und wurde durch die Pockennarben so entstellt, daß sie sich entschloß, den Rest ihres Lebens in völliger Zurückgezogenheit zu verbringen.

In den Gemächern neben dem Krankenzimmer in Hampton Court fanden inzwischen inoffiziell erregte Gespräche über die Nachfolge statt, bei denen »fast ebenso viele verschiedene Meinungen laut wurden, wie Staatsräte anwesend waren«. Nur Maria Stuart scheint niemand als Nachfolgerin vorgeschlagen zu haben. Dudley war für den Grafen von Huntingdon und fand dabei die Unterstützung von Bedford und Pembroke, andere, darunter wahrscheinlich auch Cecil, gaben Lady Katherine Grey den Vorzug, obwohl sie sich noch im Tower befand. Der Staatsrat war immer noch zu keiner Entscheidung gelangt, als Elisabeth sich wieder erholte. Ihre ersten Worte galten Lord Dudley. Sie sagte, im Ernstfall solle man ihn zum Reichsprotektor machen und ihm ein Einkommen von 20000 Pfund im Jahr und einen entsprechenden Titel geben. Einige Tage später wurde Dudley feierlich in den Staatsrat aufgenommen. Um einen Ausgleich zu schaffen, sorgte Cecil dafür, daß auch dem Herzog von Norfolk gleichzeitig dieselbe Ehre widerfuhr.

In diesem Winter sprachen die Großen des Reiches, so oft sie zu zweit oder dritt zusammenkamen, fast ausschließlich über die beiden brennenden Themen: die Heirat der Königin und die Thronfolge. Man wollte endlich Klarheit haben; die Pockennarben auf Elisabeths Gesicht waren eine zu deutliche Mahnung, wie knapp sie dem Tod entronnen war. Außer Dudley selbst wollte niemand etwas davon wissen, daß er Protektor würde. Sollte man sich deshalb für Huntingdon oder Lady Katherine Grey entscheiden? Außer Dudley selbst waren auch alle dagegen, daß Elisabeth ihn heiratete. Sollte also Erzherzog Karl ihr Gemahl werden, oder wer sonst? Bei einer Zusammenkunft im Hause Arundels, die bis in die frühen Morgenstunden dauerte, suchten Norfolk, Howard von Effingham und Arundel endlich zu einer Lösung zu kommen. Aber als die Königin davon erfuhr, geriet sie in heftigen Zorn. Es ist durchaus zu vermuten, daß sie aus den Protokollen des Staatsrats gewisse Seiten entfernen ließ, wo von Verhandlungen über die Thronfolge die Rede war, welche während ihrer Erkrankung stattgefunden hatten, genauso wie auch ihr Nachfolger später aus den Protokollen des Unterhauses Seiten herausgerissen hat. Wenn ihre Räte den Eid, den sie ihr geschworen hatten, so weit vergaßen, daß sie über Fragen verhandelten, deren Entscheidung einzig und allein bei ihr lag, so schien ihr das ein böses Omen für die Parlamentseröffnung im Januar.

Als das Unterhaus die erwartete Petition vorbrachte, sie möge heiraten und die Nachfolge regeln, kämpfte sie verzweifelt um einen Aufschub. Sie sagte, sie sei nur eine Frau und besitze nicht die Klugheit und Erfahrung, um ohne Angst über eine so wichtige und große Sache zu reden. Auch hindere sie ihre Schüchternheit, die ebenfalls ein Merkmal ihres Geschlechts sei. Dann kam sie auf ihre Krankheit zu sprechen, die auch die Petition überschattet hatte. Als Gottes Hand sie plötzlich angerührt habe, »mehr wie einen, den er prüfen, als einen, den er strafen will«, und als der Tod »schon fast jedes ihrer Glieder ergriffen hatte«, so daß sie gewünscht habe, »Chloes Hand möge den schwachen Lebensfaden, der schon allzu lange währte, still abschneiden«, da habe ihre Sorge nicht ihrem eigenen Leben, sondern der Sicherheit ihres Volkes gegolten. Sie sollten nicht glauben, sie gehe nicht genügend auf ihre Wünsche ein, aber sie brauche Bedenkzeit, bevor sie eine endgültige Entscheidung treffen könne. Zum Schluß versicherte sie: »Wenn Ihr auch nach meinem Tod vielleicht noch viele Stiefmütter haben werdet, so werdet Ihr doch nie eine bessere Mutter finden, als ich Euch sein will.«

Auch die Lords unterbreiteten Elisabeth eine Petition: Sie möge heiraten und die Nachfolge regeln. Elisabeth geriet darüber in heftigen Zorn. Sie sagte zu der Abordnung, die Spuren auf ihrem Gesicht seien Pockennarben und keine Runzeln. Wenn sie auch für einige von ihnen offenbar bereits eine alte Jungfer sei – sie war noch keine dreißig Jahre alt –, so werde ihr Gott doch noch genauso Kinder schenken wie der heiligen Elisabeth. Die Zeit verstrich, und es schien immer unwahrscheinlicher, daß sie, wie versprochen, eine definitive Antwort auf die Petition des Unterhauses geben würde. Sie begnügte sich damit, durch Lord-Großkanzler Bacon auf der letzten Parlamentssitzung, kurz vor Ostern, eine Adresse verlesen zu lassen, auf die sie allerdings große Mühe verwendet hatte. Wieder vermied sie eine definitive Entscheidung. Sie sagte, sie sei immer der Meinung gewesen, die Mitglieder des Parlaments würden so viel Takt besitzen, ihr erst eine Chance zu geben zu heiraten, bevor sie über die Erbfolge stritten; sie habe gehofft, sie würden sich über die Blüten anderer Bäume erst Gedanken machen, wenn jede Hoffnung auf eine Frucht von ihr geschwunden sei. Was aber ihre Heirat angehe, so sei dies eine rein persönliche Sache; auch sei die Zeit noch nicht reif für eine diesbezügliche Erklärung. Sie gab allen das Gefühl, sich in ihre privaten Angelegenheiten eingemischt und ihr Privileg mit Füßen getreten zu haben. Dann schloß sie auch diese Rede voller »Antworten, die keine waren«, mit einer Versicherung, die alles offen ließ: »Ich hoffe, mit den Worten *nunc dimittis* einmal ruhig zu sterben, doch werde ich das nur können, wenn mir die Hoffnung bleibt, daß Ihr in Sicherheit weiterlebt, nachdem mein Leib ins Grab gesunken ist.«

Ihre verwirrten, enttäuschten Zuhörer ahnten nicht, daß ihre Debatten und Petitionen Elisabeth bereits veranlaßt hatten, neue Schritte zu unternehmen. Auf ihrer verzweifelten Suche nach einem Ausweg war ihr eine neue Lösung eingefallen. Als der schottische Staatssekretär Maitland von Lethington sie drei Wochen vor Parlamentsschluß besuchte, hatte sie ihm versuchsweise bereits den Vorschlag gemacht, Maria Stuart solle doch Lord Dudley heiraten. Es war ihr völlig ernst mit diesem Plan, der den gordischen Knoten mit einem Hieb durchhauen sollte, wenn man auch damals und später immer wieder vermutet hat, es sei nur eine plötzliche Laune gewesen: ein neuer Versuch, die Entscheidung hinauszuzögern, ein Vorschlag, den sie, sobald er seinen Zweck erfüllt hatte, wieder fallenlassen würde. Elisabeth mußte um jeden Preis verhindern, daß Maria einen auswärtigen Fürsten wie Don Carlos, den jungen Karl IX. von Frankreich oder einen der Erzherzöge heiratete, wodurch Englands Sicherheit ernstlich bedroht gewesen wäre.

Damals erschien ihr Maria als Nachfolgerin viel weniger unannehmbar als etwa Lady Katherine Grey, die gerade ihren zweiten Sohn im Tower geboren hatte, oder auch Huntingdon. Und welch besseren Gatten hätte sie sich für Maria wünschen können, als einen Mann, den sie selbst so gut kannte? Ihr Vorschlag vom letzten Herbst, Dudley zum Reichsprotektor zu machen, falls ihr etwas zustoßen sollte, kam damit seiner Verwirklichung nur näher. Wenn Maria Dudley heiratete, konnte Elisabeth ihren Anspruch auf die englische Thronfolge mit gutem Gewissen unterstützen, und es wären damit alle Probleme für den Augenblick und auf weite Sicht gelöst gewesen. Sie hätte das Parlament endlich zum Schweigen gebracht, der Staatsrat hätte ihr nicht länger in den Ohren gelegen, und sie hätte keine Angst mehr zu haben brauchen, in eine unerwünschte Heirat hineingedrängt zu werden. Der Preis, den sie hätte zahlen müssen, wäre zwar fast unerträglich hoch gewesen – sie hätte ihren »süßen Robin« ihrer Rivalin abtreten müssen. Aber so groß das Opfer auch war, die Vorteile, die es versprach, schienen es aufzuwiegen. Daß sie bereit war, Lord Robert Maria heiraten zu lassen, und daß die Initiative zu dieser Heirat sogar von ihr ausging, zeigt deutlicher als alles andere, daß sie sich im März 1563 darüber klar geworden war, daß sie ihn selbst nicht zum Mann nehmen konnte. Unter diesen Umständen schien es das beste, wenn Dudley zusammen mit Maria in Schottland regierte und wenn er oder seine Nachkommen ihr in England auf den Thron folgten.

Augenblicklich begnügte sich Elisabeth damit, Maitland diese Idee in den Kopf zu setzen. Sie hoffte, daß daraufhin Schottland nach einiger Zeit ebenfalls bestimmte Vorschläge machen würde. Sie hatte zunächst nicht die Absicht, noch andere einzuweihen, am wenigsten Dudley und Maria. Daß die Verhandlungen äußerst schwierig sein würden, war auch ihr klar. Maitland aber fand zunächst keine Worte für den Vorschlag und behandelte ihn als guten Witz. Er nahm sich dann so viel Zeit für weitere Schritte, daß Elisabeth im August ihrem Gesandten Randolph in Edinburgh die geheime Weisung erteilte, bei Gelegenheit »von sich aus einen Engländer von edler Geburt mit entsprechendem Vermögen und passendem Charakter als Marias Gatten vorzuschlagen«. Lord Roberts Name wurde zu diesem Zeitpunkt noch nicht genannt, aber immerhin fügte Elisabeth eigenhändig hinzu: »Ja, vielleicht jemand, von dem sie (Maria) sich kaum wird vorstellen können, daß Wir mit ihm einverstanden sind«, und dies, obwohl die Instruktionen durch Cecils Hände gingen. Erst im März 1564, volle zwölf Monate nach ihrer Unterredung mit Maitland, rückte Randolph damit heraus, daß der Kandidat Lord Robert sei, und Maitland ließ ihn wissen, Maria habe gesagt, sie könne »für einen Mann von so gutem Ruf, den ihre Schwester ihr so warm empfehle, keine Abneigung empfinden«. Elisabeth war somit gerüstet. Das Parlament war noch immer vertagt, so daß sie keinen übereilten Entschluß zu fassen brauchte. Um aber Dudley in Marias Augen noch begehrenswerter zu machen, erhob sie ihn zu Michaeli 1564 mit großem Aufwand zum Grafen von Leicester und stattete ihn überreich mit Krongütern aus.

». . . nicht weniger Mut, als mein Vater hatte«

Am Abend ihres Lebens hat Sir Robert Cecil, der über die schwachen Seiten, die Inkonsequenz und Unentschlossenheit seiner Königin ebensogut Bescheid wußte wie sein Vater auf dem Höhepunkt ihrer Regierung, für Elisabeths Charakter eine treffende Formulierung gefunden: »Sie war mehr als ein Mann und – um die Wahrheit zu sagen – gelegentlich weniger als eine Frau.« Ihre Einstellung zu ihrer Heirat und zur Thronfolge, ihre Beziehungen zu Maria Stuart und Leicester und die Art, wie sie mit dem Parlament, dem Staatsrat und den ausländischen Mächten umsprang, waren nie vorauszusagen und kaum zu beschreiben. Zugegeben, die Politik war in einem Umwandlungsprozeß begriffen, und die Königin war mehr denn je isoliert. Aber würde sie sich auch weiterhin auf ihren guten Stern verlassen können?

Englands Eingreifen in den dritten französischen Religionskrieg im Jahre 1562 erwies sich als ein verhängnisvoller Fehler. Elisabeth glaubte, in dieser Auseinandersetzung Calais zurückgewinnen zu können, dessen Verlust man in England noch immer nicht verschmerzt hatte, und schickte Warwick mit einem Expeditionskorps nach Le Havre. Im Grunde ging es ihr nicht so sehr darum, den Hugenotten zu Hilfe zu eilen, als den Kampf gegen die Partei der Guisen aufzunehmen. Im englischen Lager brach jedoch die Pest aus, und die Erkrankten, die noch nach Hause gebracht werden konnten, schleppten die Seuche auf die Insel ein. Bis zum Ende des Jahrhunderts sollte sie in London und den größeren Städten Englands in den Sommermonaten ihre Opfer fordern. Selbst Warwick war schwer erkrankt. Dudley, der seinen Bruder nach dessen Heimkehr aus Frankreich besucht hatte und fürchtete, die Krankheit auf die Königin zu übertragen, verzichtete sogar einige Zeit darauf, bei Hof zu erscheinen. Wenn Elisabeth im Jahr zuvor die Pocken nur überstanden hätte, um von einer anderen Epidemie dahingerafft zu werden, so hätte man darin in der Tat ein göttliches Strafgericht sehen können.

Englands Krieg an der Seite Condés brachte jedoch nicht nur die Pest ins Land und bescherte ihm einen schmachvollen Frieden, sondern er führte auch zu weiteren Mißverständnissen mit Maria Stuart. Kurz bevor England Frankreich den Krieg erklärte, hatte man alles für eine Zusammenkunft der beiden Königinnen in Nottingham vorbereitet. Die Zelte waren bereits errichtet und alle »jungen Leute, die Feste liebten«, aufgeboten, da vertagte man das Treffen des Krieges wegen »auf die Zeit zwischen Anfang Juni und Ende August« des folgendes Jahres. Aber auch dieser Termin konnte nicht eingehalten werden, doch wiederholte Elisabeth ihre Einladung an Maria noch einmal im Frühjahr 1564 in der Absicht, die lang hinausgeschobene Zusammenkunft nun endlich in diesem Sommer zustande zu bringen. Sie hoffte, daß Maria bei dieser Gelegenheit endlich den Vertrag von Edinburgh ratifizieren, auf ihren Anspruch auf Englands Thron verzichten und vielleicht vor den Reizen Dudleys kapitulieren würde. Unter diesen Bedingungen wäre sie bereit gewesen, die schottische Königin als ihre Nachfolgerin anzusehen und vielleicht sogar zu nominieren. All dies blieb jedoch ein frommer Wunsch, denn Maria hatte unter den damaligen Umständen kein Interesse mehr an einer Begegnung mit Elisabeth. Sie erwog ernsthaft eine Ehe mit Don Carlos, von dessen bedenklichem Charakter und Gesundheitszustand sie keine Ahnung hatte, und als durch Philipps mangelndes Interesse nichts aus dieser Verbindung wurde, wandte sie ihre Gedanken dem jungen Darnley zu. Maitland hatte ihr zwar bereits zugeflüstert, sie solle Lord Robert heiraten, aber Maria fand die Idee mit dem weitergereichten Liebhaber denn doch zu bizarr.

Kurz bevor Elisabeth zu Michaeli Dudley zum Grafen von Leicester ernannte, war Marias Sonderbeauftragter, Sir James Melville, in London eingetroffen. Bei einer Besprechung im Garten von Whitehall zerriß Elisabeth demonstrativ Marias Brief und ihr eigenes Antwortschreiben, da sie es als »zu freundlich« empfand, und fragte Melville, wie seine Herrin auf den geheimen Vorschlag, Dudley zu heiraten, reagiert habe. Seine Antwort war, sie halte nicht viel davon, aber vermutlich würden ja Beauftragte beider Länder in Kürze alle zwischen den beiden Königinnen schwebenden Probleme besprechen. Wenn wir uns auf die Memoiren von Sir James verlassen dürfen, sagte Elisabeth daraufhin zu ihm, er und seine Königin unterschätzten Lord Robert, diesen Mann, den sie als ihren »Bruder und besten Freund« betrachte und auch selbst geheiratet hätte, wenn sie je im

Sinn gehabt hätte, sich einen Gatten zu wählen. Da sie jedoch gesonnen sei, ihr Leben in Jungfräulichkeit zu beschließen, sei es ihr Wunsch, daß die Königin, ihre Schwester, ihn heirate, weil keiner würdiger sei als er, und ihn sich in ihrem Herzen zu ihrem zweiten Ich erwähle.

Dudleys Ernennung zum Baron von Denbigh und zum Grafen von Leicester war eine eindrucksvolle Zeremonie, der die Wappenherolde und die Peers in ihren Staatsroben beiwohnten. Als Elisabeth dem vor ihr knieenden Dudley den Mantel um die Schultern legte, ließ sie sich hinreißen, ihn am Hals zu kitzeln. Als er den Saal verlassen hatte, fragte sie Melville, was er von dem neuen Grafen von Leicester halte. Der Schotte gab ein höfliches Kompliment von sich, sie aber durchschaute ihn und sagte: »Dennoch gefällt euch jener Junge dort besser«, und deutete auf Lord Darnley, der als vornehmster Fürst von Geblüt an diesem Tag das Reichsschwert vor ihr hergetragen hatte. »Meine Antwort war, keine Frau von Geist werde sich für einen solchen Mann entscheiden, der mehr wie eine Frau, denn wie ein Mann aussehe«, erinnerte sich Melville später in seinen Memoiren. »Er hatte nämlich ein hübsches, bartloses Gesicht wie ein junges Mädchen.« Vermutlich war Melville diese Unterredung recht peinlich, da er von Maria den geheimen Auftrag erhalten hatte, Darnleys Mutter, Gräfin Lennox, in London aufzusuchen.

Bedford warnte Elisabeth vor Melville: Er sei ein Mann, dem nicht zu trauen sei. Die Königin aber fand Gefallen an seinen geistreichen Einfällen, und solange er in London war, empfing sie ihn häufig. Dabei zog sie sich zu jeder Audienz ein anderes Kleid an, setzte sich in Szene und forderte seine Komplimente heraus. Sie fragte ihn, ob sie oder Maria das schönere Haar und den feineren Teint habe, wer besser auf dem Spinett spiele, wer besser tanze und wer in fremden Sprachen gewandter sei. Sir James suchte sich so elegant wie möglich aus der Affäre zu ziehen, indem er sagte, sie sei die schönste Königin in England, und seine Herrin sei die schönste Königin in Schottland. Noch bevor Melville abreiste, schickte Elisabeth neue Instruktionen an ihre schottischen Sonderbeauftragten Bedford und Randolph, in denen sie ihnen mitteilte, sie habe vor, ihre Kusine Maria zu ihrer Nachfolgerin zu machen, falls diese Leicester heirate, den sie selbst »wie den eignen Bruder« schätze und liebe.

In London stellte Melville unter anderem Nachforschungen an, ob Spanien wohl auf seinen Vorschlag, Maria mit Don Carlos zu verheiraten, zurückkommen werde. Dann erst spielte er die nächste Karte für seine Herrin aus, eine Verbindung mit Darnley, auf die dessen

Mutter bereits seit Monaten hinarbeitete. Schon vor Melvilles Ankunft hatte Elisabeth dem Grafen von Lennox, wenn auch nur widerwillig, erlaubt, nach Schottland zu gehen, um sich dort, wie er vorgab, um seine Güter zu kümmern. In Edinburgh begann er jedoch mit Geschenken um sich zu werfen. Auch Maria bedachte er mit Juwelen, einer Uhr und einem kostbaren Spiegel. »Sein Lebensstil ist äußerst großspurig; Lennox unterhält eine zahlreiche Dienerschaft«, hieß es, daher sei »sein Sohn äußerst beliebt«. Bevor diese Kunde London erreichte, kam vom fernen Avignon das Gerücht, es bestehe eine geheime Abmachung zwischen Lennox und der schottischen Königin, derzufolge Maria Darnley heiraten werde. Elisabeth nahm diese Warnung jedoch nicht ernst und verfolgte ihre eigenen Pläne weiter, und das obwohl Maria sie Mitte Dezember bat, den jungen Darnley zu seinem Vater nach Schottland kommen zu lassen, was ein sicheres Zeichen dafür war, daß sie nicht im Sinn hatte, weiter über eine Ehe mit Leicester zu verhandeln. Elisabeth, die gerade krank war, verweigerte Darnley zunächst die Ausreise. Als Lady Lennox sich aber dafür verbürgte, daß ihr Sohn nur seinen Vater besuchen wolle und vor Ablauf eines Monats zurück sein werde, gab sie unvermutet nach. Elisabeth wußte zu gut Bescheid, um Lady Lennox Glauben zu schenken. Ohne ihre Einwilligung aber hätte diese Reise für alle Beteiligten sehr ernste Folgen haben können, und so ließ sie den jungen Mann ziehen.

Darnley traf am 13. Februar in Edinburgh ein. »Möglicherweise ist die Heirat (Marias und Darnleys) mit dem stillschweigenden Einverständnis von einigen Großen hier zustande gekommen«, berichtete der spanische Gesandte. Tatsächlich verdankte Darnley seinen Erfolg fast ausschließlich Leicester, der zu fürchten begann, Maria könnte Elisabeths Vorschlag, ihn zu heiraten, ernst nehmen. Er hatte keine Lust, nach Schottland verbannt zu werden, während ihm zu Hause immer noch die Hoffnung auf eine Heirat mit der Königin blieb, und er ließ Maria deshalb heimlich wissen, dieser Plan habe nur den Zweck, sie daran zu hindern, einen anderen, etwa Erzherzog Karl, zu heiraten. Unter diesen Umständen ist es höchst bemerkenswert, daß Elisabeth auf seine Bitte hörte und Darnley seinem Schicksal in die Arme laufen ließ. Aber Leicester wußte eben mit ihr umzugehen, so daß sie oft unvermutet auf seine Vorschläge einging, nachdem vorsichtige Staatsmänner nichts bei ihr hatten ausrichten können.

Freilich mußte Elisabeth ihre Entscheidung schon bald bereuen. Am 15. März händigte Randolph Maria ein Ultimatum aus: Wenn sie einwilligte, Leicester zu heiraten, werde Elisabeth ihren Anspruch auf die englische Thronfolge befürworten; allerdings werde sie die genaue Prüfung der Ansprüche ihrer Kusine hinausschieben, bis sie selbst verheiratet oder endgültig entschlossen sei, unverheiratet zu bleiben. Als Maria die Botschaft empfing, »vergoß sie reichlich Tränen«. Sie wußte, daß sie nun von ihrer »lieben Schwester« kein Entgegenkommen mehr zu erwarten hatte, denn sie hatte sich Hals über Kopf in Darnley, »den fröhlichsten und wohlgebautesten großen Mann, den sie je gesehen hatte«, verliebt, und sie war entschlossen, ihn zu heiraten. Sie beauftragte Maitland ,Elisabeths Einwilligung einzuholen. Dieser machte sie nebenbei auf den Herzog von Norfolk als Alternative zu Dudley und Leicester aufmerksam – ein Vorschlag, aus dem zwar damals nichts wurde, der jedoch in späteren Jahren mit unheilvollen Konsequenzen wieder aufgegriffen wurde. Elisabeth rief am 1. Mai ihren Staatsrat zusammen und ließ ihn eine Erklärung unterzeichnen, in der sie Maria vor den Folgen warnte, die eine Ehe mit Darnley nach sich ziehen würde.

»Da die Königin die beabsichtigte Heirat mit Lord Darnley unverständlich findet, hat sie diese einigen Mitgliedern ihres Staatsrats unterbreitet, die einstimmig erklärt haben, sie sei unpassend und der aufrichtigen Freundschaft zwischen beiden Königinnen durchaus abträglich. Sie möchten Königin Maria deshalb vorschlagen, sich aus dem Adel des ganzen Königreichs oder auch außerhalb einen anderen Gatten zu wählen.« Leicesters Name fehlte absichtlich unter diesem Schriftstück. Elisabeth schickte Throgmorton nach Edinburgh, um sein Möglichstes zu versuchen, die Heirat noch zu verhindern, und ermächtigte ihn auf Vorschlag des Staatsrats, Maria die Wahl jedes anderen Engländers außer Darnley freizustellen. Am Tag von Throgmortons Ankunft wurde Darnley jedoch zum Grafen von Ross ernannt, als der er einen Lehnseid als schottischer Peer ablegte, obwohl er als englischer Untertan auch seiner Herrscherin in Whitehall lehnspflichtig war. Es war umsonst, daß Elisabeth ihm und seinem Vater bei ihrem Lehnseid befahl, an den englischen Hof zurückzukehren. Alles, was sie als Vergeltungsmaßnahme tun konnte, war, seine Mutter am 28. Juni in den Tower zu schicken. Einen Monat später wurde Darnley zum König proklamiert, und am nächsten Tag heiratete ihn Maria.

Diese Heirat unterstrich besonders deutlich, wie sehr Elisabeth auf sich allein gestellt war und wie wenig sie über einen festen Plan für die Thronfolge verfügte. Seit sie zu dem Beschluß gekommen war, daß sie Leicester nicht heiraten konnte, befaßte sie sich mit dem Mut der Verzweiflung wieder mit dem Plan, Erzherzog Karl zum Mann zu nehmen, was Cecil und Norfolk unermüdlich befürworteten. Die Verhandlungen mit dem Heiligen Römischen Reich wurden im Sommer 1564 energisch wieder aufgenommen. Cecil, dem das Thronfolgeproblem und die Isolation Englands in einem feindlichen Europa genausoviel Sorgen bereiteten wie allen anderen, war der Ansicht, daß eine habsburgische Heirat dem alten Bündnis mit Spanien, auf das sich der englische Überseehandel stützte, neuen Auftrieb geben könnte. Außerdem würde sie der französisch-schottischen Allianz ihren bedrohlichen Charakter nehmen – von den beträchtlichen diplomatischen Vorteilen, die daraus entstehen konnten, wenn Englands Ansehen in Europa auf diese Weise gehoben würde, ganz abgesehen. Da Karl einer der jüngeren Söhne des Kaisers war, bestand kaum die Gefahr, daß England in dieser Ehe die zweite Geige spielte, wie es in der Ehe Königin Marias mit Philipp von Spanien und in derjenigen Maria Stuarts mit Franz von Frankreich sehr zum Schaden Englands der Fall gewesen war.

Christopher Mundt, Elisabeths Bevollmächtigter in Deutschland, hielt offensichtlich die Wahl Maximilians II. zum Kaiser des Heiligen Römischen Reiches für den geeigneten Zeitpunkt, die Verhandlungen wieder in Gang zu bringen. Er versuchte es in Form eines Postskriptums zu einem Beileidsschreiben anläßlich des Todes des alten Kaisers Ferdinand I., des Vaters Maximilians und der Erzherzöge Ferdinand und Karl. Tatsächlich dauerte es aber fast ein Jahr, bis diese Beileidsbekundung und die Glückwünsche zur Thronbesteigung des neuen Kaisers ihren Empfänger erreichten. Unter dem Vorwand, Ferdinands Hosenbandorden nach Windsor zurückzubringen, wurde dann Adam Zwetkowitsch im Frühjahr 1565 nach England entsandt; dahinter verbarg sich freilich ein anderer Auftrag, über dessen Schwierigkeiten der Erzherzog und der Kaiser sich keine Illusionen machten. »Ihr könnt sicher sein, daß Unser Bruder diese Heirat jetzt mit anderen Augen als im letzten Jahr betrachtet, und wenn er auch bereit wäre, aufs neue um die berühmte Königin zu werben, nachdem er sich über deren Absichten Klarheit verschafft hat, so möchte er doch nicht wieder wie beim letztenmal an der Nase herumgeführt werden«, schrieb der Kaiser in einem *Aide mémoire* für Zwetkowitsch.

Zu Pfingsten 1565 speiste der Gesandte nach dem Gottesdienst mit den Mitgliedern des Staatsrates und wurde anschließend von Elisabeth zu einer Audienz empfangen. »Seid Ihr sicher, daß der Erzherzog nach England kommen wird?« fragte die Königin und errötete, als er von seinem »lebhaften Wunsch, sie zu sehen« sprach. »Wie ich höre«, fuhr sie fort, »ist man allgemein davon überzeugt, daß die Heirat zustande kommen wird.« Der Gesandte erwiderte hocherfreut, Karl sei der einzige Kandidat, der für sie in ihrer hohen Stellung in Frage komme, da alle anderen Fürsten ihres Ranges dem Alter nach nicht zu ihr paßten, worauf Elisabeth blitzschnell einwarf, sie habe bis jetzt noch zu niemandem gesagt, sie werde den Grafen von Leicester nicht heiraten. Es wirkte wie ein kalter Guß. Sie stellte dann noch die Frage, ob Zwetkowitsch wisse, daß Leicester gegen diese Heirat sei. Der Gesandte entgegnete, der Graf stehe ganz im Gegenteil der Sache mit Sympathie gegenüber. In seiner Depesche nach Wien beschrieb er Leicester sogar als den »wichtigsten Initiator und Befürworter« des Plans. Elisabeth aber wußte, daß Leicester, seine ehrgeizigen Absichten, sie zu heiraten, noch keineswegs aufgegeben hatte.

Zwetkowitsch hörte sich ihre Unschuldsbeteuerungen geduldig an, um sie dann getreulich an den Kaiser weiterzugeben: Wenn die Krone, die sie trägt, sie nicht zwingen würde, zum Vorteil Englands zu heiraten, würde sie gewiß ihrem Vorsatz treu bleiben, als Jungfrau zu sterben. Sie wolle sich gern gegen alle Angriffe verteidigen, die man gegen sie erhoben habe, und hoffe, daß das Haus Habsburg anerkenne, daß sie ihm gegenüber immer und überall mit dem nötigen Dekorum und der entsprechenden Aufmerksamkeit gehandelt habe. Der Gesandte berichtete dem Kaiser auch, er habe »Nachforschungen über die Tugend und Jungfräulichkeit der Königin angestellt« und gefunden, daß man sie zu Recht ob ihrer jungfräulichen Tugend und königlichen Würde rühme und ihr nichts nachsagen könne. Alle üblen Gerüchte über sie seien »Ausgeburten des Neids, der Bosheit und des Hasses«. Auch Leicester war Zwetkowitschs Ansicht nach »ein tugendhafter, frommer, höflicher und höchst moralischer Mensch, dem die Königin voll jungfräulicher Ehrbarkeit in einer reinen, ehrsamen Liebe schwesterlich zugetan« war; der Diplomat glaubte nicht, daß für Leicester eine Hoffnung bestand, Elisabeths Gatte zu werden.

Im Beisein des kaiserlichen Gesandten gab der Hofnarr Elisabeth in Whitehall den Rat, sie solle den König von Frankreich nicht nehmen, denn der sei nur ein kleiner Junge; sie solle lieber Erzherzog Karl heiraten, dann hätte sie bald selbst einen kleinen Jungen. Die Königin übersetzte Zwetkowitsch den Scherz lachend ins Italienische. Das Ganze sah nach einem abgekarteten Spiel aus. Tatsächlich war schon geraume Zeit von dem fünfzehnjährigen Karl IX. von Frankreich als einem neuen Bewerber die Rede. Der Vorschlag war zuerst im November 1564 von Katharina von Medici gemacht worden, und Paul de Foix, der französische Gesandte in London, hatte ihn eifrig aufgegriffen. Elisabeth jedoch kokettierte nur mit dem Gedanken, und nachdem der Plan wieder begraben war, lachte sie darüber und bemerkte, alle Welt würde gesagt haben, sie heirate ihren Sohn, genauso wie man bei ihrer Schwester Maria gespottet habe, Philipp hätte seine Großmutter zur Frau genommen.

Im Augenblick war ihr der neue Bewerber jedoch gerade recht, nicht etwa um die Habsburger zur Eile anzutreiben, sondern um die Verhandlungen weiter hinauszuzögern. Nicht so Leicester, der aus anderen Gründen sein doppeltes Spiel trieb: Er konspirierte mit de Foix, um die Heirat mit dem Erzherzog zu hintertreiben, damit er selbst wieder freies Spiel hatte. Als der unmögliche Heiratsplan mit Karl IX. gescheitert war, erhielt der französische Gesandte die Weisung, Leicesters Antrag zu unterstützen, da dies der sicherste Weg sei, der englisch-kaiserlichen Allianz ein Ende zu machen. So wandte de Foix nun seine sämtlichen Überredungskünste an, um Elisabeth zu veranlassen, sich für den Grafen zu entscheiden. Sie aber durchschaute sie beide und erwiderte höflich, sie sei noch immer nicht entschlossen, wen sie heiraten werde, und die Idee zu heiraten, sei für sie, als ob ihr jemand das Herz aus dem Leibe reiße, so sehr sträube sich ihre Natur dagegen.

Im Hochsommer standen Elisabeth und Leicester nicht mehr wie Schwester und Bruder miteinander. Während die Verhandlungen mit den Österreichern langsam vorangingen, kam es zwischen der Königin und ihrem Günstling zu einer ernstlichen Verstimmung. Schuld daran war nicht zuletzt Elisabeths Ärger darüber, daß sie die Hochzeit Marias mit Darnley nicht hatte verhindern können und daß Leicester sie überredet hatte, ihn nach Schottland reisen zu lassen. Mehr noch machte sie der Tod ihrer alten, treuen Kate Ashley, die sie von ihrer frühesten Kindheit an gekannt hatte, einsam und streitsüchtig. Elisabeth war nun eine ganz andere Königin als die, die sich im letzten Herbst selbstbewußt einen Spaß daraus gemacht hatte, Sir James Melville an der Nase herumzuführen. Sie suchte Trost in der Gesellschaft von Thomas Heneage, einem Höfling, der auf der Leiter des Erfolgs schon festen Fuß gefaßt hatte. Er war hübsch und charmant, und da er bereits verheiratet war, schien Elisabeth ein Flirt mit ihm so harmlos wie der mit Dudley zu Anfang ihrer Regierung. Aufgebracht umwarb Leicester daraufhin die schöne Lettice Knollys, Vicomtesse von Hereford, eine Kusine Elisabeths. Darüber ärgerte sich nun die Königin wiederum, und Cecil notierte im August in sein Tagebuch: »Die Königin schien sehr erzürnt über den Grafen Leicester und hat einen rätselhaften Satz in ein Buch in Windsor geschrieben.« Diesem rätselhaften Eintrag war ein heftiger Streit vorausgegangen, in dessen Verlauf die Königin Leicester die Worte ins Gesicht schleuderte: »Wenn Ihr meint, daß Ihr hier regieren könnt, werde ich Euch zur Rechenschaft ziehen. Ich dulde hier nur eine Herrin und keinen Herrn.« Sie hatte es so laut gesagt, daß der ganze Hof es hören konnte, und hinzugefügt, es tue ihr leid um die Zeit, die sie mit ihm vertan habe.

In seiner Verzweiflung darüber, daß das Interesse der Königin an Erzherzog Karl ständig abnehm, stellte Cecil für sich privat Tabellen mit den Plus- und Minuspunkten beider Kandidaten auf. Alles sprach für Karl, wenn verschiedenen Forderungen zur Sicherung von Englands Interessen entsprochen wurde. Der wichtigste Gesichtspunkt war Cecils Ansicht nach, daß »kein Fürst je so wenig Verbündete hatte wie die Königin von England und daß kein Fürst daher mehr Ursache hatte, sich die Unterstützung mächtiger Freunde für sein Land zu suchen«. Die Argumente des Staatssekretärs gegen den Grafen Leicester waren nicht minder stichhaltig: »Durch eine Heirat mit ihm wird nichts gewonnen, weder an Reichtum noch an Ehre und Macht. Es wird heißen, daß die üblen Nachreden über die Königin und den Grafen auf Wahrheit beruhten. Er wird nichts im Sinn haben, als seinen speziellen Freunden Reichtümer, Ämter und Ländereien zuzuschieben und andere zu kränken. Der Tod seiner Frau hat seinem Ruf geschadet. Er ist stark verschuldet. Er wird sich sicher unfreundlich und eifersüchtig gegen Ihre Majestät verhalten.« Cecils Meinung nach war Leicester von jeher der Hauptunruhestifter bei Hof gewesen und würde eine Gefahr bleiben, solange die Königin unverheiratet war.

Die alte Fehde zwischen dem Grafen und dem Herzog von Norfolk, die nie lange ruhte, flammte heftig wieder auf, als Thomas Radcliffe, Graf von Sussex, der fünf Jahre lang Statthalter in Irland gewesen war, an den Hof zurückkehrte. Radcliffes Mutter war eine Howard gewesen, und so stand er dem Herzog sehr nahe. Da er die weit stärkere Persönlichkeit war, übernahm er von Norfolk die Führung im Feldzug gegen den Parvenü und Emporkömmling Leicester. »Es erhoben sich sehr ernste Streitigkeiten am Hof, der in Cliquen und Parteien gespalten war«, schrieb Camden, »und die Grafen [von

Leicester und Sussex] gingen nur noch in Begleitung eines großen Gefolges mit Schwertern und Schilden aus«. Es war ein ungesunder Rückfall in das fünfzehnte Jahrhundert. Sussex stellte sich hinter Cecil und Norfolk bei ihren Bemühungen, die Verhandlungen mit Habsburg voranzutreiben, um Leicester zu stürzen und die Königin zur Vernunft zu bringen. »Lord Norfolk liebt Lord Sussex aufrichtig«, schrieb Cecil, »und so scheint der ganze Howard Clan in Freundschaft verbunden.« Gegen Ende des Jahres 1565 brach ein heftiger Streit zwischen Norfolk und Leicester aus; ein »ganzer Sack voll kleinlicher Erfindungen« über ihre Feindschaft machte die Runde. Norfolk war verärgert, daß Elisabeth nicht ihn als ihren Vetter und den einzigen Herzog Englands zu ihrem Vertrauten gemacht hatte, sondern den unzuverlässigen Leicester, der im Begriff schien, alles zugrunde zu richten.

Ende November stand Leicester bei seiner Königin wieder hoch in Gunst und war äußerst zuversichtlich. Offenbar hat er auch Cecil gegenüber seine ehrgeizigen Absichten offen ausgesprochen und zu ihm gesagt, er solle die Verhandlungen mit Habsburg nur über Bord werfen, da Elisabeth niemand so wohl wolle wie ihm. Vor Weihnachten sprach der Herzog in aller Offenheit mit der Königin darüber, daß sie nun unter allen Umständen heiraten, die Thronfolge regeln und Frieden unter den Parteien am Hof und im Reich stiften müsse. Wenn er ihr empfehle, den Erzherzog zu heiraten, so spreche er »im Namen aller wichtigen Leute im Reich«, die sie liebten und deren Einstellung er genau kenne. Diejenigen ihrer Räte aber, die ihr rieten, Leicester zum Mann zu nehmen, täten dies nur, weil sie zu wissen glaubten, an wem ihr Herz hing, und nicht, weil sie wirklich meinten, daß diese Heirat gut für das Land oder Ihre Gnaden sei. Die Königin dankte ihm huldvoll für seine wohlgesetzten, weisen Worte, betonte jedoch, daß sie noch keine feste Zusage machen könne. Als der Herzog Graf Leicester noch am selben Tag begegnete, erinnerte er ihn daran, daß er versprochen habe, seine Werbung um Elisabeth aufzugeben, und daß man erst auf diese Zusicherung hin die Verhandlungen mit Wien wieder aufgenommen habe. Leicester dachte jedoch nicht daran, etwas aufzugeben.

Als Norfolk nach Weihnachten an den Hof zurückkehrte, fand er zu seinem Zorn Leicester noch genauso anmaßend wie eh und je. Er sagte ihm, er werde vor nichts zurückschrecken, um ihn zu zwingen, seine unangebrachten Ansprüche auf Elisabeths Hand aufzugeben. Beide Parteien prüften ihre Kräfte, und von nun an trugen die Gefolgsleute von Elisabeths Günstling – um die geteilten Lager am Hof noch mehr zu betonen – blaue Litzen an ihren Anzügen, Norfolks Anhänger hingegen gelbe. Graf Arundel suchte Frieden zu stiften, und es kam zu einer Art Versöhnung. Es brachen jedoch immer wieder neue Streitigkeiten aus, so daß der Herzog Leicester abermals verwarnte, wenn auch in einem weniger schroffen Ton. Er wisse, sagte er, daß Elisabeth nicht die Absicht habe, ihn zu heiraten, daher habe sein Intrigieren keinen Sinn, und alle seine Landsleute nähmen es ihm übel, wenn er die Verhandlungen mit dem Erzherzog noch weiter hinauszögere: Es werde ihm nur Haß eintragen. Warum er nicht ebenfalls die habsburgische Heirat befürworte? Leicester antwortete, er werde diesen Rat gern befolgen, aber nur, wenn es sich so bewerkstelligen ließe, daß Elisabeth nicht auf den Gedanken komme, er gebe sein Werben um sie auf, weil er sie nicht mehr liebe, was sie als Frau veranlassen könnte, ihn zugrunde zu richten. Der Staatsrat beriet, ob sich die Mitglieder einzeln oder alle gemeinsam wegen dieses heiklen Problems an Ihre Majestät wenden sollten. Auch de Silva sollte seinen Einfluß auf die Königin geltend machen. Doch als sie dem Gesandten zu Lichtmeß eine Audienz gewährte, sprach sie mit warmen Worten über Leicesters Selbstlosigkeit: Er bestürme sie, sie solle um ihres Landes willen, um ihrer selbst willen, aber auch um seinetwillen heiraten, denn man gebe ihm die Schuld, daß sie noch immer unverheiratet sei.

Im Mai schickte man Thomas Dannett nach Augsburg und Wien, um die Unterhandlungen mit Maximilian II. fortzusetzen. Er berichtete von dort, in bezug auf die Frage der Religion scheine der Kaiser nicht unnachgiebig, doch bestehe er darauf, daß sein Bruder die Religion, in der er aufgewachsen sei, auch weiter ausüben dürfe ... Die Königin möge ihm eine entsprechende Weisung geben, schlug der Gesandte vor und stellte seine eigene Großzügigkeit unter Beweis, indem er den Erzherzog in den Gottesdienst begleitete. Er schickte Elisabeth auch, wie verlangt, einen genauen Bericht über Karls äußere Erscheinung und Charaktereigenschaften. Der Erzherzog sei höflich, liebenswürdig, freisinnig und klug und habe ein gutes Gedächtnis (wobei er allerdings nicht darauf einging, ob Karl Englisch sprach). Seine Pockenerkrankung habe ihn nicht entstellt. Er habe eine frische Gesichtsfarbe und sei für einen Mann schön zu nennen. Er besitze ein hübsches Gesicht, sei gut gebaut und habe eine schmale Taille und eine breite Brust. Da er ein wenig nach vorn gebeugt gehe, könnte man vielleicht einwenden, er habe runde Schultern, aber im Sattel sitze er so aufrecht wie nur einer. Sicher erregte er mit seinem schmeichelhaften Porträt in England Interesse, aber Elisabeth wollte das Heiratsprojekt erst ernstlich vorantreiben, wenn sie den Erzherzog persönlich kennengelernt hatte.

Sollte es denn keinen Ausweg aus dem Labyrinth ihrer Diplomatie geben? Und sollte Elisabeth nie Ordnung in die Verwirrung ihrer Gefühle bringen können? Ende Juni erreichte sie die Nachricht, daß Maria einen Sohn geboren hatte. Daß sie beim Empfang der Botschaft leise zu ihren Hofdamen gesagt haben soll: »Nun ist die Königin von Schottland Mutter eines schönen Sohnes geworden, und ich bin nur ein verdorrter Ast«, dürfte eine Erfindung Sir James Melvilles sein, denn der spanische Gesandte, der weit besser über den Hofklatsch informiert war als der Schotte, berichtete, Elisabeth sei über die Geburt des Kindes »sehr erfreut« gewesen. Aber wie auch immer ihre erste Reaktion auf die Neuigkeit gewesen sein mag, Tatsache war, daß sie selbst noch immer unverheiratet war, während Maria einen männlichen Erben hatte.

Um diese Zeit soll, wie Camden behauptet, Dr. Robert Huicke, der Leibarzt der Königin, ihr von einer Ehe abgeraten haben, da sie vermutlich keine Kinder bekommen könne, doch ist diese Geschichte nicht recht glaubwürdig. Es ist nicht anzunehmen, daß Huicke, der in Scheidung lebte, bis zum Tod ihr Vertrauter geblieben wäre, wenn er Elisabeth diesen Rat gegeben hätte, der ihre ganze Diplomatie Lügen gestraft hätte, und daß seine Worte dann auch noch an die Öffentlichkeit gedrungen und zum Gespött der Leute geworden wären.

Am 2. Oktober 1566 trat das Parlament, das sich vor drei Jahren vertagt hatte, in Westminster erstmalig wieder zusammen. Elisabeth war darüber nicht sehr erbaut, denn sie wußte recht gut, daß sich die Mitglieder des Unterhauses erneut auf die Frage ihrer Verheiratung und die Regelung der Thronfolge stürzen und ihr auch in religiöse Probleme hineinzureden versuchen würden, doch konnte sie die Sitzung nicht länger hinausschieben, da sie neue Steuern bewilligt haben mußte. Ihre Mittel waren nicht zuletzt durch den Krieg in Frankreich und die Expedition gegen Shane O'Neill in Irland erschöpft. Im Frühjahr 1566 bereits hatte sie ihre Sorgen wegen der hohen Regierungskosten zu Papier gebracht: »Obwohl Uns Gott mit einem Königreich gesegnet hat, das durch sein Volk und seinen Reichtum höchst begnadet ist, ... so empfangen Wir an Subsidien und an Steuern doch nicht so viel wie Unsere Vorfahren vor dreihundert Jahren, als die Regierungskosten aller Art nicht ein Drittel so hoch waren wie Unsere heutzutage.« Sie lebte von ihren Einkünften aus den Krongütern, hatte für ihre persönlichen Ausgaben nicht mehr als ihre Vorfahren und sollte überdies damit auch noch ihr Reich in Krieg und Frieden regieren.

Als sich das Unterhaus 1563 vertagt hatte, hatten die Mitglieder Elisabeths festes Versprechen mit nach Hause genommen, daß sie ihrer Petition, sich zu verheiraten und die Thronfolge zu regeln, entsprechen werde; nun jedoch war sie entschlossen, sich nicht mehr in ihre persönlichen Angelegenheiten hineinreden zu lassen. So sah sich Elisabeth einem gleichzeitigen Angriff von drei Seiten ausgesetzt – von ihrem Staatsrat, den Lords und vom Unterhaus – und sie war sich darüber im klaren, daß sie ihren ganzen Mut und ihre ganze politische Geschicklichkeit ins Feld führen mußte, um diesem Ansturm die Stirn zu bieten.

In der Woche, in der das Parlament zusammentrat, wurden in London Flugblätter verteilt, in denen Kritik daran geübt wurde, daß die Königin eine Debatte über die Thronfolge untersagt habe. Dann gab es Ärger im Staatsrat, wo Norfolk von seinen Kollegen den Auftrag erhalten hatte, in Gegenwart der Königin ein Referat über dieses heikle Thema zu halten, »damit sie ihre Gedanken sammeln könne und ihre Argumente bereit habe, wenn die Gemeinen sie im Unterhaus mit dem Problem konfrontierten«. Der Herzog erinnerte so taktvoll wie möglich daran, daß die Petition des Unterhauses noch immer unbeantwortet sei, gab einen Überblick über die neueste politische Entwicklung in Schottland und Europa, welche das Problem der englischen Thronfolge noch dringender erscheinen lasse, und bat Elisabeth, in beiden Häusern eine freie und offene Debatte über so wichtige Fragen zu erlauben. Das war ein schlechter Anfang, und Norfolk bekam Elisabeths ganzen Zorn zu spüren. Von allen ihren Untertanen wisse ihr Staatsrat am besten, daß sie gut regiert habe: die Nachfolge aber sei ihre Privatsache, und sie werde niemand die Entscheidung darüber übertragen, fuhr sie ihn an. Wer ihr auf den Thron folge, sei allein ihre Sache, nicht die des Parlaments, noch selbst die des Staatsrats. Sie wolle sich nicht »lebendig begraben lassen«, indem sie den verhängnisvollen Fehler begehe, einen Nachfolger zu ernennen. Temperamentvoll erinnerte sie daran, wie in den letzten Regierungsjahren ihrer Schwester alles bei ihr in Hatfield ein- und ausgegangen sei, um dem aufgehenden Gestirn zu huldigen. Sie wolle nicht, daß sich das zu ihrer Zeit noch einmal ereigne. Und ihre Heirat? Wußten sie nicht alle von ihren Verhandlungen mit dem Erzherzog und daß ein Bund mit ihm in Kürze bevorstand? Und ohne eine Erwiderung abzuwarten, rauschte sie aus dem Ratszimmer.

Im Unterhaus rieten verschiedene Mitglieder zu der Taktik, Elisabeth kein Geld zu bewilligen, bevor sie die Thronfolge geregelt habe. Während der Debatte kam es sogar zu Schlägereien. Da kein Regierungsmitglied in der Lage war, dem Haus eine befriedigende Zusage zu machen, überbrachte der Staatsrat Elisabeth schließlich eine demütige Petition, sie möge die Schwierigkeiten des Landes lösen, bevor man zu einer Abstimmung über Geldbewilligungen schreite. Elisabeth schüttete dem spanischen Gesandten ihr Herz aus, denn er schien ihr der einzige in London zu sein, der mit ihr sympathisierte. Sie wisse nicht, was diese Teufel von ihr wollten, fluchte sie, obwohl sie natürlich ganz genau wußte, daß sie darauf aus waren, eines ihrer Privilegien anzutasten. Die Lords, die eine Abordnung unter Führung des alten Lord-Schatzmeisters Winchester zu ihr schickten, kanzelte sie ab: »Meine Lords, tut, was Ihr wollt. Ich für mein Teil werde ebenfalls das tun, was ich will. Eure Gesetze haben ohne meine Zustimmung und Bestätigung keine Gesetzeskraft.« Nach dieser Zurechtweisung kamen die Lords überein, am folgenden Tag mit den Unterhausmitgliedern gemeinsame Front zu machen. Sie bestimmten Norfolk zu ihrem Sprecher, da Winchester es mit der Angst zu tun bekommen hatte.

Der spanische Gesandte de Silva hat, wie folgt, über die außergewöhnliche Sitzung berichtet: »Die Königin war so wütend, daß sie den Herzog von Norfolk hart anfuhr und ihn einen Verräter und Verschwörer und ähnliches nannte. Er erwiderte, er hätte es nie für möglich gehalten, daß er sie einmal wegen solcher Vergehen um Verzeihung werde bitten müssen. Daraufhin soll die Königin, wie es heißt, versichert haben, sie habe dem Herzog gegenüber diese Worte nicht gebraucht. Die Grafen von Leicester und Pembroke, der Marquis von Northampton und der Lord Chamberlain mischten sich ein, und Pembroke machte die Bemerkung, es sei nicht recht, den Herzog so schlecht zu behandeln, da er und die anderen nur das Wohl des Landes im Auge hätten und ihr raten wollten, was am besten für sie sei, und wenn sie ihren Rat nicht annehmen wolle, so sei es dennoch ihre Pflicht, ihn ihr anzubieten. Sie erwiderte ihm, er schwätze daher wie ein betrunkener Soldat. Leicester fuhr sie an, sie habe geglaubt, er wenigstens würde sie nicht verlassen, auch wenn die ganze übrige Welt es täte, worauf er erwiderte, er sei bereit, zu ihren Füßen zu sterben; sie aber sagte, davon sei jetzt nicht die Rede. Zu Southampton äußerte sie, er habe überhaupt kein Recht mitzureden, und solle ihnen lieber sagen, mit welchen Argumenten er es fertiggebracht habe, sich wieder zu verheiraten, solange seine erste Frau noch lebte, statt ihr mit heuchlerischen Phrasen zu kommen. Damit verließ sie die Versammlung, entschlossen, die Herren sämtlich in ihren Häusern unter Arrest zu halten. Dies tat sie zwar dann doch nicht, befahl ihnen [Leicester und Pembroke] aber, sich nicht in ihrem Audienzzimmer blicken zu lassen.«

Die Parlamentssitzungen drohten zu einem Fiasko zu werden; es war keinerlei Fortschritt zu verzeichnen, so daß die Abgeordneten ebensogut nach Hause hätten gehen können, wie Winchester zu Elisabeth schon zuvor gesagt hatte. In einem verzweifelten Versuch, der Sache ein Ende zu machen und aus ihrer furchtbaren Isolation herauszukommen, entschloß sich Elisabeth, am 5. November dreißig Mitglieder aus jedem Haus zu empfangen und ihnen ihre Meinung nochmals darzulegen, womit sie eine geplante zweite, gemeinsame Petition im Keim zu ersticken hoffte. Der Sprecher des Unterhauses durfte der Delegation allerdings nicht angehören, da Elisabeth allein als »Sprecher« auftreten wollte.

In ihren sorgfältig vorbereiteten Ausführungen kam sie zunächst darauf zu sprechen, daß sie »rein englisch« sei: »Wurde ich etwa nicht in diesem Reich geboren? Kamen meine Eltern etwa in einem anderen Land auf die Welt? Gibt es einen Grund für mich, nicht um England besorgt zu sein? Ist es nicht mein Königreich? Wen habe ich unterdrückt? Wen habe ich zum Schaden anderer reich gemacht? Welche Unruhen habe ich in Unserem Staatswesen hervorgerufen, daß man mich jetzt verdächtigt, ich kümmere mich nicht darum? Wie habe ich von Anfang an regiert? Selbst der Neid kann mir nichts Übles nachsagen. Ich kann darauf verzichten, viele Worte zu machen, denn meine Taten sprechen für mich.«

In bezug auf ihre Heirat versicherte sie, ihr Wort nicht brechen zu wollen, und brachte wieder die alten Argumente vor: »Ich werde heiraten, sobald es mir möglich ist, falls Gott nicht den, welchen ich zu heiraten beabsichtige, oder mich selbst abruft oder sonst etwas Wichtiges dazwischen kommen läßt. Mehr kann ich nicht sagen, da die andere Partei nicht anwesend ist. Auch hoffe ich, Kinder zu bekommen, sonst würde ich nie heiraten.«

In ihrer Petition zur Thronfolge, fuhr Elisabeth fort, sei nicht von ihrer eigenen Sicherheit die Rede: »Es wäre seltsam, wenn der Fuß dem Kopf in einer so schwerwiegenden Sache den Weg zeigen müßte, in einer Sache, die Wir besonders fleißig bedacht haben, weil sie Uns mehr betrifft als Euch [die Abgeordneten]. Ich bin sicher, daß keiner von Euch so wie ich an zweiter Stelle gestanden und die Praktiken gegen meine Schwester beobachtet hat – die, wolle Gott, noch am

Leben wäre. Ich hatte damals die beste Gelegenheit, Eure Machenschaften mitzuerleben – einige von Euch sitzen hier im Unterhaus. Aber ›wenn die Freundschaft zu Ende geht, kommt die Wahrheit ans Licht‹, sagt ein altes Sprichwort, und wenn meine Ehre es mir nicht verböte, würde ich Eure Schändlichkeiten bekanntgeben. Damals war mein Leben zeitweise in Gefahr, so sehr war meine Schwester gegen mich eingenommen. Ich hatte andere religiöse Ansichten als sie und wurde aus verschiedenen Gründen verfolgt. In diese Gefahr soll mein Nachfolger nicht kommen.«

Bevor sie zu Ende war, bekamen auch noch die Bischöfe ihr Teil ab, die Elisabeth wegen ihrer mangelnden Voraussicht bedauerte. Sie schloß mit wohltönenden Versicherungen: »Ich für meinen Teil bin bereit zum Tod, da ja alle Menschen sterben müssen. Und wenn ich auch nur eine Frau bin, habe ich doch nicht weniger Mut, meinen Platz auszufüllen, als mein Vater hatte. Ich bin Eure gesalbte Königin. Ich werde mich niemals mit Gewalt zu etwas zwingen lassen. Im übrigen danke ich Gott, daß er mich so geschaffen hat, daß ich überall in der Christenheit leben könnte, auch wenn man mich im Unterrock aus meinem Reich vertriebe.« Sie müßten einsehen, daß dieser Zeitpunkt nicht der richtige sei, eine Erklärung über ihren Nachfolger abzugeben, aber: »Sobald dieser Zeitpunkt gekommen ist und es mit dem geringsten Risiko für Euch geschehen kann – wenn es auch nie ohne große Gefahr für mich möglich sein wird –, werde ich mich zu Eurer Sicherheit damit befassen und als Eure Monarchin und Euer Oberhaupt Euch meine Entscheidung wissen lassen; denn es ist ungeheuerlich, daß die Füße dem Haupt den Weg vorschreiben wollen.«

Den Inhalt dieser Ansprache ließ sie beiden Häusern bekanntgeben. Die eingeschüchterten Lords akzeptierten Elisabeths Standpunkt, die Unterhausmitglieder jedoch wollten sich nicht ohne weiteres damit abfinden und setzten ihre Debatte über die Thronfolge ohne Rücksicht auf das neuerliche königliche Verbot fort. Elisabeth schickte nach dem Mr. Speaker und teilte ihm mit, Unterhausmitglieder, die mit ihrer Antwort nicht zufrieden seien, könnten ihre Einwände vor dem Staatsrat vorbringen – eine nicht mißzuverstehende Drohung. Es wurde der Antrag gestellt, Elisabeth eine neue Petition zu unterbreiten, aber man übersandte ihr statt dessen ein Schreiben mit der Bitte, über die »Freiheiten des Hauses diskutieren zu dürfen«. Plötzlich lenkte sie ein, denn die Bewilligung weiterer Geldmittel war immer noch nicht über die erste Lesung hinausgekommen. Sie hob zunächst ihr Verbot auf, und als auch dies die Unterhausmitglieder noch nicht zur Vernunft brachte, verzichtete sie am 27. November auf ein Drittel des zu bewilligenden Betrages. Dies wirkte Wunder. Man beschäftigte sich wieder mit der Steuerbewilligung, ohne weitere Bedingungen zu stellen, von einem wichtigen Vorbehalt allerdings abgesehen: Es wurde beschlossen, in die Gesetzespräambel das Versprechen der Königin aufzunehmen, zu heiraten und die Thronfolge zu regeln, »sobald Eure Hoheit nach dem Rat des Staatsrats und mit Zustimmung Eures Reiches den Zeitpunkt für geeignet erachten«. Es war ein revolutionierender Schritt, der dem später üblichen Verfahren gleichgekommen wäre, an die Bewilligung von Geldern Bedingungen zu knüpfen. Elisabeth geriet denn auch über die »gemeinen Praktiken« abermals in heftigen Zorn. Ihre scharfe Zurechtweisung schüchterte die Parlamentsmitglieder so ein, daß die Gesetzespräambel in ihrer endgültigen Formulierung nur noch einer harmlosen Randbemerkung gleichkam.

Anstatt das Parlament noch vor Weihnachten zu vertagen, kam Elisabeth erst am 2. Januar 1567 zur feierlichen Schlußsitzung. Nachdem sie zwei Stunden lang dem Sprecher Onslow zugehört hatte, ergriff sie selbst das Wort. Sie könne es nicht ertragen, sagte sie, sie nach Hause zu entlassen, ohne sie noch auf einige wunde Punkte hinzuweisen und sie vor unerkannten Gefahren zu warnen. »Laßt es Euch zur Vermeidung härterer Strafen gesagt sein, daß es nicht ratsam ist, die Geduld eines Fürsten zu sehr in Anspruch zu nehmen. Möge mein Zuspruch Eure Niedergeschlagenheit vertreiben und Euch das Gefühl geben, daß Ihr die Gnade Eurer Fürstin mit nach Hause nehmt, falls Euer zukünftiges Benehmen Eure verflossenen Taten wiedergutmacht. Ihre Sorge um Euer Wohl ist aber so groß, daß es nicht notwendig sein wird, sie daran zu gemahnen.«

Im Innersten dankte sie ihrem Schöpfer, daß sie dieser Versammlung von Unruhestiftern jetzt nicht mehr gegenüberzutreten brauchte. Schon 1563 hatten sie, Lords und Gemeine, ihre Königin unter Druck zu setzen versucht; diesmal waren sie sich ihres Sieges in diesem Duell sicher gewesen. Aber mit einem Mut, der nicht hinter dem ihres Vaters zurückstand, hatte Elisabeth sich ihrem Angriff auf ihr Privileg gestellt und sie überlistet. Sie würde nicht so rasch wieder ein neues Parlament einberufen!

Elisabeth konnte nicht umhin, mit den Habsburgern weiter zu verhandeln, notfalls bis zum bitteren Ende. Dennoch schien ihr die Vorstellung, daß ihre Räte und Gesandten über ihre Heirat mit einem Mann diskutierten, den sie nie gesehen hatte, schier unerträglich.

Earl of Leicester (1532-1588).

The most illustrious Prince Henry. Lord Darnly.King of Scotland.father to our Soueraigne lord King Iames.He died at the age of 21. 1567.

The most excellent Princesse Marie:Queene of Scotland.mother to our Soueraigne lord King Iames. She died 1586. and intombed at Westminster

Maria Stuart, Königin von Schottland,
zusammen mit ihrem zweiten Mann, Lord Darnley.

»Ich glaube, es wäre für uns beide am besten, wenn wir uns treffen könnten«, schrieb sie daher an den Erzherzog. »Wer weiß, ob die Wahl, die andere Augen trafen, uns zusagt.« Sie schlug vor, er solle inkognito als Mitglied einer Sonderdelegation nach England kommen, und wenn sie sich zueinander hingezogen fühlten, könne man einen bindenden Vertrag aufsetzen, wenn nicht, könnte die Delegation nach Deutschland zurückkehren, ohne daß Uneingeweihte etwas von der ganzen Sache erfahren müßten. Es bestand jedoch keine Hoffnung, daß der Erzherzog auch nur inkognito kommen würde, solange man keine grundsätzliche Einigung in der Frage der Religion erzielt hatte. Auch mißfiel dem Kaiser durchaus, was Elisabeth euphemistisch als »Karls Mitgift von 60 000 Scudi« bezeichnete, denn seiner Ansicht nach war es die zukünftige Ehefrau, die ihrem Gatten eine Mitgift einzubringen und eine Hochzeitsgabe zu überreichen hatte, wenn er auch später einräumte, es sei billig, Karl ein Einkommen aus kaiserlichen Mitteln zu gewähren.

In ihrem Ärger, vom Parlament und von ihrem Staatsrat wegen ihres Zauderns so hart bedrängt worden zu sein, machte sich Elisabeth ein Vergnügen daraus, nun ihrerseits Kaiser Maximilian in tadellosem Latein einen kleinen Hieb zu versetzen: »Es kommt wir etwas seltsam vor, daß nun fünf Monate vergangen sind, ohne daß ich eine Nachricht von Eurer Majestät erhielt. Ich habe Majestät geschrieben, daß man mich wohl zum Narren hält oder daß man vermutlich zum wenigsten mehrere Eisen im Feuer habe, so groß war mein Verdacht, daß man mich verschmäht oder doch in Erwartung von etwas Besserem hinters Licht führt.« Maximilian meinte dazu in einem privaten Brief an seinen Bruder, »unsere berühmte Königin« pflege bei den Heiratsverhandlungen die Fäden wohl immer wieder aufzunehmen und dann wieder fallenzulassen, da sie es offenbar für vorteilhaft halte, irgendwo und irgendwie immer neue Verzögerungen hervorzurufen.

Im Sommer 1567 reiste Graf Sussex, der einer der Hauptbefürworter der Heirat war, endlich nach Deutschland. Er tat es unter dem Vorwand, dem Kaiser den Hosenbandorden zu überbringen, nahm jedoch ein Bild der Königin mit. Er sollte erklären, Elisabeth könne zwar nicht die Ausübung einer anderen Religion zulassen, doch werde man dem Erzherzog gewisse private Zugeständnisse hinsichtlich seines Glaubens machen, wie man ja auch gegen verschiedene Untertanen in dieser Hinsicht tolerant sei, wenn sie sich im übrigen ruhig verhielten. Als man dann in Wien über Einzelheiten verhandelte, schien diese Zusicherung Karl und seinem Bruder jedoch allzu unbestimmt. Karl verlangte, Elisabeth solle ihm eine eigene Privatkapelle zugestehen, in der er von eigenen Priestern die Messe lesen lassen könne, während er sich seinerseits bereit erklärte, sie offiziell in den anglikanischen Gottesdienst zu begleiten. Die »ermüdenden Konferenzen« führten jedoch zu keiner grundsätzlichen Einigung, so daß Sussex Henry Cobham im Oktober nach England zurückschickte, um neue Instruktionen zu holen.

Der Staatsrat war recht geteilter Meinung darüber, ob man dem Erzherzog noch weitere Konzessionen machen dürfe, und es ging stürmisch zu. Es hieß, Leicester habe Lord North, der Sussex auf seiner Mission begleitete, bestochen, Augen und Ohren für ihn offenzuhalten und »die Verhandlungen, privat nach besten Kräften zu unterbinden«, indem er behauptete, Elisabeth habe nicht die Absicht zu heiraten. Cecil dagegen wollte die Heirat unter allen Umständen zustande bringen und war der Ansicht, daß nicht mehr viel dazu gehörte, Ihre Majestät zum Nachgeben zu bewegen. Elisabeth fragte ihre Räte um ihre Meinung, um mit ihrer Hilfe zu einem Entschluß zu kommen, aber da Sussex in Wien und Norfolk krank war, fehlten Cecil seine beiden Hauptstützen. Norfolk äußerte seine Meinung zwar schriftlich und riet dem Staatssekretär, die Heirat um jeden Preis zu befürworten und dem Erzherzog alle Bedingungen zu erfüllen. Sein Ersuchen sei höchst vernünftig, und wenn die Verhandlungen aus nicht religiösen Ursachen scheitern sollten, so hätte Karl wenigstens seinen Prinzipien nicht untreu werden müssen. Die Gefahr, die damit verbunden sei, ihm eine römisch-katholische Privatkapelle zuzugestehen, sei klein im Vergleich zu der einer ungesicherten Thronfolge. Nicht alle »ernsthaften Protestanten« seien wie Leicester und seine Anhänger, die »die Religion nur als Deckmantel benutzten und das eine sagten und das andere meinten«. Der Königin gegenüber äußerte sich der Herzog allerdings vorsichtiger. Ihr schrieb er, es bestehe die Gefahr, daß der Erzherzog offen die Papisterei befürworte, was die Einheit des Reiches sicher gefährden würde, und England könne keinen weiteren Religionswechsel mehr verkraften, da der Bogen so weit gespannt worden sei, daß er bei einer neuen Belastung brechen werde. Mit diesem Vorbehalt rate er seiner Königin allerdings davon ab, den Erzherzog abzuschrecken, da ein weiteres Hinauszögern der Heirat fast einer Vernichtung ihres Reiches gleichkäme.

Leicesters Partei trug im November 1567 den Sieg davon, obwohl die ehelichen Schwierigkeiten Maria Stuarts, auf die wir noch zu sprechen kommen werden, vermutlich bei Elisabeth den Ausschlag gaben. Sie teilte Sussex mit, sie werde Karl auch weiterhin gern zu einem Besuch nach England einladen und ihm während seines Aufenthaltes selbstverständlich erlauben, privat seinen Glauben auszuüben, obwohl sie hoffe, ihn in dieser Hinsicht umstimmen zu können. Zwei Tage später schickte sie jedoch den knappen Zusatz hinterher, Sussex solle dem Erzherzog klarmachen, daß nicht die geringste Aussicht bestünde, sie umzustimmen, falls er nach England komme. Sussex schrieb zurück, man sei in eine Sackgasse geraten. Er verlieh dem Kaiser in aller Eile den Hosenbandorden und reiste nach England zurück in der verzweifelten Gewißheit, daß Elisabeth endgültig die Tür hinter sich zugeschlagen hatte. Zwar tauschten die Königin und der Erzherzog noch drei Jahre lang floskelreiche Botschaften aus, in denen Karl seiner Bewunderung für sie Ausdruck verlieh; die Heirat, um die sieben Jahre lang verhandelt worden war, blieb jedoch für immer begraben, worüber Elisabeth nicht weniger erleichtert war als der Erzherzog.

Während der letzte Akt von Elisabeths Tragikomödie mit dem Erzherzog ablief, endete Marias Eheabenteuer als regelrechte Tragödie. Nach kurzen Flitterwochen voller Liebesleidenschaft enttäuschte sie ihr König. Zum Entsetzen von John Knox und den Covenanten in Edinburgh entpuppte sich Darnley als Taugenichts und Trunkenbold. Da Maria sich zu den drängenden aktuellen Problemen bei ihm keinen Rat holen konnte, ließ sie sich mehr und mehr von ihrem tüchtigen italienischen Sekretär David Rizzio beraten, der ursprünglich als Hofsänger nach Schloß Holyrood gekommen war. Sie wandte ihm immer mehr ihre Gunst zu, und schließlich wurde er ihr Vertrauter. Bald hatte Darnley Grund, auf diesen Emporkömmling eifersüchtig zu sein, und so schloß er mit drei Peers, Lord Morton, Lindsay und Ruthven, ein Komplott, um Rizzio beiseite zu schaffen. Am 9. März 1566 drang Morton mit einem Trupp seiner Leute in den Palast ein und besetzte die Tore. Darnleys Gemächer lagen direkt unter denen Marias, und zur verabredeten Stunde stieg er mit Ruthven über eine Privattreppe zu ihren Gemächern hinauf. Sie fanden Rizzio und Maria in einem kleinen Raum neben ihrem Schlafzimmer beim gemeinsamen Abendessen. Darnley faßte seine Frau um die Taille, während Ruthven sie aufforderte, den Italiener auf der Stelle zu entlassen, da dieser ein schlechter Ratgeber sei und ihre Ehe zerstört habe. Marias Diener versuchten Ruthven hinauszudrängen, aber nun stürmte Mortons Gefolge ebenfalls herein. Man zerrte den Günstling hinaus und tötete ihn neben der Tür zum Audienzzimmer. Es war wie ein Wunder, daß Maria durch den Schrecken über den Mord keine Fehlgeburt erlitt.

Auch die Geburt des Thronfolgers konnte die Kluft zwischen Maria und Darnley nicht schließen. »Die Zwistigkeiten zwischen der Königin und ihrem Gatten dauern an oder werden eher noch schlimmer«, berichtete Bedford im August und wies im selben Brief bereits auf die neue Gefahr hin, die durch den Grafen von Bothwell drohte. James Hepburn, Graf von Bothwell, der nun zu Marias rechter Hand wurde, stand bereits im Ruf, für Frauen unwiderstehlich zu sein. Er hatte zwar erst kürzlich geheiratet – Maria selbst hatte den Ehekontrakt unterzeichnet, der jungen Braut das bezaubernde Kleid aus silberdurchwirktem Stoff geschenkt, das sie an diesem Tag trug, und selbst das Hochzeitsfrühstück besorgt –, doch wußte jedermann, daß Bothwell ein nichtsnutziger Abenteurer war, der sich mittels seiner Erfolge bei Frauen und seiner körperlichen Überlegenheit meist durchzusetzen wußte. Elisabeth war um so besorgter, als der Graf der größte Anglophobe in ganz Schottland war. Andererseits waren die Ermordung Rizzios und ihr Nachspiel dem Ansehen Marias und ihres Hofes in Europa so abträglich, daß Elisabeth den Eindruck hatte, die unmittelbare Gefahr für England sei vorüber. Selbst die Geburt eines Prinzen konnte Maria ihren früheren Nimbus nicht zurückgeben. Elisabeth lehnte ihre Einladung, zur Taufe von Prinz Jakob nach Edinburgh zu kommen, höflich ab, schickte jedoch ein eigens zu diesem Zweck angefertigtes goldenes Taufbecken. In einem Begleitschreiben hieß es, der Zeitpunkt sei gegenwärtig wohl nicht günstig, um Marias Ansprüche auf den englischen Thron genau zu untersuchen, es werde aber auch nichts unternommen, was ihre Rechte beeinträchtigen könnte. Inzwischen würde sie aber gut daran tun, den Vertrag von Edinburgh aus dem Jahr 1560 zu ratifizieren.

Darnley, der – vermutlich an Syphilis – erkrankt war, hatte der Taufe seines Sohnes ebenfalls nicht beigewohnt. Maria besuchte ihren Gemahl in der Residenz seines Vaters in Glasgow, wobei es zu einer Art Versöhnung kam. Die Königin ließ Darnley daraufhin nach Kirk o'Field, ein heruntergekommenes Haus der Lennox in der Nähe von Edinburgh bringen, angeblich, um in seiner Nähe zu sein und sich um ihn kümmern zu können. Hier starb Darnley, als das Haus am 10. Februar in die Luft gesprengt wurde. Die Nachricht hiervon erreichte London eine Woche später: gleichzeitig mit Karikaturen, welche die einzelnen Stadien des Verbrechens zeigten. Die Königin schickte Lady Howard und Lord Cecil zu Lady Lennox in den Tower, um sie, deren mütterliche Pläne auf so tragische Weise geendet hatten, von der Untat zu unterrichten. Als Lady Lennox vor Schmerz zusammenzubrechen drohte, schickte ihr Elisabeth ihren eigenen

Arzt zur Pflege. Monatelang war jeder neue Bericht aus Edinburgh alarmierender als der vorherige. Als Elisabeth erfuhr, daß Maria nach Ablauf einer einzigen Trauerwoche eine Einladung Lord Setons angenommen hatte, bei der auch Bothwell anwesend war, war sie fassungslos. Sie sagte, das könne doch wohl nicht möglich sein. Aber in der schottischen Hauptstadt erschienen allenthalben Plakate mit den Köpfen »Bothwells, des Mörders« und des königlichen Partybesuches. Der von Knox aufgewiegelte Pöbel rief »verbrennt die Hure« hinter der Königin her, wo immer sie sich zeigte. Nie war das Ansehen der Monarchie in Schottland so tief gesunken. Elisabeth erinnerte sich der Verleumdungen, die sie beim Tod Amy Robsarts über sich hatte ergehen lassen müssen; Maria würde sich noch ganz anderen Angriffen gegenübersehen.

Am 24. Februar schrieb Elisabeth Maria einen Brief voller Ermahnungen, den sie ihr von Henry Killigrew überbringen ließ: »Sind doch meine Ohren noch so verletzt, meine Gedanken so wirr, mein Herz so erschüttert über die Nachricht von dem abscheulichen Mord an Eurem Gemahl, daß ich nur mit Mühe meine Gedanken sammeln kann, um Euch zu schreiben. Gleichwohl will ich Euch mein Mitgefühl für diesen Verlust aussprechen und Euch auch nicht verhehlen, was ich denke: denn meine Sorge gilt mehr Eurer Person als der Eures Gemahls. Madame, ich würde meiner Pflicht einer treuen Kusine und liebevollen Freundin wenig gerecht, wenn ich Euch nur angenehme Dinge sagte und mich nicht bemühte, Eure Ehre zu retten. Ich kann nicht umhin, Euch zu unterbreiten, was alle Welt glaubt. Die Leute sagen, statt die Mörder zu ergreifen, schautet Ihr durch die Finger, während sie entwischen, und Ihr ließet die, welche Euch einen so großen Dienst erwiesen hätten, unbestraft. Man vermutet, daß das Verbrechen nie geschehen wäre, wenn die Täter nicht gewußt hätten, daß ihnen keine Strafe drohte.

Glaubt nicht, daß ich selbst solche Gedanken hege. Nicht um alles in der Welt würde ich einen so schwarzen Verdacht in meinem Herzen aufkommen lassen und so schlecht von irgendeinem Fürsten auf der Welt denken. Wieviel weniger könnte ich es von Euch glauben, der ich doch alles nur vorstellbar Gute wünsche ... Aus diesem Grund ermahne ich Euch, rate ich Euch und flehe Euch an, es sich noch einmal zu überlegen und Hand an den Mann zu legen, der das Verbrechen begangen hat, und wenn es Euer bester Freund wäre. Laßt Euch durch kein persönliches Interesse und keine Überredungskünste davon abbringen, aller Welt zu beweisen, daß Ihr eine edle Fürstin und treue Gattin seid ...«

Bothwells Prozeß wurde zu einem Fiasko. Maria winkte ihm nach, als er zum Verhör ging, und empfing ihn mit offenen Armen, als er mit dem Urteil »nicht schuldig« zurückkehrte. Elisabeth aber forderte weiterhin, daß die Mörder Darnleys ihrer verdienten Strafe zugeführt werden müßten und daß, falls das Gerücht stimmte und Maria Bothwell tatsächlich heiraten wollte, diese Ehe mit allen Mitteln verhindert werden sollte. Der Staatsrat besprach die Lage am 25. April und ließ Maria durch Bedford erneut verwarnen. Gleichzeitig erhielt dieser den Auftrag, zu untersuchen, ob man den kleinen Prinzen nicht nach England bringen sollte. Mehr konnte Elisabeth zu diesem Zeitpunkt nicht tun. Sie mußte abwarten, was die Zukunft bringen würde. Am 15. Mai, zwölf Tage nachdem die eingeschüchterte Lady Bothwell in einem zweifelhaften Prozeß ihre Ehe hatte scheiden lassen, wurde Maria um vier Uhr morgens von Bischof Orkney nach protestantischem Ritus getraut. Das könne doch einfach nicht stimmen, rief Elisabeth aus, aber es war Tatsache. Eine Gruppe von Lords, die einander vor Marias Hochzeit mit Bothwell geschworen hatten, sie und ihren kleinen Sohn zu beschützen, sammelten nun Leute um sich. Maria floh mit Bothwell von Holyrood nach Borthwick, mußte von da aus aber weiter nach Dunbar zurückweichen. Nur wenige Adlige stellten sich auf ihre Seite und zogen mit ihren Lehnsleuten am 15. Juni nach Carberry Hill, um sich den Verbündeten zum Kampf zu stellen. Bevor es zur Schlacht kam, führte man fruchtlose Verhandlungen, ob die Sache nicht durch einen Zweikampf Bothwells mit einem Vertreter der Lords entschieden werden könne. Inzwischen zerstreute sich Marias kleines Heer, und sie ergab sich, nachdem sie sich überzeugt hatte, daß Bothwell das Feld geräumt hatte. In Schmach und Schande wurde sie nach Edinburgh und von dort nach Schloß Lochleven gebracht. Am 24. Juli dankte sie zugunsten ihres kleinen Sohnes ab und ernannte ihren Halbbruder, den Grafen von Murray zum Regenten. Fünf Tage später wurde Jakob VI. in Stirling Castle zum König von Schottland gekrönt.

Elisabeth konnte diesen *coup d'état* nur als gegebene Tatsache hinnehmen. Sie schickte Nicholas Throgmorton mit Briefen zu Maria und den Lords, in denen sie ihnen ihre Vorschläge zur Beilegung des Konflikts unterbreitete. Maria gegenüber wiederholte sie ihre Vorwürfe über den verhängnisvollen Fehler, den sie gemacht habe, indem sie Bothwell heiratete. Sie stellte ihr vor Augen, daß sie nun, koste es was es wolle, ihre Ehre wiederherstellen müsse. Ihre gewaltsame Gefangennahme hatte jedoch die Situation grundlegend geändert. Elisabeth konnte es nicht zulassen, daß ihre Kusine, die von Gottes Gnaden Fürstin und Königin war, von denen unterjocht wurde, die nach Recht und Gesetz ihre Untertanen waren. Sie war bereit, das Äußerste zu versuchen, um Maria zu befreien, Darnleys Mörder ihrer verdienten Strafe zuzuführen und Jakob in England in Sicherheit zu bringen, wenn möglich in die Obhut seiner Groß-mutter, Lady Lennox. Den schottischen Lords machte sie klar, daß sie nur auf ihre Unterstützung hoffen könnten, wenn Maria frei sei. In einer späteren Botschaft ließ sie ihnen durch Throgmorton abermals die Warnung überbringen, wenn ihrer Monarchin auch nur ein Haar gekrümmt werde, werde sie mit ihrer Rache vor der Nachwelt ein Exempel statuieren.

Murray übernahm die Regentschaft für den kleinen Prinzen. Das schottische Parlament sprach Maria erwartungsgemäß schuldig und bestätigte die neue Regierung. Gerüchte kamen auf, Maria habe die ernsthafte Absicht, nach England zu gehen. Elisabeth hörte »nicht ohne große Besorgnis« davon, doch schien ihr dies immer noch weniger gefährlich, als wenn Maria in Frankreich Zuflucht gesucht hätte.

Acht Monate später gelang es Maria, aus Lochleven zu entkommen und nach Hamilton zu fliehen, wo sie ihre Anhänger um sich ver-sammelte und sich auf eine Schlacht vorbereitete. Sie schickte ihren Diener John Beton mit Briefen an Elisabeth und den Kardinal von Guise, in denen sie um Hilfe gegen ihre rebellischen Untertanen bat, nach Süden. Die englische Königin wies daraufhin sofort ihren Ge-sandten in Paris, Sir Henry Norris, an, den französischen König zu ersuchen, keine Streitkräfte nach Schottland zu entsenden, da sie eine französische Intervention unter keinen Umständen dulden könne. In einem Brief an Maria verlieh Elisabeth ihrer Freude dar-über Ausdruck, daß sie sich wieder in Freiheit befinde, doch äußerte sie auch diesmal ihren Kummer über ihre Verbindung mit Bothwell, »dem unglücklichen Schurken«; er habe sie der Freunde beraubt deren sie so dringend bedürfe. Sie erinnerte Maria an das Sprich-wort: »Wer zwei Sehnen auf einen Bogen spannt, schießt viel-leicht mit größerer Kraft, aber er trifft selten«, eine Warnung, daß sie nicht in Frankreich um Unterstützung nachsuchen dürfe, wenn sie von England Hilfe erhoffe. Bevor dieser Brief jedoch in Marias Hän-de gelangte, wurden ihre Anhänger von Murray bei Langside ver-nichtend geschlagen, und Maria wurde von Dumbarton abge-schnitten, von wo aus sie nach Frankreich hatte entkommen wollen. So setzte sie über den Solway und landete am 16. Mai 1568 in Eng-land, wo sie den Rest ihres unglücklichen Lebens verbringen sollte.

Elisabeth berief sofort ihren Staatsrat ein, um darüber zu beraten, wie die flüchtige Königin zu behandeln sei. Die englische Regierung befand sich in einer schwierigen Situation, zumal internationale Verwicklungen drohten, und tatsächlich blieb Marias Zukunft in den nächsten sechzehn Jahren die Schlüsselfrage der englischen Politik. Der spanische Gesandte, der immer am besten informiert war, erkannte sofort, worum es ging: »Wenn die Königin ihren Willen jetzt durchsetzt, müssen sie die Königin von Schottland als souveräne Herrscherin behandeln, was alle vor den Kopf stoßen wird, die sie zur Abdankung gezwungen haben ... Wenn sie sie in Gefangenschaft halten, wird das vermutlich alle benachbarten Fürsten empören, und wenn sie frei bleibt und sich mit ihren Freunden in Verbindung setzen kann, wird nach allen Seiten Verdacht aufkommen. Auf alle Fälle steht fest, daß zwei Frauen nicht lange gut miteinander auskommen.«

Tatsächlich gab es in der englischen Regierung große Meinungsverschiedenheiten. Cecil sah voraus, daß Elisabeth in dieser Krise der schottischen Königin mehr Milde zeigen würde, als es die Staatskunst für ratsam erscheinen ließ. Als Maria noch in Lochleven gefangen war, hatte ihr Elisabeth versprochen, treu zu ihr zu halten. Beistand bedeutete jedoch Gefahr. Maria überschüttete sie mit Briefen: »Ich habe ein so großes Vertrauen zu Euch und bin überzeugt, daß Ihr mir helfen werdet, meine Autorität wiederzuerlangen. Ich hoffe, daß Ihr mich sofort zu Euch kommen laßt.« Die erste Reaktion ihrer Kusine ging auch genau in diese Richtung.

»Wer eine Krone trägt«, bemerkte Arundel treffend, »kann nicht gut einen anderen dazu überreden, die seine abzulegen, weil seine Untertanen nicht gehorchen. Vielleicht haben sie in Schottland neue Ansichten darüber, aber es wäre nicht gut, wenn sich diese auch in England verbreiteten.« Elisabeth rief ihren Staatsrat erneut zusammen. Diesmal waren auch Leicester und Norfolk anwesend und wurden nach ihrer Meinung gefragt. Anscheinend hoffte Elisabeth bei ihnen Unterstützung für eine nachsichtigere Politik zu finden, als Cecil sie vorgeschlagen hatte, doch setzte sich der Staatssekretär durch. Die sich anbietenden Lösungen waren: Maria als Gefangene nach Schottland zurückzuschicken; ihr ein Heer zur Verfügung zu stellen, um ihr Königreich zurückzuerobern; ihr zu gestatten, auf den Kontinent zu gehen, oder endlich sie in England unter Bewachung zu halten. Der erste Weg hätte einen völligen Vertrauensbruch Maria gegenüber bedeutet und wäre einem Todesurteil gleichgekommen; der zweite kam nicht in Frage, da er dem Vertrag von

Edinburgh zuwidergelaufen wäre; der dritte war zu gefährlich, da Maria, solange sie in Frankreich gewesen war, ständig ihre Ansprüche auf die englische Krone geltend gemacht hatte.

So mußte Maria in England bleiben, doch konnte sie nicht bei Hof erscheinen, bevor sie sich von dem furchtbaren Verdacht, der auf ihr lastete, gereinigt hatte. Zweifellos würde ihre Anwesenheit die Katholiken und andere Unzufriedene veranlassen, sich ihrer Sache anzuschließen, und so schien es geraten, sie zu isolieren. Man unterstellte sie zunächst der Aufsicht von Lord Scrope, dem Statthalter der Westlichen Marken und Gouverneur von Carlisle. Scrope war damals gerade in London und wurde sogleich nach Hause geschickt. Sir Francis Knollys, der Unterkämmerer des königlichen Hofes, begleitete ihn, was aus zwei Gründen angebracht schien: Einmal bewies sein hoher Rang, daß man Maria mit gebührendem Respekt behandelte, und außerdem stand zu hoffen, als überzeugter Protestant werde er dafür sorgen, daß Scrope Maria in ihrer Religion nicht zuviel Freiheit gewährte. Elisabeth befahl Lady Scrope, Maria, die man inzwischen nach Schloß Bolton in Wensleydale gebracht hatte, aufzuwarten und »mit allen Ehren zu behandeln«. Bolton Castle war eine stattliche Residenz, doch lag sie in einem öden Landstrich und hatte die höchsten Mauern von allen Schlössern des Königreichs. An ein Entrinnen war hier nicht zu denken. War die schottische Königin aus Lochleven geflohen, um nun hier festgehalten zu werden?

Maria lag Elisabeth denn auch ständig in den Ohren, sie möge sie zu sich kommen lassen, damit sie ihre Beschwerden und ihre Rechtfertigung vorbringen könne. Auch hoffte sie, daß Elisabeth sie möglichst bald wieder in den Rang einsetzen werde, zu dem Gott sie berufen habe, »in welcher Hinsicht alle Fürsten einander beizustehen haben«. In einem Brief vom 4. Juni schrieb sie noch dringender, wenn Elisabeth, ihre beste Freundin, sie nicht empfangen wolle, so bitte sie um die Erlaubnis, sich mit ihrer Bitte um Unterstützung gegen ihre rebellischen Untertanen an andere Herrscher wenden zu dürfen, »denn gottlob bin ich nicht ohne Freunde und Nachbarn in meiner gerechten Sache«. Als sie Elisabeths Antwort las, traute sie ihren Augen nicht und weinte bitterlich:

»Niemand auf der Welt verlangt mehr danach, Eure Rechtfertigung zu hören als ich; und niemand würde einer Erklärung, die Eure Ehre wiederherstellt, ein willigeres Ohr leihen. Aber ich kann um Euretwillen nicht meinen eigenen Ruf gefährden. Um Euch die Wahrheit zu sagen: Ich werde bereits jetzt verdächtigt, Eure Sache lieber zu verteidigen, als meine Augen den Dingen zu öffnen, deren Euch

Eure Untertanen anklagen . . . Da Ihr Euch nun einmal unter meinen Schutz gestellt habt, könnt Ihr sicher sein, daß ich für Euer Leben und Eure Ehre so eintreten werde, daß weder Euch selbst noch Euren nächsten Verwandten Eure Interessen mehr am Herzen liegen könnten. Ich gebe Euch mein fürstliches Wort, daß weder Eure Untertanen noch meine eigenen Räte mich dazu veranlassen werden, etwas von Euch zu verlangen, das Euch in Gefahr bringen oder Eurer Ehre zu nahe treten könnte.

Es kommt Euch seltsam vor, daß ich Euch nicht empfange? Bitte versetzt Euch in meine Lage! Sobald Ihr von dem Verbrechen losgesprochen seid, werde ich Euch mit allen Ehren aufnehmen. Vorher kann ich es nicht . . . Gott schütze Euch in allen Euren guten Taten und befreie Euch von denen, die Euch Böses wollen.«

Durch den Zwang der Ereignisse sah sich Elisabeth plötzlich in die Rolle eines Schiedsrichters zwischen Maria und ihren Untertanen gedrängt. Nach zahlreichen Besprechungen mit der Königin und den Gesandten des Regenten erklärten sich beide Seiten bereit, ihre Vermittlung als den einzigen Modus vivendi anzunehmen. Noch im Verlauf des Juni hatte Murray Abschriften von Briefen und Balladen Marias an Bothwell, die man in einer kleinen in Silber und Gold gearbeiteten Kassette unter Bothwells Bett gefunden hatte, nach London geschickt. Diese »Kassettenbriefe« wurden von den meisten für echt gehalten und stellten, falls diese Vermutung zutraf, einen eindeutigen Beweis für Marias Schuld an Darnleys Tod dar. Cecil hatte Elisabeth davon überzeugt, daß Marias Gefangennahme den anderen Fürsten Europas gegenüber nur mit dem Verdacht einer Mitschuld an der Ermordung ihres Gatten (dem »heftigen Verdacht«, wie man sich mit Vorliebe ausdrückte), zu rechtfertigen war. Daß Maria stets Anspruch auf den englischen Thron erhoben hatte und man sie deshalb in Gewahrsam hielt, hätten die Könige von Frankreich und Spanien oder auch der Kaiser niemals als legitime Begründung gelten lassen, und es hätte zu ernsten diplomatischen Verwicklungen, ja sogar zum Krieg kommen können. Maria wurde später nach Tutbury gebracht, wo sie der Aufsicht des Grafen von Shrewsbury unterstand, der Weisung hatte, sie »mit der Ehrfurcht und Achtung zu behandeln, die einer Fürstin von königlichem Geblüt gebührt«. Er war ein weit freundlicherer Wärter, als Bedingfield es für Elisabeth in Woodstock gewesen war.

Anfang Oktober wurde die Konferenz, die über Marias Schicksal entscheiden sollte, in York eröffnet. Elisabeth ließ sich durch drei Kommissare vertreten, den Herzog von Norfolk, seinen Freund

Sussex und Sir Ralph Sadler, der über besondere Erfahrungen im Grenzland verfügte. Sie sollten weder als Ankläger noch als Richter auftreten, sondern sich zunächst die Anklagen von Marias Abgeordneten gegen Murray und dann die Gegenklagen der Kommissare des kleinen Jakob anhören, die von Murray und Morton angeführt wurden. Maria selbst wollte nicht vor diesem Tribunal erscheinen, da sie ihm die Autorität absprach, ihren Fall zu untersuchen. Sie hatte sich jedoch einverstanden erklärt, sich von Lord Herries und dem Bischof von Ross, John Leslie, vertreten zu lassen, der in den letzten Monaten ihrer Regierung als ihr Geheimsekretär an Rizzios Stelle getreten war.

Norfolk war Einblick in die Kassettenbriefe gewährt worden, und er nahm an, daß sie echt waren, da »ihr Inhalt kaum von jemand anderem als Maria hätte erfunden und erdacht werden können«. Die Briefe, schrieb er, enthüllten die verbotene Liebe zwischen ihr und Bothwell und ihren Ekel und Abscheu vor ihrem ermordeten Gatten in einer Weise, daß jeder gute und fromme Mensch nur Entsetzen darüber empfinden könne. Wie bei allen Konferenzen waren auch hier die inoffiziellen Unterredungen die wichtigsten, und der Herzog unterhielt sich huldvoll mit jedem – sofern er ihm bedeutend genug schien. Drei Tage, nachdem er die Kassettenbriefe zu sehen bekommen hatte, ging er mit Maitland von Lethington auf die Falkenjagd. Unterwegs meinte der Schotte, die einzig mögliche Lösung sei, daß Norfolk Maria heirate. Diese würde auf diese Weise ihren Thron zurückerhalten, und mit der Zeit würde dann sie oder ihr Nachfolger in England und Schottland regieren. Eine solche Heirat würde Maria wieder zu Ehren bringen, während die anglo-schottische Allianz, an welcher der Herzog 1560 so erfolgreich gearbeitet habe, so ihren logischen Abschluß erhielte.

Norfolk kann zunächst kaum Geschmack an einem Vorschlag gefunden haben, der von ihm verlangte, eine Frau zu heiraten, die er noch nie gesehen hatte und die, wie er sich gerade selbst überzeugt hatte, eine Ehebrecherin und Mörderin war. Außerdem enthielt Elisabeths Auftrag an ihn die Klausel, daß jeder, mit dem Maria eine Heirat vereinbare, und jeder, der ihr zu einer Heirat riet, *ipso facto* als Hochverräter anzusehen und zum Tod zu verurteilen war. Der Vorschlag sprach sich jedoch unter den Delegierten in York herum. Bischof Ross suchte eines Morgens, bevor andere um den Weg waren, den Herzog auf, um sich seines Wohlwollens für seine Herrin zu versichern. Am 16. Oktober teilte Norfolk Elisabeth mit, die Konferenz sei die zweifelhafteste und gefährlichste Sache, mit der er es je zu tun gehabt habe. Am selben Tag schickte die Königin Order nach York, die Untersuchung zu vertagen, da sie sich entschlossen habe, die von Norfolk vorgebrachten Punkte dem gesamten Staatsrat zu unterbreiten.

Jedermann in York glaubte, das Verfahren würde nach einiger Zeit an Ort und Stelle wiederaufgenommen werden. Elisabeth hatte jedoch bereits Verdacht geschöpft. Man flüsterte am Hof, Norfolk erwäge, Maria zu heiraten, was Elisabeth, wenn sie es nicht schon vorher aus anderen Quellen gehört hatte, noch vor Ende des Monats vom französischen Gesandten hinterbracht wurde. So befahl sie, die Konferenz dicht unter ihren Augen in Westminster mit neuen Kommissaren, zu denen die meisten ihrer Staatsräte gehörten, fortzusetzen.

Es war eine äußerst beunruhigende Zeit für Elisabeth. Die Beschlagnahme von Albas Schatzflotte, die sich in die englischen Häfen geflüchtet hatte, hatte das Land an den Rand eines Krieges mit Spanien gebracht. Auch war Elisabeth das Herz schwer über den Tod ihrer Kusine Lady Knollys, die sie »mehr geliebt hatte als alle anderen Frauen auf der Welt«. Und nun hatte sie auch noch ihr Vetter Norfolk im Stich gelassen ...

Die neue Sitzungsperiode wurde am 25. November in der Sternkammer eröffnet. Ross legte Protest ein und sagte, daß seine Herrin nicht vor dieses Gericht gestellt werden dürfe, da sie »eine freie Fürstin und ihre Krone ihr von Gott gegeben sei«, worauf er sich wieder zurückzog. Der Regent ließ nun seinerseits vier Artikel vorbringen, in denen er eine Antwort auf die Frage verlangte, ob die englischen Kommissare befugt seien, Maria für schuldig zu erklären. Man erwiderte ihm, Elisabeth allein werde die Entscheidung auf Grund der Untersuchungsergebnisse fällen. Wenn sich Marias Schuld erweise, werde sie entweder Murray ausgeliefert oder in England in Haft gehalten werden. Am nächsten Tag wurde in einer dramatischen Sitzung die Anklage gegen Maria vorgebracht. Da sich herausgestellt hatte, daß Bothwell bei Darnleys Ermordung der Haupttäter gewesen war, mußte Maria als »Mitwisserin und Helfershelferin von Übeltätern« erscheinen. Nach vielem Hin und Her wurden elf Tage später zur Bekräftigung der Anklage die Kassettenbriefe vorgelegt. Morton beschwor ihre Echtheit. Ross suchte indessen Elisabeth auf, um ihr eine Protestnote Marias zu überbringen, in der sie erklärte, die englischen Kommissare seien nicht befugt, auf Anklagen einzugehen, die in einem illegalen Verfahren gegen sie erhoben würden. Die einzig mögliche Lösung sei, sagte Bischof Ross, daß seine Königin zu Elisabeth komme und sich vor ihr persönlich verantworte; das erfordere ihre Würde als Monarchin. Nachdem Elisabeth ihre Kommissare nach Hampton Court gerufen hatte, um das Terrain zu sondieren, schrieb sie an Maria und gratulierte ihr zu einem so geschickten Diener, wie es Bischof Ross sei, riet ihr jedoch mit allem Nachdruck, sich gegen die Anklage zu verteidigen, um so den Nachweis ihrer Unschuld zu erbringen und freigesprochen zu werden. Sie hatte die schottische Königin nun völlig in ihrer Gewalt: Bei dem vorliegenden Beweismaterial konnte keine Macht der Welt ihr das Recht absprechen, sie in strengem Gewahrsam zu halten.

Während der Konferenz von Westminster und in der darauffolgenden Zeit kam es verschiedentlich zu geheimen Zusammenkünften zwischen englischen und schottischen Politikern, bei denen man sich gegenseitig Unterstützung zusagte. Norfolk, der wegen seines doppelten Spiels bei Elisabeth in Ungnade gefallen war, wurde mehrfach daraufhin angesprochen, ob er Maria nun heiraten werde. Elisabeth fragte ihn schließlich selbst, was sie von diesen Gerüchten zu halten habe, und als er sie dementierte, meinte sie, wenn er auch jetzt von dieser Heirat nichts wissen wolle, so werde er vielleicht seine Ansicht noch ändern, wenn man ihn davon überzeugte, daß sie dem Wohl des Reiches und der Sicherheit seiner Königin diene. Er erwiderte verwundert, nichts könne ihn dazu bewegen, die zu lieben, die nach der englischen Krone gestrebt habe, und wenn Ihre Majestät ihn dazu überreden wollte, so werde er lieber in den Tower gehen, denn er habe nicht vor, eine Person zu heiraten, bei der er nicht ruhig schlafen könne. Anfang 1569 jedoch war er entschlossen, wenn die Gelegenheit sich bot und Maria wieder frei war, sie zu heiraten. Sie war immerhin Königin, und eine Heirat mit ihr würde ihm einen Thron einbringen. Diese Versuchung war unwiderstehlich. Die Intrigen der an diesem Plan Beteiligten führten zu der ernstesten Krise, die Elisabeth je durchzustehen hatte. Die Überwindung der Gefahr aber bedeutete für sie einen Wendepunkt in ihrer Regierung.

SIEBTES KAPITEL

Gefahr

1569, das Jahr der Verschwörungen und Revolten, begann mit dem Versuch Leicesters und Norfolks, Cecil aus seiner beherrschenden Stellung zu vertreiben, die er seit Elisabeths Thronbesteigung innehatte. Es folgte eine Reihe von Komplotten, in die einige der Großen des Landes verwickelt waren und deren Höhepunkt die Rebellion im Norden war. Diese Anschläge und Gegenanschläge, die zum Teil die Gefahr einer Intervention ausländischer Mächte heraufbeschworen, stellten Elisabeth und ihr gesamtes Regierungssystem auf eine harte Probe. Elisabeth befand sich in einer »offenkundigen Gefahr«, wie sie sie seit dem Frühjahr 1554 nicht mehr erlebt hatte.

Der Versuch, Cecil zu entmachten, wurde vor allem deshalb unternommen, weil seine politischen Gegner auf Grund der Tudor-Verfassung nicht an der Königin selbst Kritik üben konnten. Da es keine offizielle Opposition im heutigen Sinn gab, mußten die Gegner der Regierungspolitik notgedrungen intrigieren, und Cecil war als Staatssekretär das Hauptorgan einer Politik, die immer unpopulärer wurde. Kein Minister hätte in späteren Zeiten angesichts einer derartigen Unbeliebtheit im Amt bleiben können; hingegen konnten Minister, die Elisabeths Vertrauen besaßen, nur mit den Methoden der Hintertreppenpolitik gestürzt werden. Der Erfolg derartiger Intrigen hing ausschließlich davon ab, wie die Königin selbst darauf reagierte. »Viele, deren Neid größer war als ihr Talent, es ihm gleichzutun, erhoben sich gegen ihn, und sie brachten ihn um sein verdientes Lob, schmälerten seine Verdienste und suchten seinen Sturz herbeizuführen«, schrieb ein Biograph Cecils zu dessen Lebzeiten. Elisabeth erkannte diese Machenschaften jedoch als das, was sie tatsächlich waren: versuchte Staatsstreiche, die sich gegen sie selbst richteten.

Die Beschlagnahme der spanischen Schatzflotte mit Gold im Wert von 85 000 Pfund an Bord (im November 1568 im Sund von Plymouth) führte zu einer ernsten Krise im Handel mit Spanien und den Niederlanden. Eine bewaffnete Auseinandersetzung schien bevorzustehen. In den Niederlanden wurde als Vergeltungsmaßnahme englischer Besitz beschlagnahmt und ein Handelsembargo verhängt – Wirtschaftssanktionen, welche die englischen Häfen stillegten. Je trüber die Lage wurde, desto unpopulärer wurde Cecil. Andere Kritiker beunruhigte die wachsende politische Entfremdung Spaniens, da zu befürchten stand, daß England hierdurch in eine Allianz mit seinem Erbfeind Frankreich gedrängt werden könnte. Überall im Land gab man Cecil die Schuld daran, daß nach Marias Flucht die gesetzlichen Maßnahmen gegen die katholischen Rekusanten[1] schärfer gehandhabt wurden. Und auch im Staatsrat besaß er wenig Freunde: Leicester sah in ihm den Mann, der seine Heirat mit Elisabeth verhindert hatte; Norfolk betrachtete ihn als den geschworenen Feind Maria Stuarts; Pembroke und Northampton mißfiel sein Protestantismus, der in seiner Parteinahme für die Erbansprüche der Suffolk-Linie wie in der Unterstützung der Hugenotten in Frankreich und der Rebellen in den Niederlanden zum Ausdruck kam; Arundel, Northumberland und Westmorland, lauter unbeugsame Katholiken, sahen in seiner Entlassung den ersten Schritt zur Verwirklichung ihres großen Planes zur Wiederherstellung des alten Glaubens. Zusammen bildeten sie eine zwar innerlich uneinheitliche, aber gefährliche Gruppe. »Obwohl Cecil der Meinung ist, daß er sie alle in der Hand hat«, schrieb de Spes, der eingeweiht war, »wird er doch nur wenige oder niemand finden, der auf seiner Seite steht.«

Es war ein lange vorbedachter Plan. Cecil sollte im Staatsrat als schlechter Ratgeber angeprangert werden, und wenn er erst einmal im Tower war, »würde man nicht lange nach Mitteln und Wegen suchen müssen, um ihn zu vernichten«. Elisabeth spürte jedoch die Gefahr und berief eine Sitzung des Staatsrats ein, bei der sie zugegen sein wollte. Ihr Verdacht bestätigte sich, als mehrere Gegner Cecils sich entschuldigen ließen. Elisabeth beschloß, sich diese Herren einzeln und inoffiziell vorzunehmen. Als ihr am Aschermittwoch einige ihrer Räte vor dem Abendessen in ihrem Salon ihre Aufwartung machten, stellte sie Leicester »wegen der Gleichgültigkeit einzelner Räte an den Staatsgeschäften« zur Rede. Dies veranlaßte den Grafen seinerseits zu einem heftigen Angriff gegen Cecil, von dem so viele dächten, er ruiniere das Land, worauf Elisabeth die Maske fallen ließ und ihren Staatssekretär nachdrücklich in Schutz nahm, während sie Leicester heftige Vorwürfe machte. Einige der Anwesenden wagten es, Gegenargumente vorzubringen. Norfolk sagte zu Northampton: »Ihr seht, Mylord, wie Graf Leicester in Gunst steht, solange er den

Staatssekretär unterstützt, aber wenn er sich jetzt aus guten Gründen gegen ihn wendet, ist sie über ihn erzürnt und möchte ihn in den Tower werfen.« »Nein, nein, er wird nicht allein dorthin gehen«, erwiderte Northampton. Elisabeths Haltung mußte ihren rebellischen Räten eigentlich klarmachen, daß sie nicht bereit war, Cecil zu opfern, und daß sie ihre Königin hätten wechseln müssen, wenn sie eine Änderung in der Politik hätten durchsetzen wollen. Obwohl das Murren gegen Cecil nicht verstummte, war die Clique durch Elisabeths Vorgehen doch zu sehr eingeschüchtert, um rasch zu handeln, und um die Osterzeit war der Anschlag, Cecil aus seinem Amt zu entfernen, im Sand verlaufen. Man verfolgte jedoch nach jenem Aschermittwoch andere Pläne weiter, die in ihren Konsequenzen für Königin und Land nicht weniger schwerwiegend waren.

Leicester verwandte seinen ganzen Einfluß auf die Verwirklichung des Planes von Maitland von Lethington, Norfolk mit Maria Stuart zu verheiraten; auch Pembroke und Throgmorton sahen darin die einzig mögliche Lösung für das schottische Problem. Maria sollte ihre Abdankung widerrufen, über Darnleys Ermordung sollte der Schleier der Vergessenheit gebreitet werden, nach der Scheidung von Bothwell und der Heirat mit dem Herzog sollte Maria irgendwann wieder auf den Thron gehoben werden; ferner wollte man den Vertrag von Edinburgh endlich ratifizieren, so daß Maria zur Nachfolgerin Elisabeths erklärt werden konnte. Damit würden auch die Heiratsmanöver mit den habsburgischen Erzherzögen und französischen Fürsten endlich aufhören, und Dudley konnte seinen ehrgeizigen Plan verwirklichen, Elisabeth zu heiraten. Norfolk zierte sich noch eine Weile, erklärte sich dann aber bereit, sich für das Wohl seiner Monarchin zu opfern. Auf dem Papier nahm sich dieser Plan nicht schlecht aus. Der Nachteil war nur, daß Cecil bei der Erbfolgefrage der Suffolk-Linie den Vorzug gab und Elisabeth eine wachsende Abneigung gegen Maria an den Tag legte. Für den Augenblick freilich war Leicester zuversichtlich; er glaubte, den Staatsrat auf seine Seite bringen und die Königin zu einer Entscheidung zwingen zu können.

Es gab auch noch andere Pläne, die ebenfalls auf eine Heirat zwischen Maria und dem Herzog hinausliefen. So schmiedeten zum Beispiel Arundel und Lumley ein tollkühnes Komplott, das die volle Unterstützung Northumberlands und Westmorlands fand: Man wollte Maria aus ihrer Gefangenschaft befreien und an die Stelle Elisabeths setzen, wobei man im wesentlichen mit spanischer Hilfe rechnete, denn das eigentliche Ziel sollte die Wiederherstellung der römisch-katholischen Kirche sein. Auch Maria war nicht untätig: Sie verhandelte über den Bischof von Ross mit den beiden englischen Verschwörergruppen und den Schotten. Zwar änderte sie ihre Pläne von Monat zu Monat, hielt aber zäh an ihrem vordringlichsten Ziel fest, wieder freizukommen. Und so griff sie die Idee, Norfolk zu heiraten, begierig auf. Sie versicherte Leicester zwar, sie werde Elisabeths Rat in allen Stücken befolgen, begann jedoch gleichzeitig durch ihre Mittelsmänner mit Norfolk zu flirten.

Den ganzen Sommer über spürte Elisabeth, daß etwas im Gange war, und blickte mit wachsendem Unbehagen in die vertrauten Gesichter ihrer nächsten Mitarbeiter. Obwohl sie nicht wußte, wer die Verschwörer waren und worauf ihre Pläne abzielten, ergriff sie doch Vorsichtsmaßnahmen. Sie ließ in allen Grafschaften Musterungen vornehmen und wies den Staatsrat des Nordens an, besonders auf der Hut zu sein, da sie die Grenzgebiete mit Recht als die anfälligsten ansah. In Abwesenheit Cecils brachte Norfolk vor einem Quorum des Staatsrats das Problem einer neuen Heirat Marias zur Sprache, wobei die Anwesenden seinem Vorschlag zustimmten, die schottische Königin unter der Bedingung, daß sie einen Engländer heiratete, freizulassen. Nun hoffte er, daß Leicester Elisabeth diese Resolution zur Kenntnis bringen werde. Der französische Gesandte war zuversichtlich, daß sie nicht wagen würde, dagegen aufzutreten. Zu Norfolks Bestürzung unternahm Leicester jedoch nichts. Andererseits betonte er dem Herzog gegenüber immer wieder, daß nur er, Leicester, dieses Thema mit Aussicht auf Erfolg bei seiner Herrin anschneiden könne. Endlich ergriff Elisabeth selbst die Initiative und fragte Norfolk, während er im Garten von Richmond neben ihr herging, was ihr Herr Vetter ihr Neues zu sagen habe. Dieser murmelte, er wisse nichts. »Wie?« rief sie, »Ihr kommt von London und wißt mir nichts Neues über eine bevorstehende Heirat zu erzählen?« Norfolk wich jedoch aus, statt endlich offen mit ihr zu sprechen. Alles spielte sich im geheimen ab, bis Elisabeth von Richmond aus zu ihrer sommerlichen Rundreise aufbrach. Sie gab dem Herzog im Haus Sir William Mores' in Loseley (in der Nähe von Guildford) eine weitere Chance, sich ihr zu offenbaren, und rief ihn Mitte August in Farnham abermals zu sich an den Tisch, doch er blieb auch jetzt stumm, teils aus Scheu, teils aus Angst, Leicesters Plan zu gefährden. Nach dem Essen versetzte ihm die Königin einen Seitenhieb, indem sie sagte, sie rate ihm auf der Hut zu sein, daß er nachts ruhig schlafen könne – eine Anspielung auf ihre Unterhaltung im Dezember. »Diese Worte Ihrer Majestät brachten mich so in Verlegenheit«, bekannte der Herzog später, »daß ich Zeit und Ort nicht für geeignet hielt, sie zu beunruhigen.«

Elisabeth hatte Norfolk dreimal Gelegenheit gegeben, offen mit ihr zu reden, er jedoch war nicht darauf eingegangen, so daß sie mit Recht den Eindruck gewann, ihr Vertrauen werde mißbraucht. Norfolk verließ den Hof im Gefühl, daß er sich bereits zu weit mit Maria eingelassen habe, um sich noch zurückziehen zu können, und kehrte nach London zurück, um Northumberlands und Leonard Dacres Plan zu unterstützen, das heißt Maria aus Wingfield zu befreien, sobald er das Zeichen gebe. Von Northumberland empfing er die stolze Kunde, daß »der ganze Norden« zu ihm halte, und Pembroke, der die Rundreise Elisabeths weiter mitmachte, teilte ihm mit, die Königin werde ihm die Heiratserlaubnis nicht vorenthalten können, da niemand in ihrer Umgebung es wagen würde, ihr davon abzuraten.

Noch am selben Tag schrieb jedoch Hunsdon an Elisabeth und warnte sie nachdrücklich vor diesem höchst gefährlichen Plan, worauf sie den Herzog aufforderte, vor ihr zu erscheinen. Ehe er Zeit hatte, ihrem Befehl nachzukommen, legte sich jedoch Leicester, eine Erkrankung vorschützend, in Titchfield zu Bett, um der Königin, als sie beunruhigt und voll Mitgefühl an sein Krankenlager trat, den Heiratsplan Norfolks und Marias in allen Einzelheiten zu enthüllen. Seine Loyalität ihr gegenüber sei nie wankend geworden, versicherte er, aber dennoch bitte er sie um Verzeihung. Im späteren Verlauf des Tages stellte die Königin den Herzog in der Galerie von Titchfield zur Rede und befahl ihm bei seinem Treueid, »seine Finger von der schottischen Sache zu lassen«. Sie wußte, daß diese Heirat bei der damaligen politischen Unruhe ihr selbst zum Verhängnis geworden wäre.

Nach zehn bangen Tagen in Titchfield, in denen Leicester ihn mit kalter Verachtung behandelte und die anderen Höflinge es ihm gleichzutun suchten, reiste der Herzog nach London zurück. Aber auch dort ließen ihn die zahlreichen Gerüchte, die im Umlauf waren, keine Ruhe finden. Elisabeth ihrerseits befürchtete, daß seine Entfernung vom Hof das Vorspiel zu einem allgemeinen Aufstand sei, der sämtliche Gegner ihrer Regierung unter einem Banner vereinigen könnte. Schon hatten sich ihre gefährlichsten Feinde, die aus religiösen Gründen Unzufriedenen im Norden unter Northumberlands Führung und die politisch Mißvergnügten in ihrem eigenen Staatsrat zusammengetan, und ein Bürgerkrieg schien durchaus im Bereich des Möglichen. In dieser offenkundigen Gefahr traf Elisabeth kurz entschlossen ihre Dispositionen. Sie ließ die Häfen schließen, mobilisierte die Truppen, schickte Huntingdon an Stelle Shrewsburys zu Maria und ordnete an, sie von Wingfield nach Tutbury zu bringen. Sie selbst hatte vor, sich nach Schloß Windsor zurückzuziehen und dort notfalls einer Belagerung standzuhalten. Indessen hoffte sie immer noch, Norfolk veranlassen zu können, seine Karten aufzudecken, und ließ ihn durch Leicester und Cecil auffordern, nach Windsor zu kommen und sich zu unterwerfen. Er schrieb zurück, augenblicklich fühle er sich für diese Reise nicht wohl genug – die gleiche Entschuldigung hatte Elisabeth zur Zeit der Wyatt-Revolte ihrer Schwester gegenüber gebraucht –, aber er hoffe, am 26. September in Windsor sein zu können. Weitere Botschaften erreichten den Herzog, unter anderem auch eine Warnung Leicesters, Elisabeth werde ihn wahrscheinlich in den Tower schicken. Da verließ Norfolk der Mut. Mitten in der Nacht ritt er nach seinem Landsitz Kenning-Hall, da er sich dort noch am sichersten fühlte.

Die Königin wußte nicht, daß hinter diesem Rückzug die Angst stand, sondern sah einen offenen Akt des Ungehorsams und ein Signal zum Aufstand darin. »Der ganze Hof hielt angstvoll den Atem an, ob es zu einer Rebellion käme«, schrieb Camden. Für diesen Fall war man entschlossen, die Königin von Schottland unverzüglich umzubringen. Aber Norfolk richtete seine eigne Furcht zugrunde. Anstatt seine zahlreichen Anhänger um sich zu versammeln, war er niedergeschmettert und entsetzt darüber, nun als »verdächtige Person« zu gelten. Wie er endlich an Elisabeth schrieb, hatte er ständig nur mehr den Tower vor Augen, »eine zu entsetzliche Vorstellung für einen treuen Menschen«. Die Königin gebot ihm bei seinem Treueid, sich ihr zu unterwerfen, und versicherte ihm, sie habe nie etwas anderes gegen ihn im Sinn gehabt, als was er »tatsächlich verdiene«. Als er immer noch nicht gehorchte, befahl sie ihm, auf der Stelle nach Windsor zu kommen, notfalls in einer Sänfte, und zwar unter der Aufsicht Edward Fitzgarrets. Da nahm er endlich Vernunft an und verließ sein Haus, um sich am 1. Oktober seiner königlichen Kusine zu Füßen zu werfen, die sichere Gefangenschaft vor Augen. Bevor er reiste, schickte er eine Botschaft an die Grafen im Norden, sie sollten den geplanten Aufstand abblasen, andernfalls werde es ihn den Kopf kosten. Besonders bat er seinen Schwager Westmorland, der Königin die Treue zu halten, selbst für den Fall, daß Northumberland sich gegen sie erheben sollte. Doch für die Grafen war die Rückkehr des Herzogs nach Kenning-Hall das Signal gewesen, auf das sie den ganzen Sommer über gewartet hatten und das auch seine nachfolgende Botschaft nicht mehr ungeschehen machen konnte. Sie hatten die Hoffnungen ihrer Anhänger bis zur Fieberglut gesteigert, so daß der für den 6. Oktober geplante Aufstand zwar verschoben, aber nicht aufgegeben wurde.

Die Percys, Nevilles und Dacres herrschten über eine patriarchalische Gesellschaft und konnten sich darauf verlassen, daß ihre Leute in Durham und in den nördlichen Teilen von Yorkshire ihnen blindlings folgen würden, nachdem sie sich einmal entschlossen hatten, für den alten Glauben und Marias Rechte auf den Thron zu kämpfen. »Das wäre ein rarer Vogel«, sagte Sussex, der Lord-Präsident von York, als die Fahne des Aufruhrs schließlich erhoben wurde, »der nicht einige aus seiner Verwandtschaft in den Reihen der beiden Grafen hätte oder in seinem Innersten nicht zu ihrer Sache stünde.« Den ganzen Sommer über hatten sie sich auf den Kampf vorbereitet und unmittelbar unter Sussex' Augen Versammlungen abgehalten, »um die Herren anzulocken«. Die Sympathien für Maria waren überwältigend, und man erzählte sich Geschichten von der Tapferkeit der Väter bei der Gnadenpilgerfahrt, welche die Herrschaft Heinrichs VIII. seinerzeit so ernstlich gefährdet hatte.

Seine Freundschaft mit dem Herzog hatte auch Sussex verdächtig werden lassen; sowohl die Königin als auch der Staatsrat waren der Meinung, daß er mehr von Norfolks Plänen wußte als sie und überdies nicht energisch genug gegen die Abtrünnigen vorging. Wenn er tatsächlich auf seiten der Grafen stand, konnte man den Norden als verloren ansehen. Sussex versuchte die Königin zu beruhigen und versicherte ihr, seine Zuneigung zu Norfolk, von dem er sicher sei, daß er an der Verschwörung keine persönliche Schuld trage, sei nicht mit seiner Treue zu seiner Monarchin zu vergleichen, denn er habe »noch immer seinen Stab an ihre Tür gelehnt«. Lieber als ihr zu schreiben, wäre er persönlich nach London gekommen, um sich zu rechtfertigen. Es wurde auch tatsächlich erwogen, ob man ihn nicht zurückrufen und verhören sollte, doch überstürzten sich die Ereignisse so sehr, daß Elisabeth ihm vertrauen mußte, und er hat sie nicht enttäuscht. Vor allem blieb er ruhig und weigerte sich, den tausenderlei Gerüchten zu glauben. Er wollte mit dem Problem allein fertig werden, ohne daß sich der Hof einmischte. So berief er die Grafen von Northumberland und Westmorland am 9. Oktober nach York und forderte sie auf, ihm zu helfen, den Gerüchten ein Ende zu machen. Er entließ sie wieder mit dem Auftrag, sich mit den Hitzköpfen zu befassen. »Ich hoffe, das Feuer vergeht mit dem Rauch«, teilte er Cecil mit, »sie machen nur viel Lärm um eine angebliche Rebellion, deren Ursache noch unbekannt ist und die meiner Meinung nach bereits zu Ende ist.«

Jedes vorzeitige Eingreifen seinerseits hätte das glimmende Feuer nur zum lodernden Brand gemacht. Er kannte die Männer, mit denen er es zu tun hatte, und sagte sich, daß man in Whitehall unmöglich die lokalen Zusammenhänge durchschauen könne. Elisabeth aber war entsetzt, daß er so gelassen blieb und den Ernst der Lage derart unterschätzte. Sie fürchtete, daß er die Grafen mit weit mehr Sympathie behandelte, als sie es verdienten. Sie beschloß, mit ihnen ebenso zu verfahren, wie sie es am 24. Oktober mit dem Herzog gehalten hatte, und befahl Sussex, sofort Boten zu ihnen zu schicken und sie in ihrem Namen an den Hof zu beordern. Sie zweifelte nun so sehr an Sussex' Loyalität, daß sie von anderen Mitgliedern des Staatsrats des Nordens persönliche Berichte über die Lage anforderte.

Sussex unterrichtete Elisabeth, daß sein Staatsrat einstimmig dafür sei, die Untersuchung der gegenwärtigen Unzufriedenheit und die Entsendung der Grafen bis in den Winter hinein zu verschieben; da sie, die Königin, jedoch anders entschieden habe, werde er tun, wie geheißen. Die Ursachen der augenblicklichen Mißstimmung seien verschiedener Art und höchst verworren, teils stünden sie in Zusammenhang mit dem Herzog von Norfolk, teils mit der Königin von Schottland, teils mit der Religion, teils spielten vielleicht auch alle drei eine Rolle. Auch Sir George Bowes und die anderen führenden Mitglieder des Staatsrats des Nordens gaben ähnliche Erklärungen ab: »Als das Gerücht von der Heirat des Herzogs von Norfolk mit der schottischen Königin aufkam, freuten sich die Papisten sehr und glaubten, nun würde die Religion geändert, und sie faßten wieder Mut und äußerten den Protestanten gegenüber frei ihre Meinung.

... Dann kam die Nachricht, der Herzog habe den Hof verlassen und sei ins Norfolksche gegangen, worauf die Grafen von Northumberland und Westmorland ihre Untergebenen aufgefordert hätten, ihre Pferde zu rüsten und sich bereitzuhalten ... Als der Herzog dann an den Hof zurückkehrte, verbreitete sich das Gerücht, die Konföderierten verlangten in ihrer Versammlung, die Religion für ihr Aufbegehren verantwortlich zu machen, doch konnten sie sich nicht darüber einigen und gingen deshalb wieder auseinander.« Alle in York waren sich einig, wenn man künftig Unruhen vermeiden wolle, sei das beste, vor den letzten Ereignissen möglichst die Augen zu schließen. Die Königin in Windsor konnte jedoch Sussex' Ruhe nicht teilen und zwang ihn, eine Taktik anzuwenden, von der er wußte, daß sie grundfalsch war.

Die Grafen fürchteten, ebenfalls in den Tower geschickt zu werden, wenn sie sich gleich Norfolk unterwarfen. Zuerst ließen sie sich daher entschuldigen und kamen nicht nach York. Sussex mußte ihnen einen Boten schicken, der sie bei ihrem Treueid aufforderte, sich vor ihm zu verantworten. Northumberland versprach daraufhin, in ein, zwei Tagen zu kommen, sobald seine Geschäfte es erlaubten; Westmorland dagegen verweigerte rundheraus den Gehorsam: »Ich wage nicht, dorthin zu gehen, wo meine Feinde sind, ohne eine Macht mitzubringen, die groß genug ist, mich zu schützen, was vielleicht mißliebig wäre; deshalb halte ich es für besser, zu Hause zu bleiben und mich als gehorsamer Untertan zu verhalten.« Seine Frau hatte ihn in diesem Entschluß bestärkt, wenigstens er sollte seinen Hals nicht in die Schlinge legen. Der Lord-Präsident mußte beiden abermals schreiben und sie bei ihrem Treueid auffordern, sich an den Hof zu begeben, was er ihnen lieber persönlich unterbreitet hätte. Sie sollten keine Angst vor dem eigenen Schatten haben, sondern sich demütig der Gnade der Königin unterwerfen, denn ein offenkundiger Ungehorsam könne diese verleiten, auf das strengste mit ihnen zu verfahren.

Am 9. November brachte Sussex' Bote den Brief nach Topcliffe, der Residenz Northumberlands. Noch bevor er den Ort wieder verlassen hatte, hörte er um Mitternacht die Kirchenglocken in umgekehrter Reihenfolge läuten, was das Signal zum Aufruhr war. Northumberland ritt südwärts nach Brancepeth, um dort zu Westmorland zu stoßen, und fand ihn mitten in einem Kriegsrat mit dem Sheriff von Yorkshire, Richard Norton, und seinen Söhnen sowie den Markenfields, Tempest und Swinburnes, die mit ihren Bewaffneten angerückt waren. Man beriet, ob es klüger wäre, aus dem Reich zu fliehen, bis zum Ende zu kämpfen oder sich zu unterwerfen. Ein Brief von Sussex eröffnete den Grafen eine letzte Möglichkeit, sich zu ergeben, bevor sie zu Hochverrätern erklärt wurden. Als sie jedoch nach Hause zurückkehren wollten, trieb Lady Westmorland, Norfolks Schwester Jane, sie zur Tat. Weinend rief sie: »Wir und unser Land müßten uns ewig schämen, wenn wir uns jetzt noch in ein Loch verkriechen würden.« Dies gab den Ausschlag, und um ihre Entschlossenheit zu bekunden, ritten die Grafen am nächsten Tag nach Durham, stürmten die Kathedrale, zerrissen das Prayer Book und die englische Bibel und ließen eine Messe lesen. Nach elfjährigem Frieden befand sich England im Bürgerkrieg.

Trotz ihres anfänglichen Zauderns und trotz aller Meinungsverschiedenheiten stellten die Aufständischen jetzt klar heraus, daß sie
sich zur Verteidigung des katholischen Glaubens erhoben hatten,
denn nur dieses religiöse Ziel konnte mit der Unterstützung weiter
Kreise rechnen. Überdies konnten die Grafen ihren Ungehorsam
gegen die Königin unter dem Deckmantel der Religion besser verbergen, hatten sie doch bisher in allen ihren Edikten stets behauptet,
als treue, loyale Untertanen der Krone zu handeln. Als sie in feierlicher Prozession zur Messe in die Kathedrale von Ripon einzogen,
trugen die Gefolgsleute der Grafen Kreuzfahrerkreuze auf dem Rük-
ken zum Zeichen, daß sie für einen heiligen Krieg gewappnet seien;
sie folgten dem Kreuz, welches der alte Sheriff Norton vor ihnen
hertrug, und der Fahne mit den fünf Wunden Christi und den Worten *In hoc signo vinces*. Die Grafen behaupteten in ihrer ersten Proklamation, sie und andere Mitglieder des alten Adels hätten den Auftrag übernommen, festzustellen, wem die Nachfolge rechtmäßig zu-
komme, doch enthielt die Proklamation von Ripon, die sich an die
Anhänger des alten Glaubens richtete, keinen Hinweis auf Norfolk
oder Maria. Immerhin zeigte sie, in welchem Maß die Königin persönlich bedroht war, gar nicht zu reden von der Gefahr, der die Einheit
des Reiches ausgesetzt war. All die schönen Phrasen über die Rettung
der Krone und die Wiederherstellung der alten Freiheiten gehörten
seit Jahrhunderten zum Repertoire englischer Rebellen.

Die Berichte aus dem Norden beunruhigten die Königin von Mal
zu Mal mehr; Tausende strömten den Grafen zu, denen gegenüber
sie geradezu ein neues Lehnsverhältnis entwickelten; es hieß, sie wollten keinen anderen Fürsten als einen Percy oder Neville anerkennen
und hätten vor ihren Lehnsherrn mehr Respekt als vor ihrer gesalbten Königin. Elisabeth fluchte, als sie hörte, daß Sussex mit seinen
stark erschöpften Truppen keinen Versuch gemacht hatte, den Vormarsch der Rebellen nach Süden aufzuhalten, und setzte nun ihre
ganze Hoffnung auf die Haupttruppe unter der Führung Hunsdons,
die eilig in den mittleren Grafschaften ausgehoben worden war. Am
24. November standen die Aufrührer in Selby, beängstigend nahe
bei Tutbury, so daß man in London fürchtete, es könnte ihnen gelingen, Maria Stuart zu befreien. Hartlepool, wo Alba seine spanischen Truppen hätte landen können, war bereits in der Hand der
Aufständischen. Die Papisten prophezeiten, der spanische Feldherr
werde zu Lichtmeß mit seinen Soldaten in London sein und die englische Königin zwingen, in der St.-Pauls-Kathedrale die Messe zu
hören. Elisabeth befahl, Maria sicherheitshalber nach Coventry zu

bringen, und betete zu Gott, daß ihrem Vetter Hunsdon Erfolg beschieden sein möge.

Da trat am 25. November ein völliger Umschwung ein. Die Grafen beschlossen in Tadcaster, wo ihnen Hunsdon den Weg nach Süden versperrte, den Rückzug anzutreten. Es war ihnen gemeldet worden, daß Hilfstruppen von Clinton und Warwick herangeführt würden, so daß sie es für das strategisch klügste hielten, sich auf eignem Boden zum Kampf zu stellen. Bei diesem Rückzug verlor die Rebellion jedoch ihren Elan. Angesichts des winterlichen Wetters und innerer Streitigkeiten schwand das Heer der Grafen dahin; am letzten Tag des Monats endlich erreichten sie gebrochen und entmutigt Brancepeth. Obwohl es Westmorland – hauptsächlich durch den Verrat der Besatzung – noch gelang, Schloß Barnard einzunehmen, verlief die Rebellion im Sand. Mitte Dezember entschlossen sich die Grafen zu fliehen, solange noch die Möglichkeit dazu bestand. Mit wenigen Begleitern erreichten sie Dacres Festung Naworth und entkamen von dort aus nach Schottland.

Damit war jedoch noch nicht alles überstanden, denn Leonard Dacre, der bei Ausbruch des Aufstands in London gewesen und dann nach Norden zurückgekehrt war, um Lord Scrope in den Marken zu unterstützen, unternahm jetzt einen Privatfeldzug, eroberte Schloß Graystoke und verstärkte Naworth mit Truppen, die er aus dem Grenzlandadel rekrutierte. Bevor Dacre hinter Schloß und Riegel saß, konnte die Ruhe nicht wieder einkehren, und so befahl Elisabeth Anfang Februar Hunsdon, ihn gefangenzunehmen. Hunsdon fand Naworth jedoch zu stark besetzt, um einen Angriff wagen zu können, und marschierte weiter in der Absicht, sich in Carlisle Scrope anzuschließen. Aber Dacre verfolgte ihn, und so kam es am 19. Februar an den Ufern des Cleth zur Schlacht. Dacre kämpfte einen tapferen Kampf, aber als der Tag zu Ende ging, mußte er nach Schottland entfliehen und ließ dreihundert Tote und viele Gefangene zurück. Als Elisabeth Hunsdons Bericht über seinen Sieg über Dacre empfing, diktierte sie einen warmen Dankesbrief, dem sie ein eigenhändiges Postskriptum anfügte:

»Ich frage mich, mein lieber Harry, ob es mir mehr Freude macht, daß mir dieser Sieg zuteil wurde oder daß gerade Ihr es wart, den Gott zum Werkzeug meines Ruhmes ausersehen hat; und ich versichere Euch, daß das erstere zum Wohl meines Landes genügen würde, daß aber das zweite mein Herz erfreut. Und damit Ihr nicht meint, daß es Euch nichts einbringt, obwohl Ihr ja gewiß hauptsächlich um der Ehre willen so tapfer gekämpft habt, habe ich vor, dafür zu sorgen, daß diese Reise Euer Auskommen verbessern wird, damit Ihr Euch nicht sagen müßt: *perditur quod factum est ingrato*.

In herzlicher Verbundenheit
Eure Kusine Elisabeth R.«

Es war kein leeres Versprechen, obwohl Hunsdon, den es nach den Ländereien der Percys gelüstete, sich später weigerte, Northumberland zur Hinrichtung nach York zu bringen.

Nach dem Sieg Hunsdons im Februar erließ Elisabeth eine Deklaration, in der sie einen Überblick über die Entwicklung in Kirche und Staat seit ihrer Thronbesteigung gab. Sie nannte sich darin den »natürlichen Vater ihrer Kinder« und wies unverblümt auf die »offenkundige Gefahr« der letzten Monate hin. Die Unterdrückung der Rebellion feierte sie mit folgendem eigenhändigen Gedicht:

> Es dämpft die Angst vor künft'gen Feinden heut mein Glück.
> Mich warnt mein Witz, vor neuen Tücken mich zu hüten;
> denn Falschheit blüht, und Untertanentreue welkt,
> was nicht geschäh', wenn die Vernunft die Welt regierte.
> Der Torheit dunkle Wolken trüben kühne Geister,
> der Reue Regen fällt erst, wenn der Wind sich dreht.
> Was höchsten Lohn verhieß, wird Wurzel nun des Leids.
> Ihr Auge blind von Stolz, von Ehrgeiz ganz verblendet,
> wird kluge Einsicht öffnen, die Falschheit Lügen straft.
> Der Zwietracht Tochter, die uns nichts als Streit gesät,
> soll ernten nicht Gewinn, wo sonst der Frieden herrscht.
> Und kein Verbannter soll in diesem Hafen ankern,
> wir brauchen Fremde nicht, laßt anderswo sie landen.
> Es rostet' unser Schwert, und freudig probt es nun
> an dieser Unruhstifter Haupt die neugeschärfte Klinge.

Elisabeth kannte in ihrer Rache kein Erbarmen. Sussex hatte dem Staatsrat ein Memorandum zur Bestrafung der Übeltäter unterbreitet, in dem er vorschlug, man solle eine Handvoll Insurgenten hinrichten, um ein Beispiel zu statuieren, und alle, die Ländereien besaßen, die der Krone anheimfallen konnten, gefangensetzen. Die Königin jedoch ordnete weit härtere Vergeltungsmaßnahmen an. Etwa siebenhundertfünfzig Rebellen wurden standrechtlich hingerichtet, während weitere sechzig ihrer Aburteilung durch Sondergerichte in Durham, York und Carlisle entgegensahen. »Ihr dürft keinen hinrichten, der über Grundbesitz oder beträchtlichen Reichtum verfügt, denn so gefällt es der Königin«, kommentierte Sussex; mit anderen Worten: Gnade und Aufschub des Todesurteils waren nur denen zu gewäh-

¹⁾ Aufständischen

ren, die es sich leisten konnten. Geldbußen und Einziehung des Vermögens der Schuldigen sollten helfen, die hohen Kosten für die Unterdrückung der Revolte zu decken. Über zweitausend Gefolgsleute der Grafen zahlten je nach Vermögen eine Buße und wurden begnadigt, soweit sie bereit waren, den Treueid zu leisten. Den Armen aber drohte das Beil des Henkers. Die ausgedehnten Güter der Grafen Percy, Neville und Dacre, der Nortons, Swinburnes und Tempests fielen an die Krone. Einige Besitzungen, wie zum Beispiel Raby, wurden aus strategischen Gründen einbehalten, die übrigen Ländereien teilte man Hunsdon zu oder verpachtete sie an seine Gefolgsleute. Diese Neuverteilung des Grundbesitzes brachte in den Norden des Landes eine viel größere Bewegung als die Verpachtung und der Verkauf der Klostergüter in der vorangegangenen Generation; eine neue Klasse von Grundbesitzern entstand, womit die Macht des alten Partikularismus gebrochen war. Gleichzeitig mit diesen Umwälzungen stöberten der Hohe Gerichtshof der Provinz York und die kirchlichen Gerichte in sämtlichen Diözesen Schuldige unter den Geistlichen auf, so daß Hunderte von ihnen ebenfalls ihre Benefizien einbüßten. Der Norden hatte sein altes Gesicht für immer verloren.

Obwohl Norfolk am Ausbruch des Aufstandes im Norden mitschuldig war, sah Elisabeth ein, daß sie ihn nicht des Hochverrats anklagen konnte. Doch war es ein bitterer Schlag für sie, daß ihr eigner Vetter und das Haupt ihres Adels sich so verhalten hatte. Elisabeth nannte ihn einen »Verräter«, und als Cecil ihr Auszüge aus dem Hochverratsstatut Eduards III. zuschickte, um ihr zu beweisen, daß Norfolk dieses Verbrechens nicht schuldig sei – ein Urteil, dem auch der Staatsrat beipflichtete –, geriet sie fast außer sich. Sie rief, sie könne ihn aus eigner Macht enthaupten lassen, und schien in Ohnmacht fallen zu wollen. Sicher war Norfolk angesichts der gegenwärtigen politischen Lage ein zu gefährlicher Untertan, als daß man ihn aus dem Tower hätte entlassen können – hatte er doch mit der »Tochter der Zwietracht« Beziehungen angeknüpft. Ein wirkungsvolles Pamphlet von Walsingham, der damals als Gesandter in Paris war, bewies seine Schuld zur Genüge und sollte später, als Maria der Prozeß gemacht wurde, eine wichtige Rolle spielen. Bei den Beziehungen zwischen Maria und Norfolk konnte es sich nicht um ein Liebesverhältnis handeln, da sie sich persönlich nicht kannten, und es war kaum anzunehmen, daß ein Mann von religiösen Grundsätzen, der auch die weltliche Ehre respektierte und seine Sicherheit im

Auge hatte, die schottische Götzendienerin aus anderen als politischen Gründen zur Frau begehrte. Beide Partner hatten mit ihrem Ehrgeiz England in einen Bürgerkrieg gestürzt. Elisabeth konnte also nicht daran denken, dem Herzog zu vergeben, aber sie wußte ebensowenig wie bei Maria, was sie mit ihm anfangen sollte.

Die ganze Sache erhielt eine neue Wendung durch die Bulle *Regnans in Excelsis*, mit der Papst Pius V. Elisabeth exkommunizierte und ihre katholischen Untertanen von ihrem Treueid entband. Seltsam war nur, wie langsam und zögernd Rom dabei vorgegangen war. Wäre die Bulle zur Zeit des Ausbruchs der Rebellion, also im November 1569, veröffentlicht worden, hätten sich vielleicht viele, die noch schwankten, den Grafen aus dem Norden angeschlossen, und andere, die sich nach Tadcaster ergaben, wären vielleicht bei ihrem Widerstand geblieben. Als John Felton die Bulle nun drei Monate nach Dacres Flucht an den Toren des erzbischöflichen Palasts in London anschlug, war dies ein Anachronismus. Mehr noch als der Aufstand selbst mußte diese Bulle mit die Veranlassung zu strengen Gesetzen gegen die Anhänger der römisch-katholischen Kirche sein, die jeden Papisten zum Hochverräter stempelten und nun auch rücksichtslos angewandt wurden. Die Königin sah in dieser Maßnahme des Papstes eine unglaubliche Unverschämtheit. Ihr »angebliches« Recht auf ihr Königreich wollte er ihr absprechen und bezeichnete sie als »Ketzerin und Helfershelferin von Ketzern«! Ohne Reich, Würde und Privilegien sollte sie fortan vogelfrei sein; auf ihren Kopf war ein Preis ausgesetzt! Für Elisabeths katholische Untertanen, die gezwungen waren, zwischen ihrer Monarchin und dem Papst zu wählen, bedeutete diese Bulle eine unerträgliche Belastung. Nicht wenige flüchteten auf den Kontinent und schlossen sich dort den Rebellen an, die sich dem Arm der Gerechtigkeit in England entzogen hatten. Denn allen Gläubigen, die der Königin weiterhin gehorchten, drohte gleich ihr der Bannfluch.

Im Hochsommer fand sich Norfolk bereit, schriftlich ein volles Geständnis abzulegen und die Königin um Verzeihung zu bitten, daß er dem Trugbild einer Heirat mit Maria nachgelaufen war. Er behauptete, er habe sich hierzu »zu Ihrer Hoheit Wohl und Sicherheit« entschlossen, und gelobte, künftig »in jener Heiratsangelegenheit mit der schottischen Königin« und in allem, was mit ihr zusammenhing, außer auf ausdrücklichen Befehl Elisabeths, nichts mehr zu unternehmen. Er hoffte, dieses Bekenntnis werde sie veranlassen, ihm die Freiheit wiederzugeben. Nur seine vertrautesten Freunde wußten, daß Maria den Entwurf zu seinem Geständnis zuvor gesehen hatte. Walsingham zum Beispiel stand dem Dokument äußerst skeptisch gegenüber, da Norfolk nicht erwähnte, was er unter den gegebenen Umständen von Maria selbst, ihrem Titel und ihren Ansprüchen auf den englischen Thron hielt. Wegen seines schlechten Gesundheitszustandes und weil im Sommer alle Insassen des Tower von der Pest bedroht waren, wurde ihm gestattet, seine Gefangenschaft in seinem eignen Palais, dem früheren Charterhouse, fortzusetzen. Hier geriet er jedoch nur zu schnell in die Schlingen des Florentiner Bankiers Roberto Ridolfi, von dem Felton die Kopien der päpstlichen Bulle erhalten hatte.

Dieser Ridolfi war ein unverbesserlicher Ränkeschmied und unterhielt enge Beziehungen zum spanischen Gesandten, dem Bischof von Ross und anderen, die Maria befreien wollten. Aus den Ereignissen des Jahres 1569 schloß er, daß die Engländer zu unerfahren seien, um eine Revolution in die Wege zu leiten; im übrigen war er überzeugt, daß jeder zweite Engländer in seinem Innersten ein glühender Katholik sei, der begeistert für den Papst zu den Waffen greifen würde, und schätzte, daß er mit dreiunddreißig Peers rechnen könne, die in der Lage wären, neununddreißigtausend Mann auszuheben. In Norfolks Namen setzte er Briefe an Pius V., den Herzog von Alba und Philipp von Spanien auf, in denen er sie aufforderte, die heilige Sache zu unterstützen; der Herzog unterzeichnete diese Schriftstücke zwar nicht, erklärte sich aber mündlich mit ihnen einverstanden: Spanien wurde ersucht, einen erfahrenen Heerführer mit einer Armee von sechstausend kriegsgeübten Soldaten bereitzustellen, die in Harwich landen und sich mit einer von dem englischen Herzog und seinen Freunden ausgehobenen Streitmacht vereinigen sollten. Sodann wollte man Maria befreien, Elisabeth gefangennehmen und die Hauptstadt erobern. Mit diesen angeblich von Norfolk stammenden und von Maria autorisierten Briefen reiste Ridolfi nach Brüssel, Madrid und Rom, um Verbündete zu suchen.

Alba hielt derlei Pläne für Wahnsinn: Er lag in hartem Kampf mit Wilhelm von Oranien und hatte weder Soldaten noch Geld für ein so zweifelhaftes Unternehmen übrig. Er wies darauf hin, daß ein Mißlingen die englischen Katholiken nur noch mehr in Bedrängnis bringen und Elisabeth mit großer Sicherheit dazu veranlassen würde, Maria hinzurichten. In diesem Sinn schrieb er auch an Philipp, um ihn vor Ridolfis Vorschlägen zu warnen: Wenn Königin Elisabeth gestorben wäre (auf natürliche oder auch auf andere Weise) oder sich in Gefangenschaft befände, so wäre dies eine Gelegenheit, die man sich nicht entgehen lassen dürfte. Die Initiative müßte jedoch von den

Katholiken in England ausgehen, und erst wenn diese bewiesen hätten, daß sie ihren Staatsstreich auch durchführen könnten, sollte Spanien ihnen zu Hilfe kommen. Ridolfi jedoch reiste mit seinen chiffrierten Botschaften weiter durch Europa und merkte vor lauter Geschwätz nicht, daß realistische Staatsmänner seinen großen Plan für ein Hirngespinst hielten. Seine Chiffren waren nicht einmal narrensicher, und einige seiner Leute gingen sträflich leichtsinnig damit um.

Elisabeth, die nichts von Ridolfis Intrigennetz ahnte, überlegte wieder einmal ernsthaft, ob die Wiedereinsetzung Marias in Schottland nicht ein Ausweg aus dem Dilemma sein könnte. Sie war sich darüber im klaren, daß Maria, solange sie auf englischem Boden blieb, der Mittelpunkt und die Seele der Opposition gegen sie selbst sein würde. Die Sympathien, die selbst aufrechte Engländer für sie bekundeten, waren beunruhigend, und Frankreich und Spanien forderten immer nachdrücklicher ihre Freilassung. Auch die schottische Politik war noch komplizierter geworden, denn Murray war im Januar 1570 einem Attentat erlegen. Bevor Elisabeth nun neue Verhandlungen anknüpfte, entschloß sie sich, Sussex auf eine Strafexpedition in das Grenzland zu schicken, um so die vielen Überfälle zu rächen, die Flüchtlinge aus dem Rebellenheer der Grafen aus dem Norden immer wieder auf englisches Gebiet unternahmen. Auf diesem letzten jener Vergeltungsschläge, deren Tradition in ferne Zeiten zurückreichte, erstürmten Sussex' Leute Festungen, verbrannten Dörfer und erschlugen ihre Feinde mit ungewöhnlicher Grausamkeit. Nach vollbrachter Tat besprach Elisabeth von neuem das Problem Maria mit ihrem Staatsrat.

Die meisten Räte schlossen sich Cecils Meinung an und setzten sich dafür ein, die Partei des kleinen Jakob uneingeschränkt zu unterstützen, was bedeutet hätte, daß man neue Gelder nach Edinburgh hätte schicken müssen. Elisabeth jedoch zog es vor, noch einmal mit Maria zu verhandeln, und zwar durch den Bischof von Ross: Jakob sollte als Geisel nach England gebracht werden und fern von den Parteien und dem Einfluß der schottischen Kirche zum König erzogen werden. Schließlich war Maria auch bereit, auf den englischen Thron zugunsten Elisabeths und ihrer Nachkommen zu verzichten, ihrer »rechtmäßigen Nachkommen«, wie sie ausdrücklich vermerkt haben wollte, worauf diese Cecil anführte, Maria schließe wohl von sich auf andere. Als im Februar 1571 die Kommissare des kleinen Jakob nach England kamen, gerieten die Verhandlungen jedoch bald ins Stocken, da die Schotten behaupteten, keine Vollmacht für die Unterzeichnung eines Vertrages zu besitzen; vorher müßte auf jeden Fall das Parlament in Edinburgh befragt werden... Bevor es jedoch dazu kam, wurde das Ridolfi-Komplott aufgedeckt, was die Lage grundsätzlich veränderte.

Ein Bote des Bischofs von Ross, Charles Bailly, war in Dover durchsucht worden, und man hatte Briefe von Ridolfi bei ihm gefunden, die Bailly selbst chiffriert hatte. Im Tower brach er nach einigen Wochen zusammen und deckte in großen Zügen die Verschwörung auf. Er gestand, daß die Zahlen 30 und 40, die als Adressen auf den von ihm beförderten Briefen standen, zwei englische Peers bedeuteten. Nun wurde Ross verhört. Er tischte lauter Lügen auf und wurde unter Hausarrest gestellt. In der Zwischenzeit liefen aus den europäischen Hauptstädten Agentenberichte ein, die auf ein weitverzweigtes Komplott schließen ließen und denen zufolge fremde Truppen Elisabeth absetzen sollten, um Maria an ihrer Stelle auf den englischen Thron zu erheben. Dann schöpfte ein Bote, der einen Sack von Norfolks Wohnung in Howard-House zu Lawrence Bannister in Shropshire bringen sollte, wegen des Gewichts und Absenders Verdacht, und tatsächlich enthielt die Sendung französisches Gold und einen chiffrierten Brief an die Adresse von Marias Anhängern in Schottland. Norfolks Sekretäre wurden verhört und mit der Folter bedroht, und am 7. September wanderte der Herzog abermals in den Tower. Ein Brief Marias an ihn, den man unter der Matte »vor dem Schlafzimmer des Lords, dort wo die Landkarte von England hängt«, gefunden hatte, war als Beweisstück so belastend, daß er allein genügt hätte, den Empfänger an den Galgen zu bringen. Sobald man genug aus ihm, seinen Dienern und Komplicen herausgeholt hatte, sollte er vor ein standesgemäßes Gericht gestellt werden. Der einzige, der ohne Verhör davonkam, war der Erzverschwörer Ridolfi, der in Brüssel erfuhr, daß sein großer Plan gescheitert war.

Als Maria von der erneuten Verhaftung des Herzogs hörte, klagte sie laut, sie habe nur ihre rechtmäßige Krone zurückgewinnen wollen, und wer behaupte, sie habe mehr getan, sei ein Schurke und lüge. Norfolk aber sei Elisabeths Untertan, und über ihn habe sie »nichts zu sagen«. Um seinen Kopf zu retten, sagte Ross der Untersuchungskommission alles, was er wußte. So kam alles heraus, was sich in den letzten drei Jahren seit seinen Unterredungen mit Norfolk während der Konferenz von York zugetragen hatte. Sein Geständnis offenbarte die volle Schuld des Herzogs und zog außerdem noch viele andere mit hinein, darunter die Lords Arundel, Lumley, Southampton und Cobham sowie den spanischen Gesandten. Der Bischof selbst fühlte sich durch sein Geständnis angeblich erleichtert, denn

Maria sei, so sagte er, nicht für eine neue Heirat geeignet, da sie ihren ersten Mann (Franz II.) vergiftet, in die Ermordung des zweiten (Darnleys) eingewilligt und seinen Mörder (Bothwell) geheiratet habe, worauf sie diesen aufs Schlachtfeld geführt habe, damit er dort umgebracht würde. Diese Offenbarungen, auch wenn sie »vom Sachwalter einer rechtmäßig abgesetzten Königin« kamen, erfüllten den gewissenhaften Dr. Wilson, dem Ross sein Geständnis ablegte, mit solchem Entsetzen, daß er schrieb: »Mein Gott, was sind das für Menschen, was für eine Königin und was für ein Gesandter!« Ross erhielt die Erlaubnis, an Maria zu schreiben. Er teilte ihr mit, daß er es für seine Pflicht gehalten habe, alles zu offenbaren, und daß er es bedaure, sich jemals mit derartigen Dingen abgegeben zu haben. Maria wollte nicht glauben, daß er sie verraten hatte, und klagte ihrem Aufseher Shrewsbury gegenüber, der Bischof sei ein »geschundener und verängstigter Priester«, und sein Geständnis könne nur mit Folter und Daumenschrauben aus ihm herausgepreßt worden sein.

Für Elisabeth war die Gefahr vorüber, nachdem man die Ridolfi-Verschwörung aufgedeckt hatte, doch waren die Einzelheiten, welche die Verhöre und Beichten ans Tageslicht brachten, für sie wenig trostreich, da sie ihr zeigten, wie viele der Großen ihres Reichs in Norfolks Komplotte mehr oder weniger verwickelt gewesen waren. Wenn sie an ihrem Hof Umschau hielt und in die bärtigen Gesichter an ihrem Ratstisch blickte, wem konnte sie da noch trauen außer Burghley, ihrem treuen Staatssekretär, den sie endlich im Februar geadelt hatte? Lumley befand sich bereits im Marshalsea-Gefängnis; Southampton, ebenfalls ein eifriger Katholik, lebte in Cecil-House unter Bewachung; Arundel stand unter Hausarrest; Cobham sollte ebenfalls in Kürze verhaftet werden, und der junge Graf Oxford, der sich anschickte, Burghleys Schwiegersohn zu werden, benahm sich so unverantwortlich wie eh und je. Mindestens einer der Söhne Derbys und ein Stiefsohn Shrewsburys waren in den Anschlag verwickelt, während jenseits des Meeres und nördlich der Grenze andere mit allen Mitteln weiterintrigierten. Außer Burghley konnte sie noch mit Bacon, Knollys, Sadler und Hunsdon rechnen, doch war keiner von ihnen beliebt, am wenigsten Burghley selbst. Da Norfolk durch Abstammung oder Heirat mit dem gesamten alten Adel verwandt oder verschwägert war, gab es Augenblicke, in denen Elisabeth Zweifel hegte, ob ihn die Peers, wenn sie über ihn zu Gericht zu sitzen hatten, für schuldig erklären würden.

Sie hätte sich über den Ausgang des Prozesses freilich keine Sorgen zu machen brauchen, denn am Ende der Verhandlung vom 16. Januar, die sich über den ganzen Tag hinzog, erklärten die anwesenden Peers den Herzog einstimmig des Hochverrats schuldig. Nach dem Urteil schrieb er einen demütig reuevollen Brief an die Königin, in dem er sie bat, sich seiner Kinder und Stiefkinder anzunehmen. Sie antwortete ihm schon am nächsten Tag und erklärte sich mit seinem Vorschlag einverstanden, Burghley zum Vormund zu ernennen. Ihre Fürsorge für seine »arme, unglückliche Brut« rührte ihn tief. Elisabeth unterzeichnete am 9. Februar das Todesurteil, nahm es aber bereits am nächsten Tag wieder zurück, da es ihr »sehr widerstrebte, daß der Herzog sterben sollte«. Sie konnte sich einfach nicht entscheiden, ob sie dem Gesetz seinen Lauf lassen sollte oder nicht. Bis jetzt war noch keiner der Großen ihres Reiches unter ihrer Regierung auf dem Tower Hill gestorben, und sie wünschte sich nichts sehnlicher, als ihren Vetter begnadigen zu können.

Als das Parlament am 8. Mai zusammentrat, verlangten seine Mitglieder jedoch nacheinander, daß Norfolk schleunigst hingerichtet und Maria vor Gericht gestellt werde. Er war für sie »ein brüllender Löwe« und sie »ein ungeheurer, riesiger Drache«, die das Reich, solange noch Atem in ihnen war, heimsuchen würden. Elisabeth sollte Maria »endlich den Kopf abschlagen lassen und nicht so viel Aufhebens um sie machen«, meinte einer der Abgeordneten. Hätte sie es getan, hätten es alle für völlig berechtigt gehalten.

Endlich konnte Burghley Elisabeth davon überzeugen, daß die Vollstreckung des Todesurteils an Norfolk nicht länger aufzuschieben war. Sie konnte sich seiner Staatsklugheit nicht verschließen und unterzeichnete das Todesurteil nach fünfmonatigem Aufschub. Noch viele Jahre lag ihr jedoch der Tod ihres Vetters auf dem Gewissen, und sie pflegte Burghley die Schuld daran zuzuschieben. Nach Norfolks Hinrichtung forderte das Parlament immer lauter auch den Tod Marias. »Wenn die Axt nicht an die Wurzel gelegt wird«, wetterte John Knox in Edinburgh, »werden die Zweige, die abgebrochen scheinen, wieder neu zu knospen anfangen«, und die Bischöfe führten in Westminster den Apostel Paulus und das Alte Testament ins Feld, um ihre Königin zu überzeugen, daß es ihre unausweichliche Christenpflicht sei, streng und entschlossen Gerechtigkeit zu üben. Elisabeth verhinderte jedoch, daß das Parlament gegen Maria einen Strafbeschluß auf Tod wegen Hochverrats ergehen ließ. Statt dessen schloß man sie von der Thronfolge aus und erklärte jeden, der sich in irgendeiner Weise für ihren Anspruch einsetzen würde, selbst für des Hochverrats schuldig. Außerdem kam man überein, sie vor ein Tribunal der Großen des Reiches zu stellen, falls sie weiter gegen

Elisabeth konspirieren sollte. Das Gesetz »gegen Maria, Tochter Jakobs V., frühere Königin von Schottland, Königin der Schotten genannt«, ging durch beide Häuser, doch waren alle sorgfältigen Vorbereitungen und leidenschaftlichen Debatten umsonst, denn am letzten Sitzungstag, vier Wochen nach Norfolks Hinrichtung, legte Elisabeth ihr Veto ein. Sie tat es, obwohl das Gesetz als Garantie für ihre eigene Sicherheit gedacht war.

Elisabeth war nun fast vierzehn Jahre an der Regierung und immer noch unverheiratet. Das Problem der Nachfolge hatte sie absichtlich in der Schwebe gelassen. Und nicht zuletzt deswegen stand sie auf Kriegsfuß mit ihrem Staatsrat, mit beiden Häusern des Parlaments und mit der Konvokation. Die religiöse Einheit, um die sie sich so sehr bemüht hatte, war dahin. England war noch immer isoliert, ohne Verbündete in der Christenheit, ein unbedeutendes, schwaches, armes, in sich geteiltes Land. Wäre Elisabeth 1572 gestorben, wäre sie in die Geschichte eingegangen als bedeutungslose, gescheiterte Herrscherin, die keine der ihrem Volk am verheißungsvollen Tag ihrer Thronbesteigung gegebenen Versprechungen erfüllt hatte; man hätte ihr vorgeworfen, daß sie sich im Drang der Ereignisse als unfähig erwiesen habe, den Erwartungen zu entsprechen, die man in sie als die Tochter ihres Vaters gesetzt hatte. Doch sollte nun eine neue Ära beginnen, die von der Königin selbst ihren Ausgang nahm.

ACHTES KAPITEL

»La plus fine femme du monde«

Im April 1572 brachte eine plötzliche schwere Erkrankung der Königin ihr und ihrer Umgebung erneut zum Bewußtsein, daß ernste Staatsprobleme noch immer ihrer Lösung harrten. Elisabeth führte ihre Beschwerden darauf zurück, daß sie etwas Unbekömmliches gegessen habe, doch handelte es sich höchstwahrscheinlich um eine fiebrige Gallenkolik. Sie glaubte sich dem Tod nahe. Leicester und Burghley wachten drei Nächte lang bei ihr voll Angst, daß der schwache Lebensfaden, an dem die Zukunft des Königreichs hing, abreißen könnte. Falls man Elisabeth nicht endlich zur Vernunft bringen konnte, würden ihre Untertanen dafür bezahlen müssen, daß sie sich nicht hatte entschließen können und alles immer wieder aufgeschoben hatte. Zehn Jahre zuvor, als Elisabeth in Hampton Court an den Pocken darniederlag, hatte man ebenso angstvoll auf ihre Genesung gewartet, und schon damals hatte man geglaubt, die Regelung der Thronfolge nicht länger hinausschieben zu dürfen. Inzwischen war eine volle Dekade verstrichen, ohne daß man der Lösung auch nur einen Schritt näher gekommen wäre: trotz aller gewichtigen Argumente des Staatsrats und aller Petitionen ihrer treuen Untertanen im Parlament und obwohl man für Sondergesandtschaften ein kleines Vermögen ausgegeben hatte.

Gewiß hatte Elisabeth zeitweise ernsthaft an eine Heirat gedacht. Halb widerstrebend griff sie nun die Fäden der alten Verhandlungen mit Habsburg wieder auf und schickte Sir Henry Cobham mit der Botschaft zum Kaiser: Sie habe leider durch »häufige Krankheit« und die Kriege in Frankreich und Flandern auf Erzherzog Karls letzten Antrag noch keine definitive Antwort geben können. Wenn er nun endlich zu Besuch herüberkommen wolle, solle er ihr hochwillkommen sein. Sie könnten dann gemeinsam nach einem Weg aus den religiösen Schwierigkeiten suchen. Kaiser Maximilian zeigte sich äußerst erstaunt darüber, daß Elisabeth nach so langer Zeit auf den alten Antrag zurückkam. Sein Bruder Karl habe sich leider inzwischen einer anderen Fürstin, seiner Nichte, der Herzogin von Bayern, zugewandt, mit der es keine Meinungsverschiedenheiten in puncto Religion gebe. Daß Elisabeth sich mit der Antwort auf seinen Antrag drei Jahre Zeit ließ, habe die Vermutung nahegelegt, daß es ihr mit den Verhandlungen nicht ganz ernst gewesen sei. Jetzt wußte Elisabeth wenigstens, woran sie war. Es wird freilich berichtet, sie habe die Tatsache, daß man ihr, der Königin von England, eine einfache Herzogin vorzog, als so kränkend empfunden, daß sie geschworen habe, sie hätte den Kaiser des Heiligen Römischen Reiches zum Duell gefordert, wenn sie nur ein Mann gewesen wäre.

Um ihrer leidigen Isolation in einem feindlichen Europa ein Ende zu setzen, mußte Elisabeth unbedingt zu einer Verständigung mit Frankreich kommen. Die Entfremdung mit Spanien hatte einen kritischen Punkt erreicht. Die spanischen Repressalien wegen der Beschlagnahme der Schatzflotte im Jahre 1568 waren immer noch in Kraft, und es bestanden nur wenig Aussichten auf Verhandlungen über eine Beilegung des Konflikts, die dem englischen Handel seine traditionellen Märkte wieder geöffnet hätte. In den letzten Tagen des Jahres 1571 war die Lage durch die Ausweisung des spanischen Gesandten de Spes, der in das Ridolfi-Komplott verwickelt gewesen war, noch gespannter geworden. Unter diesen Umständen konnte die Nachricht, daß Don Juan d'Austria die Türken bei Lepanto vernichtend geschlagen hatte, ebensowenig zur Beruhigung des englischen Hofes beitragen wie die Tatsache, daß die Anhänger Marias Edinburgh erobert hatten und Lennox dabei ums Leben gekommen war. Puritaner wie Walsingham beschworen die Königin, sich gegen diesen aggressiven Katholizismus der Sache des Evangeliums anzunehmen, den französischen Hugenotten zu helfen und Ludwig von Nassau und Wilhelm von Oranien in ihrem Freiheitskampf gegen das spanische Joch in Holland und Seeland zu unterstützen. Elisabeth war jedoch zu sehr Realistin. Sie war zwar bereit, den Hugenotten unter der Hand Mittel zur Verfügung zu stellen, um so den französischen Bürgerkrieg in Gang zu halten, solange ein geteiltes Frankreich in ihre Politik paßte, aber sie wollte mit einem kostspieligen, blutigen Kreuzzug für die holländischen Kalvinisten kein Unheil über ihr eigenes Land bringen. Sie war für den Frieden in den Niederlanden, damit Englands Handel wie in früheren Zeiten blühen konnte; eine französische Intervention, wie sie Graf Ludwig von Nassau anstrebte, erschien ihr daher ebenso bedrohlich wie die Herrschaft der Franzosen in Schottland. Elisabeth sah sich bald in der segensreichen Rolle einer Friedensstifterin und wollte vermitteln, um das Gleichgewicht in Nordwesteuropa aufrechtzuerhalten, doch fühlte sie sich noch nicht stark genug, um den Habsburgern beziehungsweise Valois ihre Bedingungen diktieren oder die Spanier, Flamen und Holländer zur Einigung zwingen zu können. Immerhin aber hielt sie in diesem großen diplomatischen Spiel eine Trumpfkarte in der Hand: Sie konnte heiraten!

Um die Weihnachtszeit des Jahres 1570 stattete ihr der französische Gesandte Fénélon einen Besuch ab und fand sie weit eleganter gekleidet als sonst. Elisabeth kam ohne Umschweife auf die Heirat Karls IX. zu sprechen, worauf ihr Fénélon versicherte, es tue ihm leid, daß er ihr nicht zu ihrer eigenen Hochzeit gratulieren könne, worauf sie erwiderte, sie bedaure es jetzt sehr, nicht beizeiten an Nachkommen gedacht zu haben; wenn sie aber heiratete, könnte sie sich nur für einen Bewerber aus königlichem Haus entscheiden, dessen Rang zu dem ihren passe. Der Gesandte verstand den Wink und meinte, der einzige Kandidat, der für sie in Betracht käme, sei wohl der Herzog von Anjou, der Bruder des französischen Königs und vornehmste Fürst der Welt, der einzige, der es wert sei, sie zu heiraten. Elisabeth sagte, ihr seien die vorzüglichen Eigenschaften Heinrich von Anjous zwar bekannt, doch glaube sie auch zu wissen, daß er in die Prinzessin von Kleve verliebt sei, und fügte bedauernd hinzu: »Ich bin nur eine alte Frau und würde mich schämen, von einem Gatten zu sprechen, wenn es nicht wegen des Thronerben wäre. Früher wurde ich von manchen umworben, die es bei einer Heirat mehr auf das Königreich als auf die Königin abgesehen hatten, was meistens bei den Großen der Welt der Fall ist, die einander heiraten, ohne sich zuvor gesehen zu haben.« So ging das Geplänkel zwischen ihr und Fénélon noch auf zahlreichen weiteren Privataudienzen hin und her, bevor ein offizieller Antrag zustande kam.

Das einzige, was Elisabeth bedenklich stimmte, war das Alter Anjous, doch versicherte ihr Fénélon, er gebe sich bereits wie ein Mann. Für Frankreich war die Aussicht auf eine solche Heirat in der Tat verlockend, und Karl IX. übertrieb nicht, wenn er Elisabeth das Kompliment machte, sie sei »la plus fine femme du monde«. Katharina von Medici, die unablässig Heiratspläne für ihre Kinder schmiedete, wäre schon froh gewesen, wenn sie für Heinrich von Anjou außerhalb Frankreichs ein passendes Unterkommen gefunden hätte; ihn als Prinzgemahl in England zu sehen, wäre ein unvorstellbares Glück gewesen – so unvorstellbar bei all den zahlreichen Bewerbern, die Elisabeth bereits abgewiesen hatte, daß sie nicht zu glauben wagte, der englischen Königin könne es ernst sein.

Zweifellos hatte Elisabeth zunächst die Absicht, die Verhandlungen nur als diplomatisches Spiel zu betreiben, das man möglichst lange hinausziehen und im richtigen Augenblick wieder abbrechen konnte – wenn nicht der Fall eintrat, daß sie sich tatsächlich in Anjou verliebte. Anfang der siebziger Jahre hatten Beobachter immer noch den Eindruck, daß Elisabeth zwar Bewerber sehr gern sah, einem Gatten aber durchaus abgeneigt war. Und je mehr sie über Anjou erfuhr, desto weniger schien er ihr für die ihm zugedachte Rolle geeignet zu sein, denn er war ultrakatholisch eingestellt und mit den Guisen allzu eng liiert. Elisabeth erkundigte sich bei ihrem Pariser Gesandten Norris, der eben im Begriff war, in den Ruhestand zu treten, genau nach Anjous Äußerem und erfuhr zu ihrer Befriedigung, daß er hübsch sei, worauf sie Pläne schmiedete, auf welche Weise er sie in England inkognito besuchen könnte. Anjou hatte jedoch für derartige Vorschläge nichts übrig, und Elisabeth mußte sich mit zwei Porträts jüngeren Datums zufriedengeben. Eine unüberlegte Äußerung des Herzogs, er denke nicht im Traum daran, die Königin von England zu heiraten, denn sie sei eine alte Jungfer und habe ein schlimmes Bein, wurde ihr pflichtschuldigst hinterbracht und erboste sie so sehr, daß Katharina sich bei ihr entschuldigte.

Mitte Februar 1571 schrieb Leicester an Sir Francis Walsingham, den neuen Gesandten in Paris: »Ich habe den Eindruck, daß Ihre Majestät einer Heirat geneigter ist als je zuvor.« Nach einer langen Tirade, daß sie persönlich ein jungfräuliches Leben vorziehe und sogar schon zu ihres Vaters Lebzeiten nur allzuoft von Bewerbern bedrängt worden sei, erklärte Elisabeth Walsinham persönlich, daß sie Anjous Antrag »dankbar annehme« und vorschlage, den Heiratsvertrag zwischen Philipp und Maria als Verhandlungsbasis zu benutzen. Sie könne Anjou nicht hindern, seinen Glauben in England auszuüben, obwohl dies gegen die Gesetze des Landes verstoße, aber sie hoffe, einen Modus vivendi zu finden. Dies konnte jedoch kaum eine annehmbare Lösung für einen Anhänger der römisch-katholischen Kirche sein, der in seinen Überzeugungen nicht weniger streng als der Erzherzog war. Burghley hatte zunächst wenig Neigung gezeigt, die Habsburger für die Valois fallenzulassen, und sich regelrecht geweigert, in Verhandlungen einzutreten, die ihm von vornherein wenig Aussicht auf Erfolg zu haben schienen, doch hatte er sich schließlich von der Wichtigkeit dieser Verbindung überzeugt.

In einem ausführlichen Memorandum setzte er auseinander, warum er seine Meinung geändert habe. Elisabeth sei jetzt bereit, »zum Wohl ihrer Untertanen und ihres Reiches« zu heiraten, und es bestehe durchaus die Möglichkeit, daß Elisabeth Kinder zur Welt bringe und die Krone auf diese Weise, wie das Volk hoffe, in den Händen der edlen Linie König Heinrichs bleibe. Damit wäre »die komplizierte, gefährliche Frage der Nachfolge nach Meinung friedliebender Untertanen sozusagen begraben – ein glückhaftes Begräbnis für ganz England«. Schwierigkeiten würde es zwar genug geben, aber England bliebe von einem Bürgerkrieg und einem Kreuzzug der katholischen Mächte verschont.

Im April 1571 kam Guido Cavalcanti, Katharina von Medicis italienischer Unterhändler, nach England, um Elisabeth offiziell die Hand Heinrichs von Anjou anzutragen. Bei seiner Landung in Dover wurde er zunächst in einer für Diplomaten nicht gerade üblichen Weise festgehalten und unter Bewachung in Burghleys Haus gebracht. Erst nach ausführlichen Geheimgesprächen gestattete man ihm, sich in die französische Gesandtschaft zu begeben. Die Bedingungen der Franzosen lauteten, Anjou solle am Tag nach der Hochzeit gekrönt werden und dann mit Elisabeth gemeinsam regieren. Er verlangte eine Apanage von 60 000 Pfund und für sich und seinen gesamten Hofstaat freie Ausübung der katholischen Religion. Für Anjous Krönung und die Apanage existierte der Präzedenzfall von Philipps und Marias gemeinsamer Regierung, und Elisabeth war soweit bereit, ihre Einwilligung zu geben; doch kam eine Erfüllung der religiösen Bedingungen nicht in Frage. An diesem Punkt waren 1567 auch die Verhandlungen mit Erzherzog Karl gescheitert, und inzwischen war vieles geschehen, was Elisabeths Haltung Rom gegenüber noch verhärtet hatte. Das Oberhaupt von Anjous Kirche hatte sie immerhin als Ketzerin für abgesetzt erklärt und ihre katholischen Untertanen zum Hochverrat aufgefordert. Die Franzosen mußten einsehen, daß sie ihnen in diesem Punkt nicht entgegenkommen konnte. Trotzdem wollte sie die Verhandlungen nicht abbrechen und spielte mit dem Gedanken, Anjou zu bekehren, wie einst Helena Konstantin bekehrt hatte. Sie warb weiter mit Worten und Geschenken um ihn, schickte ihm unter anderem einen Hirsch, den sie selbst erlegt hatte, und bat ihn dringend, sie zu besuchen. Wenn die Franzosen nicht von ihren religiösen Forderungen abgingen, so war Elisabeth ihrerseits nicht dazu zu überreden, jemanden zu heiraten, den sie nie gesehen hatte.

Gegen Ende des Jahres 1571 war man bereit einzusehen, daß bei den Heiratsverhandlungen höchstens ein Defensivbündnis zwischen den beiden Ländern herauszuholen war. Sir Thomas Smith blieb es Anfang des neuen Jahres vorbehalten, dem Heiratsprojekt den Gnadenstoß zu geben. Als Katharina von Medici zu ihm sagte, ihr starrköpfiger Sohn bestehe darauf, seinen Glauben offen mit allen Zeremonien zu praktizieren, wenn er als Elisabeths Gemahl nach England komme, riß Smith die Geduld, und er rief: »Aber Madame, dann könnte er ja auch verlangen, daß die vier Mönchsorden samt allen Klosterbrüdern und Kanonikern, Pilgerfahrten, Ablaß, Ölung und Salbung, Reliquien und dem ganzen Hokuspokus wieder eingeführt würden!« Dies wäre in der Tat eine absurde Forderung gewesen. Zwei Tage später schlug Katharina Besprechungen über ein englischfranzösisches Bündnis vor und stellte ihren jüngeren Sohn, den Herzog von Alençon, anstelle Anjous als »einen weit weniger schwierigen Burschen« zur Diskussion. In den nächsten zehn Jahren sollte die Möglichkeit, daß Elisabeth ihn heiraten würde, immer wieder zur Sprache kommen.

Aber schon ging ein neuer Stern auf. Bei einem Maskenspiel in Gray's Inn hatte Elisabeth 1564 den jungen Advokaten Christopher Hatton kennengelernt und ihn dann in der königlichen Ehrenwache untergebracht, einer Leibgarde, die hauptsächlich zeremonielle Aufgaben zu erfüllen hatte. Er sah gut aus, war ein ausgezeichneter Tänzer und galt als »artiger und bescheidener junger Mann«. Er war einunddreißig Jahre alt, als die Gunst der Königin auf ihn fiel und – wie zwölf Jahre zuvor anläßlich ihrer Beziehungen zu Leicester – allerlei Klatschgeschichten in Umlauf kamen. Daß sie Hatton Ende 1572 als Nachfolger von Sir Francis Knollys zum Kapitän der Ehrenwache ernannte, gab den Gerüchten nur neue Nahrung. Freilich war Hatton in seiner Stellung als Günstling ständig durch Rivalen bedroht. Leicester, der völlig ins Hintertreffen geraten war, erbot sich, Elisabeth mit einem Tanzmeister bekanntzumachen, mit dessen Grazie Hatton es nicht aufnehmen könne, aber Elisabeth wollte nichts davon wissen. »Pfui«, soll sie den Grafen angefahren haben, »ich interessiere mich nicht für Euren Schützling – denn er geht ja nur seinem Gewerbe nach.« Eine Zeitlang erweckte der Erfolg des jungen Oxford bei Hof Hattons Eifersucht, da »Ihre Majestät an seiner Person, seinen Tanzkünsten und seiner Ritterlichkeit mehr Gefallen fand als an irgend jemand sonst«. Aber Oxford war mit Burghleys Tochter verheiratet, während Hatton Junggeselle und selbst davon überzeugt war, Elisabeth leidenschaftlich zu lieben.

Im Mai 1573 wurde er nierenkrank, und Elisabeth besuchte ihn nicht nur täglich in seinem Zimmer, sondern sie bestand auch darauf, daß er, sobald er wieder reisefähig war, unter der Obhut ihres Arztes Dr. Julio nach Spa zur Kur ging. Während seiner Abwesenheit vom Hof hat er eine ganze Reihe bemerkenswerter Briefe an sie gerichtet: »Ich will die Fehler in diesen Briefen mit den Tränen Eurer armen Augenlider* hinwegwaschen und sie Euch so mitschicken. Gebe Gott, daß ich nur eine Stunde bei Euch wäre! Ich zermartere mir den Kopf, ich weiß nicht, was ich tue. Habt Geduld mit mir, allersüßeste Herrin. Die Leidenschaft überwältigt micht, und ich kann nicht weiterschreiben. Liebt mich, denn ich liebe Euch . . .«

Von Antwerpen aus klagte er, er habe das strahlende Licht der Sonne, die ihm Sinne und Seele erleuchte, seit zwölf Tagen nicht gesehen. Trotz der Entfernung zwischen ihnen solle sie nie ihre »Augenlider« vergessen, die sich so oft ihretwegen mit Tränen füllten. Ein weiserer Mann als er könne sie begehren, doch könne sie nie ein treuerer und würdigerer besitzen.

Was ist von solch überschwenglichen, gefühlsgeladenen Liebesbeteuerungen zu halten? Hätten sie sich an eine beliebige Frau gerichtet, so könnte man sie einfach als Liebesbriefe abtun. Da sie jedoch von einem Untertan an seine Königin geschrieben wurden, gehören sie in eine andere Kategorie. Sie waren nicht nur der Ausdruck menschlicher Zuneigung. Elisabeth weidete sich an der Bewunderung der Männer in ihrer Umgebung und verlangte von ihnen die ausgesuchtesten Komplimente. Sie brauchte als *Frau* von den Männern, die sie vor anderen mit ihrer Gunst auszeichnete, die leidenschaftliche Versicherung ihrer nie wankenden Verehrung. Alles übersteigt hier das gewohnte Maß. Der Phantasie wird freien Lauf gelassen. Pathos und Superlative erinnern an längst vergangene ritterliche Zeiten. Diese typisch höfische Galanterie, deren sich Dudley zuerst bediente und die in Hattons Briefen ihren ersten schriftlichen Niederschlag fand, erreichte später ihren Höhepunkt in Raleighs Versen. »In der äußerst gekünstelten Atmosphäre, in der Elisabeth und ihre Anbeter sich bewegten«, schreibt ein Historiker**, der ihren Beziehungen zu Christopher Hatton besondere Aufmerksamkeit gewidmet hat, »sind diese Briefe nur besonders übertriebene Beispiele des allgemein üblichen Briefstils, den ihre Eitelkeit zur Gewohnheit, ja sogar zur Pflicht machte.«

Zwanzig Jahre später war sie »die schöne Gloriana«, eine nymphenartige Schäferin, eine alterslose Märchenfigur, und das zu einer Zeit,

---

* Kosename, den Elisabeth für Hatton verwendete.
** E. St. John Brooks, Sir Christopher Hatton, London 1946, S. 83

zu der die meisten ihrer Altersgenossinnen bereits Großmütter waren und sie selbst in Wirklichkeit eine runzlige alte Jungfer mit Perücke war. Die Spitznamen, mit denen sie ihre Höflinge bedachte, spielten in dieser phantastischen Welt eine große Rolle. Burghley war ihr »Geist«, Walsingham ihr »Mohr« und Sir Walter Raleigh ihr »Wasser«. Da sie Leicester ihre »Augen« nannte, avancierte Hatton zu ihren »Augenlidern«. Die beiden waren der Gog und Magog ihres Audienzzimmers und verkörperten zusammen das lateinische Motto, das sie so gern zitierte: *video et taceo* (ich sehe, aber ich schweige). Leicesters Augen symbolisierten ihre eigne Allgegenwart und Hattons Lider ihre Bereitwilligkeit, vor manchem die Augen zu verschließen – vielleicht sogar mit einem gelegentlichen Augenzwinkern. Die beiden trieben das Spiel mit diesen Spitznamen so weit, daß sie Privatbriefe an Elisabeth mit Symbolen unterschrieben, als wollten sie der Heraldik eines auswischen: Leister setzte Schnörkel als Augenbrauen über zwei Kreise, und Hatton malte zwei Dreiecke, die Lider darstellen sollten – intime Familienscherze in einem Zeitalter, das in Wortspielen schwelgte.

In einem anderen Brief aus der Zeit seiner Eifersucht auf Oxford (den »Eber« auf Grund seines Wappens) bezieht sich Hatton auf seinen anderen Spitznamen »Hammel« oder »Leithammel« und schreibt, seine Herrin möge ihrem »Hammel« ihre Gunst erhalten, denn er habe keinen Zahn zum Beißen, während die Hauer des Ebers reiße und zerstöre.

Im Augenblick war es Oxford, später war es Raleigh, auf den Hatton eifersüchtig war. Leicester und Hatton dagegen vertrugen sich, obwohl sie um die Gunst der Königin rivalisierten, über die Jahre hin erstaunlich gut. Von allen Günstlingen Elisabeths blieb nur Hatton unverheiratet und ihr bis zum Ende treu ergeben, wenn er auch einmal eine Heirat mit Lady Elizabeth Cavendish, der Tochter der Gräfin von Shrewsbury, ernsthaft ins Auge gefaßt hatte. Er vergoß Tränen, wenn ihm Elisabeth ihre Gunst entzog, und ging schmollend aufs Land in der Hoffnung, sie werde ihm einen Edelstein als Liebespfand oder eine Botschaft durch Freund Heneage schicken, daß alles vergeben und vergessen sei und er wieder in ihrer »beglückenden Gunst« stehe. Nach einem solchen Zerwürfnis schickte er ihr eines Tages einen kostbaren Schmuck in Form eines Liebesknotens, »von der Art, wie sie sie am liebsten hat und von der sie glaubt, man könne sie nie entwirren«. Damals wußte er jedoch bereits, daß sie weder ihn noch einen anderen heiraten würde, was Leicester schon längst gemerkt hatte.

Anfang 1572 waren Elisabeths Beziehungen zu Frankreich noch immer getrübt, vor allem wegen Maria Stuart; am französischen Hof war man allgemein der Meinung, in dem abzuschließenden Vertrag müsse auch Marias Zukunft sichergestellt werden. Bis Marias Beteiligung am Ridolfi-Komplott im einzelnen aufgedeckt war, protestierte Karl IX. immer wieder gegen die Behandlung, die ihr widerfahre. Elisabeth verteidigte sich mit Hilfe ihrer Kenntnis der französischen Geschichte. Karl möge sich erinnern, daß die Franzosen hintereinander die Frauen von drei Königen eingesperrt hätten – die Gemahlinnen von Ludwig dem Zänker, Philipp dem Langen und Karl dem Schönen. Marias »ehrenvolle Haft« zur Sicherung des Reiches und zu ihrer eignen Sicherheit sei demnach nichts Neues und gewiß nichts Empörendes. Als dann die Nachricht von Marias Intrigen mit Ridolfi, den Papisten und Spanien nach Frankreich kam, rang Karl IX. verzweifelt die Hände und rief: »Ach, die arme Närrin wird nicht eher aufhören, bis sie sich um ihren Kopf gebracht hat ... Ich wollte ihr helfen, aber wenn sie sich nicht helfen lassen will, *je ne puis mais.*« Gerade hatte man einen neuen Brief Marias abgefangen, in dem sie Alba um ein Eingreifen in Schottland bat.

Am 19. April wurde endlich der Vertrag von Blois unterzeichnet, in dem England und Frankreich einander im Fall eines Angriffs gegenseitige Unterstützung zusagten und sich verpflichteten, den Feinden des anderen keine Hilfe zukommen zu lassen. Elisabeth wollte, daß der Klausel über die gegenseitige Hilfeleistung beim Angriff einer dritten Macht der Zusatz »auch im Falle eines Angriffs aus religiösen Gründen« hinzugefügt würde. Begreiflicherweise war jedoch Karl IX. damit nicht einverstanden, da er fürchten mußte, dies würde seine katholischen Untertanen aufs neue zu Intrigen und Blutvergießen veranlassen, doch gab er Elisabeth in einem Begleitbrief eine diesbezügliche vertrauliche Zusicherung. Die Franzosen erkannten damit endlich den Status quo in Schottland an und verzichteten stillschweigend darauf, noch weitere Schritte für Maria Stuart zu unternehmen. Der Vertrag stellte einen beachtlichen diplomatischen Erfolg Elisabeths dar, und England hatte zum erstenmal unter ihrer Regierung einen Verbündeten.

Nun war der Weg frei, die Voraussetzungen für eine Heirat mit Alençon zu erkunden. Berichte über den Herzog liefen in Menge bei Hof ein, teils von Clinton, den man zur Ratifizierung des Vertrags von Blois nach Paris geschickt hatte, teils von Walsingham. In der Religion sei er »leicht zur Erkenntnis der Wahrheit zu bewegen«, doch gebe sein Äußeres zu Bedenken Anlaß, denn sein Gesicht sei durch die Pocken arg entstellt. Er habe eine Nase, die im Vergleich zu seinen übrigen Gesichtszügen riesig sei, auch sei er kaum größer als ein Zwerg. Walsingham konnte sich nicht vorstellen, daß seine Königin eine Heirat mit einem solchen Mann auch nur in Erwägung ziehen würde. Überdies war Alençon noch drei Jahre jünger als sein Bruder Anjou, was den Altersunterschied nachgerade alarmierend machte. Elisabeth fragte zunächst an, welche Entschädigung sie für sein entstelltes Gesicht erwarten könne, und spielte auf die Rückgabe von Calais an. Fénélon bestritt, daß Alençons Gesicht ein unüberwindliches Hindernis darstelle, selbst für jemand »mit einem so empfindlichen Auge wie sie«. Auf alle Fälle würde in ein bis zwei Jahren sein Bart die Pockennarben verdecken. Alles hänge einzig davon ab, wie der Herzog Elisabeth gefalle, wenn sie ihn zu Gesicht bekomme; auch könne er wunderschöne Liebesbriefe schreiben. Alençon schickte M. Le Mole als seinen persönlichen Gesandten voraus, um den Weg für seine Werbung zu ebnen und Heiratsverhandlungen einzuleiten, und obwohl dieser selbst noch fast ein Junge war, gefiel er der Königin auf den ersten Blick, und sie bereitete ihm einen fürstlichen Empfang. Das war ein hoffnungsvoller Anfang, doch zerschlugen sich alle Erwartungen wieder, als aus Frankreich die Nachricht von der Bartholomäusnacht eintraf.

Unruhe und Niedergeschlagenheit verbreiteten sich in England, nachdem Katharina von Medicis Befehl, den Hugenottenführer Coligny zu ermorden, in Paris und den größeren Städten Frankreichs zu einem beispiellosen Blutbad geführt hatte. Ganze Schiffsladungen voll protestantischer Flüchtlinge landeten in den südenglischen Häfen. Sie berichteten von solchen Greueltaten, daß die Engländer zu Hunderten gelobten, nach La Rochelle zu gehen und für ihre christlichen Brüder zu kämpfen. Elisabeth ließ den französischen Gesandten drei Tage auf eine Audienz warten und behandelte ihn äußerst reserviert, als er ihr dann die offizielle Version des Blutbads unterbreitete. Es trifft jedoch nicht zu, daß sie – wie gelegentlich behauptet wird – Hoftrauer anordnete, denn ein Bruch mit Frankreich war das letzte, was sie wollte, und auch den Franzosen war sehr daran gelegen, das neue Bündnis zu erhalten. Elisabeth ließ jedoch ostentativ die Flotte auslaufen und schickte achttausend Mann zur Verstärkung der »Freiwilligen«, die man im letzten Juli in Seeland stationiert hatte, um dem französischen Einfluß die Waage zu halten. Die Puritaner forderten, sie solle Fénélon ausweisen und ihre Heiratspläne mit Alençon ein für alle Male aufgeben, doch wagte sie keine offene Brüskierung. So wurden die Verhandlungen, wenn auch zögernder und geheimer, fortgesetzt, bis die Taufe der kleinen Tochter Karls IX. Gelegenheit zu einem neuen Rapprochement bot. Elisabeth erklärte sich bereit, die Patenschaft zu übernehmen zum Beweis dafür, daß sie doch keine so schlimme Ketzerin sei, wie man ihr nachsagte, doch wagte sie nicht, Leicesters Leben aufs Spiel zu setzen und ihn nach Paris zu schicken, um sie bei der Taufzeremonie zu vertreten. An seiner Stelle entsandte sie den Grafen von Worcester, der an Leib und Leben keinen Schaden nahm, wenn ihm auch Seeräuber unterwegs das Taufgeschenk abnahmen.

Am lautesten waren die Stimmen, die verlangten, die schottische Königin zur Vergeltung für den Tod der französischen Hugenotten hinzurichten. Glücklicherweise hatte sich das Parlament jedoch vor der Bartholomäusnacht vertagt, so daß die Puritaner keinen allzu großen Druck auf Elisabeth ausüben konnten. Sie hatte aber schon, bevor sie den französischen Gesandten in Woodstock empfing, im geheimen Henry Killigrew nach Schottland geschickt, um dem Regenten und dem Staatsrat die Auslieferung Marias anzubieten. Sie sollten mit ihr nach Recht und Gesetz verfahren, »damit hinfort weder dieses noch jenes Reich gefährdet werde«. Elisabeth wagte weder damals noch später, die Verantwortung für Marias Tod selbst zu übernehmen, und hoffte inbrünstig, daß die Schotten Maria ohne viele Umstände hinrichten würden. Der Regent Mar forderte jedoch seinen Preis. Er verlangte, Elisabeth solle dreitausend englische Soldaten schicken, um die öffentliche Ordnung während der Hinrichtung aufrechtzuerhalten, und hinterher den Schotten die Summe weiter bezahlen, die sie bisher jährlich für Maria ausgegeben hatte. Die Verhandlungen scheiterten, zum einen weil Mar plötzlich starb, zum anderen weil Elisabeth es nicht riskieren konnte, daß ihre Beteiligung an dem Komplott herauskam. Killigrews Mission beweist jedoch, daß sie aus dem Blutbad der Bartholomäusnacht für England einen Vorteil herauszuholen gedachte, indem sie versuchte, Maria in den Tod zu schicken.

Im folgenden Frühjahr sandte sie Sir William Drury mit Truppen und Belagerungsgeschützen zur Unterstützung des neuen Regenten Morton nach Schottland, dem es daraufhin gelang, die Anhänger Marias zur Übergabe des Schlosses von Edinburgh zu zwingen. An sich stellte diese Hilfeleistung an Morton eine Verletzung des Vertrags von Blois dar, aber Karl IX. war in Frankreich aufs neue in einen Bürgerkrieg verstrickt und deshalb nicht in der Lage, mit Aussicht auf Erfolg zu protestieren. So bestand das Bündnis weiter. Es war übrigens das letzte Mal, daß die Schotten für Maria Stuart kämpften. In den nächsten sechs Jahren machten die inneren Angelegenheiten des Königsreichs im Norden Elisabeth kaum noch zu schaffen.

Gleichzeitig stärkte die englische Königin ihre Position, indem sie sich um eine Wiederaufnahme diplomatischer Beziehungen zu Spanien bemühte, die Ende 1568 abgebrochen worden waren. Einem plötzlichen Impuls gehorchend, hatte sie im März 1572 die Kaperschiffe des Grafen La Marck aus den englischen Häfen vertrieben, die den sogenannten Seegeusen als Operationsbasis für ihre Angriffe auf spanische Schiffe gedient hatten. Was Elisabeth zu dieser Maßnahme bewogen hat, bleibt ein Rätsel, und es ist kaum anzunehmen, daß sie die Folgen dieser Aktion voraussah. Nachdem La Marck nämlich einen Monat lang ziellos umhergekreuzt war, nahm er Brielle in Südholland und verschaffte damit den Geusen eine Operationsbasis im eigenen Land, womit der eigentliche Aufstand der Niederlande seinen Anfang nahm. Elisabeth bediente sich aller »erlaubten Mittel«, um protestantischen Flüchtlingen in England eine Zuflucht zu gewähren. Auch ließ sie deren Gesinnungsgenossen in die Niederlande gehen, um dort gegen die spanische Unterdrückung zu kämpfen. Gleichzeitig erbot sie sich jedoch wiederholt, zwischen Philipp und seinen rebellischen Untertanen zu vermitteln.

Welche Folgen die Ausweisung der Seegeusen auf weite Sicht auch haben mochte –, zunächst trug sie wesentlich zu einer englisch-spanischen Entspannung bei. Verhandlungen wurden eingeleitet; 1573 normalisierten sich die Handelsbeziehungen, und ein Jahr später wurde mit der Konvention von Bristol die Regelung einer Reihe von komplizierten Ansprüchen erzielt, die seit 1568 anstand; jedes Land verpflichtete sich, die politischen Flüchtlinge des anderen auszuweisen. Alba, Philipps Statthalter in den Niederlanden, wußte, daß, selbst wenn Elisabeth ihm gegenüber ihr Wort brach und Verräter wie Oranien unterstützte, »ein großer Unterschied zwischen einer offenen Hilfsaktion und einer Unterstützung unter der Hand bestand«. Die Beilegung des Konflikts mit den spanischen Niederlanden schenkte Elisabeth fünf Jahre Frieden und die Sicherheit, wie sie sie seit ihrer Thronbesteigung nicht gekannt hatte. Die inneren Schwierigkeiten ihrer Nachbarn in Frankreich, den Niederlanden und – in geringerem Maß – auch in Schottland kamen ihr gerade recht, und sie fischte im trüben, wo sich eine Gelegenheit dazu bot. Während die anderen unter inneren Wirren litten, entwickelte sich England zu einem einheitlichen, mächtigen und nationalbewußten Staat.

Trotz ihrer Defensivbündnisse und Handelsverträge sprach Elisabeth zu jener Zeit häufig davon, daß ein Mann und Kinder doch ein »sehr starkes Bollwerk« wären, und sie las gerührt immer wieder Alençons Liebesschwüre. Sie gab ihm den Wink, er könne ja geschwind über den Kanal kommen und in aller Heimlichkeit am Wassertor von Greenwich Palace landen, wo sie ihn persönlich ganz allein empfangen wolle. Eine so romantische Begegnung schien dem Herzog sehr verlockend, aber das Schicksal wollte es, daß er gerade damals zusammen mit Heinrich von Navarra in Vincennes eingekerkert war, weil er mit den Hugenottenführern konspiriert hatte. Katharina von Medici ließ deshalb bei Elisabeth anfragen, ob sie unter diesen Umständen noch an einer Fortsetzung der Gespräche interessiert sei, worauf ihr Elisabeth mitteilen ließ, sie könne ihre Meinung über ihn, der so hoch von ihr denke, nicht ändern, doch könne sie ihn, offen gestanden, nicht zum Gemahl nehmen, solange er Handschellen trage. Alençon wurde zwar später wieder freigelassen, aber da verhinderte der Tod Karls IX., daß die Heiratsverhandlungen weitergediehen.

Der Herzog von Anjou, der 1571 auf so unhöfliche Weise um Elisabeth, die alte Jungfer mit dem schlimmen Bein, geworben hatte, hatte sich indessen zum König von Polen wählen lassen und bestieg 1574 als Heinrich III. den französischen Thron, während sein jüngerer Bruder Alençon den Titel Anjou erbte. (Um Verwechslungen zu vermeiden, wollen wir ihn jedoch weiter Alençon nennen.) Heinrich heiratete bald darauf Louise von Lothringen, der es aber an »Haltung und Majestät« wie auch an Schönheit fehlte, und Elisabeths Sonderbeauftragter am französischen Hof erlaubte sich die etwas undelikate Bemerkung: »Eure Majestät hat mehr Schönheit im kleinen Finger, als bei einer der dortigen Damen oder besser bei ihnen allen zusammen zu finden ist.« Elisabeth beschäftigte sich in Gedanken immer noch mit ihrer Heirat und hing romantischen Träumen nach, die jedoch stets als Alptraum endeten. Neuerdings machte Alençon, der unverantwortliche Narr, der Schwester Heinrichs von Navarra und der Tochter Philipps von Spanien gleichzeitig den Hof.

Als der konziliantere Requesens Albas Nachfolge als Statthalter der Niederlande antrat, versuchte Elisabeth so gut wie möglich, zwischen ihm und Wilhelm von Oranien zu vermitteln, um dem Land seine alten Freiheiten zurückzugeben. Sie warf Wilhelm vor, daß er, um einer ihr unbegreiflichen religiösen Toleranz willen den Krieg unnötigerweise fortsetze. Sie wünschte leidenschaftlich eine für beide Seiten ehrenvolle, friedliche Lösung und konnte es doch auch in diesem Fall nicht über sich bringen, für Untertanen einzutreten, die gegen ihren rechtmäßigen Monarchen rebellierten. Wilhelms Kalvinismus war ihr genauso zuwider wie seine Aufsässigkeit, ein Standpunkt, den Walsingham nicht verstand und mit dem Burghley sich nur widerstrebend abfand. Dennoch war Elisabeth entschlossen, die Zügel der Politik selbst in der Hand zu behalten. Als ihre Vermittlungsversuche zunächst keinen Erfolg hatten, war sie so verzweifelt, daß sie ein paar schlaflose Nächte hatte und sogar »eine oder zwei ihrer Hofdamen schlug«. Im August 1575 erklärte sie den Prinzen von Oranien öffentlich für einen Rebellen. Später drohte sie, sie werde Philipp helfen, die Provinz Holland wieder unter seinen Gehorsam zu zwingen.

Elisabeth war damals zum erstenmal nicht von eigenen Problemen hart bedrängt und konnte es sich – sehr zum Leidwesen ihrer Räte – leisten, alles, was ihr nicht gefiel, auf die lange Bank zu schieben. Ihr Staatssekretär Sir Thomas Smith klagte: »Diese Unentschlossenheit bringt ihre Minister zur Verzweiflung. Sie stört sie in ihren Unternehmungen und vereitelt alle ihre guten Vorhaben und Pläne. Für die Briefe nach Irland kann ich keine Unterschrift von Ihrer Majestät bekommen, obwohl sie sie gelesen und gebilligt hat. Ich warte, bis mir die Augen zufallen und ich nicht mehr auf den Beinen stehen kann, und dann verfolgt mich ihre Unentschlossenheit weiter und läßt mich nachts nicht schlafen...« Nicht daß sie müde oder lustlos gewesen wäre! Sie wartete aus Instinkt, bis sich die Dinge von selbst entschieden und die Briefe sich von selbst erledigt hatten. Im entscheidenden Augenblick freilich wußte sie auch hart und unabhängig zu handeln.

Im Jahre 1576, in der Zeit zwischen Requesens' Tod und der Ankunft seines Nachfolgers Don Juan d'Austria in den Niederlanden, meuterten die spanischen Soldaten, da sie keinen Sold erhalten hatten. In ihrer Wut plünderten sie Antwerpen und versetzten ganz Europa in Angst und Schrecken. Die Generalstaaten schlossen daraufhin mit Holland und Seeland einen Vertrag, die sogenannte Pazifikation von Gent, worin Wilhelm von Oranien zum Statthalter der beiden Provinzen bestimmt wurde. Er wandte sich an Elisabeth mit der Bitte, sie möge Philipp von Spanien dazu bewegen, die Pazifikation anzuerkennen. Außerdem ersuchte er sie um ein Darlehen. Und diesmal reagierte die Königin schnell und entschlossen. Sie schickte Sir John Smith nach Madrid und Edward Horsey zu Don Juan d'Austria und drohte, sie werde die Generalstaaten mit Geld und Soldaten unterstützen, wenn die Pazifikation nicht bestätigt würde. Tatsächlich hatte sie den Staaten bereits 20 000 Pfund zur Deckung der dringendsten Ausgaben geschickt und weitere finanzielle Hilfe zugesagt. Der Erfolg ihrer Vermittlung war, daß Don Juan die Bedingungen der Generalstaaten in seinem »Ewigen Edikt« anerkannte. Elisabeth hatte erreicht, was sie gewollt hatte: die Vereinigung der Niederlande unter einer Regierung mit den alten Freiheiten, die sie unter Karl V. besessen hatten – unter spanischer Oberherrschaft zwar, aber frei von der Tyrannei der spanischen Söldner. Man hat diese Leistung Elisabeths gelegentlich als größten Erfolg ihrer gesamten Außenpolitik gewertet.

Ganz anders stand es um die persönlichen Probleme der Königin. Es sah so aus, als ob Elisabeth sich Alençon aus dem Kopf geschlagen hätte und im Begriff stand, eine verbitterte alte Jungfer zu werden. Als Mary Shelton, eine ihrer Hofdamen sich um diese Zeit mit einem Mr. Scudamore vermählte, ohne Elisabeths Erlaubnis einzuholen, traktierte sie das arme Mädchen »freigebig mit Schlägen und Worten«, so daß »niemand sich seinen Gatten je so teuer erkaufte«. Von ihrem Patensohn Sir John Harington erfahren wir, daß sie ihre Hofdamen öfters fragte, ob sie daran dächten, sich zu verheiraten, und daß die klugen unter ihnen ihre Bereitschaft dazu wohlweislich vor ihr verbargen, da sie wohl wußten,˙wie wenig die Königin selbst davon hielt. Kate Arundel war nicht so durchtrieben und sagte, wenn ihr Vater es erlaube, wolle sie den Mann, den sie liebe, gern zum Gatten nehmen. »Du bist wenigstens aufrichtig«, sagte Elisabeth, »ich will mit deinem Vater (Sir Robert Arundel) reden.« Und sie hielt ihr Versprechen. Als sie Kate mitteilte, ihr Vater sei mit der Heirat einverstanden, war das Mädchen überglücklich und sagte: »Ich bin ja so froh, Eurer Gnaden zu dienen!« »Das sollst du auch, aber nicht, indem du die Torheit begehst zu heiraten«, schalt Elisabeth. »Dein Vater hat es mir überlassen, und ich versichere dir, daß du diesen Mann nie bekommen wirst. Mach, daß du an deine Arbeit kommst! Du bist eine Vorwitzige, weil du deine Narrheit so bereitwillig eingestehst.« Es war ein böser Streich, den sie in ihrer Mißgunst dem armen Mädchen spielte.

Don Juans »Ewiges Edikt« trug diese Bezeichnung zu Unrecht. Es enthielt keine ausreichenden Garantien, die Holland und Seeland freie Glaubensausübung verbürgten, so daß Wilhelm von Oranien dem neuen Statthalter die kalte Schulter zeigte. Don Juan aber hatte seine eigenen ehrgeizigen Pläne. Sobald die Ordnung in den Niederlanden wiederhergestellt war, wollte er seine Truppen nach England einschiffen, um dort Maria Stuart zu befreien, sie zu heiraten und Elisabeth vom Thron zu stoßen. Als die Königin von England von diesen Plänen Wind bekam, traf sie unverzüglich ihre Gegenmaßnahmen und verlangte von den Generalstaaten, die spanischen Truppen auf dem Landweg heimzuschicken, worauf der erschrockene Don Juan im Juli 1577 Namur besetzte. Und wieder griff Elisabeth ein. Sie bot den Generalstaaten 100000 Pfund und Truppen an für den Fall, daß der Herzog von Guise – wie zu befürchten stand – Don Juan zu Hilfe käme. Bald befand man sich auf diesem Schlachtfeld der Reformation wieder mitten im Krieg, und als Alexander Farnese, Prinz von Parma, mit einem spanischen Heer anrückte, boten auch die protestantischen Fürsten den Niederlanden ihre Hilfe an. Elisabeth entschloß sich, ihnen ein weiteres Darlehen zur Verfügung zu stellen, für das sie mit ihren eigenen Juwelen bürgte, damit Johann Kasimir von der Pfalz eine Truppe von elftausend deutschen und Schweizer Söldnern heranführen konnte. Sie stellte freilich zur Bedingung, daß ihr Name nicht erwähnt würde. Was die puritanischen Hitzköpfe auch immer dazu meinten, sie konnte es nicht verantworten, Spanien offen herauszufordern. In diesem kalten Krieg des ausgehenden 16. Jahrhunderts gehörte es zu den größten diplomatischen Geheimnissen, welche Länder wem Unterstützung gewährten. Zu diesem Zeitpunkt schickte Philipp als ersten ständigen Botschafter Bernardino de Mendoza nach der Ausweisung de Spes' im Jahre 1571 nach England. Der Diplomat hatte den Auftrag, Elisabeth von der freundschaftlichen Gesinnung Philipps zu überzeugen; er hoffe aber, daß sie den Aufstand in den Niederlanden nicht von England aus weiterschüren werde.

Noch bedeutungsvoller war freilich, daß die Katholiken in Artois und dem Hennegau den Herzog von Alençon zu Hilfe riefen. Katharina von Medici und Heinrich III. waren überglücklich, diesen Abenteurer auf diese Weise loszuwerden. Was hätte er auch Besseres tun können, als aus den südlichen Niederlanden ein französisches Herzogtum zu machen? Man wählte ihn in ein Amt, das den hochtrabenden Titel eines »Verteidigers der belgischen Freiheit gegen den spanischen Tyrannen« trug. Die Aussicht auf französische Eroberungen in den Niederlanden wurde für England mit einem Mal weit beunruhigender als die Fortdauer der spanischen Herrschaft. Zur Überraschung, ja Verblüffung ihrer Räte entschloß sich Elisabeth, Alençon unter ihre Kontrolle zu bekommen – was seine Mutter und sein Bruder bisher vergebens versucht hatten –, indem sie das Heiratsprojekt wieder aufgriff. Und Alençon ging auch bereitwillig darauf ein, da er von Elisabeth Geld für seine Truppen und die Krone eines Prinzgemahls zu bekommen hoffte.

Nach Weihnachten 1578 schickte Alençon Jean de Simier nach England, um stellvertretend für ihn um Elisabeths Hand anzuhalten, und es sah ganz so aus, als ob seine typisch französische Galanterie, die Leicesters Aufmerksamkeiten in den Schatten stellte und Hatton linkisch erscheinen ließ, der Königin völlig den Kopf verdrehte. Simier, ihr »Affe«, wie sie ihn zärtlich titulierte, gab ihr das Gefühl, tatsächlich »la plus fine femme du monde« zu sein, und sie verliebte sich in den Gedanken, verliebt zu sein. Simier war ohne Zweifel ein großer Frauenheld. Wer sonst hätte es gewagt, in ihr Schlafzimmer einzudringen und ihre Nachthaube zu entwenden, um sie ohne ihre Erlaubnis als Liebespfand an Alençon zu schicken? Für Elisabeth war es ein neues Erlebnis, sich so umworben zu sehen, selbst wenn es nur in Stellvertretung geschah. Kein Wunder, daß Leicester durch diese Possen außer sich geriet und Hatton in Tränen zerfloß. Sie fanden, daß Simier bei seinem Liebesgetändel entschieden zu weit ging, und Leicester beschuldigte ihn sogar, er benutze »Liebestränke und unerlaubte Künste«, um Elisabeth in Alençon verliebt zu machen. Als eine ihrer Damen ein gutes Wort für Leicester einzulegen wagte, fuhr sie die Königin an: »Glaubst du, ich würde mich und meine königliche Würde so weit vergessen, daß ich einen Diener, den ich selbst so hoch erhoben habe, dem größten Fürsten der Christenheit als Gatten vorzöge?« Sie schwelgte in diesem phantastischen Liebesspiel, wünschte Simier ständig um sich zu haben und duldete keine Kritik an seinem Benehmen.

Nachdem Simier ihr mehrere Wochen lang den Hof gemacht hatte, kam Elisabeth plötzlich darauf, daß Alençon sich reichlich Zeit nahm, ihr seine Verehrung persönlich zu Füßen zu legen. Sie äußerte ihrem Gesandten in Paris gegenüber, eine Reise nach England sei wohl für Alençon ebenso peinlich wie sein letzter Feldzug in den Niederlanden. Wenn er es mit einer Fürstin zu tun hätte, die einen körperlichen Fehler oder einen anderen auffälligen Makel hätte, könnte man sein Zaudern ja verstehen; aber angesichts der Vorzüge, mit denen ihr Schöpfer sie bedacht habe, »die Wir dem zuschreiben, dem Wir sie verdanken und deren Wir Uns nicht als eigenes Verdienst rühmen (da Wir ja nicht Unseren eigenen Ruhm hinausposaunen möchten), so können Wir Uns mit Fug eines so hohen Fürsten, wie Monsieur es ist, für würdig erachten.« Der Franzose jedoch war mißtrauisch geworden, da man Monate mit den einzelnen Klauseln des Ehever trags vertan hatte, und verlangte eine definitive Antwort, ob sie seinen Antrag annehme oder nicht. Elisabeth gab darauf ihre stereotype Auskunft, daß sie sich nicht zu einer Heirat mit einem Fremden, den sie noch nie gesehen habe, entschließen könne. Sie bestand darauf, daß die Hauptpunkte des Vertrags zwischen ihnen beiden persönlich besprochen würden. So erklärte sich Alençon endlich bereit zu kommen, sobald er einen von der Königin unterzeichneten Paß in Händen habe, der ihm die Einreise in England ermögliche.

Daß Elisabeth nach jahrelanger Unentschlossenheit jetzt den Herzog persönlich am Hof haben wollte, war zu viel für Leicester, und er legte sich, eine Krankheit vorschützend, in Wanstead zu Bett. Elisabeth besuchte ihn, um sich zu vergewissern, daß es sich um nichts Ernstes handelte, doch Leicester schmollte weiter. Während er dem Hof noch fernblieb, schoß ein Mitglied der königlichen Leibwache im Garten von Greenwich Palace auf Simier. Knapp drei Wochen zuvor war schon einmal aus einem kleinen Boot ein Schuß auf die königliche Barke abgegeben worden, auf der die Königin, Simier, Hatton und Leicester die Themse nach Greenwich hinunterfuhren. Viele meinten, der Schuß habe Simier gegolten, Elisabeth bequemte sich jedoch zu der Ansicht, daß er versehentlich losgegangen sei, und verzieh dem Schützen, während sie ihrem verwundeten Bootsmann eine Versehrtenrente von sechs Pfund im Jahr aussetzte. Diesen zweiten Vorfall sah Simier jedoch in einem anderen Licht. Da ihm die Abneigung des Grafen gegen die Heirat mit Alençon, die endlich in den Bereich des Möglichen gerückt war, bekannt war, kam er zu dem Schluß, daß Leicester hinter beiden Anschlägen steckte. Simier fürchtete gleichermaßen für sein Leben und den Erfolg seiner Mission und griff daher zu der schärfsten Waffe, die ihm zur Verfügung stand. Sein Talent, sich das Vertrauen anderer zu erschmeicheln, und seine Fähigkeit, leeres Geschwätz von unvorsichtigen, aber wahren Äußerungen zu unterscheiden, hatten ihn hinter die Neuigkeit des Jahres gebracht, die bis jetzt so geheimgehalten worden war, daß selbst Elisabeth nichts davon ahnte: Leicester war verheiratet! Im September 1578 hatte er tatsächlich Lettice Knollys, die Witwe des Grafen Essex, zur Frau genommen; zweimal sogar, denn ihr Vater, Sir Francis Knollys, der Schatzmeister des königlichen Haushalts und Vetter der Königin, hatte auf einer zweiten Zeremonie, bei der er selbst Zeuge war, bestanden, da er fürchtete, Leicester werde sonst auch seiner Tochter eines Tages wieder den Laufpaß geben wie seinerzeit Lady Sheffield. Bis jetzt waren zwar viele Gerüchte über das Verhältnis des Grafen mit Lettice Knollys im Umlauf, doch hatte nichts darauf schließen lassen, daß sie tatsächlich Mann und Frau waren.

Simiers Enthüllung verletzte Elisabeth mehr als alles, was sie seit Norfolks Verrat erlebt hatte. Ihr Oberhofstallmeister verheiratet! Das war schlimmer als der Tod Amy Robsarts und schlimmer als sein unehelicher Sohn von Lady Sheffield. Ihr Robin, dem sie eben erst 15000 Pfund geliehen hatte, obwohl sie sich dies kaum leisten konnte, dessen Liebesbeteuerungen sie stets für aufrichtig gehalten hatte, hatte sie absichtlich hintergangen! Da spielte er den einsamen, verlassenen Witwer und riet ihr dringend von einer Verlobung mit Alençon ab, und selbst verheiratete er sich! In ihrem ersten Zorn befahl sie, ihn in den Tower zu sperren, und er wäre auch dorthin gewandert, hätte ihr Sussex nicht Vorhaltungen gemacht. Dieser konnte zwar Leicester noch immer nicht ausstehen, aber er wollte es auch nicht zulassen, daß seine Königin in ihrem Schmerz eine Strafe verhängte, die ihrer Würde Abbruch getan hätte. So wurde der Graf in einen einsamen Turm in Greenwich Park verbannt; bei Hof gab man bekannt, er mache eine Kur und dürfe keine Besuche empfangen. Nach ein paar Tagen durfte er in sein Haus in Wanstead zurückkehren, blieb aber vom Hof verbannt, bis die Erregung der Königin sich gelegt hatte. Zu seinem Glück lenkte die Ankunft Alençons sie ab.

Am 17. August sah sie in Greenwich ihren »Frosch« endlich von Angesicht zu Angesicht, und ihr erster Eindruck war überaus günstig. Sie hatte sich in bezug auf sein Gesicht und seine Gestalt auf das Schlimmste gefaßt gemacht und sah sich angenehm enttäuscht. Er war ein echter Fürst aus dem Hause Valois, ein junger Schwärmer und leidenschaftlicher Liebhaber mit einem beachtlichen Sex-Appeal. Es befriedigte ihre weibliche Eitelkeit, daß ein fürstlicher Bewerber endlich in Person erschienen war. Die anderen hatten seit ihrer Thronbesteigung nur Botschaften, Deputationen und Geschenke geschickt, Alençon dagegen kam selbst, um ihr seine Verehrung zu Füßen zu legen. Was in Greenwich während seines zwölftägigen Aufenthalts geschah, bleibt bloße Vermutung, denn da der Herzog inkognito reiste, wurden ihm die Gesandten bei Hof nicht vorgestellt und konnten daher in ihren Depeschen auch keine blumenreichen Schilderungen geben. So erwähnt Mendoza diesen Besuch, von dem er eigentlich nichts hätte erfahren dürfen, auch nur als »Liebesgeplänkel«. Alençon verließ auf Rat seines Gesandten Simier England bald wieder, fest überzeugt, daß er das Herz Elisabeths gewonnen habe und daß sie jedes Wort ernst meinte, wenn sie ihm ewige Liebe schwor.

Nachdem er seine Seekrankheit überwunden hatte, schickte er ihr aus Boulogne leidenschaftliche Liebesbriefe und eine »kleine goldene Blume mit einem Frosch darauf und mit ›Mounseer his phisnomye‹*, nebst einem kleinen Perlgehänge«.

Doch jetzt regte sich die öffentliche Meinung: Seit Jahrhunderten schwelte ein gewisses Vorurteil gegen Frankreich in der englischen Bevölkerung; jetzt flammte es erneut auf. Vor allem in den Protestanten war das Entsetzen über die Pariser Bluthochzeit nach sieben Jahren immer noch lebendig. Hatte Elisabeth denn Calais und den Verrat der Guisen, die Scheiterhaufen von Smithfield und die Falschheit Maria Stuarts ganz vergessen? Im August, vielleicht während Alençons Besuch in Greenwich, veröffentlichte der Puritaner John Stubbs, dessen Schwester mit dem »prophetischen Cartwright« verheiratet war, ein wirkungsvolles Traktat, in dem er der Furcht des größten Teils des englischen Volkes vor den Folgen dieser Heirat Ausdruck verlieh: *Die Aufdeckung eines gähnenden Abgrunds, der England mittels einer neuen französischen Heirat zu verschlingen droht, wenn Gott der Herr das Aufgebot nicht dadurch verhindert, daß er Ihre Majestät erkennen läßt, daß sie eine sträfliche Sünde damit beginge.* Wie der Titel vermuten läßt, hielt Stubbs mit seiner Meinung nicht hinter dem Berg. Die Königin sei zu alt, um noch an eine Ehe denken zu können, und im gefährlichsten Alter für eine Schwangerschaft, was ihr treuergebene Ärzte bestätigen würden. Was aber Alençon betreffe, so sei er nicht nur ein hinterlistiger französischer Wüstling, sondern »die alte Schlange selbst, die in Menschengestalt wieder auftauchte, um die englische Eva zu verführen und das englische Paradies zu zerstören«. Unter dem Vorwand der Errichtung einer Privatkapelle wolle man die römische Messe wieder einführen, der Götzendienst werde wieder blühen und gedeihen, und Gottes Wort solle zum Schweigen gebracht werden.

Etwa zur selben Zeit, zu der Stubbs sein Traktat veröffentlichte, schrieb auch Sir Philip Sidney einen langen Brief an Elisabeth, in dem er sich – wenn auch mit höflicheren Worten – im Namen aller englischen Protestanten ebenfalls gegen diese Heirat aussprach. Des Herzogs Herkunft, Religion, Nationalität und Persönlichkeit machten ihn zu einem äußerst ungeeigneten Partner, und sogar das einfache Volk wisse, daß er »der Sohn einer Jesabel unserer Tage« sei. Auch von den Kanzeln erschallten heftige Anklagen, daß die Tochter Gottes vom Sohn des Antichrist verführt werde. Um diese Kritik

* Monsieur seiner Physionomie

zum Schweigen zu bringen, erließ Elisabeth am 27. September eine Proklamation, in der sie sich selbst und den Charakter des Herzogs ausführlich verteidigte; auf königlichen Befehl hatten die Bischöfe dieses Schriftstück ihren Geistlichen zur Kenntnis zu bringen. Außerdem mußte ein Prediger in Paul's Cross die Verdienste der Regierung herausstellen und dem Volk versichern, daß seine Königin in Christo leben und sterben werde. Der *Gähnende Abgrund* von Stubbs wurde in der Proklamation als ein schlechtes, aufrührerisches Buch bezeichnet, das weder dem Land noch der Königin wohlgesonnen sei; gleichzeitig wurden sämtliche Exemplare beschlagnahmt und verbrannt. Verfasser, Drucker und Verleger wurden vor Gericht gestellt und auf Grund eines Statuts von Philipp und Maria zum Verlust ihrer rechten Hand sowie mehrjährigen Gefängnisstrafen verurteilt. Elisabeth begnadigte den Drucker. Stubbs und sein Verleger William Page bekamen dagegen die volle Härte des Gesetzes zu spüren. Viel später erinnerte sich William Camden daran, wie er in Westminster mitten in der Menge gestanden hatte, um der Vollstreckung des Urteils zuzusehen. Als Stubbs die rechte Hand abgehauen war, »lüpfte er den Hut mit der linken und rief laut: ›Gott schütze die Königin!‹« Dann wurde er ohnmächtig, und man trug ihn in den Tower, wo er achtzehn Monate gefangen saß. Der Verleger Page war aus härterem Holz. Er hob seinen blutenden Armstumpf hoch und rief der Menge zu: »Ich lasse hier die Hand eines getreuen Engländers zurück!« Elisabeths Beliebtheit hatte einen Tiefpunkt erreicht.

Hatte die Königin 1579 tatsächlich vor, Alençon zu heiraten, vorausgesetzt, daß die religiösen und politischen Schwierigkeiten behoben werden konnten? Und glaubte sie tatsächlich, noch Kinder bekommen zu können? Alençon war dreiundzwanzig Jahre und sie genau doppelt so alt. Sie machte eine schwierige Zeit durch. Vor allem ihre emotionelle Unbeständigkeit war noch nie so klar zutage getreten wie im mittleren und späteren Stadium ihres Verhältnisses zu Alençon. Einmal liebte sie ihn, einmal nicht; einmal wollte sie ihn auf der Stelle heiraten, und ein andermal schien sie jedes Interesse an den Heiratsverhandlungen verloren zu haben. Sie sehnte sich verzweifelt nach einem Kind und hatte andererseits Angst vor dem geschlechtlichen Verkehr und den Gefahren einer Geburt. Alles deutet darauf hin, daß Elisabeth mit ihren sechsundvierzig Jahren unmittelbar vor den Wechseljahren stand oder schon mitten darin war. Die Nachricht von Leicesters Heirat hätte ihren weiblichen Stolz in den letzten fünfzehn Jahren jederzeit tief verwundet, aber jetzt, an diesem kritischen Punkt ihres Lebens, litt sie besonders darunter. Leicester hatte sie verlassen, und Alençon gab ihr die letzte Chance, daß sich ihr Schicksal als Frau noch erfüllte. So nahm sie freudig seine Werbung an.

Burghley hegte nicht den geringsten Zweifel, daß sie noch Mutter werden konnte. Im März 1579 legte er in einem nur für seine eignen Augen bestimmten Memorandum die Gründe hierfür ausführlich dar: »Was die Proportionen ihres Körpers anbetrifft, so sind von daher keine Schwierigkeiten zu erwarten; sie ist weder zu klein noch zu groß. Auch ist sie nicht krank, und die natürlichen Funktionen, welche die Voraussetzung für die Empfängnis sind, sind bei ihr normal, so daß – was besonders wichtig ist – die Ärzte, die sie untersucht haben, wie auch die Frauen, denen der Körper Ihrer Majestät in bezug auf diese Dinge am besten bekannt ist, der Meinung sind, daß sie auch heute durchaus noch Kinder bekommen kann.« Viele Frauen, die älter waren als sie und deren Körper weniger dazu geschaffen schien, hatten gesunde Kinder geboren, ohne daß dies ihren eignen Gesundheitszustand beeinträchtigt hätte. Die besten Ärzte glaubten, daß sie noch sechs Jahre Kinder zur Welt bringen könnte. Außerdem war Burghley der Meinung, daß der sexuelle Verkehr und eine Schwangerschaft ihrer Gesundheit eher förderlich als schädlich sein würden.

Wenngleich sie kein ausführliches Memorandum zu diesem Thema verfaßten, waren auch Sussex, Leicester und Walsingham überzeugt davon, daß Elisabeth noch Kinder bekommen konnte; zumindest hätte sich sonst ein gegenteiliger Hinweis in ihrer Korrespondenz gefunden. Burghleys offene Meinungsäußerung auf Grund seiner Unterredungen mit den Ärzten der Königin straft alle Gerüchte über Elisabeths angebliche Unfruchtbarkeit Lügen. Obwohl einige Historiker auf dem Standpunkt stehen, ihr Verhalten ihren Bewerbern gegenüber sei nur damit zu erklären, daß Elisabeth einen körperlichen Mangel gehabt habe, auf Grund dessen sie nicht auf Kinder hoffen konnte, scheint alles auf das Gegenteil hinzuweisen. Elisabeth selbst war 1579 zweifelsohne der Ansicht, daß aus einer Ehe zwischen ihr und Alençon Kinder hervorgehen würden, und sie war fest entschlossen, ihn zu heiraten.

Hätte Elisabeth ihre Entscheidungen nur vor sich selbst verantworten müssen, so hätte sie Alençons Werbung wahrscheinlich in diesem Augenblick ohne Umstände angenommen; aber der leidenschaftliche Widerspruch, der zum Beispiel in Stubbs' *Gähnendem Abgrund* zum Ausdruck kam, machte sie unsicher. Sie hatte immer viel auf die öffentliche Meinung gegeben, und auch diesmal zog sie ihren Staatsrat zu Rat, statt ihrem eigenen Herzen zu folgen. Wenn ihre Räte sie in ihrem Wunsch unterstützten, womit sie fest rechnete – denn sie hatten ja seit ihrer Thronbesteigung unablässig gedrängt, daß sie heiraten solle, – war sie bereit, den Schritt zu wagen; aber sie sollten gemeinsam mit ihr die Verantwortung dafür tragen. Als sie die Frage stellte, wußte sie zwar, daß die Meinungen geteilt waren, aber sie hoffte, daß Burghley, der große Befürworter einer Heirat, den Sieg davontragen würde. Der Rat debattierte am 7. Oktober von acht Uhr morgens bis sieben Uhr abends darüber, »ohne den Raum zu verlassen, nachdem die Schreiber hinausgeschickt worden waren«. Man erwog das Für und Wider im Hinblick auf die Innen- und Außenpolitik, man zog alle Aspekte in Betracht, nur nicht die persönlichen Gefühle der Königin. Am Ende des Tages war Burghley überstimmt. Von den zwölf Anwesenden waren sieben gegen die Heirat. Zu den letzteren gehörten, wie zu erwarten war, auch Leicester und Hatton. Der Lord-Schatzmeister konnte sie jedoch dazu überreden, die Frage noch einmal offen zu lassen; dann begab er sich mit Leicester und zwei anderen zur Königin und sagte ihr, der Staatsrat könne sich nicht positiv für die Heirat aussprechen, bevor er ihre eigene Entscheidung gehört habe. Burghley schlug sogar vor, sie solle jeden der zwölf Anwesenden und später auch die an diesem Tag Abwesenden einzeln nach ihrer Meinung fragen.

Elisabeth hatte eine Resolution erwartet, die die Heirat warm begrüßte, und nicht »eine Antwort, die keine war« und die sie als Beleidigung empfand. Das sagte sie auch in aller Offenheit und »nicht, ohne viele Tränen zu vergießen«. Sie bereute jetzt, ihrem Staatsrat gestattet zu haben, sich in ihre Angelegenheiten einzumischen, und noch am gleichen Tag berief sie die vier ältesten Räte zu einer recht peinlichen Audienz. Der Staatsrat sah ein, daß er einen Fehler begangen habe, und erklärte sich nun einstimmig für die Heirat, falls das nach ihrem Sinn sei. Auch das klang nicht sehr ermutigend, und Elisabeth erwiderte, wenn ihr Staatsrat ihr nicht mehr entgegenkommen wolle, halte sie es nicht für angebracht, ihm zu sagen, ob sie nun Monsieur zum Gatten nehmen wolle oder nicht. Mendoza behauptet, sie habe im November ihren Staatsrat abermals von ihrer Heiratsabsicht unterrichtet: Sie brauchten keine weiteren Worte mehr darüber zu verlieren, sondern sie sollten gleich über die notwendigen Schritte beraten. Ein Quorum von Räten, denen Leicester nicht angehörte, verhandelte mit Simier über die Bedingungen. Da zögerte Elisabeth wieder und überredete Simier, die Verhandlungen noch einmal zwei Monate ruhen zu lassen, damit sie in der Zwischenzeit ihr Volk für die Heirat gewinne. Nach Ablauf dieser Frist war sie zu dem Entschluß gekommen, keine weiteren Schritte mehr zu unternehmen. Simier und Alençon verließen England bald darauf. Elisabeth schien jedes Interesse an ihnen verloren zu haben.

Englands Sicherheit war durch Alençons Feldzug in den Niederlanden nicht gefährdet, trotzdem mußte Elisabeth sich jetzt mehr denn je der Freundschaft Frankreichs versichern. Anfang der achtziger Jahre kam es wieder zu einer ständig wachsenden Entfremdung mit Spanien. Philipp II. konnte die Augen nicht länger vor Drakes erfolgreichen Kaperfahrten in der Neuen Welt verschließen, was dazu führte, daß Spanien die irischen Rebellen von nun an offen unterstützte. Die Besetzung Portugals nach dem Tod des alten Kardinals auf dem Königsthron brachte der ruhmreichen Flotte von Lepanto weitere stolze Schiffe und wichtige Schiffswerften ein. Der Allerkatholischste König konnte jederzeit Invasionstruppen unter päpstlichem Banner nach England schicken, um das Werk, das Jesuiten-Missionare dort begonnen hatten, zu vollenden: nämlich Maria Stuart zu befreien und Elisabeth abzusetzen. Frankreich war Englands Rettungsanker in der Not, und um die 1572 in Blois abgeschlossene Allianz weiter zu festigen, mußte Elisabeth Alençon weiter ihre Hand in Aussicht stellen und ihr Geld in seine törichten Kriegszüge gegen Parma investieren. Was sie wollte, war ein starkes Offensiv- und Defensivbündnis gegen Spanien, und um das zu erreichen, führte sie den Flirt mit ihrem »Frosch« endlos weiter. Ihre Politik ging dahin, Alençon so lange wie möglich am Gängelband zu führen, um ihn fallenzulassen, sobald sich dies machen ließ, ohne ihre guten Beziehungen zu Frankreich aufs Spiel zu setzen.

Nach weiteren absichtlichen Verzögerungen wurden die Verhandlungen im November 1580 wiederaufgenommen. Vier Monate zuvor hatte Burghley den Franzosen mitgeteilt, sobald ihr Bürgerkrieg beendet sei, könnten die Heiratsartikel innerhalb eines Tages abgeschlossen werden. Elisabeth »vergehe einfach vor Liebe zum Herzog«. Als der Friede zwischen den kriegführenden Parteien dann tatsächlich unterzeichnet war, kämpfte die Königin jedoch um einen weiteren Aufschub, wenn sie auch gleichzeitig öffentlich erklärte, sie wolle alles geregelt sehen, bevor sie zu alt sei, um Kinder zu bekommen. Noch immer war sie äußerst launisch. Im März brachte eine ihrer Ehrendamen, Ann Vavasour, die im Ruf stand, ihre Gunst etwas freigebig zu verschenken, im Palast einen Sohn zur Welt und gestand während der Wehen, daß Graf Oxford der Vater des Kindes sei. Daraufhin ließ Elisabeth sie noch am gleichen Abend in den Tower bringen, so erbost war sie über Oxfords illegitimes Liebesverhältnis und über ihre Ehrendame, die ihm so leicht zu Willen gewesen war.

Am 4. April begab sich die Königin nach Deptford hinunter, um Drake zu ehren, der im Spätherbst von einer ruhmreichen Reise um die Welt auf seinem Schiff »Pelikan« zurückgekehrt war, das nun den Ehrennamen »Golden Hind« erhalten hatte, da es »mit Gold, Silber, Seide und kostbaren Steinen« beladen gewesen war. Auch Elisabeth hatte privates Geld in dieses Unternehmen investiert; ihr Anteil an der Beute belief sich auf 160000 Pfund – ungefähr so viel, wie ihr das Parlament in einem Jahr bewilligte –, da jeder der Geldgeber 4700 Prozent seines Einsatzes erhielt. Die Kisten mit der reichen, in Cacafuego erkämpften Beute hatte man vorsichtshalber im Tower sichergestellt, zumal Mendoza lautstark forderte, die Schätze müßten an Spanien zurückgegeben werden. Als Drake an Bord der »Golden Hind« zum Ritter geschlagen wurde, war dies daher ein Ereignis von mehr als nur persönlicher Bedeutung, aus dem Elisabeth möglichst viel politisches Kapital zu schlagen gedachte. Sie sagte scherzend zu Drake, sie werde ihm mit dem vergoldeten Schwert den Kopf abschlagen, weil er ein Seeräuber sei, und reichte dann das Schwert Seigneur de Marchaumont, Alençons Sonderbeauftragten in London, damit dieser die Zeremonie an ihrer Stelle vollziehe, was er mit Freuden tat. Es war dies bereits eine bewußte Anspielung auf die englisch-französische Liga gegen Spanien. An Bord von Drakes Schiff verlor die Königin eines ihrer purpurnen und goldenen Strumpfbänder, und de Marchaumont erbat es sich zur Belohnung, um es Alençon als Andenken zu schicken. Elisabeth durfte es zwar behalten, bis sie im Palast war – wie hätte sie sonst auch ihren Strumpf befestigen sollen –, dann aber wanderte es zu den von Simier erbeuteten Trophäen. Drake verehrte seiner Königin an diesem großen Tag einen Diamantschmuck, von dem behauptet wurde, er habe die Form eines Frosches. »Dies und alles andere weist darauf hin, daß tatsächlich die Absicht besteht, die Heirat zu vollziehen«, schrieb der beunruhigte Mendoza.

Vierzehn Tage später kamen die französischen Kommissare nach England, um den Heiratsvertrag abzuschließen. Es war ein großes Aufgebot von Standespersonen unter Führung des Dauphins, denn Elisabeth hatte verlangt, daß Fürsten von höchstem Rang die Mission begleiten sollten. Fünfhundert Franzosen mehrere Wochen lang am

Hof zu bewirten, brachte zahlreiche Probleme mit sich. Die Aufregung darüber war so groß, daß die Königin fürchtete, protestantische Hitzköpfe oder Franzosenfeinde könnten einen Anschlag anzetteln, welcher am Ende mehr Ähnlichkeit mit der Pariser Bluthochzeit als mit dem fehlgegangenen Schuß auf Simier gehabt hätte, und so erließ sie eine Proklamation, in der sie alle ihre Untertanen anwies, die hohen Gäste besonders zu ehren, und in der sie ihnen bei Todesstrafe verbot, eine Waffe zu führen oder einen Streit zu provozieren. Mit galanten Aufführungen suchte sie Eindruck auf ihre Gäste aus Frankreich zu machen. Im Garten von Whitehall ließ sie ein 332 Fuß langes und fast ebenso breites Ballhaus aus Holz und Segeltuch errichten. Es war außen so angemalt, daß das Ganze wie ein massives Steinhaus mit 92 Fenstern aussah; auch im Inneren waren die Wände »mit himmlischen Impressionen höchst kunstreich geschmückt«, und auf dem Dach standen große flitterbeladene Körbe mit Laub und Feldfrüchten wie bei einem Erntefest.

Alençon selbst war in den Niederlanden unabkömmlich, was der Königin merkwürdigerweise gerade recht zu sein schien. Als Höhepunkt der Festlichkeiten wurde am 15. Mai auf der Turnierbahn ein »Triumph« aufgeführt. Dargestellt wurde »die Festung der vollkommenen Schönheit«, welche von der »Begierde« und ihren Pflegekindern – Höflingen unter Führung Philipp Sidneys – berannt wurde. Kanonen, die mit duftendem Puder und Parfüm geladen waren, wurden abgefeuert; man versuchte »an zierlichen Strickleitern emporzuklettern, und Lakaien warfen mit Blumen und ähnlichen Geschossen, wie sie der Begierde dienlich sind, nach den Mauern«. Dieses kunstvolle Schauspiel mit seinem ungeheuren Aufwand an blendenden Kostümen war eine Allegorie der Werbung um die Königin. Wenn die »Schlacht« einmal ruhte, wandten sich Boten mit der vergeblichen Bitte an die Königin, ihre »vollkommene Schönheit« der »tugendsamen Begierde« auszuliefern. Ein Engel sprach im Namen der Verteidiger ihrer jungfräulichen Zitadelle: »Meine Herren Ritter, wenn Sie nur erkennen würden, was sie da unternommen haben, indem sie die Sonne belagern! Sie zerstören einen Segen, der für alle da ist, um ihres privaten Vorteils willen ... Wollen Sie sich die Sonne unterwerfen? ... Wir freuen uns an ihrem Licht, Sie wollen es verdunkeln.« Die Vorstellung dauerte bis weit in den Abend hinein, bis die Angreifer endlich den ungleichen Kampf aufgaben. Die »Tugend« bewies sich als zu stark für die »Begierde«. Die »Festung der vollkommenen Schönheit« sollte »der ganzen Welt erhalten bleiben«.

Der französischen Gesandtschaft dürfte die Moral der Geschichte nicht entgangen sein, aber die prächtigen Bankette und die prunk-vollen Vorführungen blieben trotzdem nicht ohne Wirkung auf das diplomatische Korps. Die Heiratsverhandlungen mochten abermals scheitern, doch die Entente cordiale war fest begründet. Wirkungs-voller als der Vertrag von Blois war sie eine Macht, die es wagen konnte, Spanien herauszufordern.

Würde Alençon noch einmal nach England kommen, um persön-lich um die Königin zu werben, und wenn ja, würde seine Werbung Erfolg haben? Der spanische Gesandte Mendoza wettete jetzt hun-dert gegen eins, daß die Hochzeitsfeier nie stattfinden würde. Um ihrem Bewerber Mut zu machen, erfüllte ihm Elisabeth seine drin-gende Bitte um Geld und stellte ihm 30 000 Pfund zur Verfügung, um seine Truppen zu bezahlen, mit denen er Parma gezwungen hatte, die Belagerung von Cambrai aufzugeben. Daraufhin schickte Alençon seine Soldaten in die Winterquartiere und traf Ende Oktober endlich in England ein, wo er mit großer Herzlichkeit empfangen wurde. Etwa eine Woche lang hörte sich Elisabeth die glühenden Liebes-schwüre ihres »Frosches« an und erklärte, er sei »der verdienteste und beständigste ihrer sämtlichen Verehrer«. Trotzdem hoffte sie, die Präliminarien noch länger hinauszuziehen zu können. Um die Kritik der Protestanten zum Schweigen zu bringen, überredete sie Alençon, sie zum Gottesdienst in die St.-Pauls-Kathedrale zu begleiten, und gab ihm zur Belohnung vor versammelter Gemeinde einen Kuß. Ihr Verhältnis erreichte seinen Höhepunkt in einer Szene auf der Galerie von Whitehall am Jahrestag ihrer Thronbesteigung, den sie in diesem Jahr besonders prächtig beging. Elisabeth sagte zum französischen Gesandten, er könne jetzt nach Paris melden: »Der Herzog von Alençon wird mein Gemahl sein.« Dann wandte sie sich ihrem An-beter zu, küßte ihn auf den Mund und zog einen Ring von der Hand, den sie ihm als Unterpfand ihrer Liebe überreichte. Auch Alençon gab ihr einen Ring von seinem Finger. Nun rief die Königin ihre wichtigsten Höflinge und die Gesandten aus dem Audienzzimmer auf die Galerie und wiederholte ihr Gelübde. Der Herzog war »außer sich vor Glück«. Burghley pries Gott den Herrn, daß seine Königin endlich zu einem Entschluß gekommen war, Leicester war gekränkt, und Hatton brach in Tränen aus. Die Londoner waren der Ansicht, daß die Hochzeit »so gut wie vollzogen« sei, und in Antwerpen zündete man Freudenfeuer an, als die Nachricht eintraf.

Nur wenige merkten, daß die Vorstellung, welche die Königin in der Galerie von Whitehall gegeben hatte, ein geschickt arrangiertes

Schauspiel und genau vorausgeplant war. Es heißt, ihre Damen hätten auf Veranlassung Leicesters und Hattons noch am gleichen Abend »gejammert und der Königin solche Schreckbilder vor Augen geführt«, daß sie ihr mit ihren Argumenten gegen die Heirat eine schlaflose Nacht bereitet hätten. Am folgenden Morgen schickte sie nach dem Herzog und sagte ihm, noch zwei solche Nächte würden sie ins Grab bringen. Als sie so in der Stille der Nacht wach gelegen habe, hin- und hergerissen zwischen ihren Pflichten als Königin und ihren Gefühlen als Frau, habe sie sich entschlossen, ihr eignes Glück der Wohlfahrt ihres Volkes zu opfern, obwohl ihre Zuneigung zu ihm unvermindert sei. Als er später um die Erlaubnis nachsuchte, den Hof verlassen zu dürfen, bat sie ihn, noch zu bleiben, und sagte, sie wolle ihn zu einem günstigeren Zeitpunkt heiraten, im Augenblick seien ihre Gefühle zu sehr in Aufruhr. Alençon blieb gehorsam und voller Hoffnung noch drei Monate. Er ließ sich so lange feiern und umwerben, bis er merkte, daß er nicht länger willkommen war. Sicher hatte das »Jammern« ihrer Damen auch zu Elisabeths Unbehagen beigetragen, doch trifft es nicht zu, daß sie hierdurch »plötzlich vom Heiraten abgeschreckt wurde«, wie Camden meint. Die Königin benutzte die Warnungen vor den Gefahren einer Geburt vielmehr als Entschuldigung dafür, daß sie ihrem »Frosch« den Abschied gab, wozu sie sich in Wirklichkeit schon achtzehn Monate zuvor entschlossen hatte, als sie den Widerstand ihres Staatsrats spürte.

Sie wäre Alençon jetzt gern los gewesen und deutete Burghley und Leicester an, man könne ihn vielleicht durch Geld zur Abreise bewegen. Leicester hielt 200000 Pfund für eine angemessene Abfindungssumme, aber die Königin geriet in Zorn bei dem Gedanken, so viel Geld verschwenden zu sollen. Zu Anfang des neuen Jahres raffte sie sich noch einmal auf und sagte, eine Heirat sei durchaus möglich, doch könne sie sich nur damit einverstanden erklären, wenn Calais und Le Havre in englische Garnisonen umgewandelt würden. Die Unterhandlungen schleppten sich immer langsamer hin, so daß alle Beteiligten immer reizbarer und Sussex und Leicester eines Tages sogar handgemein wurden.

Als Elisabeth erfuhr, daß Kommissare aus Flandern nach London gekommen seien, um Alençons Rückkehr zu beschleunigen, befahl sie sie zu sich und stellte sie wegen ihres schlechten Benehmens zur Rede: »Ihr Schuhmacher, Schiffsbauer und Ketzer«, zürnte sie, »wie könnt ihr so mit einem Mann von königlichem Blut wie dem Herzog von Alençon reden? Merkt euch, daß ihr, wenn ihr es mit ihm oder mit mir zu tun habt, vor den beiden größten Fürsten der Christenheit steht!« Aber sie war trotzdem froh, daß sie ihn endlich dazu überredet hatten, England zu verlassen.

Am 1. Februar war es soweit. Elisabeth gab Alençon auf seiner Rückreise in die Niederlande bis nach Canterbury das Geleit. Beim Abschied weinte sie ein paar diplomatische Tränen und versicherte ihm, sie werde nicht eher wieder froh werden, bis er zu ihr zurückgekehrt sei. Er nahm 10000 Pfund in bar und das feste Versprechen mit, noch 50000 Pfund nachgeliefert zu bekommen, und ging schließlich in Sandwich in Begleitung Leicesters, Hunsdons und anderer Peers, die ihm nach Antwerpen das Geleit geben sollten, an Bord der »Discovery«. Wenn das Wetter nicht so schlecht gewesen wäre, hätte ihn Elisabeth bis zur Küste begleitet. So froh sie war, seine peinliche Gesellschaft los zu werden, schien sie ihn anschließend doch zu vermissen. Leicester gegenüber klagte sie, sie könne nicht eine Stunde länger ohne den Herzog sein und zähle die Tage, bis die zwei Monate bis zu seiner Rückkehr verstrichen seien. Sie schrieben einander noch leidenschaftliche Liebesbriefe, und Elisabeth sagte, sie gäbe eine Million darum, ihren »Frosch« wieder in der Themse statt in den trüben Sümpfen der Niederlande schwimmen zu sehen. Obwohl sie »vor Freude tanzte«, als seine Abreise endlich feststand, war sie nun melancholisch und dichtete Verse im Stile Petrarcas »Über Monsieurs Abreise«:

> Ich bin betrübt und darf es niemand zeigen,
> ich liebe und muß tun, als ob ich hasse.
> Ich bin verliebt und muß es doch verschweigen.
> Ich scheine stumm, und dennoch spricht mein Herz.
> Ich bin und ich bin nicht – und frier' und brenne,
> weil von mir selbst mein zweites Ich ich trenne.

Sie kann ihn nicht aus ihren Gedanken verbannen und bittet darum, daß eine »sanftere Leidenschaft« von ihr Besitz ergreife. Lange hatte sie nur mit der Liebe gespielt, aber im Spätsommer 1579 wollte sie Alençon ohne Zweifel heiraten und hätte es ohne den Widerstand Leicesters, Hattons und ihrer Freunde auch getan. Obwohl sie dem Herzog als dem Mann, den sie beinahe geheiratet hätte, auch späterhin herzlich zugetan blieb, wußte sie doch, daß eine Ehe mit ihm nun nicht mehr in Frage kam, auch wenn sie immer wieder die Rede darauf brachte. Es war ein Schock für sie, als sie merkte, wie unpopulär diese Heirat in England war, und je älter sie wurde, um so mehr kam sie davon ab. Sie sah ein, daß eine kinderlose Ehe in der

Tat ein Verhängnis gewesen wäre. Es war weit besser, eine jung-fräuliche Königin zu bleiben, als eine kinderlose Frau wie ihre Schwester zu werden. Alençon hatte wenigstens auf diplomatischem Gebiet für sie seinen Zweck erfüllt. Allein seine Existenz hatte die Abrechnung mit Spanien hinausgeschoben. Ihr Entschluß, ihn nicht zu heiraten, gab ihr in England ihre verlorene Popularität zurück, und da ihr Volk wieder an sie glaubte, konnte sie mit der Frage der Thronfolge weiter herumjonglieren. Sie weinte Alençon selbst kaum eine Träne nach, als er endgültig für sie verloren war, aber sie war betrübt, daß ihr damit Liebe, Heirat und Kinder für immer verwehrt blieben. Im Februar 1582 stand sie kurz vor ihrem neunundvierzigsten Geburtstag. Niemand würde nun mehr um ihre Hand anhalten, denn inzwischen war sie aus der »Blume aller Frauen« zu einer alten Jung-fer geworden.

Als Alençon im Juni 1584 an einem Fieber starb, wagte zunächst niemand, Elisabeth die schlimme Nachricht zu überbringen. Sie ordnete Hoftrauer an und beging alljährlich seinen Todestag. Er hatte in den Niederlanden ritterlich für sie gefochten, und sie hatte ihn eine Zeitlang wirklich geliebt.

NEUNTES KAPITEL

Der leuchtende Planet

Keine Herrscherin ist je mit so vielen allegorischen Namen bedacht worden wie Elisabeth. Aus der »Deborah« der ersten Wochen ihrer Regierung wurde die »Oriana« des letzten Jahrzehnts, aber für ihre Höflinge war und blieb sie die »Sonnenkönigin«. Ihr Licht leuchtete über ihnen und ließ sie wachsen und gedeihen, wenn ihr Glanz auch gelegentlich die Augen blendete und sie manchmal heftig aufflammen konnte. »Viele suchten ihre Gegenwart, um einen Strahl dieses leuchtenden Planeten zu erhaschen«, und wer nicht in ihrer Nähe war, lebte im Schatten. Hatton, der besonders an ihr hing, verzehrte sich, wenn er einmal nicht bei Hof war, vor Sehnsucht, »die gleißende Sonne, die mir Sinne und Seele erleuchtet«, wiederzusehen. Auch ihr Patensohn Harington bediente sich unbefangen dieses Motivs, um ihr Wesen zu kennzeichnen: »Wenn sie lächelte, war es wie lauter Sonnenschein, und jeder, dem es möglich war, wärmte sich daran.« Aber Harington fügte hinzu, daß sich auch plötzlich Wolken zusammenballen konnten und daß sich dann ein gewaltiges Gewitter auf alle ohne Unterschied entlud. Die wohlgesetzte Rede des Engels im »Triumph« zu Ehren der französischen Gesandtschaft im Jahre 1581 behandelte dasselbe Thema, das auch die Dichter Raleigh, Spenser und Shakespeare verwendeten. Ähnlichen Anspielungen werden wir noch oft begegnen.

Den Rahmen für Elisabeths Königtum bildete ihr Hof, ein buntes Durcheinander von Räten, privaten Bediensteten und Hofbeamten, die mit ihrer Monarchin von Palast zu Palast zogen und in den Sommermonaten durch die nicht allzuweit entfernten Gebiete ihres Landes reisten. Es war eine überwiegend männliche Gesellschaft, zu der die Größten des Reiches zählten, aber Elisabeth brachte es fertig, sie alle zu beherrschen, indem sie sie faszinierte und davon überzeugte, daß sie sich wenigstens ein bißchen in sie zu verlieben hätten. Meistens gab es nicht nur einen Günstling, sondern deren drei oder vier, und selbst auf der Höhe seines Einflusses war Leicester nur *primus inter pares*. Die Diener der Krone hatten Anspruch auf Wohnung und freien Tisch bei Hof. Ihre Ehefrauen dagegen hatten ohne Rücksicht auf ihren Rang auf beides kein Anrecht, wenn auch gelegentlich Ausnahmen gemacht wurden.

Elisabeth liebte Gesellschaft und fühlte sich wohl, wenn möglichst viele Menschen sie umgaben und eine spürbare Aktivität entfalteten. Das Leben an ihrem Hof war daher eine einzige große Massenszene, deren Mittelpunkt stets die Königin war. Sie gehörte zu den Menschen, die scheinbar mühelos eine Versammlung beherrschen, und hatte daher gern ein großes Publikum um sich, vor dem sie sich von ihrer besten Seite zeigen konnte. Blieb sie einmal einsam und in sich gekehrt in ihren Privatgemächern, machten sich ihre Minister Sorgen um sie, denn sie wußten, daß sie dann entweder krank oder tief erregt war. Ein kurzes Donnerwetter war weniger beängstigend als eine solche trübe Stimmung. Elisabeth war der Ursprung aller Macht, und ihre Privilegien verschafften ihren Günstlingen Zugang zu Reichtum und Ruhm. So strömten sie ihr zu, begierig, ihre Livree zu tragen, und verfielen ihrem unwiderstehlichen Zauber.

Die Königin strahlte im Glanz ihrer Diamanten und mit ihr ihr ganzer Hof, gab sie doch 405 Pfund im Jahr allein für Schmuck aus, mit dem sie ihre nächste Umgebung – und die eigenen Perücken – behing. Adlige, die in ihren eigenen Besitztümern vielleicht zu Unruhestiftern geworden wären, lockte sie an den Hof, wo sie ihr unterwürfig die Hand küßten und dafür ein Amt erhielten. Auf diese Weise hatte sie sie alle unter den Augen. Wie Motten um eine brennende Kerze flatterten sie um die Königin und »gaben ihr Geld für die relativ harmlosen, aber äußerst kostspieligen Vergnügungen des Hoflebens aus«, wie Sir John Neale sich ausdrückte. Hof und Hauptstadt übten auf alle eine selbstverständliche, unwiderstehliche Anziehungskraft aus. Es lockten die Läden von Cheapside, die Maskenspiele in der Bankettehalle, die Vorführungen im Turnierhof und nicht zuletzt die Möglichkeit, im Zentrum der Macht zu leben. Junge Leute aus der Provinz kamen nach London, nicht so sehr, um dort ein Vermögen zu erwerben, als um sich im Dienst der Königin den letzten Schliff zu holen.

Es mochte für eine Frau nicht immer leicht sein, eine so große Schar von Männern in Schach zu halten. Bei der geringsten Herausforderung juckte es die Höflinge in den Fingern, das Schwert zu ziehen, und je höher ihr Rang war, desto leichter fühlten sie sich in ihrer Ehre gekränkt. Immerhin konnte man die Abenteuerlustigen auf die Turnierbahn oder auf die Jagd schicken, um sie sich dabei austoben zu lassen. Der Oberhofmarschall verstand sogar so gut Ordnung zu halten, daß der Kronrichter erstaunlich wenig zu tun hatte. Natürlich gab es Streitigkeiten, Ungehörigkeiten und Drohungen, aber es kam selten zu wirklichen Gewalttätigkeiten, und wenn auch Leicesters oder Essex' Anhänger die Livree ihres Herrn trugen, so gab es deswegen am Hof doch kaum Streit. Elisabeth machte allen klar, daß rohe Gewalt zu nichts führte. Als Frau konnte sie die rauhen Sitten in höfisches Benehmen verwandeln und die männliche Rauheit zähmen, indem sie ihren Höflingen das Vorrecht einräumte, bei dem Idyll mitzuspielen, dessen Hauptperson sie selbst in der Maske der schönen »Oriana«* war, die sowohl Frau wie Herrscherin, sowohl Jungfrau wie der höchste Preis allen Strebens war. So phantastisch uns das heute vorkommen mag – Elisabeth hatte mit dieser Taktik Erfolg. Es kam noch hinzu, daß die Reformation mit dem Marienkult aufgeräumt hatte, der im hohen Mittelalter auch in England so mächtige und tiefe Wurzeln geschlagen hatte, daß nicht nur viele Kirchen der Jungfrau geweiht waren, sondern auch zahllose Gilden und Kapellen sie zu ihrer Schutzpatronin erkoren hatten und unzählige Pilger zu ihrem Altar in Walsingham oder zu Becketts Grab in Canterbury gewallfahrtet waren. Auch das Rittertum hatte die reine Jungfrau hoch verehrt. Nun, nachdem es mit der Anbetung der Himmelsjungfrau vorbei war, übertrugen viele ihre Verehrung auf die jungfräuliche Königin Englands, die zwar irdisch, aber von einer romantisch-mystischen Gloriole umstrahlt war. Ohne diese zum Teil unbewußten Hintergründe wäre es kaum möglich gewesen, daß Elisabeth einem ganzen Zeitalter ihren Namen gab.

Für die Inhaber der Hofämter war die Anwesenheit bei Hof obligatorisch, wenn sie nicht offiziell beurlaubt waren. Eine solche Beurlaubung war jedoch eine Gunst, und es bestand kein Anspruch darauf. Auch war es politisch unklug, zu lange und zu oft dem Hof fernzubleiben, denn ein Höfling, der den Strahlen der Sonne aus dem Weg ging, konnte kaum auf weitere Beförderung hoffen und mußte gewärtig sein, daß man hinter seinem Rücken gegen ihn flüsterte und intrigierte, um ihn aus seinem Amt zu verdrängen. Als Cecil aus dem Norden, wo er im Sommer 1560 die Verhandlungen um den Vertrag von Edinburgh geführt hatte, an den Hof zurückkehrte, merkte er, daß er bei weitem nicht mehr so hoch in Gunst

* Tochter eines sagenumworbenen Königs

stand wie zuvor, da man in seiner Abwesenheit üble Gerüchte über ihn verbreitet hatte. Norfolk haßte es, das Leben eines Höflings führen zu müssen, wagte jedoch nicht, zu lange in Ost-Anglien zu bleiben. Selbst wer in Geschäften der Königin unterwegs war, wußte, daß er inzwischen bei Hof verleumdet wurde und daß seine Kandidaten für einträgliche Hofämter ins Hintertreffen gerieten gegenüber anderen, deren Patrone im Audienzzimmer zur Hand waren. »Bitte, setzt Euch für Eure armen abwesenden Freunde ein«, schrieb Leicester an Walsingham aus den Niederlanden. Während seiner Abwesenheit wurden Whitgift, Cobham und Buckhurst, die alle drei Gegner des Grafen waren, durch Burghleys Einfluß zu Mitgliedern des Staatsrats ernannt, was der Lord-Schatzmeister nie durchgesetzt hätte, wenn Leicester am Hof gewesen wäre.

Das weibliche Gefolge der Königin bestand aus nur achtzehn Damen: vier Kammerdamen und acht Hofdamen, die sämtlich von hohem Rang waren; dazu kamen noch sechs junge Ehrendamen, deren ehrgeizige Eltern ihre Chancen auf dem Heiratsmarkt dadurch zu verbessern hofften, daß sie sie in diese feinste aller Schulen des guten Benehmens schickten. Diese Damen führten die Oberaufsicht über die zahllosen weiblichen Dienstboten, die für die Garderobe und Toilette, für das Essen und die körperlichen Bedürfnisse der Königin in ihren Privatgemächern zu sorgen hatten. In ihrer Gesellschaft verbrachte sie den größten Teil des Tages; gewissermaßen ersetzten sie ihr die Familie. Es hat nicht den Anschein, daß sie mit ihnen je ernsthafte politische Fragen besprochen hätte, obwohl einzelne Höflinge Einfluß auf die eine oder andere zu nehmen suchten, zum Beispiel während der Werbung Alençons um Elisabeth, oder wenn es sich darum handelte, einem ihrer Günstlinge ein Amt oder eine Zuwendung zu verschaffen. Elisabeth plauderte mit ihren Damen über religiöse oder philosophische Fragen, zog über schlechte Kanzelredner und andere Personen her und hörte sich aufmerksam den Hofklatsch an. Sie war äußerst interessiert an ihren jungen Ehrendamen, die meist in Weiß gekleidet waren, erwartete, in ihre Geheimnisse eingeweiht zu werden, und neckte sie oft recht grausam wegen ihrer Liebesaffären. Wenn alles gutging, übernahm die Königin dann später die Patenschaft für die Kinder. Aber wehe dem Höfling, der einer dieser jungen Schönen zu nahe trat! Raleigh und Oxford wanderten in den Tower, weil sie Elizabeth Throgmorton und Ann Vavasour verführt hatten, und gegen Ende ihrer Regierung verbannte sie Leicesters Sohn Robert von ihrem Hof, weil er es gewagt hatte, Mistreß Cavendish zu küssen. Obwohl es an diesem Hof hoch herging und über ihre eigenen Beziehungen zu Leicester, Hatton und Essex mehr als genug geklatscht wurde, hielt Elisabeth in ihrer Umgebung streng auf Moral – im Gegensatz zu dem ausschweifenden Leben an den meisten anderen europäischen Höfen.

Elisabeth hatte vierzehn Hauptresidenzen in London und Südengland geerbt, angefangen mit Whitehall Palace, der sich über ein Gebiet von vierundzwanzig Morgen erstreckte und der »größte Palast der Christenheit« war, bis zu Woodstock Manor, einem stillen Landhaus. Am liebsten hielt sie sich in Greenwich auf, wo sie geboren war. Zu den Erbschlössern kamen noch fünf Erwerbungen jüngeren Datums hinzu. Am modernsten war das Palais von Lord-Protektor Somerset am »Strand«, das noch nicht vollendet war, als dieser sich selbst zugrunde richtete. Wolseys prächtige Residenzen in Hampton Court und Whitehall, das zu seinen Lebzeiten York House hieß, waren nach seinem Tod an die Krone gefallen. Der St.-James-Palast, ursprünglich ein Heim für leprakranke Frauen, war während der Reformation geräumt und dann zum königlichen Besitz erklärt worden, während Nonsuch die Steine der Merton-Abtei in Surrey zum Fundament hatte und von Heinrich VIII. mit einem schier aberwitzigen Aufwand errichtet worden war. Diese Neuerwerbungen stellten einen überreichen Ersatz für den Verlust der Residenz von Westminster dar, die zwanzig Jahre vor Elisabeths Geburt durch ein Großfeuer zerstört und nicht wieder aufgebaut worden war. Im Vergleich zu diesen Neubauten waren die königlichen Residenzen Windsor Castle und Eltham in Kent, aber auch die Räume im Tower unhygienisch und unbehaglich. Die weiter abgelegenen königlichen Besitzungen Oatlands bei Weybridge, Woodstock und selbst Hatfield waren kaum mehr als grünüberwucherte Jagdhäuser, und Elisabeth benutzte sie im allgemeinen auch nur als Ausgangspunkt für Jagden oder als Zwischenstation bei ihren Rundreisen. Sie besaß demnach ein reiches Erbe und machte keine Anstrengungen, es noch zu vergrößern. Auch für die Instandhaltung ihrer Residenzen gab sie im Verhältnis weniger aus als irgendein Herrscher seit Eduard II.

Obwohl erhebliche Unterschiede zwischen den einzelnen Palästen bestanden, waren die meisten doch nach einem einheitlichen Schema erbaut. Da sie des leichten Zugangs wegen meist am Fluß lagen und die Gefahr von Überschwemmungen bestand, befanden sich die königlichen Gemächer durchwegs im ersten Stock. Man gelangte zu ihnen von der Galerie aus, zu der eine zumeist prachtvoll gearbeitete Treppe führte. Solange die Königin in der betreffenden Residenz weilte, herrschte hier ein ständiges Kommen und Gehen; vor allem pflegten mehr oder weniger lästige Bittsteller hier auf einen günstigen Augenblick zu warten, um eine Gunst von der Königin zu erbitten. Hinter einem Vorhang befand sich die Tür zu ihrem Audienzzimmer. Von da aus gelangte man zu ihrem Privat- und Ruhezimmer, wo sie häufig auch speiste. Dahinter lag das königliche Schlafgemach. Die große Halle, in der bei festlichen Gelegenheiten getafelt wurde, und die Kapelle lagen zu ebener Erde. Elisabeths Kirchenstuhl war meist in Form einer Galerie am westlichen Ende der Kapelle angebracht, damit sie nicht unnötig Treppen zu steigen brauchte. Das übrige Erdgeschoß war Verwaltungs-, Wirtschafts- und Vorratsräumen sowie den Wohnräumen der einfacheren Hofbeamten vorbehalten. Sämtliche Paläste hatten ihren eigenen Garten, und die Königin pflegte wie eine gute Hausfrau ab und zu selbst dort Blumen zu pflücken und ihre Zimmer damit zu schmücken.

Zur offiziellen Garde der Königin gehörten zunächst die fünfzig Herren der Ehrenwache, die alle eine bestimmte Uniform trugen und einem Kapitän mit einem eigenen Bannerträger unterstanden. Die beschwerlicheren Pflichten hatten die zweihundert Leibgardisten zu erfüllen, die eine weniger prächtige Uniform trugen und nur sechzehn Schillinge am Tag erhielten. Nachdem die Rundreisen immer ausgedehnter und die Jagden immer beliebter wurden, wurde auch Leicesters Wirkungsbereich als Oberhofstallmeister immer größer; zeitweilig standen zweihundertdreiundsiebzig Pferde im königlichen Marstall, die von hundertachtundzwanzig Bediensteten betreut wurden, von den Gestüten in Marlborough und an anderen Orten nicht zu reden. Neben den vierundsechzig Stallknechten gab es vier Kutscher, sechs Sänftenträger, sechzehn Lakaien, einen Aufseher über das Futter, Sattler, Gebißmacher, Hufschmiede und den Reitknecht. Die Hundezwinger mit ihren Meuten von Stöbern, Jagdhunden, Otterhunden und Bulldoggen versorgte ein besonderer Stab von Bediensteten. Der Bootsmeister hatte eine Mannschaft von zweiundvierzig Matrosen unter sich, die die königliche Livree trugen, und eine Gruppe von Schiffszimmerleuten hielt die Flottille von Barken und Pinassen instand.

Der Stab im Untergeschoß, welchem die häuslichen Verrichtungen im Palast oblagen, stand unter der Oberaufsicht des Oberhofmeisters, dem der Oberschatzmeister und der Oberhofmarschall zur Seite standen. Arundel, Pembroke, Lincoln, Leicester und Hunsdon dienten Elisabeth nacheinander als Oberhofmeister, aber nur Hunsdon verwaltete sein Amt selbst. Während des größten Teils ihrer Regierung war Sir Francis Knollys, der 1570 den alten Sir Thomas Parry als Schatzmeister ablöste, die eigentlich treibende Kraft hinter der Szene. Knollys war ein standhafter Puritaner, dem sein Oberhofmarschall Sir James Crofts, ein Katholik und Mitglied der Ehrenwache Philipps II., die Waage hielt. Die Reformen Heinrichs VIII. in der Hofhaltung, welche Pflichten und Privilegien der Beamten aller Rangstufen genau festlegten, waren noch in Kraft, doch drückte man oft ein Auge zu. 1561 unterzeichnete Elisabeth neue Verordnungen über die Zuwendungen bei Tisch und die Zusammenstellung der Menüs, aber auch diese wurden häufig nicht beachtet. Obwohl sie selbst bemerkenswert mäßig im Essen und Trinken war, hielt sie die Fastentage nicht ein und befahl für jeden Tag der Woche ein volles Menü. Weit mehr ins Gewicht fiel, daß Höflinge und Hofdamen in ihren Zimmern eigens für sie in der Privatküche zubereitete Gerichte zu essen pflegten, so daß ihre Plätze an der allgemeinen Tafel leer blieben und von Bediensteten und Bediensteten von Bediensteten eingenommen wurden. So wurde viel vergeudet, und Scharen von Buben lungerten in der Nähe der Küchen herum, um sich etwas zu stibitzen. Auch lockte der Überfluß ein Heer von Bettlern an, bis strenge Gesetze 1597 diesem Unwesen ein Ende setzten.

Das Parlament bewilligte 1563 die jährliche Summe von 40027 Pfund 4 Schilling und 2¹/₄ Pence für die Ausgaben der königlichen Hofhaltung. Dies war alles andere als großzügig, wenn auch dagegen argumentiert wurde, daß ja noch kein Prinzgemahl, keine Prinzessinnen und keine Königin-Witwe nebenher zu unterhalten seien. Durch den sinkenden Geltwert wurde es jedoch unmöglich, den Haushalt mit einem so knappen Budget weiterzuführen. 1573 beliefen sich die Ausgaben bereits auf 49000 Pfund, und Elisabeth mußte bald noch tiefer in die eigne Tasche greifen. Wenn man die Speisefolgen der Bankette liest, die zu Ehren vornehmer ausländischer Gäste gegeben wurden, versteht man, daß die Engländer in den Ruf der Gefräßigkeit gerieten. Rechnet man die Mahlzeiten hinzu, welche die fünfzehnhundert Höflinge und Bediensteten dieses in seiner Art größten Betriebs der Welt täglich gratis erhielten, kann man sich nur wundern, daß die Kosten nicht doppelt so hoch waren. Der vorsichtige Burghley redete der Königin immer wieder ins Gewissen, daß man die vom Parlament bewilligte Summe unbedingt einhalten müsse, und führte alle paar Jahre neue Sparmaßnahmen ein, damit Elisabeth nicht immer wieder als Bittstellerin vor das Unterhaus treten mußte. 1575 wurde zum Beispiel beschlossen, königliche Agenten nach Frankreich zu schicken, um den Wein an Ort und Stelle einzukaufen, was erhebliche Summen einsparte, aber die Londoner Weinhändler verärgerte.

Weit größeren Erfolg zeitigte die Reform des alten Einkaufsystems. Die einzelnen Ressorts der Hofhaltung schickten ihre Aufkäufer in die Grafschaften, um Korn, Vieh und andere Lebensmittel zu erstehen, wobei sie die Märkte leerkauften und hart feilschten. Diese Aufkäufer, »gereichten vielen zum Schaden und waren allen verhaßt«, und die Königin selbst bezeichnete sie ingrimmig als »Harpyien«. Obwohl sie Hofbeamte waren, steckten sie bei jedem Handel ihren Anteil in die eigene Tasche und ließen Bauern und Händler auf ihr Geld warten. Mißbräuche waren an der Tagesordnung, und auch Männer wie Knollys und Crofts hatten keine Eile, das System zu ändern, da sie dabei selbst Gewinne machten. Nach jahrelangen vergeblichen Bemühungen gelang es Burghley endlich, mit jeder Grafschaft langfristige Lieferverträge abzuschließen, was der Krone wie den Untertanen zugute kam. Dieses neue System sparte Elisabeth im Jahr 19000 Pfund ein, und die am weitesten von London entfernten Teile Englands, die bisher billig davongekommen waren, mußten nun auch zur Versorgung des Hofes beitragen. Diese Einsparung von 19000 Pfund zeigt, welchen Profit die »Harpyien« eingesteckt hatten.

Als Burghley tot war, nahm Elisabeth selbst den Rechenstift in die Hand. Richard Brown, der Rechnungsprüfer des Haushaltes, berichtet von einer stürmischen Unterredung, die sie wegen der erhöhten Kosten mit ihm hatte. »Warum sind 40000 Pfund nicht genug zum Leben?« schalt sie. Der Mann erinnerte sie höflich daran, daß die Kosten gestiegen seien, und zeigte ihr eine Gegenüberstellung der augenblicklich gültigen Preise und derjenigen zur Zeit von Elisabeths Thronbesteigung, woraus zu ersehen war, daß Brot, Bier, Holz, Kohlen und Wachs jetzt 12000 Pfund mehr kosteten als früher. »Und das soll ich dulden?« rief sie. »Habe ich es Euch nicht vorher gesagt, Brown, was Ihr feststellen würdet? Ich hatte nie wieder so viele Herren und Damen für meine Bedienung zur Verfügung wie zu Anfang meiner Regierung... Ich dulde diese schändliche Vergeudung und Erhöhung der Kosten, wie sie kein Fürst vor mir je erlebt hat, nicht. Das ist eine Beleidigung Gottes. Und meine treuen Untertanen sorgen sich – wie ich höre – und beschweren sich nicht ohne Grund darüber, daß man jeden Tag mehr Lieferungen zu Spottpreisen von ihnen verlangt, um sie dann an meinem Hof zu

verschwenden. So mancher ist darüber schon zugrunde gegangen...
Aber ich will so enden, wie ich begonnen habe, geliebt von meinen
Untertanen! Es ist kein Wunder, daß auch im Parlament über diese
Mißstände Beschwerde geführt worden ist.«

Sie befahl dem armen Brown, sie daran zu erinnern, daß sie sich
den Schatzmeister, den Oberhofmarschall und die übrigen Verantwortlichen vornehmen wolle. Es war jedoch zu spät. Elisabeth starb,
ehe sie mit dem Rechnungswesen ins reine kam.

Elisabeths Hof vertilgte in einem einzigen Jahr 1240 Ochsen,
8200 Schafe, 13 260 Lämmer, 2330 Kälber, 760 junge Stiere, 53 Wild-
schweine, 310 Schweine, 560 Speckseiten und 33 024 Hühner. Trut-
hahn war ein fast ebenso rarer Leckerbissen (sieben Dutzend Vögel
im Jahr) wie Schwan (sechs Dutzend), aber zum Menü gehörte häufig
eine ganze Folge von Wildvögeln wie Reiher, Trappen, Bekassinen,
Kiebitze, Möwen und Uferschnepfen neben den alltäglicheren Wach-
teln, Lerchen und Waldschnepfen. Fasanen und Rebhühner wurden
nur selten serviert. Während der Jagdsaison kam häufig Wildbret
aus den königlichen Parks und Wäldern auf den Tisch. An Butter
verbrauchte der Hof sechzigtausend Pfund im Jahr, was bei etwa
fünfzehnhundert Verköstigten vierzig Pfund pro Person ausmacht.
Der Mittwoch und Freitag waren laut Parlamentsbeschluß zu Fasten-
tagen erklärt worden, um die englischen Fischer zu unterstützen, die
man sich als Reserve für die Marine heranziehen wollte. In dieser
Hinsicht gab der Hof allerdings ein schlechtes Beispiel. Es wurde
zu wenig Fisch gegessen, teils weil man ihn nicht mochte, teils weil
er zu schwer zu beschaffen war. Der Aufkäufer von Seefisch in Rye
in Sussex war als säumiger Zahler so verrufen, daß die Fischer ihn
boykottierten, und andere Hofbeamte, die in Billingsgate auf ihrem
Recht bestanden, sich zuerst das Beste vom Fang aussuchen zu dürfen, gerieten mit der Fischhandelsgesellschaft in London aneinander.
Auch war die Lagerung von großen Mengen verderblichen Seefischs,
der zum unmittelbaren Verbrauch bestimmt war, ein Problem, das
man erst heutzutage gelöst hat. Weder der gesalzene und getrocknete
Stockfisch, der von den Islandfahrern nach Bristol und Hull gebracht
wurde, noch die geräucherten Heringe von Yarmouth schmeckten
den Höflingen, obwohl sie für die einfacheren Bediensteten einen
Hauptteil der täglichen Kost darstellten. Leichter war es, an Süß-
wasserfische zu gelangen, zumal Elisabeth eigene Fischteiche hatte
anlegen lassen. Sie selbst aß gern Stör und Salm, die ihr der Gouverneur von Berwick am Tweed herunterzuschicken pflegte.

Das bedrückende Problem ihrer Zahlungsunfähigkeit machte Elisabeth immer geiziger. Am Neujahrsfest war es üblich, Geschenke auszutauschen, und je höher das Amt eines Höflings war, ein um so kostbareres Geschenk hatte er der Königin zu übergeben. Ihre Wäscherin schenkte ihr ein gesticktes Taschentuch, Smyth, der Müllkutscher, zwei Stück Batist und ihr Leibarzt eine große Flasche Toilettenwasser und kandierten Ingwer. Die ihr am nächsten Stehenden jedoch wußten, daß von ihnen Gold oder Edelsteine erwartet wurden. Ein mittelloser junger Mann konnte zur Not ein paar hübsche Verse dichten, in denen er Orianas Schönheit feierte, aber im nächsten Jahr kam er nicht mehr so billig davon. Ein Gelehrter war übel daran, und Roger Ascham mußte es mit dem Leben bezahlen, daß er in einer kalten Dezembernacht des Jahres 1568 die ganze Nacht aufsaß, um ein Gedicht an die Königin zu vollenden. Am Neujahrstag des Jahres 1587 präsentierte ihr Hatton ein Diadem, ein Halsgeschmeide in Form eines diamantenbesetzten Goldkragens mit emaillierten Gliedern und Gehängen aus Edelsteinen sowie fünfzehn Goldknöpfe, die mit Saatperlen und dem Motto *Tu decus omne tuis* verziert waren. Heneage gab ihr eine goldene Parfümkugel und eine Garnitur Perlenketten, Leicester eine kostbare Börse und eine Brosche und Essex »einen schönen Goldschmuck in Form eines Regenbogens«. Blanche Parry überreichte ihr eine Schlangenzunge aus Rubinen und Gold, Lord-Admiral Howard präsentierte einen goldenen halbmondförmigen Kragen, während Drake sie mit einem Fächer aus roten und weißen Federn entzückte, der prächtig mit Juwelen verziert war und beim Öffnen ihr Bildnis zeigte. Aber nicht alle Geschenke waren so auserlesen. Die Perlen der Gräfin von Oxford zum Beispiel waren »sehr gewöhnlich«.

Über diese Juwelen und Kostbarkeiten wurde sorgfältig Buch geführt, und selbst der kleinste Verlust wurde genau verzeichnet. Offiziell beurkundet wurde zum Beispiel, daß zu Allerheiligen 1566 »Ihre Majestät ein besticktes schwarzes Samtkleid trug, das mit diamantenbesetzten Goldknöpfen verziert war«, und daß »an diesem Tag einer der besagten Goldknöpfe am Rücken Ihrer Hoheit abging«. Das Protokoll wurde von den Damen Knollys, Stafford, Carew und Blanche Parry unterzeichnet, die sich damit gegen verfängliche Fragen nach dem Verbleib des Diamantenknopfs absicherten. 1600, als es galt, die wachsenden Kosten der Hofhaltung sowie der Kriege in den Niederlanden und in Irland zu decken, geriet Elisabeth in eine solche Geldverlegenheit, daß sie ihre Schatzkammer nach Stücken durchsuchte, die man zu Geld machen konnte. Zuerst sortierte sie

»allgemeinen Plunder« aus, wie zum Beispiel zerbrochene Ketten zum Hosenbandorden, alte Tranchiergeräte, Hundehalsbänder, Dolchklingen, Toastgabeln und »anderen wertlosen Schnickschnack«, den sie zum Einschmelzen in die Münze schickte, um ihn für die Prägung von Gold- und Silbermünzen mit zu verwenden. Wertvolle Stücke verkaufte sie an John van Hesse und andere Antiquare 9393 Pfund. Hierzu gehörte das letzte große Siegel ihres Vaters, goldene und grün emaillierte Armbänder mit der Inschrift *Dieu et mon Droit*, Kruzifixe, der Kopf Johannes des Täufers auf einer Schale aus Gold und Achat, ein unwahrscheinlich großer Saphir »in Form eines Herzens mit einem Loch darin«, hundert Hosenbänder aus venezianischem Gold, ein goldenes Pfeifchen von König Heinrich, das er auf See benutzt hatte, sowie »zwei goldverzierte Brillen und ein Armband«. (Es wäre nur interessant zu wissen, welche Tudors diese Brillen getragen hatten.)

Elisabeth unterhielt getrennte »Garderoben« in Whitehall, Hampton Court, Windsor und im Tower. In den Tower scheint sie alle Kleidungsstücke verbannt zu haben, die sie nicht mehr tragen wollte, von denen sie sich aber noch nicht trennen konnte. Von ihren Porträts und den Beschreibungen der Gesandten und anderer Zeitgenossen ist uns ihre Erscheinung in all ihrem Glanz gegenwärtig, besonders in den kunstvollen Reifröcken nach französischer Mode, die in den achtziger Jahren aufkamen und für die etwa zwanzig Ellen Stoff verwendet wurden. Man trug dazu ein langes Mieder und Halskrausen. Luxusgesetze suchten den modischen Extravaganzen Einhalt zu gebieten, indem sie Stil und Material der Damengarderobe für jeden gesellschaftlichen Rang genau vorschrieben. Die Königin selbst aber verachtete das Handgewebte und schwelgte in kostbaren Luxusstoffen. Es war dies die große Zeit der italienischen Seiden- und Atlasstoffe mit ihren herrlichen Farben. Im zweiten Jahr ihrer Regierung gab Elisabeths »Seidenfrau«, Mistreß Montague, ihrer Herrin das erste Paar gestrickter Seidenstrümpfe, von denen die Königin so begeistert war, daß sie sagte, sie werde in Zukunft nur noch Seide tragen. Um sich selbst desto vorteilhafter abzuheben, kleidete sie ihre Hofdamen in schwarzen Samt (wenigstens hat sie ihnen nie etwas anderes als schwarzen Samt geschenkt) und ihre Ehrenjungfrauen in Weiß. Die Inventarien ihrer Garderobe beweisen, wie reich die meisten ihrer Kleider mit Edelsteinen besetzt waren. Eines war zum Beispiel mit tausend Saatperlen bestickt, und zu einem anderen gehörte für jeden Tag ein anderer Diamant.

Selbst im Alter noch konnte sie auf einen Franzosen, der ein Auge für Eleganz hatte, Eindruck machen, wie aus folgendem Bericht hervorgeht: »Sie war merkwürdig angezogen und trug ein Kleid aus weiß und karmesinrot gemustertem Silbertuch (oder »aus Silbergaze«, wie sie es nennen). Dieses Kleid hatte geschlitzte, mit rotem Taft gefütterte Ärmel und einen Gürtel, von dem lauter kleine Armschleifen* bis auf den Boden herabhingen, die sie ständig um den Finger wickelte und wieder glattstrich. Der vordere Teil ihres Kleides stand offen, so daß man ihren ganzen Busen und weit hinunter sehen konnte. Überhaupt knöpfte sie ihr Kleid häufig eigenhändig vorne auf, so als ob es ihr zu warm wäre. Der Kragen der Robe war sehr hoch, sein Innenfutter schmückten kleine Gehänge aus Rubinen und Perlen, die sehr zahlreich, aber ganz klein waren. Um den Hals trug sie eine Kette aus Rubinen und Perlen, und auch ihre große rötliche Perücke schmückten eine dazu passende Kette und viel Gold- und Silberflitter. Auch hingen einige Perlen über ihre Stirn herab. Vor und hinter den Ohren trug sie zwei lange Locken, die fast bis zu den Schultern und in den Kragen hinabreichten und ebenfalls mit Flitter geschmückt waren.«

Für die nächste Audienz trug sie ein mit Goldspitze verziertes schwarzes, scharlachrot abgefüttertes Taftkleid über einem weißen Damastunterrock. Es stand vorne so weit offen, daß man ihren Nabel sehen konnte. Kein Wunder, daß die Puritaner sich über die Mißbräuche der eleganten Mode ausließen! Welche Veränderung war mit der jungen Prinzessin vorgegangen, die Roger Ascham wegen ihres bescheidenen Auftretens so sehr gelobt hatte! Aber Sieur de Maisse, der Sonderbeauftragte Heinrichs IV., war tatsächlich fasziniert von ihr, und darauf hatte sie es abgesehen. Ein anderer Zeitgenosse bemerkte, daß sie, wenn sie in die Kapelle ging, ihren Busen nicht bedeckte, »wie alle englischen Damen es tun, solange sie nicht verheiratet sind«. Er fand jedoch nichts Unschickliches dabei und bewunderte im Gegenteil ihr würdevolles Auftreten.

Auch von der Hofetikette zeigte sich de Maisse beeindruckt: »Wenn die Königin speist, wird im Audienzzimmer in der Nähe ihres Thrones ein großer Tisch gedeckt. Das Tischtuch wird aufgelegt, ein Herr und eine Dame treten ein und tragen den ersten Gang durch das Zimmer, wobei sie drei Verbeugungen machen, eine an der Tür, die nächste in der Mitte des Raums und die dritte vor dem Tisch. Dann stellen sie das Essen auf die Tafel, und die Dame kostet es (eine Vorsichtsmaßnahme gegen Gift). Angehörige der Leibwache bringen dann auf dieselbe Weise die übrigen Gerichte

* Armschleifen trugen Ritter als Gunstbezeigung ihrer Dame

herein, die die Dame ebenfalls mit einem Stück Brot probiert und dann an die Wache weitergibt. Die Speisen, auf welche die Königin Appetit hat, läßt sie sich anschließend in ihre Privaträume bringen.« Nach dem Urteil des Franzosen war das Essen selbst »weder üppig noch delikat«, aber die Art des Servierens imponierte ihm sehr.

Es waren die fremden Besucher, denen das Hofzeremoniell auffiel, das sich in Elisabeths Umgebung herausgebildet hatte und in dem letzten Jahrzehnt ihrer Regierung immer mehr erstarrte. Ihre eigenen Höflinge waren so daran gewöhnt, daß sie es nicht mehr erwähnenswert fanden. Ein deutscher Schriftsteller berichtet, wie sie an einem gewöhnlichen Sonntagmorgen in feierlichem Aufzug wie zu einer Parlamentseröffnung in ihre Kapelle ging. Im Audienzzimmer drängten sich die hohen Würdenträger, um sich genau nach Rangordnung zur Prozession aufzustellen. Endlich kamen die Ritter des Hosenbandordens, gefolgt vom Lord-Siegelbewahrer mit dem großen Staatssiegel von England in rotseidenem Etui. Dann erschien Elisabeth selbst, gefolgt von ihren Hof- und Ehrendamen, während ihr Zepter und Reichsschwert vorangetragen wurden. Unterwegs blieb sie immer wieder stehen, um mit einem Gesandten in seiner eignen Muttersprache zu reden oder einem einfachen Mann aus der gaffenden Menge ein freundliches Wort zuzurufen, und alle ließen sich auf beide Knie nieder, wenn sie an ihnen vorüberschritt. Wenn die Menge, wie es oft geschah, in den Ruf: »Lang lebe Königin Elisabeth!« ausbrach, drehte sie sich in der Vorhalle der Kapelle noch einmal um und sagte: »Ich danke euch allen, meine lieben Leute!« Sie war jedoch durchaus kein Sklave dieses strengen Zeremoniells und wußte genau, wann sie die strikten Regeln lockern konnte, etwa um einem bejahrten Bittsteller freundlich einen Schemel in der Nähe ihres Thrones im Audienzzimmer anzubieten, solange sie ihn anhörte. Aber feierliche Staatsaktionen verlangten würdevolle Zeremonien, sonst wäre ihr Hof kein Hof gewesen, und bei solchen Gelegenheiten war sie pedantisch genau. Als 1582 bei einem Empfang für den Lord-Mayor ein junger Bursche, »der mehr keck als wohlerzogen war, sich auf den Teppich unter dem Thronbaldachin stellte und sich fast auf die Kissen lehnte«, wo Elisabeth in voller Majestät thronte, stellte sie hinterher den Oberhofmeister und seine Zeremonienmeister zur Rede, daß sie ein so ungebührliches Betragen zugelassen hatten.

An jedem Tag des Jahres erhielten dreizehn Arme am Tor des Palasts je fünf Pennies von den Leuten des Almoseniers ausgehändigt. Die »privaten Almosen«, welche die Königin gelegentlich Bedürftigen auf ihren Rundreisen schenkte, beliefen sich auf etwa 240 Pfund im Jahr. Seinen Höhepunkt erreichte das Almosengeben in der Karwoche. Am Gründonnerstag beteiligte sich die Königin selbst an einer traditionellen Zeremonie, bei der sie so vielen alten Frauen, wie sie selbst Jahre zählte, eine Börse mit ebenso vielen Pennies schenkte. Darüber hinaus bekam jede noch zwanzig Schilling als Ersatz für das Kleid, das Elisabeth trug; ursprünglich hatte die Ärmste unter den Anwesenden tatsächlich das Kleid der Königin erhalten, aber um die Betreffende nicht selbst auswählen zu müssen und um zu verhüten, daß gar wie unter dem Kreuz Christi darum gelost wurde, hatte sie sich entschlossen, jeder Armen als Ersatz dieses zusätzliche Geschenk zu geben. Der Altertumsforscher William Lambarde, der 1573 der traditionellen Fußwaschung durch die Königin in Greenwich beiwohnte, beschreibt die Zeremonie folgendermaßen:

»Die neununddreißig armen Frauen mußten sich in der großen Halle auf zwei Bankreihen setzen, vor denen Teppiche ausgebreitet waren; vor jedem Platz lag ein Kissen, auf dem Ihre Majestät niederknien konnte, während sie den Armen die Füße wusch in Erinnerung daran, daß auch Christus seinen Jüngern am ersten Gründonnerstag diesen Liebesdienst erwiesen hatte. Bedienstete aus der Wäscherei trugen eine silberne Schüssel mit warmem Wasser und duftende Kräuter herein und wuschen einer jeden Frau die Füße; dann trockneten sie sie ab, machten das Zeichen des Kreuzes darüber und küßten sie. In ähnlicher Weise wusch auch der Unter-Almosenier alle neununddreißig Paar Füße, und dasselbe tat anschließend der Almosenier. Dann kam Elisabeth mit neununddreißig Herren herein, von denen jeder eine Schüssel und ein Handtuch trug, und der feierlichste Teil der Handlung begann. Nach der Schriftlesung ging die Königin an ihre langwierige Arbeit. Bei jeder Armen half ihr ein anderer ihrer Herren. Sie wusch die Füße und trocknete sie ab, bekreuzigte und küßte sie, wie es ihre Höflinge vor ihr getan hatten. Dann schritt sie an den Bänken vorüber und gab jeder Frau vier Ellen schwarzes Tuch für ein Kleid und ein Paar Schuhe, dazu eine Holzplatte mit Fastenkost – einen halben Salm, eine halbe Quappe und sechs rote Heringe, nebst zwei kleinen Laiben Brot und einer Kanne Rotwein. Die Herren verschenkten die Schürzen und Handtücher, die sie benutzt hatten, und schließlich kam der Schatzmeister mit neununddreißig weißen Geldbeuteln, in denen je neununddreißig Pennies lagen, sowie roten Lederbörsen mit je zwanzig Schillingen »als Ersatz für Ihrer Majestät Gewand«.

Als »Gottes Geschöpf«, zu dem sie durch die Salbung zur Königin von Gottes Gnaden geworden war, berührte Elisabeth nach traditionellem Ritus die vom »Königsübel« Befallenen. Allerdings wurde die Zeremonie auf Englisch abgehalten, typisch katholische Stellen hatte man aus den Gebeten gestrichen. Es genügte Elisabeth, daß ihr Vater diese Kranken berührt hatte, um es selbst zu tun. Die Puritaner spotteten darüber, daß sie sich einbildete, »ihre rein abergläubische Berührung« könne die Siechen von ihren Skrofeln heilen, aber Elisabeth unterzog sich dieser Zeremonie seit der Mitte ihrer Regierung nicht nur in Whitehall, sondern auch auf ihren Rundreisen immer häufiger.

Elisabeths Hof zog nach alter Sitte ohne regelmäßigen Terminplan von einer Residenz zur anderen. Anfang August 1559 zum Beispiel verließ man Greenwich und begab sich für drei Tage nach dem nahegelegenen Schloß Eltham, um dann nach Nonsuch in Surrey weiterzureisen. Nach sechsmaliger Nächtigung ging es mit einer kurzen Unterbrechung in Richmond weiter nach Hampton Court, das man Ende Oktober mit Whitehall vertauschte. Wegen der schlechten Straßen war das Reisen im Winter recht beschwerlich, und die zwölf Weihnachtsfeiertage waren bei Elisabeths Umgebung auch deshalb so beliebt, weil man dann endlich einmal an einem Platz blieb. Zu anderen Zeiten wurde ein Umzug kurzfristig anberaumt und auch oft wieder abgesagt, oder Reiseroute und Bestimmungsort wurden plötzlich geändert, so daß von dem an bestimmten Stationen bereitgestellten Proviant und Pferdefutter viel verdarb. Es gibt eine hübsche Anekdote über einen von Elisabeths Kutschern. Als dieser hörte, daß sie an einem Tag nun schon zum drittenmal ihren Reiseplan geändert hatte, schlug er sich auf die Schenkel und rief: »Jetzt sehe ich wenigstens, daß die Königin eine Frau ist genau wie die meine!« Elisabeth, die gerade auf den Hof hinunterschaute, hörte es und lachte: »Was ist das für ein Kerl!« und warf ihm drei Taler hinunter.

Die Königin begnügte sich aber nicht mit jenen vorwiegend aus Versorgungsgründen erforderlichen Standortwechseln. Allsommerlich trat sie eine große Rundreise an, die sie einerseits als ihre Sommerferien, andererseits als einen wichtigen Teil ihrer Politik betrachtete; denn auf diese Weise lernte sie ihr Land kennen und konnte sich ihrem Volk zeigen. Wir können uns heute im Zeitalter der Massenmedien kaum noch ein Bild davon machen, was sich die Untertanen damals unter einer Königin vorstellten, für die sie Sonntag für Sonntag beteten, ohne sie je gesehen zu haben. Nichts stärkte die Zuneigung des Volkes zu seiner Herrscherin so, wie wenn es sie zu Gesicht bekam, während sie mit ihrem großen Gefolge durch das Land zog, so daß ihre allsommerlichen Rundreisen allmählich legendär wurden.

Wenn die Hofbeamten den größten Teil des Jahres auf ihre Kosten lebten und Whitehall Palace praktisch zum größten Hotel der Welt wurde, so erwartete Elisabeth, auf ihrer Sommerreise von den Reichsten unter ihnen bewirtet zu werden. Nicht, als ob sie damit Geld gespart hätte! Burghley rechnete ihr immer wieder vor, daß ihr Jahresbudget durch diese Reisen um 1000 Pfund höher wurde, wo doch der Laib Brot auf dem Lande schon einen Penny mehr kostete als am Hof. Aber sie wollte nicht auf ihn hören – auch nicht, wenn er ihr vorschlug, doch einige Höflinge daheim zu lassen, was diesen übrigens nur recht gewesen wäre. Elisabeth wußte, wie wichtig es war, dem Volk ein prächtiges Schauspiel zu bieten. Schließlich erklärte sie sich lediglich dazu bereit, die Dienerschaft etwas einzuschränken. Es gab allerdings auch Leute, die ihre Freude an diesen Sommerferien falsch auslegten, und die Mißgünstigsten unter ihnen verbreiteten obszöne Geschichten wie etwa die, daß sie auf jeder dieser Fahrten ein Kind von Leicester zur Welt bringe.

Das königliche Gefolge nahm weniger Gepäck mit auf die Reise, als dies im Mittelalter üblich gewesen war, doch war die Bagage immer noch recht beachtlich. So hatte zum Beispiel die Königin unweigerlich ihr eigenes Bett samt Bettzeug mit dabei, was einer alten Tradition entsprach, der auch ihre Nachfolger noch treu blieben; selbst Königin Victoria nahm noch vor weniger als einem Jahrhundert ihr eigenes Bett mit, wenn sie mit dem Zug nach Sandringham fuhr, um ihrem Sohn einen ihrer seltenen Besuche abzustatten. Zwar führte der königliche Kaplan keinen Maulesel mit einem tragbaren Altar mehr mit, aber es war immer ein königlicher Marktaufseher mit von der Partie, der in jeder Gemeinde, durch die man kam, die Gewichte und Maße mit seinen eigenen verglich, um zu verhindern, daß die königlichen Aufkäufer von betrügerischen Händlern übervorteilt wurden. Der Zeltmeister sorgte mit seinem Stab dafür, daß die Königin bei schlechtem Wetter nie unter freiem Himmel tafeln oder notfalls übernachten mußte, obwohl es so weit ohnehin nie kam.

Die Königin ritt im Damensattel oder fuhr in einer Kutsche, und wenn sie sich einer Stadt oder einer Grafschaft näherten, hielt Leicester als ihr Oberhofstallmeister die Zügel ihres Pferdes in Erwartung der endlosen Willkommensgrüße der Bürgermeister und Friedensrichter. Vor ihnen her ritt einer der adligen Herren mit dem Schwert. Zu beiden Seiten der Königin hielt sich die Leibwache auf, und hinter ihr kamen die hohen Staatsbeamten, die Würdenträger des Hofes und die Dienerschaft, alle zusammen oft über fünfhundert Personen. Es war ein prächtiger, farbenfroher Anblick, wenn sie mit einer Geschwindigkeit von etwa drei Meilen pro Stunde über Land zogen. Das einfache Volk kam aus seinen Hütten und starrte ihnen verwundert und begeistert nach. Für viele war es vielleicht die einzige Gelegenheit, die Königin je zu Gesicht zu bekommen. De Spes, der spanische Gesandte, der so viel mehr Verständnis für Elisabeths unglaubliche Beliebtheit hatte als sein Vorgänger de Feria zehn Jahre zuvor, beschrieb 1568 den Empfang, der ihr in Berkshire bereitet wurde: »Sie wurde überall mit großem Beifall und Freudenbezeugungen aufgenommen, wie das in diesem Land so üblich ist, worüber sie sich sehr freute; und sie gab mir zu verstehen, wie beliebt sie bei ihren Untertanen sei und wie viel ihr das bedeute. Auch wies sie mich darauf hin, daß ihr Volk friedlich und zufrieden sei, während ihre Nachbarn ringsumher unter soviel Unruhen zu leiden hätten. Sie schrieb dies aber einzig der wunderbaren Güte Gottes zu. Und manchmal ließ sie ihren Wagen gerade dahin fahren, wo das Gedränge am dichtesten schien, stand auf und dankte ihrem Volk.«

Elisabeth liebte Volksmengen, aber sie wußte, was so viele Große der Welt vergaßen, daß auch das Volk aus Einzelpersonen besteht, und sie verstand es vorzüglich, mit möglichst vielen ein freundliches Wort zu wechseln und sich die Loyalität ihrer Untertanen mit einem Lächeln, einer Handbewegung oder einem freundlichen Kopfnicken zu gewinnen. Auch das gehörte zur Aufgabe eines Monarchen, und Elisabeth unterzog sich ihr mit besonderem Talent. Nie zeigte sie Langeweile oder Überdruß, auch dann nicht, wenn die Versuchung groß war, kurz angebunden zu sein, weil sie müde war oder schon allzuviel Zeit verloren hatte. Als der Gerichtsherr Bendloes sie in Huntingdonshire auf einer ihrer Rundreisen begrüßen wollte, sagte er zu ihrem Kutscher: »Halt mal den Wagen an, guter Freund, damit ich mit der Königin sprechen kann!« Über dieses unmögliche Verhalten mußte Elisabeth so laut lachen, »als hätte man sie gekitzelt«, und um den Armen nicht der Lächerlichkeit preiszugeben, reichte sie ihm die Hand zum Kuß.

Die Reiseroute wurde vom Oberhofmeister zwar sorgfältig festgelegt, sobald die Königin das Datum des Aufbruchs und die Richtung, die sie zu nehmen wünschte, bekanntgegeben hatte, doch meist hatte dann der tatsächlich eingeschlagene Weg nur noch wenig

Robert Cecil, Earl of Salisbury (um 1563-1612).

Sir Francis Bacon (1561-1626).

Die Hinrichtung Maria Stuarts in Fotheringhay.
Federzeichnung aus den Papieren Robert Beale's,
Geheimschreiber der Königin Elisabeth.

Sir Francis Drake (1540-1596).

Sir Walter Raleigh (1552-1618).

Ähnlichkeit mit der ursprünglichen Planung, da Elisabeth sich immer wieder anders zu entschließen pflegte. Immerhin wurden Abschriften des offiziellen Reiseplans an die Bürgermeister und Friedensrichter geschickt mit dem Befehl, die nötigen Eßwaren nebst Heizmaterial sowie Futter für die Pferde bereitzustellen und zu bestätigen, daß ihr Gebiet frei von Seuchen sei. Kammerherren reisten voraus, um die verfügbaren Quartiere zu besichtigen, und die Wegmacher der Königin überprüften den Zustand der Straßen, auf denen zweihundert Gepäckwagen vorausfahren mußten, bevor der Wagen der Königin kam. Es ging nur langsam voran. Man konnte am Tag nicht mehr als zwölf Meilen zurücklegen, und schlechtes Wetter brachte oft den ganzen Zeitplan durcheinander. Tatsächlich war es ein recht gewagtes Unternehmen, den ganzen Hof auf eine solche Reise zu schicken; trotz aller Vorkehrungen konnte immer noch leicht etwas schiefgehen. Als Elisabeth 1574 Bristol erreichte, schickte sie ein Dankgebet zum Himmel empor, daß er sie »auf dieser langen, gefährlichen Reise beschützt hatte«. Und sicher haben alle mitreisenden Herren und Damen aus vollem Herzen »Amen« gesagt.

Solange die Reiseroute noch nicht genau festlag, begannen die meisten, die sich auf Grund von Gerüchten und privaten Informationen in Gefahr glaubten, den Gastgeber spielen zu müssen, Entschuldigungen vorzubringen, ihr Haus sei zu klein, die Wege seien zu schlecht, es sei jemand krank, oder sie hätten nicht genug Zeit, um die nötigen Vorbereitungen zu treffen. Fast alle waren zu stolz anzudeuten, daß die Kosten sie ruiniert hätten. Erzbischof Parker, der den Hof in Canterbury bewirten sollte, erklärte sich widerstrebend bereit, die Königin, den Schatzmeister, den Oberhofmeister, Leicester und noch einige weitere Peers aufzunehmen, wenn sie ihre eignen Möbel mitbrächten, meinte jedoch, in seinem Haus sei schlechte Luft, und es klebe zu dicht an der Kirche, so daß man das Volk nicht sehen könne (was ein recht schlauer Einwand war); die Königin werde es aus diesen Gründen wohl vorziehen, in ihrem eignen Palast in St. Augustine zu wohnen. Nachdem es feststand, daß die Königin trotzdem kommen würde, suchte er sich wenigstens zu versichern, daß es bei einem kurzen Aufenthalt bleiben werde. Graf Bedford drang 1572 in Burghley, ihm doch »zu helfen, daß Ihre Majestät nicht länger als zwei Nächte und einen Tag bleibt«. Man steckte sich hinter den Oberhofmeister, daß er die Reiseroute änderte, und bot den Kammerherren Bestechungsgelder an. Auch Leicester versprach einem seiner Freunde, ihn vor einem Besuch zu bewahren. Andererseits erntete er von Lady Norris heftige Vorwürfe, als er Elisabeth ausredete, in Rycote Station zu machen, denn die Familie Norris wollte sie wirklich gern bei sich aufnehmen.

In den Häusern der Reichen wurden Vorräte bereitgestellt, neue Öfen eingebaut, Zimmerleute beschäftigt, Musiker engagiert und zusätzliches Tafelgeschirr, weitere Tapeten und türkische Teppiche geborgt, um das Haus für die Ankunft der Königin behaglich zu machen. Wenn man auch, falls man Glück hatte, bis zu einem gewissen Grad die Kosten für Essen und Trinken vom Schatzmeister der Königin wieder ersetzt bekam, war es für den Hausherrn doch eine sehr große Belastung, den ganzen Hof bei sich zu unterhalten. Jeder Besuch Elisabeths in Theobalds kostete Burghley »zwei- oder dreitausend Pfund«. Der Aufenthalt des Hofes in Canterbury, von dem sie der Erzbischof nicht hatte abbringen können, machte ihn um zweitausend Pfund ärmer, und auch Lord-Siegelbewahrer Egerton opferte für ihren Besuch in Harefield etwa die gleiche Summe. Außer diesen Kosten brachte die ehrenvolle Rolle eines Gastgebers der Königin für den Hausherrn auch viele Aufregungen mit sich. Der große Interpret des elisabethanischen England, Sir Edmund Chambers, gibt davon ein anschauliches Bild:

»Man konnte damit rechnen, zum Ritter geschlagen zu werden, falls man es nicht schon war, was erhebliche Spesen machte, und man erhielt einige zuckersüße Komplimente aus königlichem Mund über die vorzügliche Bewirtung und das interessante Programm. Aber einen Monat lang hatte man sich mit Geflügelhändlern und Dichtern herumzuschlagen. Man traute sich kaum noch in sein eigenes Haus und logierte sich notdürftig in irgendeinem benachbarten Quartier ein. Dann fand man seine gepflegten Gärten und Terrassen von dem Gesindel, das mit dem Hof herumzieht, wie von einem Heuschreckenschwarm verwüstet. Und da man gewisse Eigenheiten des Hauses Tudor kannte, saß man die ganze Zeit wie auf Kohlen, ob nicht das königliche Antlitz sich ob eines wirklichen oder eingebildeten Mißstandes umwölkte und man statt der Komplimente bitteren Spott oder gar offenen Hohn zu spüren bekommen würde.« Der Park glich einem Rummelplatz, die Ernte in den benachbarten Feldern war niedergetrampelt, und schließlich zählte man besorgt das geborgte Silber, da die Spitzbuben zumeist etwas mitlaufen ließen, und betrachtete kummervoll die an den entliehenen Tapisserien angerichteten Schäden.

Wenn man Ihre Majestät zu Gast hatte, so bedeutete dies nicht nur, daß man sie bei Tisch bewirten und gut unterbringen mußte; sie erwartete außerdem, daß ihr Gastgeber für ihre Unterhaltung sorgte, und so wetteiferten die Reichsten im Land miteinander, wer die verschwenderischsten Schauspiele ihr zu Ehren aufführen konnte. Dazu gehörten Veranstaltungen auf dem Wasser, Feuerwerk, Possenspiele und Schaustücke. Bei den Gelegenheitsdichtern wie William Churchyard und George Gascoigne bestellte man Gedichte, die dann später zur Erinnerung an den Besuch veröffentlicht wurden. In den dramatischen Vorstellungen wurde Elisabeth als »schöne Königin des zweiten Troja«, als »Feenkönigin«, als »Diana«, als »süße Cynthia« und als »Schäferin« gefeiert. Die Vorbereitungen für ihren dreitägigen Aufenthalt als Hertfords Gast in Elvetham beschäftigten ein Heer von Arbeitern, die einen großen halbmondförmigen Teich mit drei kleinen Inseln anlegten. Die dort angebrachten Aufbauten stellten eine Festung, ein Floß und eine Schnecke dar und dienten einem phantastischen »Triumph« als Kulissen.

Elisabeth erwartete von ihren Gastgebern auch, daß sie ihr bei ihrer Abreise kostbare Geschenke überreichten. Lord-Siegelbewahrer Puckering war besonders üppig mit seinen Gaben. Als ihn die Königin 1595 in seinem Haus in Kew besuchte, schenkte er ihr einen Fächer, dessen Griff mit Diamanten besetzt war, einen juwelenbesetzten Blumenstrauß im Wert von vierhundert Pfund, ein Spinett und Kleider. Gelegentlich waren die Geschenke allerdings auch recht ärmlich, und die Königin pflegte in solchen Fällen aus ihrer Enttäuschung keinen Hehl zu machen. Aber auch die Hofbeamten wollten, wenn die Stunde des Abschieds schlug, ihre Belohnung haben; oft ließen sie sich schlicht und einfach dafür bezahlen, daß nichts schief gegangen war – eine Art der Erpressung, die niemand abzustellen wagte.

Elisabeth machte während der ersten Hälfte ihrer Regierung regelmäßig sommerliche Rundreisen und unterließ sie nur in ernsten Krisenzeiten, wie zum Beispiel 1562 während des Krieges mit Frankreich, oder wenn die Pest wütete, wie bei der ersten großen Heimsuchung 1563. War die politische Lage so unsicher, daß es nicht geraten schien, sich weit von der Hauptstadt zu entfernen, wie etwa 1568, als Maria nach England floh, so reiste die Königin nur durch die nächstliegenden Grafschaften. In anderen Jahren legte sie dagegen in zehn und mehr Wochen beträchtliche Entfernungen zurück. 1560 und 1569 ging sie nach Southampton, 1564 nach Cambridge und zwei Jahre später nach Oxford. 1572 wagte sie sich in die Grafschaften in den Midlands, während sie den nächsten Sommer in Kent und Sussex verbrachte. 1574 gelangte sie bis nach Bristol, und auf der ausgedehntesten ihrer Rundreisen besuchte sie im folgenden Jahr sogar Worcester, blieb drei Wochen bei Leicester in Kenilworth und reiste dann weiter zu Lady Essex nach Chartley, wenige Meilen nord-östlich von Stafford, dem nördlichsten Punkt ihres Landes, den sie je erreichte. Ihre letzte größere Rundreise führte sie 1578 nach Ost-Anglien. In den folgenden Jahren war sie dann zu sehr mit der französischen Gesandtschaft beschäftigt, und in den achtziger Jahren hielt sie die immer bedrohlichere internationale Lage zu Hause fest. Zur allgemeinen Überraschung brach sie jedoch 1591 noch einmal nach Hampshire auf, wo Graf Hertford sie in Elvetham feierte. Im nächsten Sommer stattete sie Oxford einen zweiten Besuch ab, und selbst in den letzten drei Regierungsjahren reiste sie noch durch die Grafschaften in der Umgebung Londons.

Der Höhepunkt dieser Reisen war ihr Besuch bei Graf Leicester in Kenilworth im heißen Juli des Jahres 1575, wo man bei ihrer Ankunft die Uhr auf dem Cäsar-Turm anhielt, um den Mittsommer-nachtstraum vollkommen zu machen. Durch Vermittlung von Sir Henry Killigrew hatte sich Leicester die Dienste eines Italieners ge-sichert, der ein Meister der Feuerwerkskunst war. Zunächst wollte er lebendige Hunde, Katzen und Vögel mit einem feurigen Drachen gen Himmel schießen und dann wieder ausspeien lassen, doch be-gnügte er sich dann glücklicherweise mit einem etwas bescheidene-ren Programm. Aber auch so gab es noch »Schwärme von umher-fliegenden Feuerpfeilen und funkelnden Sternen, Ströme und Hagel-schauer von Feuerfunken und lodernde Feuer zu Wasser und zu Land« zu sehen. In Schloß Kenilworth wurden große Bankette, Maskenspiele und dramatische Vorstellungen veranstaltet. Im Freien gab es Jagden und Bärenhatzen; einmal füllte man am Ende einer Jagd eine halbe Stunde noch mit einem improvisierten Dialog zwi-schen einem in Moos gekleideten »Wilden Mann« (dem volkstüm-lichen »Wodwose«) und einem »Echo« aus. Die Krönung der festlichen Tage freilich war eine prachtvolle Aufführung auf dem Wasser, »Die Befreiung der Dame vom See«, wobei Proteus auf einem Delphin ritt. »Der Delphin lag auf einem Floß, so daß die Ruder wie seine Flossen aussahen, und in dem Delphin spielten unsichtbar Musikanten.« Der Graf hatte noch mehr Vorführungen in Reserve für den Fall, daß Elisabeth ihren Aufenthalt noch verlängern würde.

Die Städte in den einzelnen Grafschaften konnten natürlich nicht mit den Darbietungen wetteifern, die die Londoner Elisabeth bei ihrer Krönung geboten hatten, und sie konnten sich auch keine so kostbaren Schauspiele wie etwa Leicester leisten. Trotzdem versuch-ten sie ihr Möglichstes, um der Königin etwas Charakteristisches und Denkwürdiges zu bieten. Sobald sie nach der Ankunft in einer Stadt ihr Quartier bezogen hatte, ließ man ihr ausrichten, wenn Ihre Majestät noch einmal an die frische Luft gehen wolle, so würde sie etwas zu sehen bekommen, woran sie ihre Freude hätte. Wie enttäuscht wären die braven Bürger gewesen, wenn sie es vorgezogen hätte, auf ihrem Zimmer zu bleiben! Bristol als zweitgrößter Hafen des Königreichs zeigte ihr eine Seeschlacht mit der »Zerstörung der Festung der schwachen Politik«, und in Norwich, wo man die neuen Tuche herstellte, führte man ihr strickende und spinnende Kinder vor. »Ich habe hier so vielen guten Willen gefunden, daß ich Norwich nie vergessen werde«, sagte Elisabeth beim Abschied zu den Bürgern, die noch lange davon sprachen, wie freundlich sie zu dem Schulmeister gewesen war, der Angst gehabt hatte, seine lateinische Rede vor ihr zu halten. In Warwick gewann sie sich den ewigen Dank des Stadtschöffen, dem ebenfalls die Knie gezittert hatten, indem sie zu ihm sagte: »Man hat mir berichtet, Sie hätten Angst, mir ins Gesicht zu sehen und frei vor mir zu sprechen, aber Sie haben bestimmt nicht so viel Angst vor mir wie ich vor Ihnen.«

Anspruchsvollere Veranstaltungen boten ihr die Universitäten. Im August 1564 bezog Elisabeth im King's College in Cambridge Quartier. Hier gab es Reden und Disputationen über beliebte Themen wie »Die Monarchie als die beste Regierungsform«; es gab Bankette und Gottesdienste und dazwischen auch drei Aufführungen in der Kapelle: die *Aulularia* des Plautus (volle drei Stunden), eine moderne Version der *Dido*, ebenfalls auf Lateinisch – eine schwere Prüfung für Höflinge wie Norfolk, die ihre Ungeduld kaum bezähmen konnten, da sie ihre Klassiker längst vergessen hatten – und schließlich zur allgemeinen Erleichterung noch eine moderne englische Komödie von Nicholas Udall. An einem Nachmittag fand eine lange Disputation zwischen Doktoren der Theologie über das Thema »Die Heilige Schrift besitzt größere Autorität als die Kirche« statt, und zum Schluß bat man Elisabeth, doch auch noch etwas auf Lateinisch dazu zu sagen. Zuerst zierte sie sich und meinte, sie wolle lieber etwas in ihrer Muttersprache beisteuern. Cecil, der Kanzler der Universität, erinnerte sie jedoch daran, daß auf einer offiziellen akademischen Veranstaltung nur Latein gesprochen werden dürfe, und drei Worte würden ja genügen. Sie aber setzte alle in Erstaunen, indem sie nicht drei, sondern sechshundert lateinische Worte zum Thema des fleißigen Studierens zu sagen wußte. Man hatte ihr abends noch eine Tragödie des Sophokles in lateinischer Übersetzung vorspielen wollen, aber das wurde ihr denn doch zu viel. Ihre Abwesenheit bei der Aufführung enttäuschte ein paar junge Leute, die ein Maskenspiel als Epilog zur Hauptaufführung vorbereitet hatten, so sehr, daß sie Elisabeth bis zu ihrer nächsten Station nach Hinchinbrook folgten, wo sie in der Halle noch nachträglich ihr Stück vor ihr aufführen durften. Das Maskenspiel erwies sich jedoch als eine Posse über die katholische Messe, bei der einer der Mitspieler als Hund ausstaffiert mit einer Hostie im Maul auftrat. Elisabeth war so empört über diese geschmacklose Entgleisung, daß sie noch während der Aufführung die Halle verließ. So sah also der Protestantismus von Cambridge aus!

Die Studenten von Oxford wußten sich besser zu benehmen, so daß sie Elisabeth später noch mit einem zweiten Besuch beehrte. Sie zeigte sich entzückt von einem englischen Stück *Palamon und Arcite* von Richard Edwardes, das in der Halle der Christus-Kirche aufgeführt wurde. Man spielte es zu Ende, obwohl eine Wand in der Nähe des Bühneneingangs zusammenbrach und drei Leute unter sich begrub. Nach einer anstrengenden Woche mit vielen privaten und akademischen Empfängen und Vorführungen begab sich Elisabeth mit einem Teil ihres Gefolges nach Rycote, um bei der Familie Norris ein stilles Wochenende zu verbringen. Seit ihrer Reise nach Woodstock im Jahr 1554 war sie oft hierhergekommen; sie vergaß es Lord Williams of Thame nie, daß er ihr so freundlich begegnete, als sie in Ungnade gefallen war. Auch hatte sie Gefallen an der Gesellschaft seiner Tochter Lady Norris gefunden, der sie wegen ihrer dunklen Haare den Spitznamen »Krähe« gab. Die vier Norris-Söhne starben später im Kriegsdienst für ihre Königin, zwei an ihren Wunden in Irland, einer in Holland, und der letzte fiel im Kampf in Frankreich. Als die Nachricht vom Tod des ersten Sohnes eintraf, schrieb Elisabeth an Lady Norris den bittersten ihrer Briefe: »Meine liebe Krähe, grämt Euch nicht über etwas, wofür es keine Hilfe gibt, sondern geht Eurem schmerzgebeugten Lebensgefährten mit gutem Beispiel voran.«

In Elisabeths letzten Lebensjahren versuchten die ihr am nächsten stehenden Minister sie daran zu hindern, sich auf diesen Rundreisen, die sie für überflüssig hielten, zu überanstrengen. Aber sie war entschlossen, nicht immer nur in London zu bleiben. Hatte sie nicht auch einmal einen Tapeten- und Luftwechsel verdient? Trotz des Widerspruchs ihrer Räte begab sie sich 1600 nach Nonsuch und entschloß sich nach einigen Tagen weiterzureisen. Die Lords waren sehr besorgt, aber »Ihre Majestät hatte befohlen, daß die Alten zurückbleiben und die Jungen und Kräftigen mit ihr kommen sollten. Sie hatte daraufhin allen Grund, sich zu beschweren, zu wenig Dienerschaft zur Verfügung zu haben. Nie zuvor war sie mit einem so kleinen Gefolge gereist.« Sie war noch genauso eigensinnig und unentschlossen wie in früheren Jahren, und ihre Ungeduld war sprichwörtlich. Wenn die Laune sie ankam, änderte sie auch jetzt noch ihren Reiseplan und überraschte einen ihrer Günstlinge mit ihrem Besuch. Mit diesen »Abstechern« mußten sich die nichtsahnenden Gastgeber und die geruhsameren Hofbeamten so gut wie möglich abfinden. Um die Jahrhundertwende zerbrachen sich ihre Räte den Kopf, womit man sie in London oder der näheren Umgebung unterhalten könne. Sie schickten sie zu einer Maifeier nach Highgate, die ihr so gut gefiel, daß sie im nächsten Jahr auch die von Lewisham besuchte. »Man muß ihr nur die Zeit vertreiben helfen und sie dazu überreden, möglichst hierzubleiben«, hieß es an Weihnachten 1602, und der Anschlag glückte, denn Elisabeth entschloß sich im letzten Augenblick, ihre geplante Reise nach Richmond aufzugeben, obwohl die meisten Gepäckwagen bereits unterwegs waren.

Wenn sie in Whitehall nach einem Ortswechsel verlangte, war ein Tagesausflug nach dem Haus eines Höflings in erreichbarer Nähe immer noch leichter zu bewerkstelligen als der Umzug in eine andere königliche Residenz und konnte genauso amüsant sein wie ein regelrechter »Triumph«. In einem Bericht Sir Robert Sidneys über ihren Besuch in Penshurst haben wir Elisabeth lebendig vor Augen, wie sie gegen Ende ihres Lebens war: »Sie schien großen Gefallen an dem zu finden, was wir zu ihrer Unterhaltung unternahmen. Mein Sohn empfing sie mit einer netten Ansprache, auf die sie sehr huldvoll erwiderte. Die Damen tanzten vor ihr, wozu die Hörner von der Galerie herab zu ihrer Begrüßung spielten, und sie geruhte, zwei Stückchen Konfekt zu essen und aus einem goldnen Becher einen kleinen Likör zu trinken. Sie trug ein herrliches Samtgewand, das vier prächtig gekleidete Ehrendamen hielten, als sie die Treppe hinaufging. Zwei Zeremonienmeister schritten ihr voran. Aber die Besichtigung des Hauses ermüdete sie so sehr, daß sie um einen Stock bat und sagte, sie wolle ein andermal wiederkommen. Sechs Trommler und Trompeter erwarteten sie im Hof und spielten bei ihrer Ankunft und Abfahrt. Meine Frau trug ein elegantes Kleid aus kostbarem Stoff nach neuester Mode mit einem silbernen, schleifenbesetzten Mieder. Die Königin war des Lobes voll über unser Aussehen und lächelte den Damen zu, als sie bis zu der Stufe, auf der ihr Sessel stand, herantanzten, um ihr ihre Reverenz zu erweisen und sich anschließend wieder einzuordnen. Der junge Markham führte vor dem Tor einige Reiterkunststücke vor. Er sprang vom Pferd, küßte sein Schwert, stieg behende wieder auf und warf sehr geschickt seine Lanze. Als der Tag fast zu Ende war, nahm die Königin einen kleinen Imbiß, der in verschiedenen Räumen, durch die sie möglicherweise kommen konnte, bereitgestellt war. Dann wurde sie gebührend in ihren Palast zurückgeleitet.«

Den letzten Empfang großen Stils gab ihr Lord-Siegelbewahrer Egerton im August 1602 in Harefield. Elisabeth kam von einem bescheidenen Aufenthalt in Harlington in Middlesex, wo ihr Gastgeber, Sir Ambrose Coppinger, »sie mit einer lateinischen Ansprache erfreut hatte, da er selbst Magister war«. Als die Königin durch die Tore des Egertonschen Besitzes fuhr, begrüßten sie vor der Molkerei zwei ländliche Gestalten, ein Gutsverwalter und ein Milchmädchen, mit einem heiteren Zwiegespräch: »Die Herrin dieser schönen Gesellschaft weiß zwar den Weg in alle Menschenherzen, aber sie weiß nur bei den wenigsten auch den Weg in ihr Haus zu finden, es sei denn, daß sie sie wirklich sehr gern hat, das kannst du mir glauben«, sagte der Gutsverwalter zu dem Milchmädchen. Nach einem lustigen Wortgeplänkel überreichte das junge Mädchen der Königin als »der besten Hausfrau unter allen Anwesenden« einen edelsteinbesetzten Rechen und eine dazu passende Mistgabel. Weitere Überraschungen erwarteten sie. An der Treppe des Hauses, wo man ihr einen Stuhl hingestellt hatte, maßen sich »Ort« und »Zeit« in einem Dialog. Der »Ort« präsentierte sich in einem gewürfelten Kleid, »das an ein Backsteinhaus erinnerte«, während die »Zeit« ein Stundenglas in der Hand hielt, dessen Sand nicht ablief. »Die große Herrscherin, die wir hier bewirten, erfüllt alle Orte mit ihren göttlichen Tugenden, so wie die Sonne die Welt mit dem Licht ihrer Strahlen erfüllt. Aber sprich, armer ›Ort‹, wie willst du denn die Sonne bewirten?« »Ich habe ihre Herrlichkeit empfangen und bin voll davon.« Man kann sich vorstellen, wie zufrieden die Königin gelächelt haben wird, als sie dies hörte. Später gab es noch ein Maskenspiel, in dem Satyrn von Knaben dargestellte Nymphen schalten, sie seien zu leicht zu verführen. Als das Wetter umschlug, veranstaltete ein Seemann eine Lotterie, bei der alle Damen von der Königin bis zu den Bauernmädchen herab einen Vers aus einem Kasten mit Losen ziehen durften, wobei man es jedoch so eingerichtet hatte, daß Elisabeth und ihre Hof- und Ehrendamen samt und sonders Gewinne erzielten und Geldpreise erhielten. Als Elisabeths Aufenthalt zu Ende ging, erschienen »Zeit« und »Ort« noch einmal, der letztere diesmal in Schwarz zum Zeichen der Trauer über ihren Abschied. Die beiden beschenkten sie mit einem juwelenbesetzten Anker, »da dieser Hafen für Euch zu klein ist und Ihr daher die Anker lichten und weitersegeln werdet.«

Als Elisabeth von Harefield nach Burnham in Buckinghamshire weiterreiste und im Haus von William Clarke Station machte, geriet sie vom Erhabenen ins Lächerliche, denn die frugale Bewirtung ihres Gastgebers »erfreute niemand, sondern war der Anlaß, daß sein Geiz und seine Eitelkeit nah und fern bekannt wurden.« Ein Peer, der mit von der Gesellschaft war, bemerkte, Clarke habe keinem der Reisenden Fleisch oder Geld gegeben: »Ihre Majestät hatte das Haus zu ihrer Verfügung, und die Pferde ihrer Leibwache fraßen sein Gras, und das war alles.« Die Königin und ihre Höflinge waren froh, als sie in das königliche Schloß in Oatlands weiterziehen konnten.

Der Hof war vor allem das Zentrum der Regierung. Es dürfte jedoch auch von Interesse sein, wie die Königin und ihre Umgebung die Mußestunden verbrachten, wenn die Audienzen, Besprechungen im Staatsrat, das Lesen der Depeschen, die Prüfung der Rechnungen und der ständig wachsende Papierkrieg, der einen großen Teil ihrer Zeit in Anspruch nahm, beendet waren. Um beweglich zu bleiben, ging Elisabeth sogar in ihren sechziger Jahren noch regelmäßig auf die Jagd und schoß zuweilen mit der Armbrust. Das Tennisspiel war bei Hof dagegen kein Sport für Damen. Für stille Stunden standen ihr die Bibliotheken von Whitehall und Windsor zur Verfügung, die von eigenen Aufsehern betreut wurden. Hier pflegte sie zu lesen, zu übersetzen und gelegentlich auch Verse zu schreiben. Aber ihr Hauptinteresse galt der Musik, dem Drama und dem Turnier, und in der Art, wie sie diese Künste förderte, war sie ganz und gar die Tochter ihres Vaters. Sie hob damit ihren Hof auf ein höheres Niveau und drückte einem ganzen Zeitalter ihren Stempel auf. Die ritterlichen Wettkämpfe auf der Turnierbahn, die Triumphe ihrer Madrigalsänger und der hohe Nationalstolz in Shakespeares Historien waren Huldigungen vor Elisabeth in ihrer einzigartigen Rolle als Königin ihres Volkes.

Ohne ihre ehrliche Begeisterung für den Gesang wäre der *Triumph Orianas* wohl nie geschrieben worden. Schon als Kind hatte sie bei Christopher Tye, dem Musiklehrer ihres Bruders, Spinettunterricht erhalten und nicht nur nach dem Urteil schmeichlerischer Höflinge Vielversprechendes geleistet. Als Tye viele Jahre später beim Gottesdienst in der Königlichen Kapelle die Orgel spielte, schickte sie den Kirchendiener zur Orgelempore hinauf und ließ ihm ausrichten, er spiele falsch. Seine Erwiderung, es seien wohl die Ohren der Königin, die falsch hörten, dürfte jedoch erfunden sein. Sie gab für die Musik an ihrem Hof im Jahr nicht weniger als 1574 Pfund aus. Außer dem Männer- und Knabenchor in ihrer Kapelle unterhielt sie über sechzig Instrumentalisten, siebzehn Trompeter, sieben Gambenspieler, sieben Flötisten, sechs Posaunisten und drei Trommler, wozu später noch zwei Harfenisten und drei Virginalspieler kamen.

Musiker wurden von Elisabeth überhaupt stets nach Kräften gefördert. Tye, der Pfarrherr von Doddington in Cambridgeshire, bei weitem der reichsten Pfründe von ganz England, durfte zum Ärger von Bischof Cox immer wieder seine Pfarrkinder im Stich lassen und sich am Hof aufhalten. Thomas Tallis und William Byrd belohnte sie damit, daß sie beiden gemeinsam das Recht auf Erstveröffentlichung sämtlicher Vokal- und Instrumentalwerke sowie ein Monopol auf die Herstellung von Notenpapier erteilte. Byrd, der Meister der englischen Polyphonie, war mit seinen Sätzen für den Abendmahlsgottesdienst und seinen lateinischen Motetten für die Kapelle der Königin im Grund seiner Seele ein Rekusant, doch brauchte er unter Elisabeths Regierung keine Verfolgung zu befürchten. William Treasorer, der die Orgeln in Whitehall reparierte und andere Instrumente für die Königin baute, belohnte sie »dafür, daß er ein seltenes Musikinstrument für Unser Zimmer gebaut hat, wie Wir zuvor noch keines gehört haben«, mit einer Lizenz für den Export von Asche und alten Schuhen, was ihm mehr einbrachte, als man annehmen möchte. Neue musikalische Fertigkeiten entwickelten sich unter ihrem Patronat. Sie verlieh George Langdale, einem ihrer Trompeter, das Monopol, Trompeten und Posaunen herzustellen, »die er als erster in Unserem Land zu konstruieren und herzustellen wußte«.

In Erinnerung an frühere Zeiten erzählte Elisabeth einem Besucher, sie habe einst »Tänze und Musikstücke komponiert und sie auch gespielt und getanzt«. Obwohl uns keine Abschriften davon erhalten sind, wissen wir, daß sie 1578 tatsächlich zwei Kompositionen veröffentlicht hat – »zwei kleine Hymnen oder Stücke von Ihrer Majestät in Musik gesetzt«. Besser Bescheid wissen wir über ihr eigenes Musizieren. Spätere Zeiten waren von ihrem meisterhaften Spiel auf dem Spinett so überzeugt, daß man die Bezeichnung »Virginal« fälschlich auf die *Virgin Queen*, die jungfräuliche Königin, bezog, obwohl Virginale als Instrumente für junge Damen schon vor Elisabeths Thronbesteigung bekannt waren. Elisabeth wußte es so einzurichten, daß Sir James Melville sie spielen hörte, als er 1564 als Maria Stuarts Gesandter nach Whitehall kam. Lord Hunsdon nahm ihn mit in die Galerie, von wo aus er sie üben hören konnte. Dann stahl sich Melville auf den Zehenspitzen allerdings hinter eine Portiere, so daß er dicht hinter ihr stand und sie genau beobachten konnte. Als sich Elisabeth umdrehte und ihn sah, stand sie sofort auf, ging auf ihn zu und drohte ihm, als ob sie ihn schlagen wollte. Sie pflege nicht vor Männern zu spielen, sondern nur für sich allein, um ihre Melancholie zu vertreiben. Was er hier zu tun habe, fragte sie. Er entschuldigte sich, es sei unverzeihlich, daß er eingedrungen sei, aber er habe sie eine Melodie spielen hören, die ihn entzückt habe, und er müsse sagen, daß sie weit besser spiele als seine eigene Königin. Ein anderer Gesandter plauderte am Weihnachtsabend 1597 mit Elisabeth über Musik, während sie einem Spinett lauschten, wahrscheinlich in dem gleichen Zimmer in Whitehall, in das Melville damals eingedrungen war. »Sie sagte mir, sie liebe Musik sehr und sie lasse sich eben eine Pavane vorspielen. Ich antwortete, sie sei eine sehr gute Musikkennerin und stehe im Ruf, selbst eine Meisterin in dieser Kunst zu sein. Sie erwiderte (und ihre Bescheidenheit – oder war es ihre Lust am Untertreiben – war mit den Jahren noch größer geworden), sie habe sich auch gelegentlich damit befaßt und habe immer noch große Freude daran.

Eine Pavane, aber auch andere Tänze ließen sie nicht stillsitzen, und noch wenige Monate vor ihrem Tod tanzte sie mit dem Herzog von Nevers. Das Tanzen gehörte für einen Höfling zu den wesentlichen Fertigkeiten, wie Hattons Aufstieg zu hohen Ehren klar bewiesen hatte. Als die Tanzfiguren immer komplizierter wurden, taten sich in London Tanzschulen auf, die ein glänzendes Geschäft machten. Viele dieser sogenannten Akademien wurden allerdings von Leuten betrieben, »die weder durch ihre Fähigkeiten noch durch ihren Lebenswandel dazu qualifiziert waren«. Sie liefen oft unter einem italienischen oder französischen Namen, und zwar bald in solcher Zahl, daß Elisabeth beschloß, ihnen das Handwerk zu legen; vor allem ging sie gegen diejenigen vor, die »unter dem Deckmantel eines guten Unterrichts die Jugend zu unzüchtigem Benehmen verführten«. 1574 erteilte sie Richard Frythe und zwei anderen, »die dem Adel und anderen angesehenen Leuten wohlbekannt sind«, als einzigen die Erlaubnis, Tanzstunden in London und Umgebung zu erteilen.

Das Maskenspiel, ursprünglich ein Maskentanz mit Pantomime, hatte sich mit der Zeit zu einer Art modernem Ballett entwickelt. Es wurde vom Intendanten der Hoflustbarkeiten zusammengestellt, wobei er für prachtvolle Szenerien und erlesene Kostüme zu sorgen hatte. Die Aufführung selbst wurde von eingestreuten Liedern und gesprochenen Versen unterbrochen, und zum Schluß durften auch die Zuschauer auf die Bühne kommen und mitmachen. Bei Hof gab es solche Vorstellungen meist während der zwölf Weihnachtsfeiertage, am Fastnachtsdienstag und zur Mittsommernacht. Auch zu Ehren wichtiger Gesandtschaften oder zu Hochzeiten in vornehmen Kreisen wurden Maskenspiele gegeben. Für die in Schloß Nottingham 1562 zwischen Elisabeth und Maria Stuart geplante Zusammenkunft, die dann nicht zustande kam, waren für drei Abende solche Stücke ausgearbeitet worden, wobei »die Zwietracht« und »das falsche Gerücht« eingekerkert werden sollten, damit »die Freundschaft« auf einem Elefanten und »der Friede« auf einem Triumphwagen einziehen konnten. Sodann sollten die Engländer und Schotten, angeführt von ihren beiden Königinnen, die Nacht gemeinsam durchtanzen. Die unter ihrem Vater üblichen »Maskenspiele in italienischer Manier« bürgerten sich unter Elisabeth in England fest ein und entwickelten spezifisch englische Eigenheiten.

Die »Children of the Chapel«, die königlichen Chorknaben, gewannen durch ihre dramatischen Aufführungen und ihren bezaubernden Chorgesang immer größere Berühmtheit und wurden oft zu Aufführungen nach Whitehall und Windsor gebeten; sie traten aber auch bei verschiedenen Londoner Schauspieltruppen auf. Die Popularität dieser Knaben und ihres begabten Lehrers William Hunnis trugen jedoch dazu bei, daß das gesamte englische Theater heftig angegriffen wurde. Solange Kardinäle, Bischöfe und Äbte als Krähen, Esel und Wölfe lächerlich gemacht wurden, hatten die Puritaner an den Maskenspielen nichts auszusetzen gehabt; seit sich das Drama aber immer weitere Stoffgebiete eroberte, taten sie es in Bausch und Bogen als »unzüchtige Fabeleien« ab. Schauspiele waren für die Puritaner nichts als heidnischer Götzendienst, und die Aufführungen am Königlichen Hof waren in ihren Augen besonders sündhaft, weil sie erst abends um zehn Uhr anfingen und manchmal sogar am Tag des Herrn stattfanden. Das Allerverwerflichste war für sie freilich, daß Knaben die weiblichen Rollen spielten. Aber Elisabeth war nicht gesonnen, auf ihre jungen Schauspieler zu verzichten. »Die Schauspiele werden nicht verboten, solange diese noch nicht flüggen Lieblinge Ihrer Majestät in Samt und Seide einherstolzieren und in Halskrause und Chorhemd, der Livree des Satans, in der Königlichen Kapelle an ihrem papistischen Gottesdienst teilnehmen«, wetterte 1568 ein puritanisches Pamphlet. Die Schauspielertruppen unter der Schutzherrschaft von

Leicester, Sussex und anderen Peers wurden ebenfalls heftig befehdet, und wenn es nach den puritanischen Stadtvätern gegangen wäre, hätte es in London und seinen Vorstädten nicht ein einziges Theater gegeben. Elisabeths entschlossene politische und finanzielle Unterstützung rettete das Drama und verhinderte, daß die Kirchenmusik den engstirnigen kalvinistischen Prinzipien zum Opfer fiel. Die Opposition blieb jedoch so stark, daß nur die dauernde Schutzherrschaft der Königin das Theater am Leben zu erhalten vermochte. Elisabeth betrachtete es im Rahmen ihrer Politik der *via media* als eine ihrer wesentlichsten Aufgaben, dafür zu sorgen, daß der eisige Sturm der Reformation die Renaissance nicht aus England hinausfegte.

So gründete sie 1583 ihre eigene Schauspielertruppe, die »Queen Elizabeth's Men«, für die sie zwölf der besten Schauspieler aus den bereits bestehenden Schauspieltruppen auswählte und dem Protektorat Leicesters, Sussex' und Oxfords unterstellte. Diese Truppe spielte nicht nur bei Hof, sondern veranstaltete auch im Land Tourneen, die sie bis nach Bristol und Shrewsbury führten. Die Stadt London mußte ihr ein eignes Schauspielhaus zur Verfügung stellen, ein Beweis dafür, welche Bedeutung die Königin dem Drama beimaß. Andere folgten ihrem Beispiel. 1585 gründete Howard die »Admiralstruppe«, deren Hauptdarsteller Edward Alleyn war und die der Stiefvater von Howards Frau, Philip Henslowe, finanzierte. Diese Truppe bot Marlowe Gelegenheit, sein Talent zu zeigen. Im gleichen Jahr wurde die »Lord Chamberlain Truppe« gegründet, die jedoch erst 1594 zu voller Bedeutung gelangte, als sie von Hunsdon nach der großen Pest neu organisiert wurde. Von da an war sie eng mit dem Genius William Shakespeares verbunden. Ohne die Königin wären jedoch alle diese Theater geschlossen worden – wie später durch das »Lange Parlament« –, und die Welt wäre um den Inhalt der ersten Folioausgabe ärmer.

Zu den zwölf Mitgliedern der »Schauspieltruppe der Königin« gehörte Richard Tarleton, der erste große englische Komödiant. Häßlich, mit platter Nase und schielenden Augen, brauchte er – ähnlich wie Robey oder Chaplin – nur sein Gesicht zu zeigen, und die Zuschauer brachen in lautes Gelächter aus. Er war der geborene Clown, sang und focht außerdem ausgezeichnet und verstand es, so vorzüglich zu extemporieren, daß man diese Kunst damals geradezu »Tarletonieren« nannte. Auch Elisabeth war von ihm entzückt, und er konnte sich mit Recht als Liebling des Hofes betrachten.

Nach Tarletons Tod verlor die »Schauspieltruppe der Königin« an Bedeutung. Dafür führte die »Lord Chamberlain Truppe« bei Hof und in London nacheinander alle die Schauspiele auf, die zu den größten der Welt gehören sollten: *Titus Andronicus, Hamlet, Der Widerspenstigen Zähmung, Liebes Lust und Leid, Romeo und Julia,* und wie sie alle heißen. Wir sehen Elisabeth vor uns, wie sie auf ihrem hohen Thronsessel neben ihrem Liebling Essex der Uraufführung der *Komödie der Irrungen* und fünf Monate später als Ehrengast der ersten Vorstellung des *Sommernachtstraums* beiwohnte, der anläßlich der Hochzeit des Grafen von Derby mit Elizabeth Vere uraufgeführt wurde. Im Winter 1601/02 wurden nicht weniger als zehn neue Stücke bei Hof gegeben – ein großartiges Zeugnis für Elisabeths lebendiges Interesse am Drama auch noch in ihren letzten Tagen.

Turnierbahnen gab es in Greenwich, Hampton Court und White-hall. Letztere wurde 1561 vergrößert und mit einer Zuschauergalerie versehen. Es gab drei verschiedene Arten von Turnieren – die Tjoste, bei denen sich Reiter mit stumpfen Lanzen gegenüberstanden, Turniere zu Pferd, bei denen Schwerter verwendet wurden, und die Kampfspiele zu Fuß, bei denen abwechselnd mit Pike und Schwert gefochten wurde. Diese einfacheren Kämpfe konnten auch bei Fackelschein durchgeführt werden und wurden gelegentlich sogar in der Banketthalle ausgetragen. Bei den höfischen Maskenspielen wurden Parodien auf Turniere gezeigt, wie zum Beispiel 1579 ein Kampf zwischen Amazonen und Rittern, oder es kam zu komischen Gefechten mit Pferdeattrappen. Im Verlauf von Elisabeths Regierung wurde das Hauptturnier auf den Jahrestag ihrer Thronbesteigung verlegt. Berühmte Kämpen pflegten ihre Herausforderungen ein paar Tage im voraus bekanntzugeben. Dann wurde um ein Kleinod, das meist die Königin selbst gestiftet hatte, gerungen. Abgesehen von den Wettkämpfen im Bogenschießen waren diese Turniere die einzige Art organisierten Sports im Tudor-England, und »viele Tausende« strömten herbei, um das große Ereignis mitanzusehen, das um die Mittagszeit begann.

Ein Augenzeuge des großen Turniers von 1584 berichtet, daß sich jedermann einen Stehplatz zu 12 Pence erwerben konnte. Trompetenstöße begrüßten die Turnierteilnehmer, die, geschmückt mit ihren Farben, ihre Pferde auf die Kampfbahn führten. Ihre Diener, die sich um die Pferde zu kümmern und ihrem Herrn in den Sattel zu helfen hatten, waren »als Wilde oder Iren verkleidet, und das Haar hing ihnen bis zum Gürtel herab wie bei einer Frau; andere trugen Pferdemähnen auf dem Kopf. Manche kamen in Wagen hereingefahren, deren Pferde wie Elefanten aufgeputzt waren; andere Wagen wurden von Männern gezogen, und wieder andere schienen ganz von allein zu fahren. Alle Wagen aber sahen irgendwie merkwürdig aus. Einige Herren hatten ihre Turnierpferde gleich mitgebracht und bestiegen sie in voller Rüstung unmittelbar vom Wagen aus. Etliche zeigten sich sehr gewandt und waren prächtig gekleidet. Die Art, in der jeder zu kämpfen gedachte, stand bereits fest, als er sich in die Listen eintragen ließ. Die Kosten für jeden Teilnehmer beliefen sich auf mehrere tausend Pfund. Wenn ein Herr sich mit seinem Diener zu Pferd oder im Wagen den Schranken näherte, hielt er am Fuß der Treppe an, die zum Platz der Königin hinaufführte, und einer seiner Diener in prächtiger, stets origineller Aufmachung stieg die Stufen zur Königin empor, um sie mit wohlgeformten Versen anzureden oder sie und ihre Damen mit Späßen zum Lachen zu bringen. Anschließend überreichte er der Königin im Namen seines Herrn· ein kostbares Geschenk. Nachdem sie es in Empfang genommen hatte, erteilte sie dem Betreffenden die Erlaubnis, am Turnier teilzunehmen. In Wirklichkeit versicherte man sich dieser Zulassung jedoch bereits, bevor man seine Vorbereitungen zum Kampfe traf. Nun ritten jeweils zwei gegeneinander und brachen die Lanzen. Es waren nicht nur viele edle Herren, sondern auch schöne Damen zu sehen, und zwar nicht nur im Gefolge der Königin, sondern auch in Gesellschaft von adligen Herren und Bürgern. Das Fest dauerte bis fünf Uhr nachmittags.«

An jenem Tag waren Oxford und Arundel die Sieger im Kampf und durften ihre Schilde mit ihren Wahlsprüchen und Emblemen in der Schild-Galerie am Ufer der Themse über der Privattreppe aufhängen.

Das Leben an Elisabeths Hof war eine seltsame Mischung von Althergebrachtem und Neuem. Die Änderungen, die sie vornahm, wurden bereitwilliger hingenommen, weil sie von einer Frau kamen. Ihre Paläste vereinigten höchsten Luxus mit größter Unbequemlichkeit. Es gab zahllose Tapisserien, aber bei weitem nicht genug Teppiche für die Fußböden. Es waren prächtige Thronsessel vorhanden, aber es gab nicht einen einzigen bequemen Stuhl. Heizung und Belüftung waren ebenfalls unzureichend, und ein Badezimmer war überhaupt nicht vorhanden. Der Palast in Greenwich hatte allerdings ein Wasserklosett aufzuweisen, das Sir John Harington spaßeshalber erfunden hatte. Trotz ihrer ewigen Geldknappheit verstand es Elisabeth, an ihrem Hof ein blendendes Schauspiel zu inszenieren, denn sie wußte, daß der Ruf eines Monarchen im eigenen Land wie außerhalb seiner Grenzen weitgehend davon abhing, was für einen Hof er führte, und der ihre konnte es mit jedem anderen in Europa aufnehmen.

ZEHNTES KAPITEL

Tochter der Zwietracht

Schon allein dadurch, daß sie Elisabeths Gefangene war, säte Maria Stuart Zwietracht in deren Reich, woraus die katholischen Mächte endlich ihren Vorteil ziehen konnten, als die Seminaristen aus Douai nach England kamen. In Madrid, Paris und Rom schmiedete man Pläne für das »Unternehmen gegen England«, einen Kreuzzug unter dem Banner der Gegenreformation, der sich Elisabeths Tod zum Ziel gesetzt hatte. Maria sollte befreit werden und an ihrer Stelle die Regierung übernehmen, um in England den Katholizismus wiederherzustellen. Maria aber brachte ihre aktive Beteiligung an diesen Verschwörungen den Tod.

Der Tyrannenmord war in der damaligen Zeit nicht gerade ein Glaubensartikel, aber doch ein höchst löbliches Unterfangen, und tatsächlich wurden Anfang der achtziger Jahre mehrere Anschläge auf Elisabeths Leben unternommen. Es waren die Jahre der Spione Walsinghams, die Jahre der Foltern und Daumenschrauben, während der Maria in strengerer Haft gehalten wurde und im Unterhaus oft wochenlang eine hysterische Aufregung herrschte. »Diese Höllenhunde verstecken sich hinter dem erhabenen Namen Jesu, und die armen Seelen, die sie mit ihrer sündhaften Lehre behexen, sind tatsächlich die einzigen, die für Ihre Majestät eine Gefahr bedeuten«, schrieb Thomas Digges, der Parlamentsabgeordnete für Southampton über die Jesuiten-Missionare. Eine einzige gut gezielte Kugel hätte genügt, um England in einen Bürgerkrieg zu stürzen.

Leicester machte sich größte Sorgen, weil Elisabeth fest überzeugt war, daß die Zunahme der Papisten in ihrem Land keine Gefahr für sie bedeutete. Er fand, daß die Königin ihren katholischen Untertanen gegenüber eine zu große Milde walten ließ, da sie sich standhaft weigerte, in ihnen *ipso facto* Hochverräter zu sehen. In ihrer Freude an Volksmengen achtete sie wenig auf ihre persönliche Sicherheit; es blieb Burghley überlassen, gewisse Vorsichtsmaßnahmen zu treffen, indem er Elisabeth hinderte, von Fremden parfümierte Handschuhe und Armschleifen anzunehmen, mit denen man sie hätte vergiften können, indem man den Geruch des Gifts »mit anderen Düften überdeckte«, und ähnliches mehr. Wenn sie Magenbeschwerden oder Kopfschmerzen hatte, fürchtete man sofort Gift, und Hatton stellte eines Tages erleichtert fest, man habe herausgefunden, daß ein häufiges Gefühl der Übelkeit auf Elisabeths seltsame Gewohnheit zurückzuführen sei, zum Frühstück »einen aus Hafer, Zucker und Wasser zusammengekochten Brei zu essen, der noch zusätzlich mit Brot eingedickt war« und der ihr zwar den Appetit auf ihr Mittag- und Abendessen, aber glücklicherweise nicht das Leben raubte.

Elisabeth selbst blieb äußerlich sehr ruhig. Sie hielt ihren normalen Tageslauf ein und äußerte zu wiederholten Malen, daß sie auf Gottes Vorsehung vertraue. Als sie im November 1583 von Hampton Court nach Whitehall zurückkehrte, knieten einige Untertanen am Wegesrand und flehten sie an, doch auf sich selbst achtzugeben; sie wünschten ihr »Gottes reichen Segen und daß man die Übelgesinnten, die ihr etwas antun wollten, entdeckte und gebührend bestrafte«. Elisabeth dankte ihnen herzlich für ihre Liebe, weigerte sich aber trotz aller Gefahren, den direkten Kontakt zu ihrem Volk aufzugeben.

Die Ankunft von Campion und Parsons im Juni 1580 bedeutete jedoch eine ernste Gefahr für den Frieden im Land. Campion war die einzig wirklich sympathische Gestalt unter den Seminaristen aus Douai, und es gelang ihm bald, zahlreiche Engländer zur Konversion zu bewegen. Gleich bei seiner Landung richtete er einen offiziellen Brief an den Staatsrat, in dem er erklärte, er sei wieder heimgekommen, um das Evangelium zu predigen und die Seelen der Menschen zu retten, und nicht, um sich in die Politik einzumischen. Diese Unterscheidung war seinem Zeitalter freilich fremd. Er predigte in London und reiste durch die Grafschaften – als gejagter Mann. In panischem Schrecken entwarf der Staatsrat Pläne, wie man Rekusanten ausfindig machen und überwachen könne, und erließ eine längere Proklamation, in welcher die Untertanen der Königin ermahnt wurden, ihr »frei von den Banden der römischen Tyrannei« die Treue zu halten. Englische Flüchtlinge brachten in Flandern und Frankreich Gerüchte in Umlauf, denen zufolge die katholischen Mächte sich zu einer gemeinsamen Invasion in England entschlossen hatten, »um mit der Krone und dem Besitz der Untertanen nach Belieben zu verfahren«. Die Jesuiten wurden dabei stets als Stoßtrupp des Großen Unternehmens angesehen, so daß die Regierung nicht ruhen durfte, ehe Edmund Campion sich in sicherem Gewahrsam befand.

Es besteht Grund zur Annahme, daß Elisabeth in Leicesters Haus eine geheime Unterredung mit ihm hatte, bei der seine »Zehn Argumente gegen die Anglikanische Kirche« zur Diskussion standen. Es war dies nicht ihr erstes Zusammentreffen, denn schon bei ihrem ersten Besuch in Oxford im Jahre 1566 hatte Elisabeth seine Gelehrsamkeit bewundert. Ohne Zweifel gab man sich beträchtliche Mühe, ihn zum Widerruf zu bewegen, wenn die Behauptung auch kaum zutreffen dürfte, daß die Königin ihm eine reiche Belohnung, vielleicht sogar den Bischofssitz von Canterbury versprochen habe, falls er den Suprematseid leiste. Campion erbat sich die Erlaubnis zu einer öffentlichen Disputation, wie sie unter den Oxforder Theologen so beliebt waren, und man erklärte sich damit einverstanden, um ihm zu zeigen, daß die Regierung bereit war, ihm entgegenzukommen. So traf er in der Kapelle des Tower viermal mit den Dechanten von St. Paul und Windsor zusammen, wobei er sein außergewöhnliches theologisches Wissen, aber auch seine völlige Ahnungslosigkeit in bezug auf die politische Realität unter Beweis stellte. Burghley und andere wollten ihn wegen seiner religiösen Ansichten vor Gericht stellen, und das strenge Gesetz von 1581 hätte ihnen durchaus eine Handhabe gegen ihn gegeben, aber Elisabeth bestand darauf, daß die Anklage auf Grund des alten Hochverratsstatuts erhoben wurde, das sich gegen alle richtete, die »gegen das Leben der Königin konspirieren und einen Aufstand in ihrem Reich anzuzetteln versuchen«. Campion wußte, daß der Urteilsspruch im voraus feststand, und so ging er am 1. Dezember nach Tyburn, um dem Großen Unternehmen einen Märtyrer zu schenken.

Noch zu Lebzeiten Campions plante das Parlament, mit drakonischen Gesetzen gegen die Katholiken vorzugehen. Der Gesetzesantrag, der dazu dienen sollte, »die Untertanen Ihrer Majestät in schuldigem Gehorsam zu halten«, sah die Todesstrafe für all jene vor, die einen Untertan zur Kirche von Rom bekehrten. Die Königin war jedoch der Ansicht, daß eine Bekehrung allein noch keinen Hochverrat darstelle; so wurde der Antrag also noch einmal dahingehend geändert, daß zu der Bekehrung noch die Gehorsamsverweigerung gegenüber der Königin hinzukommen mußte. Es spricht für Elisabeths Ruhe und Mäßigung, daß auf ihre Veranlassung hin die Strenge des Gesetzes gemildert wurde. Aber auch in seiner endgültigen Fassung war es noch hart genug. Ein Priester, der eine Messe las, hatte eine Strafe von 66 Pfund, 13 Schilling und 4 Pence (200 englische Mark) zu gewärtigen und wurde, falls man ihn erwischte, bis zur Bezahlung eingesperrt. Wer an einer Messe teilnahm, mußte

100 Mark bezahlen und wanderte für ein Jahr ins Gefängnis. Die Buße für diejenigen, die nicht am sonntäglichen Gottesdienst in der anglikanischen Kirche teilnahmen, hatte seit 1559 einen Schilling betragen, jetzt kam noch die bedrohliche Summe von monatlich 20 Pfund für alle Rekusanten über sechzehn Jahre hinzu. Wer sich ein Jahr lang widerspenstig zeigte, bezahlte dies solange mit 200 Pfund, bis er sich fügte. Diese finanziellen Maßnahmen, die sich offenbar Bischof Aylmer von London ausgedacht hatte, waren zweifellos nach dem Geschmack der Königin. Sie war entschlossen, die Rekusanten so lange mit Bußen zu belegen, bis sie ausgerottet waren, doch erzielte man im ersten Jahr nur insgesamt 909 Pfund, und 1587 brachte man kaum mehr als das Doppelte zusammen.

Nach fünfzehnjähriger Gefangenschaft war es kaum verwunderlich, daß Maria Stuart sich an jeden Strohhalm klammerte. Sie beklagte sich unter bitteren Tränen, daß man ihr, einer Königin, zu wenig Respekt zolle, daß sie unzähligen Beleidigungen ausgesetzt sei und unter unbequemen, ja sogar ungesunden Bedingungen leben müsse. Elisabeth schickte ihr die eigenen Ärzte. Die Welt sollte wissen, daß sie ihre Gefangene nicht vernachlässigte, wenn sie auch im stillen hoffte, daß sie eines natürlichen Todes ohne große Tragödie sterben würde. Um sich die Zeit zu vertreiben, schrieb Maria Briefe, las oder beschäftigte sich mit Stickereien. Einmal bat sie, man möge ihr ein paar Pudel aus Frankreich kommen lassen, »denn außer Büchern und Handarbeiten habe ich nur all die kleinen Tiere zu meiner Unterhaltung, die ich mir verschaffen kann.« Sie hielt sich Tauben und Rebhühner als ihre Schicksalsgenossen im Käfig.

In einem langen, leidenschaftlichen Brief vom November 1582 zählte Maria Elisabeth alle ihre Leiden auf und verlangte Genugtuung, bevor sie sterbe, »damit alle Meinungsverschiedenheiten zwischen uns beseitigt werden und meine vom Körper befreite Seele nicht gezwungen sein wird, ihre Klagen vor Gott zu erheben.« Sie forderte ihre Freiheit und eine Verständigung mit ihrem Sohn. Elisabeth blieb nicht ungerührt und leitete Verhandlungen mit Schottland ein. Sie schickte Beale und Mildmay nach Sheffield, um die Bedingungen für einen Vertrag über die Freilassung Marias zu klären. Aber wenn Elisabeth auch nach einer Lösung suchte, wußte sie doch, daß ihr nichts anderes übrigbleiben würde, als Maria auch weiterhin als Staatsgefangene zu behandeln. Jakob VI. war nicht gewillt, sich für seine Zukunft auf Kompromisse einzulassen, nachdem er der Vormundschaft von Lennox und Arran entwachsen war. Den Thron von Schottland mit seiner Mutter teilen zu müssen, schien ihm schon schlimm genug, sich von ihr aber den Weg nach Whitehall verbauen zu lassen, war ihm ein schlechthin unerträglicher Gedanke. Maria in England auf freien Fuß zu setzen, war so gut wie ausgeschlossen: Wie hätten die Papisten triumphiert, und welche Komplotte hätten die Jesuiten geschmiedet! Noch gefährlicher wäre es gewesen, wenn sich Maria auf den Kontinent hätte begeben können. Am schlimmsten freilich war, wie Walsingham bemerkte, »daß man nicht damit rechnen konnte, daß sie ihre Versprechungen auch hielt«; sie war mit denen, die sie zu befreien versuchten, nie tiefer in Intrigen verstrickt, als wenn sie wieder einmal feierlich versicherte, daß sie »lieber in Gefangenschaft in Ehren sterben, als in Schande davonlaufen« wolle.

Ende 1581 tauchte ein neuer Stern am Hof auf, der Elisabeth die letzte aufreibende Zeit mit Alençon leichter überstehen half. Es war Walter Raleigh, ein Mann aus dem Westen Englands, der sich im Kriegsdienst in Irland ausgezeichnet hatte. Er war fast zwanzig Jahre jünger als Elisabeth und wurde sehr wahrscheinlich von Sussex bei Hof eingeführt. Groß, hübsch und »von sträflicher Hoffart«, hatte er »im Handumdrehen das Ohr der Königin gewonnen ... Er wurde zu einer Art Orakel für sie, was alle ärgerte«. Sein Aufstieg war so meteorhaft, daß spätere Generationen meinten, sie müßten ihn mit einem besonderen Ereignis in Verbindung bringen. Man erzählte, er habe seinen Mantel vor Elisabeth auf den Boden gelegt, damit sie sich die Füße nicht zu beschmutzen brauchte. Raleigh hatte jedoch keinen Mantel nötig, um ihre Gunst zu erlangen. Elisabeth erkannte auf den ersten Blick, daß er ein genialer Mensch von vielseitiger Begabung war, ein brillanter Kopf, der sie auf andere Weise anzog als Leicester und Hatton. Bald schon war er ihr »Wasser«, und sie wollte nicht mehr auf seine Gesellschaft verzichten. Sie verpachtete ihm Durham House, verlieh ihm das einträgliche Monopol auf den Verkauf von Südweinen und erhob ihn in den Ritterstand. Er besaß »Witz« im Sinn des Elisabethanischen Zeitalters. »Wann werdet Ihr aufhören, ein Bettler zu sein?« fragte sie ihn. »Wenn Ihr aufhört, eine Wohltäterin zu sein«, war seine schlagfertige Antwort. Die Hakluyts und sein Stiefbruder, Sir Humphrey Gilbert, gewannen Raleigh für die Idee, Expeditionen nach Nordamerika zu schicken, um dort, versehen mit Patenten der Königin, Kolonien zu gründen. Elisabeth weigerte sich zwar, ihren Günstling mit auf die Reise gehen zu lassen, stellte sich aber hinter das Roanoke-Unternehmen und erlaubte Raleigh, die neue Kolonie ihr zu Ehren »Virginia« zu nennen.

Hatton konnte leidenschaftliche Liebesbriefe schreiben und vorzüglich tanzen. Raleigh, der große Abenteurer, wußte seinen Gefühlen in unvergleichlichen Versen Ausdruck zu verleihen. Für alle anderen Höflinge war Elisabeth die Sonne, für Raleigh allein war sie Cynthia, die kühle, keusche Mondgöttin:

> Wenn Hoffnung meiner Liebe Flügel leiht,
> Steigt sie im hellen Mondenschein empor,
> Zu künden ihr, die droben wechselnd zieht,
> Daß auch mein Glück hier ständig wächst und schwindet.
> Und ihr nur leise dies ins Ohr zu sagen,
> Daß oft mein Hoffen sich verkehrt in Klagen.

Cynthia war »die geliebte Kaiserin seines Herzens«, »der Preis aufrichtiger Leidenschaft«. Die nun fünfzigjährige Königin war seine Herrin, der er seine Dienste weihte, »eine Heilige von solcher Vollkommenheit, daß jeder einen Platz in ihrem Herzen begehrte, aber keiner ihn verdiente«. Sie konnte es nicht lassen, eine Wohltäterin zu sein, daher waren alle Höflinge zudringliche Bettler, und nur er allein legte ihr seine Liebe aus höheren Beweggründen zu Füßen:

> Das Auge, welches meine Glut entzündet,
> Die Locke, die mein Herz in Ketten legt,
> Die zarte Hand, die mein Begehren bindet,
> Der Geist, der meinen Witz in Fesseln schlägt,
>
> Dies Auge überstrahlt der Sterne Schein,
> Dies Haar verdunkelt selbst die Sonne noch,
> Der Hände Weiß beschämt das Elfenbein,
> Des Geistes Ruhm dringt bis zur Sonne hoch.
>
> Wenn Augen unsre Herzen so bezwangen,
> Wenn dieses Haar zu Recht die Krone trägt,
> Wenn Hände mehr als Cäsar noch errangen,
> Wenn dieser Geist selbst Königreiche schlägt –
>
> Dann, Liebe, sprich, wer dir noch widerstand,
> Wenn so vereint sind Aug', Haar, Geist und Hand!

Hatton war so verzweifelt, daß ihm ein Jüngerer den Rang ablief, daß er, um Raleigh auszustechen, der Königin neue Liebespfänder schickte. Er wählte einen goldenen Eimer und ein »kostbares Fischgefängnis«, um auf Raleighs Spitznamen »Wasser« anzuspielen. Elisabeth bedankte sich mit der Versicherung, das Wasser und die Höflinge darin lägen ihr nicht so am Herzen wie ihre Schafe. Aber Raleigh war noch jung und unverheiratet und schon deswegen seinen Rivalen überlegen. 1584, in der Weihnachtspause zwischen den Parlamentsdebatten über Sicherheitsmaßnahmen für das Leben der Königin, flirtete sie offen mit ihm und neckte ihn wegen eines Schmutzflecks, in seinem Gesicht, den sie mit ihrem eigenen Taschentuch abwischte, und »es hieß, sie liebe diesen Herrn jetzt mehr als alle anderen«. Es war aber nur eine Faszination, ein lebhaftes Interesse an ihm und keine Liebe. Elisabeth brauchte Raleighs Bewunderung, konnte ihn aber nicht lieben und bezweifelte allen seinen Protesten zum Trotz, daß seine Zuneigung wirklich so stark war, wie er es in seinen Versen behauptete. Raleigh genügte es auch auf die Dauer nicht, seine Mondgöttin nur anzuschmachten, und im Verlauf der Monate und Jahre wurde seine Enttäuschung immer größer. Zehn Jahre lang spielte er eine führende Rolle am Hof, dann wurde er in die Verbannung geschickt, als er mit einer Frau, die ihn wirklich lieben konnte, ein echtes Glück fand. Aus seinen späteren Gedichten spricht die Bitterkeit eines Mannes, der hinter den Flitter und die Masken geblickt hat. Sonnen- und Mondenschein waren vergangen wie der Rauch seiner Pfeife:

> Sagt dem Hof, er glühe
> und leuchte wie faules Holz.

Durch die Bulle Pius' V. vom Jahre 1570 wurde Elisabeths Ermordung für die Kirche zu einer legalen Handlung. Gregor XIII. ging noch weiter und forderte die Engländer nachgerade dazu auf. Als zwei englische Adlige den päpstlichen Nuntius in Madrid fragten, ob sie eine Todsünde begingen, wenn sie ein Attentat auf Elisabeth verübten, erhielten sie die unzweideutige Antwort: »Da dieses böse Weib von England dem Glauben so viel Schaden zufügt, besteht kein Zweifel, daß jeder, der sie in der frommen Absicht, der Sache Gottes einen Dienst zu erweisen, aus dieser Welt befördert, nicht nur keine Sünde begeht, sondern im Gegenteil sich ein Verdienst erwirbt.«

In diesem Jahrzehnt der Anschläge und Gegenanschläge war Sir Francis Walsingham in seinem Element. Die moderne Forschung einschließlich der längsten Biographie, die je über einen Elisabethaner geschrieben wurde, hat das kurze Charakterbild, das Camden in seinem Nachruf von Walsingham entwarf, nicht wesentlich geändert: »Ein überaus kluger und fleißiger Mensch, der als Gesandter sich hohe Ehren erwarb, ein äußerst strenger Wahrer des reinen Glaubens, ein überaus eifriger Forscher nach verborgenen Geheimnissen, der sich ausgezeichnet darauf verstand, die Menschen zu seiner Meinung zu bekehren und sie seinen Zwecken dienstbar zu machen, wobei er in seinem Scharfsinn und Diensteifer alle Erwartungen der Königin sogar noch übertraf, und die Papisten beschuldigten ihn, er sei ein durchtriebener Ränkeschmied ...«

Siebzehn Jahre lang war er Erster Staatssekretär und hatte meistens keinen Kollegen neben sich. Nur wenn er krank oder auf besonderer Mission im Ausland war, übernahm Lord-Schatzmeister Burghley einen Teil seiner Pflichten. Sein puritanischer Glaubenseifer war ihm im Weg, wenn er als Gesandter in Paris war oder mit den Holländern zu verhandeln hatte, denn Elisabeth wollte, daß er eine vorsichtige Politik betrieb und sie nicht zu einer Vorkämpferin des Protestantismus machte. Immer wieder beklagte er ihre falsche Auffassung vom Evangelium und ihren Geiz den französischen Hugenotten und den holländischen Kalvinisten gegenüber. Dieser Glaubenseifer befähigte ihn andererseits jedoch dazu, ein wirksames Spionagesystem aufzubauen, in dem er das einzige Mittel sah, der Herausforderung des militanten Katholizismus zu begegnen und Maria, »die Schlange am Busen«, zu vernichten.

1582 war England immer noch isoliert. Es hatte nur in Paris einen akkreditierten Botschafter und in der Türkei einen von den Kaufleuten der Levante-Gesellschaft bezahlten Agenten. Elisabeth hätte daher mehr »Residenten« von der Art Sir Richard Shelleys gebrauchen können, der zwar aus religiösen Gründen nach Venedig übergesiedelt war, ihr jedoch treu ergeben blieb und bei der Schlichtung von Handelsschwierigkeiten mit den italienischen Staaten eine Hauptrolle spielte. In London gab es damals nur zwei ausländische Gesandte, den französischen und den spanischen, und den spanischen Mendoza hätte man treffender als Gesandten Philipps II. im Interesse Maria Stuarts denn als Botschafter am englischen Hof bezeichnen können. Um dieser Isolation zu begegnen und sich wichtige Informationen zu verschaffen, hatte Walsingham über Spanien, Frankreich, Flandern und noch andere Länder Agenten verteilt, die regelmäßig ihre Berichte über wichtige Ereignisse, Flotten- und Truppenbewegungen sowie das Verhalten der englischen Flüchtlinge nach Hause schickten. Auch in England selbst hatte er seine Leute, die die Häfen und die Post überwachten, Chiffreure und Spione von mehr oder weniger großer Intelligenz und Vertrauenswürdigkeit. Im kalten Krieg zu Beginn der achtziger Jahre war es ein wesentlicher Teil der Pflichten eines Ersten Staatssekretärs, über alles informiert zu sein, und Walsingham wurde berühmt für »seine geheimen Nachforschungen und sicheren Erkundungen«. Diesem System war es zu verdanken, daß man die Komplotte Throgmortons und Babingtons aufdecken und vereiteln beziehungsweise Marias Schuld nachweisen konnte.

Walsingham glaubte, daß die größte Gefahr von Norden drohte, denn der Herzog von Guise, Heinrich von Lothringen, hatte Esmé Stuart, Seigneur d'Aubigny, nach Schottland geschickt, um sich dort bei seinem jungen königlichen Vetter einzuschmeicheln. Und tatsächlich war man bis zum Ruthven-Überfall im August 1582, bei dem die »englische Partei« sich Jakobs bemächtigte, gezwungen, die Grenzgebiete scharf im Auge zu behalten. Im Mai erwischte einer von Hunsdons Leuten einen Diener Mendozas, der als Zahnarzt verkleidet von Schottland nach England reiste und in einem eigens hierfür angefertigten Spiegel geheime Briefe für Maria und Guise transportierte. Diese Briefe waren für Walsingham der erste handgreifliche Hinweis auf das »Große Unternehmen gegen England«. Bald fand man auch bei dem Jesuiten Holt in Leith chiffrierte Briefe, und als man ihn einem Kreuzverhör unterzog, bekannte er, daß der Papst und verschiedene katholische Fürsten zu Marias Befreiung einen Angriff auf England unternehmen wollten. Walsingham ließ sich von Henry Fagot, einem Mitglied der französischen Gesandtschaft, beim Dechiffrieren helfen, und diesem gelang es, einen Sekretär Marias dazu zu überreden, Walsingham Kopien von allen Briefen zukommen zu lassen, die seine Herrin an den französischen Gesandten schrieb. Außerdem gab Fagot seinem Auftraggeber den Wink, daß Francis Throgmorton häufig in die französische Botschaft komme, und zwar stets bei Nacht.

Throgmorton war seiner Erziehung nach Katholik. Nachdem er einige Monate lang im Inneren Tempel tätig gewesen war, wo man über seinen Katholizismus genau Bescheid wußte, begab er sich ins Ausland auf eine große Konspirationstour. Er stand mit Francis Englefield, Charles Paget und anderen Führern der englischen Emigranten in enger Verbindung, pflegte vertrauten Umgang mit Jesuiten und spanischen Mönchen und reiste zwischen Brüssel, Madrid, Rom, Paris und Eu in der Normandie umher, wo Guise für englische und irische Emigranten ein neues Seminar gegründet hatte. Entschlossen, in dem Großen Unternehmen eine wichtige Rolle zu spielen, verschaffte er sich genaue Informationen über Häfen und Gezeiten an der englischen Küste, stellte Listen über Leute, Pferde und Waffen derjenigen englischen Katholiken zusammen, die bereit waren, für Maria zu kämpfen, sobald Guise landete. Throgmorton war zu gleicher Zeit als Zwischenträger zwischen Mendoza und der französischen Botschaft in London tätig, über die Marias gesamte Korrespondenz lief. Er kehrte im April 1583 nach London zurück, und nachdem Walsingham von Fagot auf ihn hingewiesen worden war, blieben ihm seine Spione sechs Monate lang auf der Spur, bevor sie zupackten. Als sie an seine Haustür klopften, verschlang er, während er die Treppe hinauflief, in aller Eile einen Brief Marias. Irgendwie brachte er es sogar noch fertig, einen Kasten mit Geheimkorrespondenz an Mendoza weiterzuleiten. Doch blieb noch genug belastendes Material zurück, das ihn des Hochverrats überführte.

Throgmorton schrieb Mendoza auf einer Spielkarte, die er aus seinem Fenster im Tower warf, er werde nichts verraten, welchen Martern man ihn auch immer aussetze, und als er das erstemal auf die Folter kam, hielt er sein Versprechen auch, aber die Drohung, daß man die Prozedur unter dem berüchtigten Foltermeister Norton wiederholen werde, genügte, um ihm die Zunge zu lösen. Er verriet alles, was er über die Korrespondenz zwischen Maria, Guise und Mendoza, über die Invasionspläne in Sussex – wo Charles Paget und andere in Arundel bereitstehen wollten – und über die Hilfe wußte, die Graf Northumberland zugesagt hatte, und er verschwieg auch nicht seine eigene bescheidene Rolle bei dem Komplott, wofür er den bitteren Weg nach Tyburn gehen mußte.

Die Geschichte wiederholte sich. Wie 1571 die Enthüllung des Ridolfi-Komplotts die Ausweisung de Spes nach sich gezogen hatte, so veranlaßten jetzt Throgmortons Bekenntnisse Mendozas plötzliche Abreise. Sein Aufenthalt in England hatte ohnehin schon längst jeden Sinn verloren. Nicht ein einziges Mal hatte er in den letzten beiden Jahren »Ihre Majestät zu irgend etwas zum Vorteil seines Herrn bewogen«, und die Londoner Gassenbuben pflegten beim Soldatenspiel den hochmütigen Spanier mit Steinen zu bewerfen, wohl wissend, daß er sich nicht bei ihren Eltern beschweren würde. Er wurde vor den Staatsrat zitiert, der ihm den Ausweisungsbefehl erteilte: Innerhalb von vierzehn Tagen hatte er England wegen Konspiration mit Maria, Northumberland und anderen zu verlassen. Seine Abschiedsworte lauteten: »Da ich mir offenbar als Botschafter des Friedens die Anerkennung der Königin nicht verdienen konnte, zwingt sie mich, in Zukunft zu versuchen, sie im Krieg zufriedenzustellen.« Mendoza war der letzte spanische Gesandte unter Elisabeth. Seine Abreise, Throgmortons Hinrichtung und Northumberlands Selbstmord veranlaßten jedoch andere, sich dem großen Unternehmen gegen England anzuschließen. Man mußte die Häfen und Grenzen noch schärfer bewachen, und Maria kam in noch strengeren Gewahrsam. Der Admiral von Seeland hielt auf Walsinghams Veranlassung im Frühjahr 1584 ein Schiff an, auf dem der Jesuit Fr. Creighton nach Schottland fuhr. Der Priester zerriß in aller Eile einen Brief und warf die Fetzen über Bord, doch wehte der Wind die meisten wieder zurück, so daß man sie wieder zusammensetzen konnte. Walsingham ersah aus diesem Schreiben, daß die Pläne zu dem »Unternehmen« inzwischen erheblich weiter gediehen waren. Der dritte Herzog von Guise war allerdings bald mit eigenen Problemen beschäftigt, denn nach Alençons Tod kam der protestantische Heinrich von Navarra auf den französischen Thron, und Guise bemühte sich, die katholischen Parteien in Frankreich zu einer Liga gegen ihn zusammenzuschließen.

Wie das Komplott Throgmortons führte auch die Ermordung Wilhelms von Oranien im Juli 1584 England vor Augen, in welcher Gefahr sich Elisabeth ständig befand. Wilhelm war schon 1582 von Mörderhand schwer verwundet worden, jetzt fiel er ihr zum Opfer. Alle Engländer, die es für unmöglich gehalten hatten, daß auch ihre Königin kaltblütig ermordet werden könnte, mußten ihre Meinung nun revidieren. Auch sie hätte das Opfer sein können! In Dünkirchen prophezeite ein Mönch, ein anderer Burgunder, der bereit sei, dieses böse Weib umzubringen, werde nicht mehr lange auf sich warten lassen, und ein französischer Priester in Rouen sagte, man tue gut daran, die Bartholomäusnacht sechsmal im Jahr zu feiern, denn Elisabeth sei unzüchtig, eine Jesabel und Ketzerin in einem. Der Tod Wilhelms von Oranien bewegte Elisabeth tief, viel tiefer, als ihre Briefe an seine Witwe vermuten lassen. Damals kam sie zu dem »halben Entschluß«, daß sie Holland und Seeland wohl gegen Spanien werde verteidigen müssen. Ein offener Krieg mit Philipp schien immer näher zu rücken.

Die Tragödie Oraniens veranlaßte den Staatsrat, auf Vorschlag Walsinghams einen Eidbund zu gründen, der alle treuen Untertanen der Königin in einer großen freiwilligen Gemeinschaft vereinigte, die gelobte, ihre Person zu schützen und gegebenenfalls ihren Tod zu rächen. Da es für solch einen Treuebund keinen Präzedenzfall gab, war es nicht einfach, seine Statuten und die Art seiner Wirksamkeit festzulegen. Im ursprünglichen Entwurf verpflichteten sich die Unterzeichner, »der Königin gegen alle Staaten, geistlichen Würdenträger und weltlichen Gewalthaber zu Hilfe zu kommen, ihr zu dienen und zu gehorchen und bis zur völligen Ausrottung all jene zu verfolgen, die etwas gegen sie im Schilde führten«. Dieses Gelöbnis unbedingter Treue schien Burghley und Walsingham jedoch noch nicht zu genügen, um mit Maria fertig zu werden, falls sie selbst an Elisabeths Tod nicht unmittelbar beteiligt sein sollte – was immerhin im Bereich des Möglichen lag. So fügten sie noch das feierliche Versprechen hinzu, daß die Unterzeichner »niemals einen Nachfolger anerkennen würden, durch den oder für den ein so verruchtes Attentat versucht oder begangen würde«, und daß die Betreffenden unter allen Umständen hinzurichten seien. Die Möglichkeit, daß Maria an einem Komplott gegen Elisabeths Leben unschuldig war, wurde vom Staatsrat nicht einmal in Erwägung gezogen. Der ungeheure Erfolg dieser Treueaktion bewies aufs neue Elisabeths ungewöhnliche Beliebtheit. Bald lief Pergament um Pergament aus den Grafschaften bei Hof ein. Alle waren mit Siegeln versehen, und wer schreiben konnte, hatte mit seinem Namen unterzeichnet, die anderen hatten ein von Zeugen beglaubigtes Kreuz an die Stelle ihrer Unterschrift gesetzt. Auch von den Außenposten in Nord-Wales, Cornwall und dem Norden Yorkshires kamen Treuegelöbnisse. Selbst Maria Stuart, die bereit war, alles zu unterschreiben, bot ihre Unterschrift an!

In diesem nationalen Notstand wurde nach zwölfjähriger Pause zum erstenmal wieder ein neues Parlament einberufen. Die Männer, die in dieses Parlament gewählt wurden, waren – mit einer merkwürdigen Ausnahme – Elisabeth überaus treu ergeben und aus Sorge um die Sicherheit ihrer Königin Maria Stuart gegenüber entschieden feindlich eingestellt. Der Eid des Bundes verpflichtete alle, die unterzeichnet hatten, jeden Thronanwärter von der Nachfolge auszuschließen und bis zum äußersten zu verfolgen, durch den oder für den die Beseitigung Elisabeths versucht würde – womit er sich auch gegen Jakob VI. richtete. In einem neuen Gesetzesantrag wurde nun versucht, die Lage zu klären. Maria selbst sollte nach wie vor die ganze Härte dieser Vereinbarung treffen, Elisabeth sollte aber ermächtigt werden, Marias Sohn davon auszunehmen. Sie erklärte dem Parlament jedoch, seine Sorge um ihre Sicherheit sei »mehr, als sie verdiene«, und Gott sei ihr Schutz und Schirm. Sie wünsche nicht, daß ein Thronanwärter ohne Gerichtsverhandlung mit dem Tod bestraft werde, und bestand darauf, daß keine Strafe »die Nachkommen des Schuldigen treffen dürfe, falls diese [Jakob VI.] nicht selbst in das Komplott verwickelt« seien. Ihr Eingreifen machte die Sache nur noch schwieriger, und sie bat, die Entscheidung bis nach Weihnachten zurückzustellen.

Schneller kam man mit dem Gesetzesantrag gegen die Jesuiten voran. Alle Jesuiten und Seminaristen sowie alle, die seit 1559 in einen katholischen Orden eingetreten waren, mußten England innerhalb von vierzig Tagen verlassen. Wer trotzdem blieb oder neu einreiste, war als Hochverräter abzuurteilen. Laien, die Priester bei sich aufnahmen oder ihnen Hilfe leisteten, galten ebenfalls als Hochverräter, wenn man auch bei Angehörigen des hohen Adels, vielleicht auf Veranlassung der Königin, nur auf Felonie erkannte.

Während der Debatte über das Jesuitengesetz sprach der Abgeordnete von Queenborough, Dr. William Parry, heftig dagegen, nicht, wie er sagte, weil er für die Seminaristen war, sondern weil er fand, daß diese Maßnahme »für die englischen Untertanen, unsere Brüder, Onkel und Verwandten, voll Blut, Gefahr, Verzweiflung, Schrecken und Angst« sei. Wegen dieser Entgleisung ließ das Haus ihn in Haft nehmen, was keine geringe Verlegenheit verursachte, da Parry dem Hof angehört hatte und sich noch immer als Diener der Krone bezeichnete. Erst kürzlich hatte er Burghley einige katholische Emigranten denunziert. Elisabeth unterzog ihn persönlich einem Verhör und fand seine Erklärungen so einleuchtend, daß sie sich für ihn einsetzte. Da stellte sich Mitte Februar zum Entsetzen des Unterhauses heraus, daß Parry auf Elisabeth einen Mordanschlag geplant hatte. Die Abgeordneten waren so empört darüber, daß sie für ihren verräterischen Kollegen eine besonders grausame Todesart forderten, was Elisabeth jedoch ablehnte.

Das Ausmaß von Parrys Verrat ist schwer zu beurteilen. Edward Neville, der ihn angezeigt hatte, war ein Renegat, und sein Zeugnis war vermutlich nicht so glaubwürdig, wie die Abgeordneten annahmen. Er behauptete, Parry habe ihm vorgeschlagen, Elisabeth, wenn sie in den Park fuhr, zu Pferd zu begleiten; während sie dann zu beiden Seiten ihrer Kutsche ritten, würde es möglich sein, ihr eine Kugel durch den Kopf zu jagen. Später kursierte die Geschichte, Parry sei mit einem Dolch im Ärmel nach Hampton Court gekommen; als Elisabeth erzählte, sie habe in der Nacht geträumt, man habe ihr eine Ader geöffnet, sei der Doktor jedoch so erschrocken, daß er ohnmächtig zu Boden fiel. Sicher ist, daß er eine Abschrift von Kardinal Allens Traktat besaß, in dem der Mord an einer exkommunizierten Königin für ehrenvoll erklärt wurde, und daß er schon zuvor mit Thomas Morgan über eine schottische Invasion in England verhandelt hatte. Parry brüstete sich immer wieder mit dem von ihm

1) vorsätzlicher Bruch des Treueverhältnisses zwischen Lehnsherr und Lehnsträger

geplanten Komplott, leugnete im nächsten Augenblick jedoch wieder alles ab. Auf Grund seiner früheren Verdienste und seiner Haltung gegenüber der Regierung, der er Geheimnisse von Katholiken verraten hatte, rechnete er bis zuletzt mit seiner Begnadigung; aber die Stimmung im Land war zu sehr gegen ihn, als daß Elisabeth sich für ihn hätte verwenden können, selbst wenn sie es gewollt hätte. So wurde er am 2. März 1585 auf dem Tower-Hügel hingerichtet. Das Beunruhigende an Parrys Anschlag war, daß dieser Mann, den fast alle für einen Hochverräter hielten, den Suprematseid geleistet hatte, so daß man sich fragte, wie viele heimliche Katholiken im Reich an verantwortlichen Stellen sitzen mochten, die diesen Eid ebenfalls unter Vorbehalt geschworen und sich sogar auf den Listen des Treuebundes eingetragen hatten.

Die Aufdeckung des Parry-Komplotts ließ die Verabschiedung eines Gesetzes zum Schutz der Königin noch dringlicher erscheinen. Burghley, der sich wie immer Sorgen machte, daß es im Falle einer plötzlichen Thronvakanz zu einem Bürgerkrieg kommen könnte, ließ Gesetzesklauseln ausarbeiten, die bei einem plötzlichen Ableben der Königin eine geordnete Regierung des Reiches gewährleisten sollten. Er zielte auf ein Interregnum eines Großen Staatsrats ab, dem die volle Exekutivgewalt übertragen sein sollte, so daß man die Mörder greifen und aburteilen und das letzte Parlament wieder einberufen konnte. Von all dem wollte Elisabeth jedoch nichts wissen. Eine neue, sauber in Paragraphen aufgegliederte Verfassung, die über die Königskrone verfügte und nach der Staatsräte wie ein Haufen kalvinistischer Ältester, die ihren Geistlichen wählten, über die Nachfolge entschieden, war mehr, als sie ertragen konnte. Auch wenn Burghley und alle anderen in Panik gerieten, verließ sie sich auf ihre Chance, die Gefahren zu überleben und friedlich in ihrem Bett zu sterben. Schließlich setzte sie in allen wesentlichen Punkten ihren Willen durch. Für den Fall, daß man sie tatsächlich ermordete, sollte eine Kommission von Kronräten – kein Großer Rat! – die Schuldigen verfolgen. Alles andere ließ man auf sich beruhen, denn die Nachfolgefrage war tabu. Sollte ein Thronanwärter einen Anschlag auf ihr Leben wagen, einen Aufstand oder eine Invasion anzetteln oder dies durch andere in die Wege leiten lassen, so sollten Kommissare die Schuldigen nach gründlicher Untersuchung aburteilen, aber nur die wirklich Schuldigen sollten bestraft werden. Maria, die nicht namentlich als Thronanwärterin genannt wurde, war von der Nachfolge auszuschließen, nicht so jedoch ihr Sohn, wenn er nicht selbst an einem Komplott beteiligt war.

Im April 1584 hatte Sir Ralph Sadleir Graf Shrewsbury als Marias Wächter abgelöst, der dieses schwere Amt schon lange hatte niederlegen wollen, zumal seine eigne Frau, Bess von Hardwick, häßliche Gerüchte über seine Beziehungen zu seiner königlichen Gefangenen verbreitet hatte; sie war sogar so weit gegangen zu behaupten, Maria habe ein Kind von ihm. Sadleir wurde jedoch nur als Zwischenlösung angesehen. Seine Loyalität und Tüchtigkeit standen zwar außer Frage, aber er war schon zu alt, und Elisabeth hatte das Gefühl, daß Maria auf Grund ihrer Würde zumindest einen der Großen des Reiches als Wächter beanspruchen konnte. Aber Sir Ralph mußte noch ein ganzes Jahr ausharren, bis Sir Amyas Paulet, ein strenger Puritaner und ehemaliger englischer Gesandter in Paris, an seine Stelle trat. Die kurze Amtszeit Sadleirs bedeutete für Maria, die seit Throgmortons Komplott vollständig von der Außenwelt abgeschnitten gewesen war, immerhin etwas Abwechslung und eine kleine Erweiterung ihres Horizonts: Zuerst brachte man sie von Sheffield nach Wingfield in Derbyshire, und im Januar 1585 noch weiter südlich nach Schloß Tutbury in Staffordshire, wo noch strengere Vorsichtsmaßnahmen als bisher getroffen wurden. Dreißig mit Schwertern und Dolchen bewaffnete Soldaten bewachten das Schloß. Maria selbst durfte ohne Begleitung keinen Schritt mehr tun. Unter Paulet wurde sie dann sogar noch strenger überwacht, so daß ihr die Zeit unter Shrewsburys Obhut im Rückblick weit angenehmer erschien.

Die Verschwörer waren indessen nicht untätig gewesen. Guise hatte eine Belohnung für den Mord an Elisabeth ausgesetzt. Es gab in den englischen katholischen Gemeinden von Frankreich und Flandern genug kühne Männer, die sich zu dieser Tat berufen fühlten. Marias Pariser Agent, Thomas Morgan, erteilte bereitwillig Instruktionen, unter anderem auch an die Mitglieder von George Giffords Katholischer Gesellschaft, welche es sich zur Aufgabe gemacht hatten, die Jesuiten-Missionare in England zu unterstützen. Auch Anthony Babington, der noch wenige Jahre zuvor als Page in Shrewsburys Dienst gestanden hatte, gehörte dieser Gesellschaft an. Doch Walsinghams Spione waren überall. Sie wußten das Vertrauen von verdächtigen Personen zu gewinnen, berichteten von belauschten Unterhaltungen und waren bis über den Hals in Gegenanschläge verwickelt. Ein Babington, ein Savage und wer sonst noch alles an Komplotten beteiligt war, mußte sich über kurz oder lang in ihrem Netz verfangen. Walsingham aber war entschlossen, nicht zu ruhen, bis er auch den größten Fisch, Maria selbst, gefangen hatte. Elisabeth ahnte nichts von seinen meisterhaft ausgearbeiteten Plänen, bis er seine selbstgestellte Aufgabe gelöst hatte. Guise war zu optimistisch, um Verdacht zu schöpfen; überdies neigte er ohnehin dazu, die Macht des militanten Katholizismus in England zu überschätzen und Elisabeths Fähigkeit, eine Krise zu überleben, zu gering zu bewerten. Wie sehr irrte er sich doch in ihrem Charakter, wenn er von ihr behauptete, sie sei von Natur aus so furchtsam, daß sie davor zurückschrecken werde zu handeln. Schließlich aber fiel er und nicht sie von Mörderhand.

Im Dezember 1585 verhafteten Walsinghams Leute Robert Gifford, als er, mit einem Empfehlungsschreiben Thomas Morgans an Maria versehen, in Rye landete. Gifford war ein katholischer Emigrant, dessen Eltern ein paar Meilen von Tutbury entfernt wohnten, so daß er Maria leicht hätte Briefe übermitteln und ihre Flucht in die Wege leiten können. Man brachte ihn zu Walsingham, der ihn dazu überredete, Maria hinters Licht zu führen, indem er einen geheimen Kanal für ihre Korrespondenz einrichtete. Gifford begab sich in die französische Botschaft, wies sein Empfehlungsschreiben vor und sagte dem Gesandten Mauvissière, er habe einen Plan ausgearbeitet, wie man Briefe zu Maria befördern und andere bei ihr abholen könne. Maria war inzwischen nach Chartley nördlich von Tutbury gebracht worden, und man kam überein, daß ein Bierbrauer aus Burton, der ihren Haushalt mit Bier belieferte, Fässer benutzen sollte, durch deren Spundloch man einen wasserdichten Behälter für Briefe einschieben konnte. Mauvissière schickte Maria probeweise einen Brief, den sie am 16. Januar auch erhielt und auf dem gleichen Weg prompt beantwortete. Ihr Schreiben wurde jedoch, bevor es in die Hände des Gesandten kam, kopiert und von Walsinghams Dechiffreur Thomas Phelippes, den man in der Nähe von Chartley untergebracht hatte, entziffert. Bald hatte Phelippes alle Hände voll zu tun, denn Maria, die so lange auf jegliche Korrespondenz hatte verzichten müssen, bat darum, man möge ihr alle Briefe, die sich im Verlauf von über zwei Jahren in der französischen Gesandtschaft für sie angesammelt hatten, zu schicken. Es handelte sich dabei um Mitteilungen aller Art, von ausführlichen Plänen für eine Invasion in England aus der Hand Morgans bis zu Ermahnungen von Francis Robert Parsons, sie solle guten Mutes sein. Aber erst nach sieben Monaten hatte Walsingham in Händen, was er brauchte.

Anthony Babington wurde nach seiner Rückkehr nach England von einem Missionspriester namens John Ballard aufgesucht und dazu überredet, Elisabeths Ermordung ins Auge zu fassen. Sechzigtausend Mann stünden jenseits des Kanals bereit, versicherte er ihm, um Maria zu befreien, sie auf den englischen Thron zu setzen und dem katholischen Glauben zum Sieg zu verhelfen. Babington zögerte, eine so ehrenvolle Rolle selbst zu übernehmen, besprach sich jedoch mit seinen Gesinnungsgenossen und schrieb im Juli an Maria: »Ich selbst werde es zusammen mit zehn Herren und hundert unserer Gesinnungsgenossen übernehmen, Eure königliche Person aus den Händen Eurer Feinde zu befreien. Für die Beseitigung der Usurpatorin (der wir auf Grund ihrer Exkommunikation nicht mehr zum Gehorsam verpflichtet sind) werden sechs Edelleute sorgen, die alle gute Freunde von mir sind. Der katholischen Sache zuliebe, und um Ihrer Majestät zu dienen, werden wir diese tragische Hinrichtung vollziehen.«

Als Phelippes diesen Brief las, rieb er sich die Hände und übersandte seinem Herrn seine Dechiffrierung mit der Bemerkung: »In allernächster Zeit werden wir über ihre wahre Gesinnung Bescheid wissen.« Und tatsächlich fragte Babington bei Maria an, ob es ihr recht sei, wenn Elisabeth erst ermordet werde, nachdem sie selbst befreit sei. Maria wollte Elisabeth jedoch lieber schon vorher tot wissen: »Wenn alles gut vorbereitet ist und die Truppen innerhalb und außerhalb des Reiches bereitstehen, wird der Zeitpunkt gekommen sein, daß die sechs Herren ans Werk gehen und die Order empfangen, ihren Plan auszuführen, und ich kann dann sofort von hier weggebracht werden.« Damit, daß Maria so unmißverständlich ihre Zustimmung zu dem Anschlag gab, unterzeichnete sie ihr Todesurteil. Sie hatte sich mit diesem Brief an Babington nach dem Gesetz zum Schutz der Königin aus dem Jahre 1585 des Hochverrats schuldig gemacht. Welch ein Unterschied zwischen ihrem Verhalten und dem der jungen Elisabeth zur Zeit des Wyatt-Aufstands in Hatfield! Auch sie hatte unter starkem Verdacht gestanden, sich aber gehütet, ein Wort dem Papier anzuvertrauen. Marias Brief ist ohne Zweifel echt, was auch ihre Verteidiger trotz aller Bemühungen, das Gegenteil zu beweisen, schließlich zugeben mußten. Seine Echtheit wurde auch von Marias beiden Sekretären bezeugt, die ihn nach ihrem Konzept geschrieben und chiffriert hatten. Das Gerücht von einer Fälschung wäre wohl kaum aufgekommen, hätte nicht Walsingham Marias Brief ein Postskriptum angefügt, in dem er Babington aufforderte, die Namen seiner sechs Mitverschworenen anzugeben. Er irrte sich jedoch in ihm, denn Babington bekam es mit der Angst zu tun und floh.

Maria war überglücklich, als sie von dem Komplott erfuhr. Mit seiner nächsten Bierlieferung brachte der Brauer einen Brief von

Mendoza, der sich jetzt in Paris aufhielt, mit der Nachricht, daß Philipps Armada »die größte Expedition vorbereitete« und diese schönste aller Flotten eine wichtige Rolle bei der Befreiung Ihrer Majestät spielen werde.

Walsingham hatte die ganze Sache bisher fast ausschließlich allein betrieben. Nachdem er Marias Antwort an Babington abgefangen hatte, schrieb er an Leicester in die Niederlande, er habe seine Kollegen nicht informiert. Dennoch muß Elisabeth davon Wind bekommen haben, denn er fügte hinzu: »Ich befürchte nur, daß Ihre Majestät die Sache nicht mit der nötigen Diskretion behandelt«, und er bat Leicester, den Brief sofort zu vernichten. Am 11. August erfuhr die Öffentlichkeit durch eine Proklamation von dem Komplott; sie forderte dazu auf, Babington und seine Mitverschworenen, deren Namen der Priester Ballard nach seiner Verhaftung preisgegeben hatte, zu verhaften. Die Königin war nicht wenig überrascht, als sie erfuhr, welch »beunruhigend große Zahl« von ihnen in enger Beziehung zum Hof gestanden hatte. Edward Abington (oder Habington) war der Sohn ihres Unter-Schatzmeisters, Chidiock Tichbourne war ein Diener Hattons, und Charles Tilney war der Sohn ihres Vetters vierten Grades, Philip Tilney, der auf ihrer Reise nach Suffolk ihr Gastgeber gewesen war. Die Häfen wurden gesperrt. Elisabeth zog sich instinktiv nach Schloß Windsor zurück, wohin sie auch im Herbst 1569 gegangen war. Aber jetzt läuteten die Glocken zur Feier ihrer glücklichen Rettung, und Freudenfeuer flammten auf. Tichbourne wurde im Süden Londons aufgegriffen, Babington und einige seiner Komplicen, die sich im Wald von St. John versteckt hatten, erwischte man erst am 14. August. Abington wußte sich in Worcester einen Monat lang der Verhaftung zu entziehen, und Edmund Windsor wurde sogar ein halbes Jahr lang nicht entdeckt, doch machte dies wenig aus. Es befanden sich genügend Rädelsführer in Gewahrsam, die man verhören konnte. Babington wurde neunmal ins Kreuzverhör genommen. Nau und Curll, Marias Sekretäre, nahm man am 11. August in der Nähe von Chartley auf der Jagd fest und brachte sie nach London in Arrest, während Paulet Maria unverzüglich nach Tixall schickte, um Gelegenheit zu haben, ihre Papiere genau durchzusehen. Sonst wurde zunächst nichts gegen sie unternommen.

Elisabeth hatte Burghley befohlen, dafür zu sorgen, daß in den Verhandlungen gegen die Verschwörer nichts verlautete, was Maria in das Verfahren hineinzog. Man hat diese Anordnung meist auf die Befürchtung zurückgeführt, Marias Anhänger würden, wenn sie ihre Königin in Gefahr glaubten, Elisabeth umzubringen versuchen. Elisabeth war jedoch in diesem Augenblick widerstreitenden Gefühlen ausgesetzt, denn Walsinghams Entdeckungen machten es ihr nun unmöglich, die Entscheidung, die sie achtzehn Jahre lang vor sich hergeschoben hatte, noch länger hinauszuzögern. Sie erkannte, daß sie das Problem Maria jetzt unweigerlich in Angriff nehmen mußte. Sie hatte es immer wieder von sich gewiesen, nicht weil sie Marias Schuld an Darnleys Ermordung, die Echtheit der Kassettenbriefe, ihre Teilnahme am Babington-Komplott bezweifelt oder ihren letzten Brief für eine Fälschung gehalten hätte, sondern weil Maria durch Geburt und feierliche Salbung wie sie selbst Königin von Gottes Gnaden, ihre eigene Verwandte und die Nächste zum Thron war. Als im letzten Parlament der Antrag gestellt worden war, das Verfahren gegen Maria wieder aufzunehmen, das seit dem Zusammenbruch der Westminster-Konferenz im Jahre 1568 ruhte, hatte Elisabeth ihr Veto eingelegt, Maria jedoch wissen lassen, daß ihre Entscheidung bei ihren treuesten Untertanen Mißfallen und Unzufriedenheit hervorgerufen habe. Jetzt konnte die Königin die Parlamentsakte zu ihrem eigenen Schutz, die sie aufforderte, ein Sondertribunal einzusetzen, das Marias Anteil an dem Komplott untersuchen und ein Urteil über sie fällen sollte, nicht mehr einfach übergehen.

Schon bevor die Verschwörer vor Gericht gestellt wurden, hatte Elisabeth angeordnet, daß sie das Gesetz in seiner ganzen Furchtbarkeit treffen solle, »da es sich um einen Fall abscheulichen Verrats an Ihrer Majestät eigener Person handelt, wie er in diesem Königreich bisher noch nicht vorgekommen ist«. Selbst mit einer langsamen Hinrichtung gab sie sich nicht zufrieden: Die ersten sieben Verschwörer ließ man nur so kurze Zeit am Galgen hängen, daß man ihnen noch bei lebendigem Leib die Eingeweide herausreißen und sie – immer noch bei Bewußtsein – verstümmeln konnte. Es war die grausamste Strafe, die das Gesetz zuließ. Den übrigen blieb auf Elisabeths ausdrücklichen Befehl diese schlimmste Tortur erspart; sie wurden erst verstümmelt, als sie bereits tot waren. So gingen Chidiock Tichbourne und die anderen jungen Katholiken mit ihren wohlklingenden Namen und ihren prahlerischen Porträts, die sie sich im Vertrauen auf ihren zukünftigen Ruhm schon im voraus hatten malen lassen, in die Geschichte ein.

Erst nach Tagen konnte sich Elisabeth zu dem Befehl durchringen, Maria von Chartley wegbringen zu lassen. Sie verbot rundheraus, sie, wie der Staatsrat es wollte, während der Untersuchung im Tower gefangenzusetzen, wußte aber auch nicht recht, ob man sie nach Schloß Hertford oder nach Fotheringhay in Northamptonshire schicken sollte. Hertford Castle schien ihr zu nahe bei London und Fotheringhay zu weit von Windsor entfernt zu liegen. Immer wieder kam es ihr ungeheuerlich vor, eine Monarchin, selbst wenn sie zu Recht abgesetzt war, vor Gericht zu stellen. In ihren Gewissensqualen vermißte Elisabeth den guten Rat, den der alte Sussex ihr in Krisenzeiten oft gegeben hatte, fast ebensosehr wie den Trost von Leicesters Gegenwart. Bei der Auswahl der zusätzlichen Kommissare, die zusammen mit dem Staatsrat das Verhör leiten sollten, zeigte sie sich genauso unentschlossen wie bei der Festlegung des Wortlauts der Anklage und des Titels, mit dem Maria angesprochen werden sollte, so daß sie Burghley und Walsingham mit ihrem ewigen Hin und Her und ihrer dauernden Einmischung fast zur Verzweiflung trieb. Schließlich kam man überein, daß die Kommissare am 11. Oktober in Fotheringhay ihre Arbeit aufnehmen sollten. William Davison, der zum Staatssekretär ernannt worden war, um Walsingham von der Routinearbeit zu entlasten, fürchtete, seine Königin werde »wieder denselben Kurs wie bei dem Herzog von Norfolk einschlagen und Maria nur im alleräußersten Notfall zum Tode verurteilen«. Um der Unentschlossenheit der Königin zu begegnen, schlug der Staatsrat vor, das Parlament einzuberufen, was Elisabeth nicht recht war, da sie befürchtete, es werde sie in ihrer Handlungsfreiheit behindern. Außerdem hatte noch jedes Unterhaus in den letzten fünfzehn Jahren gebieterisch Marias Kopf gefordert, und so wußte sie im voraus, was sie auch diesmal zu gewärtigen hatte. Burghley überzeugte sie jedoch, daß das Urteil sie selbst weniger belasten und »das Ausland eher zufriedenstellen« werde, wenn das Parlament daran beteiligt sei. Das letzte Parlament hatte sich bis zum 15. November vertagt. Dieser Termin war so spät, daß man bereits vorher zu einem Urteil über Maria kommen mußte. Schließlich ordnete man die Wahl eines neuen Parlaments für den 29. Oktober an, forderte jedoch die Wähler brieflich dazu auf, auf die alten Parlamentsmitglieder zurückzugreifen. Elisabeth hatte ursprünglich vor, die Parlamentseröffnung wie üblich selbst vorzunehmen. Als der Zeitpunkt jedoch näherrückte, entschloß sie sich, ihr fernzubleiben, da sie, wie sie später bekannte, in einem Verfahren gegen ihre eigene Verwandte nicht den Vorsitz führen wollte. Tatsächlich gab sie jedoch den Abgeordneten so wenig Handlungsfreiheit, daß sie ebensogut hätten zu Hause bleiben können. Um Maria auf die bevorstehende Gerichtsverhandlung vorzubereiten, schrieb ihr Elisabeth am 6. Oktober einen offiziellen Brief: Zu ihrem großen, unauslöschlichen Kummer habe sie gehört, daß Maria »ohne Reue und Gewissen« behaupte, nichts von dem Komplott gegen sie gewußt zu haben. Da es jedoch »klare und eindeutige Beweise für das Gegenteil« gebe, werde sich Maria einem Gericht stellen müssen, das sich aus den Peers des Reiches, Staatsräten und Richtern zusammensetze und Anklage gegen sie erheben werde. Da sie unter ihrem Schutz lebe und daher den Gesetzen des Reiches unterstehe, müsse sie sich einem Verfahren unterziehen, das diesen Gesetzen möglichst gemäß sei. Sie könne keine Ausnahme für sich in Anspruch nehmen. Als Maria Einwände machte und sich weigerte, sich vor der Kommission zu verteidigen, da sie für sie nicht zuständig sei, teilte Burghley Elisabeth mit, man habe vor, das Verfahren trotzdem zu eröffnen. Die Königin kritzelte um Mitternacht ihre Zustimmung auf einen Zettel, untersagte den Kommissaren jedoch, ohne eine weitere Besprechung mit ihr ein Urteil zu fällen. Davison, der dabei war, hoffte vergeblich, dieser Brief werde in Fotheringhay zu spät eintreffen. Hatton erwies sich bei dieser Gerichtsverhandlung als ebenso tüchtig wie bei dem Verfahren gegen Babington und seine Komplicen, was die Königin 1587 mit seiner Ernennung zum Lord-Kanzler honorierte. Es gelang ihm, Maria davon zu überzeugen, daß sie ihrem Ruf schadete, wenn sie sich weiter weigerte, sich dem Gericht zu stellen, und man fand eine Formulierung, die auch ihren Protest einbezog. Die Verhandlungen in der großen Halle von Fotheringhay nahmen ihren vorgesehenen Verlauf. Man wiederholte noch einmal alle Beweise zur Rechtfertigung des von vornherein feststehenden Urteils, wie es bei Staatsprozessen stets üblich war. Am 25. Oktober versammelten sich die Kommissare aufs neue in der Sternkammer, um nach abermaliger Überprüfung des Beweismaterials zu dem Schluß zu kommen, daß Maria »die Ermordung Ihrer Majestät beabsichtigt und darauf hingewirkt« habe. Ihr geschicktes Verteidigungsmanöver war umsonst. Im Urteil wurde ausdrücklich erwähnt, daß Marias Schuld in keiner Weise die Ansprüche Jakobs VI. auf den englischen Thron beeinträchtige. Elisabeth schob die offizielle Verkündigung des Urteilsspruchs abermals um fünf Wochen hinaus. Der schottische und der französische Gesandte versuchten pro forma zu intervenieren und den Fortgang des Prozesses zu unterbinden. Aber Maria hatte in einem letzten verzweifelten Versuch, ihrem Schicksal zu entrinnen, an Mendoza nach Paris geschrieben und ihre Ansprüche auf den englischen Thron auf Philipp II. übertragen.

Lord-Kanzler Bromley erinnerte die Angehörigen des Ober- und Unterhauses bei der Eröffnungssitzung des Parlaments daran, daß sie nicht einberufen worden seien, um Gesetze zu machen oder über Steuern abzustimmen, sondern »wegen einer außergewöhnlichen Sache von höchster Bedeutung, großer Gefährlichkeit und schwerwiegenden Konsequenzen«. Im Unterhaus eröffnete Hatton die Verhandlung gegen Maria, und der alte Sir Ralph Sadleir, Marias ehemaliger Wärter, flehte zu Gott, er möge die Königin veranlassen, dieses »böse, liederliche Weib« zu beseitigen. Andere versicherten, die schottische Königin werde, solange sie lebe, Mittelpunkt und Seele des Komplotts gegen das protestantische England bleiben. Das Unterhaus schloß sich einstimmig der Petition der Lords an, der zufolge Maria nach dem Gesetz aus dem Jahre 1585 zu verurteilen sei. Am 12. November machte eine Deputation der Königin in Richmond ihre Aufwartung, wohin sie sich zurückgezogen hatte, um den leidenschaftlichen Kundgebungen in Westminster nicht zu nahe zu sein. Sie muß über den Inhalt der Petition schon vorher Bescheid gewußt haben, denn sie ersuchte die Delegierten, einen Hinweis auf den Eidbund hinzuzufügen. Sie wollte betont wissen, daß das Gesetz zu ihrem Schutz aus dem Jahre 1585 von diesem Bund als spontane Willensäußerung von Tausenden ihrer Untertanen ausgegangen sei, was sie auch in ihrer Antwort unterstreichen wollte. Sie behauptete, wenn sie und Maria Milchmädchen gewesen wären, hätte sie ihr freudig verziehen, falls sie ihre Schuld eingestanden hätte –, wünsche sie ihr doch nichts Böses. Das Gesetz von 1585 sei nicht als Falle für Maria gedacht gewesen, sondern als Warnung vor den schlimmen Folgen einer Verschwörung; man hätte Maria auch auf Grund früherer Gesetze leicht verurteilen können. Diese Akte jedoch zwinge sie nun zu ihrem großen Kummer, ihren Tod anzuordnen. Was aber die Petition betreffe, so werde sie dem Parlament bald ihre Antwort zugehen lassen.

Als Hatton dem Unterhaus die Antwort Elisabeths überbrachte, fügte er als mündliche Botschaft noch hinzu, sie sähe Marias Hinrichtung gern vermieden, »wenn Euer Gnaden Großer Rat die Sicherheit der Königin und des Landes auf andere Weise gewährleisten könne«. Darauf war man nicht gefaßt gewesen. In den nächsten Tagen einigten sich Lords und Unterhausmitglieder dahingehend, daß es keinen anderen Ausweg gebe und Maria sterben müsse. Als eine neue Delegation in Richmond eintraf, um Elisabeth von diesem Beschluß in Kenntnis zu setzen, gab sie eine ihrer charakteristischen Vorstellungen: Niemand könne ihr den Vorwurf machen, sagte sie, daß sie die Verhandlungen hinzögere, nur um ihre Milde unter Beweis zu stellen. Sie habe zeit ihres Lebens schon vielen Rebellen verziehen und bei manchem Verrat ein Auge zugedrückt, und jetzt wolle man sie daran hindern, gegen eine Verwandte Milde zu üben. »Ich bin nicht nachlässig erzogen worden und habe während meiner Jugend meine Zeit nicht müßig vertan. Trotzdem bin ich erst, nachdem ich auf den Thron kam, in die Schule der Erfahrung gegangen und habe mich um das bemüht, was einem König geziemt: Gerechtigkeit, Mäßigung, Großmut und Urteilsvermögen. Der beiden letzteren Eigenschaften will ich mich nicht rühmen, da es mir mein Geschlecht verbietet. Was jedoch die beiden ersten anbetrifft, kann ich vertrauensvoll sagen, daß ich bei meinen Untertanen in Rechtsfragen nie einen Unterschied gemacht habe und daß ich meines Wissens auch niemanden begünstigt habe, der es nicht verdiente. Auch habe ich nie dem erstbesten mein Ohr geliehen, noch mir ein voreiliges Urteil erlaubt, bevor ich mir den Fall genau angehört habe... Wir Fürsten können nicht alle Fälle selbst genau überprüfen, aber soviel glaube ich versichern zu dürfen, daß sich mein Urteil immer danach richtete, was ich als wahr erkannt hatte.«

Es sah ganz so aus, als ob sie in ihrer Eigenschaft als Königin Maria am Schluß ihrer Rede verurteilen würde. Aber wieder beließ sie es bei ihrem traditionellen Fragezeichen: »Was Eure Petition betrifft, so verurteile ich Euren Spruch nicht, noch mißfallen mir Eure Argumente, aber ich bitte Euch, meinen Dank entgegenzunehmen, mir meine Bedenken zu verzeihen und sich mit meiner Antwort ohne Entscheidung zufriedenzugeben.«

Der Staatsrat drang in sie, sie solle ihre Genehmigung zur Veröffentlichung des Urteilsspruches geben, wie es das Gesetz von 1585 erforderte, aber sie wollte sich zu keiner übereilten Handlung verleiten lassen. Burghley war verzweifelt. Er fürchtete, dieses Parlament werde als das »vergebliche Parlament« in die Geschichte eingehen, oder das Volk werde es als »Parlament der Worte« bezeichnen. Elisabeth entschied, man solle es auf unbestimmte Zeit vertagen, und kritzelte Lord-Kanzler Bromley ein paar Worte auf einen Zettel, die er in seine Rede einbauen sollte und die der Unglückliche nicht entziffern konnte, so hastig hatte sie sie aufs Papier geworfen. Dann entschloß sie sich plötzlich, die Abgeordneten doch noch eine Woche lang weitertagen zu lassen, um endlich das Parlament nur vorläufig anstatt auf unbestimmte Zeit zu vertagen. Man überredete sie auch, die Verlesung des Urteils noch vor der Vertagung zuzulassen, doch war ihr dann wieder Burghleys Formulierung nicht recht. Man hatte den Abgeordneten zugesagt, die Veröffentlichung am letzten Tag dieser außerordentlichen Sitzungen vorzunehmen, doch erfolgte sie tatsächlich erst zwei Tage später, am 4. Dezember.

Noch nie hatte Elisabeth eine solche Unsicherheit an den Tag gelegt wie in diesen letzten drei Monaten. Wenn es so weiterging, konnten ihre Räte kaum hoffen, sie über die letzte und schwierigste Hürde, die Unterzeichnung des Todesurteils, zu bringen, bevor sie alles wieder rückgängig machte. Nach Weihnachten bestürmte man Elisabeth in Greenwich aufs neue, endlich zu handeln, aber sie betonte nur immer wieder, wie sehr es ihr widerstrebe, Maria in den Tod zu schicken. Schon seit Wochen hatte sie dem französischen und dem schottischen Gesandten eine Reihe von Audienzen gewährt, und beide hatten ihr abwechselnd mit einer Invasion in England gedroht, falls Maria auch nur ein Haar gekrümmt werde. Sie hatten sich erboten, für ihr gutes Verhalten zu garantieren, wenn sie nur am Leben blieb. Elisabeth hörte sich diese Reden an – im Bewußtsein, daß ihr zumindest von Schottland nun keine Gefahr mehr drohte. England hatte mit Jakob VI. einen neuen Vertrag abgeschlossen, und seine Beteuerungen, er werde seine Mutter befreien, waren kaum mehr als eine diplomatische Demarche. Auch wenn er sich auf seine Sohnespflicht berief, war er viel zu klug, um sich seine Chancen, Elisabeths Nachfolger auf dem englischen Thron zu werden, durch eine unüberlegte Handlung zu verderben. Die besonnene Haltung der Sternkammer und die Revision des Gesetzes vom Jahre 1585, auf der Elisabeth bestanden hatte, trugen nun ihre Früchte. Die Schotten unternahmen einen letzten Versuch, einen Aufschub zu erwirken, und baten, einen Boten nach Edinburgh schicken und auf Antwort warten zu dürfen. Aber nun hatte auch Elisabeth genug. Sie weigerte sich, ihnen noch einmal eine Frist von acht Tagen zu gewähren, ja, »nicht einmal eine Stunde« wollte sie länger warten. Die Weihnachtsfeierlichkeiten waren trotz Leicesters Rückkehr an den Hof von der Krise überschattet, und in der Ruhe vor dem Sturm kamen neue Gerüchte auf: Man habe wieder einen Anschlag auf Elisabeth geplant, Maria sei aus Fotheringhay entkommen, London stehe in Flammen, die Spanier seien in Wales, und Guise sei in Sussex gelandet. Ja, es hieß sogar, Elisabeth sei bereits tot. Mancher hoffte, diese Gerüchte würden sie endlich zu einem Entschluß bringen, aber im Januar sah es ganz danach aus, als ob sie es genauso wie bei Norfolk machen würde.

Das Todesurteil war auf Anordnung Burghleys schon gleich nach der Verlesung des Urteilsspruchs ausgefertigt und Staatsrat Davison übergeben worden. Am 1. Februar ließ Elisabeth Davison völlig unvorbereitet mit dem Dokument zu sich kommen und unterzeichnete es, nachdem sie es noch einmal durchgelesen hatte. Sie fragte ihn, ob er nicht tief bekümmert darüber sei, daß es nun geschehen wäre, und Davison erklärte ihr, er könne keinen Kummer darüber empfinden, daß seine Herrin den ehrenhaften Weg eingeschlagen habe, den Tod der Schuldigen der Ermordung der Unschuldigen vorzuziehen, da ihr ja Maria nach dem Leben getrachtet habe. Elisabeth lächelte zustimmend und befahl ihm, die Urkunde zum Lord-Kanzler zu bringen, damit er sie mit dem großen Staatssiegel versehe, aber er solle »es so heimlich wie möglich tun«. Davison legte das später so aus, als habe sie damit sagen wollen, wenn die Unterzeichnung des Todesurteils bekannt würde, bevor Maria hingerichtet war, könne dies ihr Leben noch mehr gefährden. Sie bat ihn, auf seinem Weg zu Bromleys Amtszimmer bei seinem Kollegen Walsingham vorbeizugehen, der krank zu Hause lag; wenn dieser die Nachricht erfahre, werde ihn der Kummer darüber sicher gleich ganz umbringen. Da sie die Entscheidung so lange hinausgeschoben habe, meinte sie noch, werde die Welt wohl erkennen, daß sie nicht aus Leidenschaft oder Bosheit gehandelt habe. Es wäre ihr lieber, wenn die Hinrichtung in aller Stille in der großen Halle von Fotheringhay als offen im Schloßgarten vollzogen würde. Als Davison schon im Begriff war, sie zu verlassen, rief sie ihn noch einmal zurück und »fing an, sich zu beklagen, daß es für Sir Amyas Paulet und andere ein leichtes gewesen wäre, ihr diese Last abzunehmen, und sie sagte, sie wolle gemeinsam mit dem Herrn Ersten Staatssekretär [Walsingham] an Paulet und Sir Drew Drury schreiben, um deren diesbezügliche Einstellung zu sondieren«. Mit anderen Worten, sie hoffte, daß diese beiden an ihrer Stelle die Schuld auf sich nehmen und der ursprünglichen Absicht des Bundeseides gemäß das Urteil selbst vollziehen würden. Auch Leicester und selbst Erzbischof Whitgift waren der Ansicht, daß es durchaus kein unehrenhafter Weg aus dem Dilemma gewesen wäre, wenn jemand Maria vergiftet oder mit ihrem Kopfkissen erstickt hätte, was ja auch für diese selbst weniger qualvoll gewesen wäre. Und nachdem Elisabeth nun durch ihre Unterschrift das Todesurteil rechtskräftig gemacht hatte, hätte man es so vollstrecken können, daß ihr das Gefühl erspart geblieben wäre, auf der Weltbühne bei dem Justizmord an einer gesalbten Königin eine verabscheuenswürdige Rolle zu spielen. Als Heinrich Plantagenet den Entschluß faßte, daß Becket sterben müsse, und die Frage stellte: »Wer befreit mich von diesem rebellischen Priester?«, hatten sich sofort vier Ritter gefunden, die wußten, was ihre Pflicht war. Tausende ihrer eigenen Untertanen hatten sich im Oktober 1584 freiwillig erboten, das zu tun, was die grausame Notwendigkeit gebot und was sie nun von Paulet und Drury erhoffte ...

Davison berichtete Burghley von seiner wichtigen Unterredung mit der Königin, suchte, wie geheißen, Walsingham auf und informierte ihn über den Brief, den Elisabeth an Paulet geschrieben haben wollte, und begab sich schließlich zum Lord-Kanzler, der bei Einbruch der Dunkelheit die Urkunde mit dem Staatssiegel versah. Um diese Zeit war auch Walsingham mit seinem Brief an Marias Wärter fertig. Davison setzte ebenfalls seinen Namen darunter, und man beförderte das Schriftstück sofort nach Fotheringhay. Es war darin von den Bemerkungen der Königin über Paulets mangelnden Diensteifer die Rede, daß er »die ganze Zeit über ... keine Möglichkeit gefunden habe, der schottischen Königin das Leben zu nehmen«, und wie enttäuscht Elisabeth sei, daß so treue Diener wie er und Drury ihre Pflicht versäumt hätten und die Last auf sie abwälzten, obwohl sie genau wüßten, wie ungern sie Blut vergieße, noch dazu bei einer Person ihres Geschlechts und Standes, die eine so nahe Verwandte von ihr sei.

Am nächsten Morgen ließ Elisabeth Davison mitteilen, er solle nicht zum Lord-Kanzler gehen, bevor sie noch einmal mit ihm darüber gesprochen habe. Davison eilte zu ihr, und sie fragte ihn, ob die Urkunde bereits mit dem Siegel versehen sei. »Wozu diese Hast?« rief sie, als er es bejahte, und er verteidigte sich damit, er habe keineswegs schneller gehandelt, als sie es angeordnet habe. Er erkundigte sich, ob sie nun die Sache zu Ende zu führen gedenke. »Mich dünkt«, meinte sie, »man hätte eine andere Form dafür finden können«, und nannte ein paar Höflinge, die ebenfalls ihrer Meinung seien. Davison murmelte, der ehrenhafteste Weg sei noch immer der beste gewesen, und entfernte sich eilig, als die Königin zum Essen ging. Der neue Staatssekretär war in den Hofkünsten noch zu unerfahren und wußte nicht, wie er hinter die wahre Absicht seiner Königin kommen sollte, die ihn durch ihr Verhalten völlig aus der Fassung brachte. Höchst beunruhigt suchte er Hatton auf, denn er fürchtete, man werde ihm allein die Schuld in die Schuhe schieben, daß das Todesurteil weitergeleitet worden war. Sie begaben sich zu Burghley, der die Dringlichkeit der Lage erkannte und alle erreichbaren Staatsräte für den folgenden Morgen zu einer geheimen Besprechung zusammenrief. In dieser Sitzung kam man überein, die volle Verantwortung zu übernehmen und das Todesurteil unverzüglich nach Fotheringhay zu schicken. Wir besitzen nur Davisons Bericht über die Zusammenkunft im Amtszimmer des Lord-Kanzlers in Greenwich. Im Protokoll des Staatsrats für den 3. Februar ist lediglich eine Konferenz verzeichnet, an der fünf Räte teilnahmen und bei der es um eine relativ unwichtige Rechtsfrage beim Gerichtshof der Admiralität ging; die größere Besprechung von zehn Mitgliedern, zu denen auch Leicester und Hatton gehörten und die das Problem Maria behandelte, ist nicht erwähnt, obwohl der Ratsschreiber Beale zugegen gewesen war. Burghley übernahm den Vorsitz, verlas das Urteil noch einmal und sagte, man müsse den Willen der Königin unverzüglich vollstrecken, denn nun habe sie mit der Unterzeichnung des Todesurteils alles getan, was Vernunft und Gesetz von ihr forderten. Es könne gefährliche Folgen haben, wenn »sie abermals auf die Idee kommen sollte, der Gerechtigkeit in den Arm zu fallen«; man müsse also sofort handeln, ohne Elisabeth noch einmal einzuschalten. Wenn sie nicht wußte, was sie wollte – sie wußten es. Alle Anwesenden verpflichteten sich feierlich, der Königin nichts davon zu sagen, daß sie das Urteil nach Fotheringhay weiterleiteten; dann beauftragten sie den puritanischen Ratsschreiber Beale, diese Mission so schnell und heimlich wie möglich auszuführen. Er nahm außerdem Instruktionen für den Grafen von Kent mit auf den Weg, zusammen mit Shrewsbury die Vorbereitungen für die Hinrichtung zu treffen, und so starb Maria am 8. Februar durch das Beil des Henkers.

Man wahrte das Geheimnis vor Elisabeth, doch ist kaum anzunehmen, daß sie geglaubt hat, ihre Räte, die so auf die Unterzeichnung des Todesurteils gedrängt hatten, würden es nun ruhig liegenlassen. Aber sie klammerte sich immer noch an die Hoffnung, Paulet würde einen für sie leichteren Weg finden. Davison, der in Gegenwart von Raleigh in ihr Privatgemach vorgelassen wurde, erzählte sie, daß sie in der Nacht geträumt habe, Maria sei hingerichtet worden, und dies habe sie so erregt, daß sie Davison »mit einem Schwert durchbohrt hätte, wenn sie eines zur Hand gehabt hätte«. Da sie dies jedoch mit freundlichem Lächeln sagte, antwortete Davison ihr, da sei es ja gut, daß er nicht in ihrer Nähe gewesen sei, solange sie in dieser Stimmung war. Sie bemerkte, es sei immer noch ihre Absicht, die Hinrichtung vollziehen zu lassen, doch hoffe sie, einen anderen Weg zu finden. Später, wahrscheinlich am Sonntagmorgen, las sie Paulets Antwort auf Walsinghams Brief und geriet darüber in heftigen Zorn, denn er hielt mit seiner Meinung nicht zurück und schrieb, lieber hätte er den Tag nicht erlebt, an dem seine

Königin ihn gebeten habe, eine Tat zu begehen, »die Gott und das Gesetz verbieten«. Wenn er seinen Ungehorsam mit seinem Leben und seinem Besitz bezahlen müsse, sei er gern dazu bereit, aber »Gott verhüte, daß ich mein Gewissen so gräßlich belaste und meinen Nachkommen einen so befleckten Namen hinterlasse, ohne Gericht und Urteil Blut zu vergießen«. Elisabeth machte höhnische Bemerkungen über seine »Empfindlichkeit« und fand bittere Worte darüber, daß er nun nicht seinem Treueschwur entsprechend handele, und während sie in die Galerie hinausrauschte, schalt sie weiter auf die »Ängstlichkeit dieser pedantischen Burschen, die nur Worte und keine Taten kennen«.

Als Elisabeth erfuhr, daß das Todesurteil am 8. Februar vollstreckt worden war, war ihr Zorn weiter größer als ihr Kummer. Möglich, daß sie ihren Kummer überhaupt nur vorgetäuscht hat, aber ihr Zorn war unverkennbar echt. Zuerst richtete er sich gegen Hatton, dem gegenüber sie bestritt, jemals Marias Tod gewollt zu haben. Dem gesamten Staatsrat warf sie vor, er habe das Vertrauen, das sie in ihn gesetzt habe, getäuscht. Davison wanderte in den Tower, und Burghley wagte nicht, bei Hof zu erscheinen, »da Ihrer Majestät Unwille schwer auf ihm lag«. Es hieß, Elisabeth werde auch ihn in den Tower schicken, und Leicester scheint versucht zu haben, durch Intrigen nachzuhelfen. Als Burghley jedoch hörte, daß Davison ohne Verhandlung gehängt werden sollte, wagte er trotz allem, den Richtern zu widersprechen, die behaupteten, die Königin sei dazu berechtigt. Ende März wurden alle zehn Räte, die mit der Hinrichtung einverstanden gewesen waren, vor den Lord-Kanzler, Erzbischof Whitgift und zwei Oberrichter zitiert, um sich vor ihnen zu rechtfertigen. Sie verteidigten sich damit, daß Elisabeth Davison befohlen habe, das Todesurteil mit dem Siegel versehen zu lassen. Außerdem habe sie die Sorge um das Leben ihrer Monarchin bewogen, das Urteil so schnell wie' möglich nach Fotheringhay weiterzuleiten. Nicht einer von ihnen verriet, daß sie sich verschworen hatten, Elisabeth erst ihren Entschluß mitzuteilen, nachdem das Urteil bereits vollstreckt war. Inzwischen wurde Davison von Untersuchungsrichtern verhört und dann vor eine Sonderkommission der Sternkammer gestellt, der bezeichnenderweise die Hauptkronräte nicht angehörten, sondern zu der Katholiken wie Lumley, Worcester und Sir James Crofts zählten. Davison ging hin wie das Lamm zur Schlachtbank, »vom Schlag gerührt« und mit dem Arm in der Schlinge. Von den Äußerungen der Königin über Maria während der Audienz in Greenwich, die ihn völlig entlastet hätten, war bei der Verhandlung überhaupt nicht die Rede. Schließlich verurteilte man ihn wegen äußerster Mißachtung seiner Königin zu einer Geldstrafe von zehntausend Mark und einer Haft, deren Dauer Elisabeth selbst bestimmen sollte. Er war der Sündenbock für alle. Erst nach dem Untergang der Armada durfte er den Tower wieder verlassen. Nun erließ man ihm auch seine Geldbuße, und er erhielt dann noch zwanzig Jahre lang seine Bezüge als Staatssekretär ausbezahlt, durfte dieses Amt jedoch so wenig wie irgendein anderes je wieder ausüben. Burghley blieb vier Monate in Ungnade und kehrte dann zu seinen vielseitigen Pflichten am Hof zurück.

In ihrem Innersten hat Elisabeth gewußt, daß Maria Stuart sterben mußte, weil die Politik es erforderte. *Salus rei publicae suprema lex*, war eine Maxime, die nicht zu umgehen war. Aber dieses »höchste Gesetz« war nicht nur das »Gesetz Gottes« und das »Naturgesetz«, vage Begriffe, hinter denen sie sich vielleicht hätte verschanzen können, wenn sie nichts gegen Maria unternahm – sei es aus Gewissenskonflikten, sei es, weil diese ihre königliche Kusine oder gleich ihr selbst eine Frau war. Zu diesem Gesetz gehörten auch die Statuten des englischen Rechts, die eine offizielle Hinrichtung und keinen heimlichen Justizmord verlangten. Daß Elisabeth sich dazu herabließ, Paulet und Drury zu einem Meuchelmord aufzufordern, bleibt ein Flecken auf ihrem Charakterbild, den keine Erklärung zu tilgen vermag. Kurz bevor sie das Todesurteil unterzeichnete, schrieb sie an Jakob VI. über seine Mutter, sie wisse, daß es ihren eigenen Untergang bedeuten würde, wenn sie die Schlange, die sie vergifte, schonte. Er möge doch einmal darüber nachdenken, was er an ihrer Stelle täte. Wenn Maria am Leben bliebe, würden die Komplotte, von denen England nun schon fünfzehn Jahre lang heimgesucht werde, nie ein Ende finden und ständig gefährlichere Formen annehmen, auch wenn man Maria in noch so sicherem Gewahrsam hielte.

Gelegentlich wird behauptet, Elisabeth sei ihren Räten in die Falle gegangen. Es spricht jedoch dagegen, daß sie die erste schicksalhafte Februarwoche verstreichen ließ, ohne auch nur den Versuch zu machen, mit Burghley, Walsingham, Hatton oder Leicester in Verbindung zu treten. Nun war sie empört darüber, daß diese die Kühnheit besessen hatten, den Entschluß zu fassen, vor dem sie selbst zurückgeschreckt war, und sie rächte sich an Burghley und Davison, um ihnen zu zeigen, wer der Herr war. Indem sie vorgab, von nichts gewußt zu haben, suchte sie der heftigen Kritik der ausländischen

Höfe zu begegnen. War es verwunderlich, daß die katholische Welt sie im gleichen Licht sah, in dem die Protestanten Katharina von Medici nach der Bartholomäusnacht gesehen hatten? Von Zeit zu Zeit braucht die Politik (selbst in unseren modernen Demokratien) einen Sündenbock, um zum Ziel zu gelangen. So wurde auch Staatssekretär Davison im Frühjahr 1587 der Staatsräson geopfert. Es gab keinen anderen Ausweg.

Jakob VI. spielte reichlich unverblümt darauf an, daß seine durch den Tod seiner Mutter verletzte Ehre nur dadurch wiederherzustellen sei, daß Elisabeth ihn zu seinem Nachfolger ernenne. Sie tat dies zwar nicht offiziell, aber nach dem, was in Fortheringhay geschehen war, war diese Lösung auf die Dauer nicht zu umgehen. Noch mehr als das Scheitern der Rebellion im Norden war es Marias Tod, der auf politischem Gebiet die Reformation in England vollendete. England bekannte sich damit endgültig zum Protestantismus mit allen sich daraus ergebenden Konsequenzen; von nun an kämpfte der Katholizismus hier auf verlorenem Posten. Die Art, wie Maria gestorben war, nicht ihr Tod an sich, nagte an Elisabeths Gewissen, wenn jene Wochen mit ihrer gespannten Atmosphäre auch mit der Zeit in den Hintergrund traten. Zu ihrem Erstaunen nahm ihre Beliebtheit im Land jetzt noch erheblich zu, was ihr die Möglichkeit gab, ihr Volk sicher durch die Krise mit Spanien zu führen. Als die Nachricht von Marias Hinrichtung nach Rom kam, bemerkte Papst Sixtus V.: »Welch tapfere Frau! Sie bietet den beiden größten Königen zu Land und zur See die Stirn ... Es ist jammerschade, daß Elisabeth und ich nicht heiraten können, unsere Kinder hätten die ganze Welt beherrscht.« Gegen ihren Willen war sie zum Hoffnungsanker der protestantischen Welt geworden, eine Rolle, die sie nicht lockte und die sie in einen verhaßten Krieg hineinzwang, der bei ihrem Tod noch nicht zu Ende war.

ELFTES KAPITEL

Kampf

»Mein Gott, wurden je einem Fürsten von Verrätern so viele Fall-
stricke gelegt, ohne daß er den Mut oder die Einsicht besaß, sich
dagegen zu wehren? ... Um Gottes Willen, wacht doch endlich aus
Eurem allzu langen Schlaf auf!« Diesen Vorwurf machte Elisabeth
1585 Heinrich III. (der sie einst verschmäht hatte, als er noch Herzog von Anjou war), denn er hatte sich von den Intrigen des Hauses
Guise umgarnen lassen und weigerte sich, den Niederlanden zu
Hilfe zu kommen. Ähnliche Vorwürfe hätten Walsingham und die
anderen kämpferischen Puritaner auch ihr selbst machen können, als
sie sich so lange mit Marias Hinrichtung aufhielt, während der Katholizismus unter Führung von Philipp II., Parma und Guise die Existenz des protestantischen Europa bedrohte. Tatsächlich aber waren
die Würfel bereits achtzehn Monate vor Fotheringhay gefallen. Nachdem sich Elisabeth jahrelang damit begnügt hatte, die Dinge an sich
herankommenzulassen, schreckte sie auf, als Brüssel und dann auch
Antwerpen fielen, und schickte ein eigenes Heer in die Niederlande.
Sie hatte den Krieg stets verabscheut, weil sie ihn für zu kostspielig
und unmenschlich hielt; und auch jetzt, nachdem sie sich eindeutig
auf die Seite der niederländischen Provinzen gestellt hatte, bemühte
sie sich weiterhin, durch immer neue Verhandlungen doch noch zu
einer Einigung zu kommen. Mit Ausnahme des kurzen Krieges gegen
die Franzosen in Schottland im Jahre 1560 und der unglücklichen
Expedition nach Le Havre zwei Jahre später hatte England mit seinen Nachbarn seit Elisabeths Thronbesteigung in Frieden gelebt.
Selbst gegenüber Spanien hatte sie sich trotz des Handelsembargos
und der Ausweisung der Diplomaten mit allen Kräften um die Erhaltung des Friedens bemüht. Von nun an sollte England jedoch für
den Rest von Elisabeths Leben in Kriege verwickelt bleiben, was
paradoxerweise trotz der lang andauernden Kämpfe in den Niederlanden und trotz des Seekriegs in den europäischen und amerikani-

schen Gewässern eine weit größere Einheit und ein viel stärkeres Nationalbewußtsein bewirkte, als es das englische Volk je zuvor gekannt hatte, was wiederum nicht wenig zum Ruhm der Königin beitrug. In den ersten Jahren war der Krieg populär und half manche inneren Streitigkeiten schlichten.

Wenn Alençons Tod schon einen Rückschlag bedeutet hatte, so war die Ermordung Wilhelms des Schweigsamen ein in seinen Folgen nicht abzusehender Verlust im Kampf gegen Spanien. Elisabeth erkannte seinen wahren Wert erst, als er nicht mehr am Leben war, und erst dadurch merkte sie, wieviel in Zukunft von ihr selbst abhängen würde. Heinrich III., an den sich die Holländer in ihrer Not gewandt hatten, zeigte sich unfähig, einen Entschluß zu fassen, was Guise nützte, um im Januar 1585 mit Philipp II. einen Geheimvertrag über eine Heilige Liga zu unterzeichnen, die den Zweck hatte, Heinrich von Navarra von der französischen Thronfolge auszuschließen. Damit waren die Pyrenäen nur noch pro forma eine Grenze, und Elisabeths Vertrag von Blois war ein Fetzen Papier. Parmas unbeirrbarer Vormarsch von der Küste her bedrohte die Vereinigten Niederlande in ihrer Existenz. Die Lage war so düster und unsicher wie seit Elisabeths Thronbesteigung nicht mehr. Wie um England seine bedrohliche Situation recht deutlich vor Augen zu führen, beschlagnahmte Philipp im Mai sämtliche englischen Schiffe in spanischen Gewässern. Nach wochenlangen ergebnislosen Verhandlungen schickten die Holländer eine Kommission nach London, die Elisabeth die Herrschaft über ihre Provinzen anbot, wenn sie ihnen Soldaten und Geld zur Verfügung stellte, um sich Parmas zu erwehren.

Das Ausmaß ihres Engagements in den Niederlanden bestimmte die Königin allein. Manche waren der Meinung, die Regierung der unruhigen Provinzen von London aus stellte eine ausgezeichnete Lösung dar, aber Elisabeth wollte zur Verwunderung ihrer Räte nichts davon wissen. Als gekröntes Haupt konnte sie das Angebot nicht annehmen: Es hätte einen unverzeihlichen Affront gegen Philipp II., den rechtmäßigen Herrscher, bedeutet; mit Friedensverhandlungen wäre es ein für alle Male vorbei gewesen, und England hätte sich in einen kostspieligen, endlosen Krieg verwickelt gesehen. So nahm Elisabeth statt dessen die Holländer unter ihren Schutz, womit sie das Problem auf legale Weise zu lösen gedachte. Der erste Vertrag, der am 3. September in Greenwich unterzeichnet wurde, hatte nur den Entsatz Antwerpens zum Gegenstand. Der Gouverneur war so sicher, daß Elisabeth nicht eingreifen würde, daß er bereits Übergabeverhandlungen mit Parma angeknüpft hatte. Vier Tage später fiel die stolze Stadt. Die Nachricht erschreckte Elisabeth so sehr, daß ihre Höflinge überzeugt waren, sie werde nun eine große Heeresmacht zur Verteidigung Hollands und Seelands entsenden, da diese Provinzen sonst ebenfalls in die Hand des Feindes fallen würden. Elisabeth schloß mit den Holländern auch unverzüglich den Vertrag von Nonsuch, in dem sie ihnen zusagte, aus eigenen Mitteln eine Armee von fünftausendeinhundert Fußsoldaten und tausend Reitern unter einem Befehlshaber von hohem Rang auf die Dauer des Krieges zu finanzieren. Flushing und Briel sollten ihr als Garnisonen für die englischen Truppen zur Verfügung gestellt werden. Elisabeth erklärte sich überdies bereit, zwei zivile Vertreter in den niederländischen Staatsrat zu entsenden. Die Kosten, die sie für all das auf sich nehmen mußte, waren schlechthin niederschmetternd.

Um der Welt zu beweisen, daß sie mit offenen Karten spielte und das Interesse der Niederlande und nicht einen territorialen Gewinn für ihr eigenes Land im Sinn hatte, gab Elisabeth im August eine Erklärung heraus, in der sie ihre Gründe für diese Intervention darlegte; auch Parma ließ sie eine Kopie davon zustellen. Die Königin erinnerte an die vielen Verhandlungen, die zwischen England und den Niederlanden zu ihrem gegenseitigen Schutz und ihrer gegenseitigen Verteidigung stattgefunden hatten, unterstrich die lebenswichtigen Handelsbeziehungen, die im *Magnus intercursus* von Heinrich Tudor und Burgund sanktioniert worden waren, und wies auf die barbarische Grausamkeit der Spanier hin. Sie wolle die Provinzen nun unter ihren Schutz stellen, damit sie in Frieden ihre alten Freiheiten genießen könnten, was zur Stabilität Europas und Sicherheit Englands beitragen würde. Ihre Erklärungen waren vorsichtig formuliert, aber ihre Ideale waren so wenig der politischen Wirklichkeit angepaßt, daß man das Dokument später mit der amerikanischen Unabhängigkeitserklärung verglichen hat. Es stellte eine Herausforderung an Spanien dar, die Philipp im Gegensatz zu den Kaperfahrten Drakes, der übrigens im Augenblick mit einer Flotte nach den Azoren unterwegs war, nicht ungestraft hingehen lassen konnte. Obwohl Elisabeth sich weiterhin sehr um Verhandlungen bemühte, bedeutete die Tatsache, daß sie ein Heer in die Niederlande schickte, Krieg mit Spanien an allen Fronten. Vier Jahre zuvor hatte sie nach dem Tod des Statthalters Morton einem schottischen Gesandten gegenüber erklärt: »Ich habe mehr Angst vor einem Fehler in meinem Latein als vor den Königen von Spanien, Frankreich und Schottland und dem ganzen Haus Guise samt allen ihren Verbündeten. Ich besitze das Herz eines Mannes und nicht das einer Frau und fürchte mich vor nichts.« Sie war sicher, daß ihr Mut sie und ihr Volk auch jetzt nicht im Stich lassen würde.

Obwohl Elisabeth behauptete, noch nicht genau zu wissen, wen sie als Oberbefehlshaber ihrer Armee nach den Niederlanden entsenden werde, war sie sich doch im stillen keinen Augenblick darüber im Zweifel, daß sie um dieser Aufgabe willen auf Leicesters Gegenwart würde verzichten müssen. Wenn irgendwo eine besondere Verantwortung zu übernehmen war, griff sie stets auf ihn zurück. 1562 hatte sie ihn zum Protektor ausersehen, falls ihr etwas zustoßen sollte. Als 1588 eine Invasion drohte, wollte sie die Verteidigung des Landes in seine Hände legen. Vergeblich machten sie Walsingham und andere darauf aufmerksam, daß Lord Grey von Wilton über die größeren militärischen Erfahrungen für einen Krieg in den Niederlanden verfüge; auch wurden Bedenken laut, ob Leicester auch fähig sei, einen solchen Posten, der einen großen Weitblick erfordere, wirklich auszufüllen. Die Königin ließ sich nicht beirren, denn »der Edelmann von hoher Befähigung«, den sie zu schicken versprochen hatte, konnte nur er und kein anderer sein. Natürlich zauderte sie auch diesmal wieder und schob den Abschied hinaus, wenn sie damals auch noch nicht auf den Gedanken kam, daß der Graf seine Frau mitnehmen wollte. Ihr eigner schlechter Gesundheitszustand war Grund genug, daß sie Leicester nicht gehen lassen wollte. »Ich fand Ihre Majestät von dem dringenden Wunsch erfüllt, mich hierzubehalten«, berichtete er Walsingham. »Sie erregte mein größtes Mitleid, als sie sagte, sie fürchte, nicht mehr lange zu leben, und wolle mich deshalb nicht fortlassen.«

Eine Woche später gab sie ihm die Erlaubnis abzusegeln, doch blieb er dann immer noch zwölf Wochen in England. Glücklicherweise brauchten die Engländer bei ihrem Feldzug gegen Parma, den größten Feldherrn seiner Zeit, nicht auf Leicesters Ankunft zu warten. Die Hauptstreitmacht war schon abgesegelt. Auch Sir Philip Sidney, den Elisabeth zum Gouverneur von Flushing ernannt hatte, hatte England bereits verlassen. Leicester aber kamen immer größere Bedenken, den Oberbefehl über ein Heer zu übernehmen, das er als völlig unzureichend ansah. Überdies waren seine Befugnisse durch den niederländischen Staatsrat und durch die Instruktionen aus England so eingeschränkt, daß er bei seiner Abreise am 9. Dezember erklärte, er wäre lieber gestorben, als erleben zu müssen, daß ihm seine Königin die Flügel so beschnitt. Möge sie doch nie mehr einen General so entsenden wie ihn. »Und dennoch will ich tun, was ich kann – für sie und ihr Land.« Am Neujahrstag 1586 erschien in Leicesters Wohnung in Den Haag eine Delegation, die ihm, als dem Statthalter Ihrer Majestät, »die absolute Herrschaft über die ganzen Provinzen von Holland, Seeland, Friesland und Utrecht« anbot, und er war töricht genug einzuwilligen. Da er besser als jeder andere wußte, wie empfindlich Elisabeth war, wenn es um ihre Autorität ging, war seine Handlungsweise schlechthin unverantwortlich, ganz abgesehen davon, daß sie Elisabeths feierliche Erklärung vom August Lügen strafte. Als die Königin davon erfuhr, geriet sie außer sich und schrie: »Das genügt, mich bei allen Fürsten in Verruf zu bringen, da ich mich in einer Denkschrift, die in verschiedene Sprachen übersetzt ist, für das Gegenteil verbürgt habe.« Sie setzte eine äußerst scharfe Zurechtweisung an Leicester auf, die Heneage ihm überbringen sollte. Sie forderte ihn darin auf, sofort öffentlich auf dieses Amt zu verzichten, das er so voreilig angenommen hatte. Besonders empört war sie, daß er sich mit »Exzellenz« anreden ließ. Leicester wandte ein, sie habe ihn ja selbst zum Grafen gemacht, und als solchem komme ihm diese Anrede zu; Walsingham gegenüber behauptete er, er habe von sich aus einen noch höheren Titel abgelehnt. Fast ebenso schwerwiegend war in ihren Augen sein Plan, seine Frau nachkommen zu lassen, damit sie die große Dame spielen könne »mit einem Gefolge von Damen und Kammerfrauen und so prächtigen Kutschen, ... wie selbst Ihre Majestät sie nicht besaß«. In ihrer Empörung drohte Elisabeth Leicester, die Hand, die ihn in den Adelsstand erhoben habe, könne ihn »auch wieder in den Staub stoßen«.

Der Graf blieb jedoch noch bis November in den Niederlanden, ein unfähiger Feldherr in einem Feldzug, an dem außer dem Heldentod Sir Philip Sidneys nichts Rühmliches war. Leicester war von der vorbildlichen Haltung seines Schwiegersohns tief beeindruckt, und als Elisabeth merkte, wie hoch ihr Volk Sidney verehrte, gewährte sie ihm ein Staatsgebräbnis in der St.-Pauls-Kathedrale, obwohl sie an sich nicht allzu viel von ihm gehalten hatte. Dies war eine Ehre, die später erst Nelson wieder zuteil wurde. Ein solcher Nationalheld entschädigte die Engländer ein wenig für die Lasten des Krieges und das Scheitern all ihrer Friedensbemühungen. Anfangs hatte die Königin geschätzt, daß sie der Krieg in Holland jährlich etwa 126000 Pfund kosten würde, aber es stellte sich bald heraus, daß ein derartiger Landkrieg ein Moloch war, der den Reichtum Englands zu verschlingen drohte. Und da Elisabeth nicht über die Mittel zu einem

Offensivkrieg verfügte, in welchem sie Parma entscheidend hätte schlagen können, war es nicht Treulosigkeit, wenn sie sich intensiver denn je um einen für ihre holländischen Verbündeten ehrenvollen Frieden bemühte. Parma jedoch suchte sie mit Friedenshoffnungen hinzuhalten, um für die Vorbereitung der spanischen Invasion in England Zeit zu gewinnen. Leicester erklärte es für unmöglich, weiter mit den Holländern zusammenzuarbeiten, geriet in Streit mit ihrem besten Heerführer, Prinz Moritz von Nassau, entzweite sich mit seinem fähigsten Statthalter, Sir John Norris, und konnte die Vertreter Englands im Staatsrat nicht ausstehen. Überdies war er krank und wollte unbedingt nach Hause.

Im Juni hatte sich Elisabeths Zorn so weit gelegt, daß sie ihm einen liebevollen Brief schrieb, in dem sie ihn wieder mit »Rob« anredete. Im November endlich erlaubte sie ihm, nach England zurückzukehren, wo das Parlament damals gerade auf die Verkündigung des Todesurteils gegen Maria wartete. Als er wieder an ihrer Seite war, vergaß sie seinen Mißerfolg und verteidigte ihn nachdrücklich den holländischen Gesandten gegenüber, die ihm äußerste Undankbarkeit vorwarfen. Eine Kur in Bath besserte seine Gesundheit so weit, daß ihn die Königin – sehr gegen ihren persönlichen Wunsch – wieder in die Niederlande zurückschicken konnte, um den Fall von Sluys zu verhindern. Aber trotz der Tapferkeit von Sir Roger Williams fiel der wichtige Hafen Parma in die Hände. Leicester erhielt die Weisung, zu bleiben und die Niederländer zu neuen Friedensverhandlungen zu bewegen, was er mit größtem Widerstreben tat. Im November wurde Lord Willoughby zu seinem Nachfolger ernannt, und einen Monat später kehrte Leicester endgültig nach England zurück. Elisabeth nahm ihn gegen alle ihre Räte in Schutz, die ihn für das Scheitern des Feldzugs zur Verantwortung ziehen wollten, und er stand bei ihr wieder so hoch in Gunst wie nur je zuvor in den letzten fünfundzwanzig Jahren.

Leicester hatte seinen Stiefsohn Robert Devereux, Graf Essex, mitgebracht, der eben achtzehn Jahre geworden war und am Anfang einer blendenden Karriere stand. In Zutphen, wo Sidney verwundet worden war, hatte sich Essex auf dem Schlachtfeld die ersten Lorbeeren erworben, worauf er zum Ritter geschlagen wurde. Nach seiner Rückkehr nach England wurde er der Liebling des Hofes, der vielbewunderte Jüngling, welcher die Königin mehr als jeder erwachsene Mann zu bezaubern verstand und darin vielleicht nur mit Seymour in längst vergangenen Zeiten zu vergleichen war. Essex hatte die großen schwarzen Augen und das kastanienbraune Haar seiner Mutter Lettice Knollys geerbt, deren Großmutter Anna Boleyns Schwester war. Weder Raleigh noch Hatton konnten es mit ihm aufnehmen. Jugend, Ritterlichkeit, hohe Geburt, Reichtum, alles gehörte ihm, und niemand konnte ihm vorwerfen, er sei ein Emporkömmling, oder ihm die Berechtigung absprechen, großspurig aufzutreten. Sicher, er war ein verwöhnter Junge, unverschämt, egoistisch und launisch, aber er verfügte über eine seltsame Anziehungskraft, die die Menschen dazu brachte, ihr Leben für ihn aufs Spiel zu setzen.

Nach Marias Hinrichtung, als Leicester zur Kur in Bath weilte, vermochte nur Essex Elisabeth aus ihrer tiefen Melancholie in idyllische Gefilde zu entrücken. Manchmal blieben sie beim Kartenspiel bis zur Morgendämmerung sitzen. Doch kam es im Verlauf des Sommers auch zu einer stürmischen Szene. Lady Warwick hatte, als sie ein Fest zu Ehren der Königin gab, auch Essex' Schwester Dorothy geladen, die wegen ihrer heimlichen Heirat mit Sir Thomas Parrot, einem Feind Raleighs, vom Hof verbannt worden war. Ihre Anwesenheit wurde als vorsätzliche Beleidigung ausgelegt, so daß Essex gezwungen war, zum erstenmal Elisabeths Unwillen zu erregen, indem er sich vor seine Schwester stellte. Es kam zu einem Wortwechsel zwischen Elisabeth und Essex, worauf dieser Hals über Kopf in Richtung Küste ritt, um sich nach Holland zu begeben und dort den Heldentod zu suchen. Unterwegs holte ihn jedoch ein Höfling ein, um ihn auf königlichen Befehl zurückzuholen: Alles war vergeben. Elisabeth wollte nicht, daß er sein Leben in ihrem Dienst noch einmal aufs Spiel setzte; sie wollte ihn um sich haben, jetzt und in Zukunft. Um seine Stellung bei Hof endgültig zu festigen, machte sie ihn an Weihnachten zum Ritter des Hosenbandordens und ernannte ihn als Nachfolger seines Stiefvaters zum Oberhofstallmeister.

Elisabeths Heer hatte in den Niederlanden hauptsächlich deshalb so wenig Aussicht auf Erfolg, weil Englands militärische Organisation noch immer mittelalterlich war und die Gesetzesakte, nach welcher die Aushebung der Truppen vorgenommen wurde, sich kaum von der des Jahres 1181 unterschied. Dem Gesetz nach war die Königin nicht einmal berechtigt, die ausgehobenen Soldaten außer Landes einzusetzen. Es fehlte nicht an Vorschlägen, wie ein stehendes Heer einzurichten sei, aber sie hatte einfach nicht die finanziellen Mittel dazu, und das Parlament hatte für derartige Extravaganzen nichts übrig. Kein Wunder, daß Englands kleine Truppe, die man

in den einzelnen Grafschaften eilig ausgehoben und ohne Kampf-
erfahrung oder militärisches Training auf den Kontinent geschickt
hatte, gegen Parmas Berufsheer nichts ausrichtete. Die Korruption
der Heeresverwaltung, die Betrügereien der Musterungs- und Zahl-
meister und das mangelhafte Aushebungssystem, das es waffentüch-
tigen Männern ermöglichte, sich durch einen »Warze, Schwächlich
oder Schatten«* ersetzen zu lassen, waren weithin bekannte Kenn-
zeichen der elisabethanischen Armee. Es war überall dasselbe, ob es
sich nun um Truppen des englisch-schottischen Grenzgebiets, in
Irland, den Niederlanden oder in der Bretagne handelte. Daß trotz
dieser Schwierigkeiten unter den Soldaten ein ausgesprochener Korps-
geist herrschte und kein größeres Unheil entstand, war den erst-
klassigen Offizieren zu verdanken, die zum Teil noch sehr jung
waren und mit einem Patriotismus dienten, der im wesentlichen nur
aus ihrer Verehrung für die Königin zu erklären ist. So berichtet
zum Beispiel ein Vater voll Stolz von dem »frischen Mut« seines
Sohnes, der sich als Freiwilliger für den Krieg in Irland gemeldet
hatte: »Mir ist er nur um so lieber, weil er es vorgezogen hat, diese
Mühen, Beschwerden, Wagnisse und Gefahren für Ihre Majestät die
Königin und sein Vaterland auf sich zu nehmen, statt sich ein leichtes, vergnügtes Leben zu machen.« 1586 hätten die meisten der jungen
Dandies am Hof die gleiche Entscheidung getroffen.

Im Gegensatz zum Heer hatte sich die Marine den Erfordernissen
der Zeit angepaßt, zuerst unter Benjamin Gonson und William Winter, dann seit 1578 unter Sir John Hawkins. Letzterer entwickelte
in Form kleiner stromlinienförmiger Schiffe, die weit seetüchtiger
und leichter zu manövrieren waren und auch länger auf See bleiben
konnten als die herkömmlichen Kriegsschiffe, eine ganz neue Waffe.
Außerdem schuf er eine stattliche Flotte größerer Schiffe mit weit-
reichenden Geschützen vom Typ von Grenvilles »Revenge« und ließ
viele der älteren Schiffe umbauen. Durch eine umfassende Umgestal-
tung der Docks und des gesamten Schiffbausystems machte Hawkins
in seiner Eigenschaft als Marine-Schatzmeister die englische Flotte
zu einem machtvollen Kriegsinstrument. Sie war ebensogut in der
Lage, die traditionelle Küstenverteidigung zu übernehmen, wie Expeditionen durchzuführen, die den Zweck hatten, die Spanier in ihre
eigenen Gewässer zurückzujagen oder die spanische Silberflotte zu
überfallen. Elisabeth war besonders davon angetan, daß Hawkins
dies alles zuwege brachte und trotzdem sparsam mit ihrem Geld

* siehe Shakespeare, Heinrich IV., 2

umging. Es war für sie ein stolzer Augenblick, als sie Alençon ihre neue Kriegsflotte zeigen konnte, die in der Themse vor Anker lag. Verglichen mit dem Mastenwald der Galeonen in Cadiz und Lissabon war sie freilich klein – 1587 bestand sie aus nur fünfundzwanzig größeren Schiffen –, aber alle waren in bestem Zustand. Ihre potentielle Reserve war ebenfalls beträchtlich – Handelsschiffe, Fischkutter und andere Fahrzeuge, deren Eigentümer bestrebt waren, sich zu einem Syndikat zusammenzuschließen, um jenseits der »Linie«* auf Kaperfahrt zu gehen, Piraten zu verfolgen und im Notfall sogar das Königreich zu verteidigen. Elisabeths Ausgaben für die Marine betrugen bis 1570 im Durchschnitt weniger als 10000 Pfund im Jahr. 1586 jedoch waren sie auf 32000 Pfund und im nächsten Jahr sogar auf 43000 Pfund angestiegen. 1588 schnellten sie auf 153000 Pfund empor, während sie ihre Gesamteinnahmen durch besondere Maßnahmen wie Zwangsanleihen auf 392000 Pfund erhöhen konnte, wovon freilich 120000 Pfund von vornherein für das Heer in den Niederlanden gebraucht wurden. Philipp II. hatte sein amerikanisches Gold und Silber, durch das mit der Zeit sämtliche europäischen Währungen entwertet wurden. Elisabeth dagegen mußte knausern, wenn sie nicht untergehen wollte. In Spanien und Frankreich und selbst in den niederländischen Provinzen hätte es niemand für möglich gehalten, einen Ausbau der Häfen mit einer öffentlichen Lotterie zu finanzieren, aber die Königin von England mußte auf solche Maßnahmen zurückgreifen. Es ging den Engländern zwar besser als früher, aber sollte man diesen neuen Wohlstand nun durch Steuern wieder beschneiden, um auch die Krone daran teilhaben zu lassen? Elisabeth brachte es nicht über sich. Bacon meinte dazu: »Wer sich in anderen Ländern umsieht und dort die Steuern betrachtet..., so wie sie überall gehandhabt werden, wird finden, daß die Engländer unter allen Völkern Europas am meisten Herr ihres Geldes sind und am wenigsten geschröpft werden.«

In den zwölf Jahren vor dem Bruch mit Spanien entwickelte sich in England ein ungeahntes Solidaritätsgefühl. Frankreich und die Niederlande waren von Bürgerkriegen zerrissen, zu Hause aber herrschte »der Friede der Königin«. Es war ihrem diplomatischen Geschick wie durch ein Wunder gelungen, die Atempause zu verlängern, und England steuerte in dieser Zeit mit Riesenschritten auf eine möglichst autarke Wirtschaft zu. Elisabeth erteilte Monopole

* die spanische Demarkationslinie

für die Verarbeitung von Salpeter und Schwefel, ließ deutsche Ingenieure nach Blei, Eisen und Kupfer schürfen und nahm Flüchtlinge aus der Bretagne auf, welche die Engländer in der Fertigung von Segeln unterwiesen. Die Staatsdokumente und die Protokolle des Staatsrates legen beredtes Zeugnis davon ab, auf welch vielfältige Weise der natürliche Reichtum des Landes nutzbar gemacht, Vergeudung vermieden und Erfindergeist belohnt wurden. Historiker aus der vorangegangenen Generation haben festgestellt, daß sich im ausgehenden 16. Jahrhundert eine regelrechte »industrielle Revolution« vollzog. Obwohl Elisabeth selbst eine so große Abneigung gegen Kohlen hatte, daß sie ihre Paläste auch weiterhin trotz der höheren Kosten mit Holz heizen ließ, nahm die Kohlenförderung dank der Fortschritte im Bergbau und in der Trockenlegung doch erheblich zu. Der Tuchhandel blieb auch weiterhin der wichtigste Zweig des Außenhandels, doch war die Textilindustrie jetzt weit vielfältiger als früher; neben den herkömmlichen doppeltbreiten feinen schwarzen Tuchen aus Wiltshire, Devonshire und den West Ridings*, die sämtlich ihr besonderes Gewicht und ihr eigenes Gewebe hatten, gab es auch zahlreiche neue Stoffe, besonders aus Norwich, der zweitgrößten Stadt des Königreichs, während man in Lancaster als letzte Neuheit ein Gewebe aus einem Gemisch von Baumwollgarn und Wolle herstellte. Dieses große Angebot neuer Stoffe, denen man so fremdartige Namen wie *moccadoes* und *friziadoes* gab, erregten in der Welt der siebziger und achtziger Jahre ein ähnliches Aufsehen wie heutzutage die Erfindung von Nylon und anderen Kunststoffen. Hier lag die Quelle des Reichtums des elisabethanischen Englands.

Der große Aufschwung, den der Handel zur Zeit Heinrichs VIII. genommen hatte, hatte mit der Zeit empfindlich nachgelassen; der Überseehandel lag zwischen 1550 und 1575 völlig darnieder, so daß die Kaufleute gezwungen waren, nach neuen Absatzmärkten zu suchen. Man konzentrierte sich zunächst auf Antwerpen, den Hauptumschlagsplatz ganz Europas, doch bedrohten seit Anfang der sechziger Jahre die religiösen und politischen Unruhen in Philipps Dominium die kommerzielle Vorherrschaft dieser stolzen Stadt. 1564 wählten unternehmungslustige Kaufleute, als ihnen die Zufahrt nach Antwerpen eine Zeitlang gesperrt wurde, Emden als neuen Stapelplatz; das englisch-spanische Handelsembargo von 1568–1573 veranlaßte sie jedoch, sich zuerst Hamburg und dann Stade als Tor zu

* Westlicher Verwaltungsbezirk von Yorkshire

den kontinentalen Märkten zu erschließen. Antwerpens Tage waren von nun an gezählt. Bald wagten sich englische Handelsschiffe auch in die Ostsee, ins Mittelmeer und noch weiter hinaus. Den Anfang hatte 1553 Sebastian Cabot mit der Gründung der Moskowitischen Gesellschaft gemacht, die es sich zum Ziel gesetzt hatte, einen Seeweg nach Alt-Kathay* zu finden, wobei England mit Rußland in Verbindung kam. Zwischen 1577 und 1581 gewährte Elisabeth gewissen Handelsgesellschaften Privilegien, vor allem denjenigen, die mit Spanien und Portugal Handel trieben; auch die Ostland-Kompanie, die sich den Ländern an der Ostsee zugewandt hatte, und die Levante-Kompanie, welche mit der Türkei Handelsbeziehungen unterhielt und der es gegen die erbitterte Konkurrenz der Franzosen und Venetianer gelungen war, von der Pforte gewisse Konzessionen zu erlangen, bekamen Vergünstigungen zuerkannt. Raleighs Virginia-Gesellschaft, die in der Neuen Welt eine Kolonie gründen wollte, endete mit einem Fiasko, aber am letzten Tag des 16. Jahrhunderts erhielt die berühmteste dieser Handelsgesellschaften, die Ostindische Kompanie, ein königliches Monopol. Allmählich änderte sich der Handel von Grund auf: Die Engländer kauften von nun an ihre Waren nicht mehr in den Niederlanden auf, sondern ihre Schiffe brachten etwa Bauholz, Pech und Teer von der Ostsee mit, während die Schiffe der Levante-Kompanie in Konstantinopel wertvolle Ladung an Bord nahmen, wie man sie früher auf dem Gewürzmarkt von Antwerpen eingekauft hatte. 1580 bezog Elisabeth fast allen Salpeter, den man zur Herstellung von Schießpulver brauchte, von den »Mohren aus der Barbarei«. Schon geraume Zeit, bevor die Schelde (1585) gesperrt wurde, hatten englische Kaufleute mit voller Unterstützung der Königin die Abhängigkeit von Antwerpen abzuschütteln versucht, indem sie neue Handelsbeziehungen anknüpften, die der Seekrieg später zwar stark erschwerte, aber nie ganz lahmlegen konnte. Das Ziel war, London zu einem wahrhaft internationalen Hafen zu machen, wie es Antwerpen in seiner Blütezeit gewesen war.

Philipp II. dagegen verließ sich einzig auf die Reichtümer der Neuen Welt. Von allem Anfang an hatten sich die Engländer geweigert, den päpstlichen Schiedsspruch anzuerkennen, der den Spaniern das gesamte Gebiet westlich der Azoren und nördlich des Wendekreises des Steinbocks (der »Linie«) zusprach. Während der sechziger Jahre waren viele Kaufleute hinausgesegelt, um ungestraft

* die damals übliche Bezeichnung für China

auf Kaperfahrt zu gehen, da die Spanier ihnen ja die Möglichkeit nahmen, regulären Handel zu treiben. Oft zuckte Elisabeth nur die Achseln, wenn der spanische Gesandte sich wieder einmal darüber beschwerte, daß Engländer die Silberflotte angegriffen hätten; die meisten der Schuldigen, so behauptete sie dann, seien wohl Schotten gewesen, die englisch gesprochen hätten, um nicht erkannt zu werden. Sie selbst war finanziell im Jahre 1566 an John Hawkins Kaperfahrt beteiligt, welche dieser unter Nichtachtung des Madrider Handelsverbots unternahm. Dem spanischen Vizeadmiral in der Karibischen See sagte er stolz, er sei »auf Anordnung Elisabeths, der Königin von England, unterwegs, deren Flotte dies ist«. Drakes Überfall auf Nombre de Dios im Jahre 1572 eröffnete ein neues Kapitel des Kaperkriegs in Friedenszeiten. Er kehrte mit 40000 Pfund damaliger Währung heim und veranlaßte die Königin, sich mit einem hohen Beitrag an seiner Reise um die Welt zu beteiligen, von der er so hohe Dividenden heimbrachte, daß sie »ihren Piraten« zum Ritter schlug und er für alle Zukunft zum Nationalhelden wurde. Glaubenseifer und patriotische Begeisterung wußten solche Beutezüge zu rechtfertigen, und Hakluyts Buch über die *Wichtigsten Seefahrten, Reisen und Entdeckungen des englischen Volkes* wurde ebenso berühmt wie das *Buch der Märtyrer* von Foxe. 1585 lieh ihm die Königin abermals 10000 Pfund für seine Fahrt nach Santo Diego und Cartagena. Bei diesen Kaperfahrten war jedoch noch wichtiger als die reiche Beute, daß die englischen Seeleute sich in Friedenszeiten wichtige Erfahrungen für den Seekrieg erwerben konnten.

In Madrid und Brüssel gingen indessen die Vorbereitungen für das Große Unternehmen gegen England weiter. Der spanische Admiral Santa Cruz hatte einige Jahre zuvor eine kombinierte Expedition zur See und zu Land vorgeschlagen, aber Philipp hatte den Plan als zu kostspielig abgelehnt. Da Elisabeth sich nun zu einer offenen Intervention in den Niederlanden entschlossen hatte, sah er ein, daß er den Angriff gegen England nicht mehr so lange hinausschieben konnte, bis die Provinzen sich wieder unter spanischer Herrschaft befanden, und so zog er alle irgendwie entbehrlichen Truppen aus den Niederlanden ab, um sie unter Parmas Befehl über den Kanal zu schicken, während eine mächtige Flotte die Meerengen unter ihre Kontrolle bringen sollte. »Das Königreich England muß jetzt und in aller Zukunft eine starke Seemacht bleiben, da hiervon die Sicherheit des Landes abhängt«, hatte Philipp dreißig Jahre zuvor als Prinzgemahl Marias geschrieben, und dennoch meldeten ihm seine Agenten nun, daß Elisabeth bei ihrer Flotte mit Geld knausere. Er hatte ihr die Beleidigung nie verziehen, daß sie in den ersten Monaten ihrer Regierung seine Hand ausgeschlagen hatte. Jahr um Jahr hatte sie dann seine Gesandten über ihre wahre Haltung ihm selbst, seiner Kirche und seinem Volk gegenüber getäuscht. Seine wohlmeinenden Ratschläge für die Regierung ihres Landes hatte sie mißachtet und seine wiederholten Warnungen vor den Gefahren der Ketzerei in den Wind geschlagen. Seine Botschafter de Feria, de Quadra, de Spes und Mendoza hatte sie schändlich behandelt. Sie hatte außerdem mit der historischen Tradition gebrochen, indem sie alte freundschaftliche Beziehungen und Handelsverbindungen aufkündigte und sich statt mit dem Hause Habsburg mit den Valois verband. Immer wieder hatte sie Freibeuter dazu ermutigt, seine Silberflotte zu plündern, und nun unterstützte sie schon jahrelang die Niederlande in ihrer Rebellion gegen seine Herrschaft – zuerst mit Geld und nun auch mit einem eigenen Heer. Noch schlimmer war, daß seine ketzerische Schwägerin dem Papst die Stirn geboten hatte. Die Geduld des Königs von Spanien war erschöpft. Nachdem er alle Berichte, die im Eskorial einliefen, sorgfältig überprüft hatte, kam er zu dem Schluß, daß es seine Christenpflicht sei, in England einzugreifen und Elisabeth abzusetzen. Papst Sixtus V., der schon lange auf eine gewaltsame Lösung drängte, segnete das Große Unternehmen, wenn er sich auch nicht an den enormen Kosten beteiligte, und Philipp bemühte sich, seine lauteren Motive darzulegen. »Gott ist mein Zeuge«, schrieb er an die Cortes, »daß nicht der Wunsch, neue Königreiche zu erobern, mich leitete, sondern der Eifer, Gottes Sache zu dienen, und die Hoffnung, den heiligen Glauben zu verherrlichen. Hierfür habe ich alles aufs Spiel gesetzt – mein väterliches Erbe, die Sache Gottes, den Ruhm dieses Reiches und meine eigene Ehre.« Er war überzeugt, daß die englischen Katholiken – nicht weniger als fünfundzwanzigtausend an der Zahl – sich wie ein Mann erheben würden, um Parmas Soldaten willkommen zu heißen, wenn sie landeten, um sie von dem protestantischen Joch zu befreien.

Die ersten Nachrichten von den spanischen Kriegsvorbereitungen erreichten London im Dezember 1585, als Leicester nach den Niederlanden aufbrach. Aber erst im folgenden Hochsommer begann Elisabeth die drohende Gefahr ernst zu nehmen. Sie befahl den Friedensrichtern der einzelnen Grafschaften, Musterungen abzuhalten und entlang der Küste ein Leuchtfeuersystem einzurichten, um so die Kunde vom Herannahen der Armada weiterleiten zu können. Dank Sir John Hawkins sorgfältigen Vorbereitungen war die Flotte theoretisch einsatzbereit, die Königin wollte die Schiffe jedoch nicht unnötigerweise in Gefechtsbereitschaft halten, um Lebensmittel und Sold zu sparen. Sie bestand darauf, den Admiralen ihren Feldzugsplan vorzuschreiben; denn hätte sie ihnen Generalvollmacht gegeben, wäre ihre kleine Barschaft verbraucht gewesen, bevor der eigentliche Krieg anfing. Nach Auffassung ihrer Seeoffiziere war der Angriff der beste Weg zur Verteidigung. Im Frühjahr 1587 ermächtigte sie daher Drake, sich mit vier Schiffen ihrer Flotte und sechzehn weiteren aus Privatbesitz auf eine Expedition nach Spanien zu begeben. Er überfiel Cadiz und verbreitete unter den dort verankerten Schiffen Schrecken und Verwirrung. Er wagte es nicht, in die Tejo-Mündung bis nach Lissabon hineinzusegeln, aber er kaperte in der Nähe der Azoren die »San Felipe«, eine portugiesische Karake mit einer Ladung im Wert von 140000 Pfund an Bord. Der besondere Erfolg dieses Beutezugs, der dem König von Spanien »den Bart versengen« sollte, lag darin, daß er den Aufbruch der Armada hinauszögerte und der Königin 40000 Pfund als Beuteanteil einbrachte, wofür sie Drake ihren »fürstlichen Dank« aussprach.

Ihre Admirale hätten gern weitere Beutezüge wie den nach Cadiz unternommen, denn angesengte Bärte wachsen bekanntlich wieder nach. Elisabeth aber hatte andere Vorstellungen vom Seekrieg. Für sie war ihre Flotte ein Verteidigungssystem vor der Küste Englands, eine Kette schwimmender Festungen. Wenn Drake mit der Hälfte der Flotte aus dem englischen Kanal auf Strafexpeditionen in ferne Länder segelte, lichtete sich ihr Verteidigungsgürtel um England, und der Ozean war zu groß, als daß man hätte sicher sein können, daß die Armada der Flotte, die sie unterwegs aufhalten sollte, nicht entwischte. In diesem Fall wäre ihr England schutzlos preisgegeben gewesen, »eine belagerte Stadt, deren Mauern gefallen waren, so daß der Feind eindringen konnte«. Mit der Vorsicht des Binnenländers hielt sie ihre Kapitäne zurück und versorgte sie absichtlich nur knapp mit Lebensmitteln, um sie am Auslaufen zu hindern. Auch hoffte sie immer noch, daß Spanien sich doch noch auf Friedensverhandlungen einlassen würde, wenn es ihr nur gelang, die letzte Entscheidung noch weiter hinauszuzögern.

Ende Juli 1587, nachdem er in die Niederlande zurückgekehrt war, erschreckte sie die Nachricht von einem »tückischen Anschlag« auf Leicesters Leben. Die Woche darauf wurde falscher Alarm gegeben. Bei Kap Lizard, so hieß es, sei eine Flotte von etwa zweihundert Schiffen gesichtet worden, worauf die Königin für die Grafschaften längs der Küste die Mobilmachung anordnete. Am 9. Oktober glaubte

sie wiederum, es drohe eine unmittelbare Gefahr; sie befahl den Vize-
admiralen, aus ihren Häfen keine Schiffe mehr auslaufen zu lassen,
während die Friedensrichter die Truppen zum Abmarsch binnen
einer Stunde bereitzuhalten hatten. Die Flotte lag bis Anfang Januar
in voller Gefechtsbereitschaft im Kanal. Als man dann erkannte, daß
die Spanier vor Sommeranfang keinen Angriff mehr wagen würden,
befahl Elisabeth, die Mannschaft der Schiffe auf die Hälfte zu redu-
zieren.

Alte Weissagungen bezeichneten das Jahr 1588 als Jahr des Unheils, und als der Jahreswechsel heranrückte, ließen sich in ganz
Europa die Unglückspropheten vernehmen. In England hatte bereits
im Januar 1587 Holinsheds Chronik in ihrer verbotenen Ausgabe
auf diese unheilvollen Weissagungen hingewiesen. Nun untersagte
es der Staatsrat den Herausgebern von Almanachen kurzerhand, auf
die allgemeinen Befürchtungen einzugehen.

Drake wollte unbedingt wieder etwas unternehmen. Zu Weihnachten sagte er in London zu einem Spanier, das nächste Weih-
nachtsfest werde er als Sieger in Portugal feiern. Auch Hawkins
hielt einen energisch durchgeführten Angriff für die wirksamste Verteidigung. »Unser Vorteil und unsere beste Versicherung wäre, uns
den Frieden durch einen entschlossenen, resoluten Krieg zu erkämpfen«, schrieb er in seiner Besorgnis darüber, daß die Königin Parmas
Verhandlungsbereitschaft offenbar nicht als Finte erkannte. Parma,
der Kanäle hatte ausheben und Transporter mit geringem Tiefgang
für die Invasion hatte bereitstellen lassen, machte sich jedoch ebenfalls Sorgen. Er hielt seine Streitmacht für zu gering und bat daher
seinen königlichen Onkel, ihm sechstausend gut ausgebildete Soldaten zur Verstärkung zu schicken. Elisabeth hatte den Oberbefehl
Lord Howard von Effingham übertragen, der zur Verteidigung der
Themse mit einer starken Flotte bei Queenborough vor Anker lag.
Vor Dover befehligte Sir Henry Seymour ein leichtes Geschwader,
das die Aufgabe hatte, die Straße von Calais zu kontrollieren, während Drake die westliche Zufahrt zum Kanal überwachte. Im Mai
segelte Howard mit seinen Schiffen ab, um sich im Sund von Plymouth mit Drake zu vereinigen. Elisabeth hatte ihm die Erlaubnis
verweigert, eine Kaperfahrt zu unternehmen: Seine Aufgabe bestehe
darin, erklärte sie, die Insel zu verteidigen, und nicht darin, den Krieg
in feindliche Gewässer zu tragen.

Um die außerordentlich hohen Kosten zu decken, welche die Flotte
und ihre Besatzung verursachten, hatte Elisabeth ihre wohlhaben-
deren Untertanen wiederum zu einer Zwangsanleihe genötigt, wie sie

es schon einmal nach der Rebellion im Norden getan hatte. Diesmal brachte ihr diese Anleihe mit der Zeit 75 000 Pfund ein. Die Küstenstädte mußten Schiffe ausrüsten; dieses »Schiffsgeld«, das später als tyrannische Forderung gebrandmarkt wurde, war in diesem Augenblick eine Aktion der Selbsthilfe. Selbst wenn das Parlament gerade getagt hätte, hätte man viele Wochen benötigt, um die genehmigten Hilfsgelder einzuziehen, und so unpopulär Elisabeths Notstandsmaßnahmen waren, so verlangte sie doch von ihren Untertanen nicht mehr als von sich selbst. Ihr eigener Reservefonds war in vier Jahren von 299 000 auf 55 000 Pfund zusammengeschmolzen. War es da verwunderlich, daß sie ihre Truppen in den Niederlanden den Sold schuldig blieb und sich weigerte, Heinrich von Navarra Hilfsgelder zu gewähren?

Im März, als Leicester sein Amt in Holland niederlegte, trat man in eine neue Runde von Friedensverhandlungen ein. Mit der Veröffentlichung von Kardinal William Allens *Mahnung an Adel und Volk von England in Anbetracht der gegenwärtigen Kriege*, die in Antwerpen erschien und im Juni massenweise nach England geschmuggelt wurde, schwand jedoch die letzte Hoffnung, noch zu einer Einigung zu gelangen. Sie stellte gleichsam Spaniens Kriegserklärung an Elisabeth dar, denn Allen – der erste englische Kardinal seit Pole – war die maßgebende Persönlichkeit unter den Emigranten. Er hatte nun zur Feder gegriffen, um den englischen Katholiken endgültig die Augen über ihre Königin zu öffnen. Er betonte, daß Papst Sixtus V. die Bulle Pius' V. bestätigt habe, die Elisabeth als illegitime Usurpatorin bezeichnete, so daß sie nicht würdig sei, Englands Krone zu tragen; auch sei sie eine Ketzerin, die sich der Gotteslästerung schuldig gemacht habe und ein verabscheuenswürdiges Leben führe. Er erklärte es für die unabdingbare Pflicht eines jeden gläubigen Engländers, sich gegen sie zu erheben, sobald Parma mit seinen Truppen landete, um den katholischen Glauben wiederherzustellen und die Thronräuberin abzusetzen. Als Elisabeth das Pamphlet las, geriet sie über das »höllische Gezeter« in größten Zorn. Daß einer ihrer Untertanen es wagte, sie als Usurpator, Tyrann und Ketzer zu bezeichnen, nahm sie ihm noch viel übler als die Anschwärzung ihres Charakters. Aber sie glaubte nicht – wie viele sogar in ihrem eigenen Staatsrat es taten –, daß die englischen Katholiken Allens Behauptungen für ein Evangelium halten und sich tatsächlich gegen sie erheben würden. Ihre Umgebung war in größter Sorge um ihre Sicherheit, während sie selbst äußerst zuversichtlich schien. Admiral Howard wollte es nicht glauben, daß sie immer noch keine Vorkehrungen gegen Mordanschläge getroffen hatte. Was hatte es schließlich für einen Sinn, die Spanier zu schlagen, wenn die Königin sich durch ihre herausfordernde Haltung ständig der Gefahr aussetzte, umgebracht zu werden? Schließlich überzeugte Allens *Mahnung* Elisabeth wenigstens, daß es Zeit sei, Howard mit seiner Flotte auslaufen zu lassen, was ihn bald auf andere Gedanken brachte.

In der westlichen Zufahrt zum Ärmelkanal hörte Howard, die spanischen Schiffe hätten Lissabon bereits im Mai verlassen, seien aber in heftige Stürme geraten und lägen jetzt zu Überholung in den Häfen der Biskaya. Er machte sich schleunigst auf, um sie dort zu vernichten, aber nach drei Tagen drehte der Wind, woraufhin er unverzüglich nach Plymouth zurücksegelte, da er sich sagte, daß diese Südbrise den Anfang der letzten Etappe im Großen Unternehmen gegen England bedeuten könnte. Am Nachmittag des 19. Juli passierten die Spanier Kap Lizard, und beim nächsten Morgengrauen sahen sie die Warnfeuer an der englischen Küste. Howard ließ seine Flotte am 21. Juli aus dem Hafen von Plymouth auslaufen, um mit den imposanten feindlichen Schiffen mit ihren festungsartigen Aufbauten, die sich in sichelförmiger Schlachtordnung aufgestellt hatten, Fühlung zu nehmen. Über eine Woche lang kam es den Kanal hinauf ständig zu kleineren Gefechten. Medina Sidonia, der genau wie Nelson heftig unter Seekrankheit zu leiden hatte, erreichte mit einer noch ziemlich intakten Flotte Calais, wo er auf Parma zu treffen hoffte. Erst als die Armada am 23. Juli am »Schnabel« von Portland auftauchte, erhielt das Hauptheer der Engländer den Befehl, sich in Tilbury zur Abwehr einer Invasion zu sammeln. Es war ein Meisterstreich Howards, daß er am 28. abends acht Brander in die Straße von Calais treiben ließ, welche unter den dort vor Anker liegenden Galeonen größte Verwirrung anrichteten. Camden behauptet, der Vorschlag, Brander einzusetzen, sei von der Königin selbst ausgegangen, doch scheint dies wenig wahrscheinlich. Am nächsten Tag stellten sich die Engländer bei Gravelines zur Schlacht, wobei sie die große Manövrierfähigkeit ihrer Schiffe und die Überlegenheit ihrer Geschütze unter Beweis stellten. Die spanischen Galeonen, die der Zerstörung in der Schlacht entgingen und nicht auf den flämischen Sandbänken strandeten, wurden von Stürmen in die neblige Nordsee hinausgetrieben, um nie mehr in den Kanal zurückzukehren. Obwohl Elisabeths Flotte damit Herr der Lage war, dauerte es lange, bis die Königin genaue Berichte über den Ausgang des Kampfes erhielt. Man war sich keineswegs klar, was sich tatsächlich ereignet hatte, und noch lange kursierten falsche Gerüchte über die strategische Lage. Selbst wenn die Überreste der Armada nicht in die Straße von Calais zurückkehrten, fürchteten viele, Parma werde trotzdem noch eine Invasion wagen.

Als Elisabeth die Nachricht erhielt, daß sich die Verfolgungsjagd im Kanal bis in die Straße von Calais hineinziehe, wollte sie sich mitten ins Kampfgetümmel stürzen und nicht länger in St. James unter dem Schutz ihrer Leibgarde bleiben. Sie verkündete, sie werde der Küste einen Besuch abstatten, was ihr Leicester als Oberbefehlshaber jedoch höflich untersagte. Daraufhin erklärte sie, »nicht im geringsten besorgt« wegen der damit verbundenen Gefahr, sie werde ins Feldlager nach Tilbury kommen, was ihr Leicester nicht auch noch auszureden wagte. Sie traf am 8. August in einer Barke dort ein, um die Truppen zu inspizieren und sich ihnen zu zeigen. Als sie in einem silberglänzenden Brustharnisch, den man irgendwo für sie aufgetrieben hatte, »wie eine Kaiserin der Amazonen« durch die Reihen ritt, fielen alle im Gebet auf die Knie. Sie kam am nächsten Morgen noch einmal, um bei einer Übung zuzusehen und anschließend die Truppenbesichtigung vorzunehmen. Die Bedrohung durch Parmas Heer jenseits des Kanals schien so groß, daß sich Elisabeth entschloß, einen Tagesbefehl auszugeben, um die Soldaten, deren Aufgabe es sein sollte, einen Vormarsch auf London zu verhindern, in ihrem Mut zu bestärken. Die heldenhaften Worte, die sie in dieser berühmten Ansprache fand, rissen alle Zuhörer zu stürmischer Begeisterung hin:

»Mein geliebtes Volk! Es ist Uns von einigen, die um Unsere Sicherheit besorgt waren, geraten worden, auf Unserer Hut zu sein, wenn Wir uns unter eine bewaffnete Menge begeben, und Uns vor Verrätern in acht zu nehmen. Aber ich versichere euch, ich habe kein Verlangen, im Mißtrauen gegen mein treues und mir liebevoll ergebenes Volk zu leben. Sollen Tyrannen sich fürchten. Ich habe immer so gehandelt, daß ich, bei Gott, meine größte Stärke und Sicherheit in den treuen Herzen und der Liebe meiner Untertanen gefunden habe. So bin ich denn heute, wie ihr seht, zu euch gekommen, nicht zu meiner Erholung und Zerstreuung, sondern weil ich entschlossen bin, mitten in der Schlacht unter euch allen zu leben oder zu sterben, für meinen Gott, mein Königreich und für mein Volk, meine Ehre und mein Blut zu opfern, wenn es sein muß. Ich weiß, ich habe nur den Körper einer schwachen, hilflosen Frau. Aber ich habe das Herz und den Mut eines Königs, und noch dazu eines Königs von England, und ich spotte des Gedankens, daß ein

Parma oder Spanier oder irgend sonst ein Fürst in Europa es wagen sollte, die Grenzen meines Reiches zu überschreiten; ehe durch meine Mitschuld Schande über mein Land kommt, will ich selbst zu den Waffen greifen und will selbst euer General und Richter sein und jeden von euch für seine Tapferkeit in der Schlacht belohnen. Ich weiß, daß ihr bereits für euren Eifer Lohn und Ehre verdient habt, und Wir geben euch Unser königliches Wort, ihr sollt beides erhalten.«

Der Beifall war unvergleichlich. Während sie mit Leicester in dessen Zelt speiste, kam die Nachricht, Parma verlade bereits seine Truppen (ein Alarm, der sich später als falsch herausstellte) und beabsichtige, mit der Flut überzusetzen. Hierauf erlebte sie schier unglaubliche Treuekundgebungen. Sir Henry Lee, der sich längst vom öffentlichen Leben zurückgezogen hatte, erschien mit zwölf Pferden, um die Königin persönlich zu beschützen. Soldaten aus einem Regiment in Dorset trugen 500 Pfund zusammen, um in ihre Leibwache eintreten zu dürfen. Unter den Höflingen, die bei der Flotte Kriegsdienst leisteten, waren Oxford, Northumberland, Charles Blount, erstaunlicherweise auch Robert Cecil und natürlich Raleigh.

Die Ansprache von Tilbury hatte, wie Leicester es ausdrückte, »die Herzen ihrer armen Untertanen so entflammt, daß wohl auch der Schwächste unter ihnen es mit dem stolzesten Spanier aufgenommen hätte, wenn er es gewagt hätte, jetzt in England zu landen«. Die Königin blieb eine ganze Woche in der Nähe des Lagers, da sie ihrer Überzeugung nach »nicht in Ehren nach London zurückkehren« konnte, solange noch damit zu rechnen war, daß der Feind etwas gegen England unternehmen würde. Als fest stand, daß Parma die Überfahrt nicht wagte und die Gefahr vorüber war, wurde die Flotte unverzüglich demobilisiert, und Anfang September waren von den hundertsiebenundneunzig Schiffen nur noch vierunddreißig einsatzbereit. Zuvor schon war Elisabeth im Triumph nach London zurückgekehrt, um den Sieg gebührend zu feiern. Sie dachte kurze Zeit daran, Leicester zum Vizekönig zu machen, wie sie es schon früher einmal, zur Zeit ihrer Krankheit im Jahre 1562, vorgehabt hatte. Eine solche Ernennung hätte weit mehr bedeutet als nur die Fortsetzung seiner Sondervollmachten als Generalleutnant des Königreichs über die Zeit der unmittelbaren Gefahr hinaus, aber Burghley und Hatton waren so dagegen, daß sie den Plan nicht weiter verfolgte.

Leicesters Rückkehr nach London vollzog sich kaum weniger glanzvoll als ihre eigene, und die nächsten Tage sah man ihn ständig in ihrer Gesellschaft. Beiden ging es jedoch gesundheitlich nicht gut. Leicester wartete noch Essex' großen Auftritt im Turnierhof ab und begab sich dann in kleinen Etappen nach Buxton, um sich dort einer Badekur zu unterziehen. In Ricote brachte ihn Lady Norris in dem Zimmer unter, das sie sonst Elisabeth zu reservieren pflegte, und von hier aus schrieb er an die Königin:

»Ich bitte Eure Majestät, einem alten Diener verzeihen zu wollen, daß er die Kühnheit besitzt, sich nach dem Befinden seiner gnädigen Herrin zu erkundigen, und zu fragen, ob Ihre Schmerzen nachgelassen haben; denn dies ist für mich das Allerwichtigste auf der Welt, weshalb ich auch täglich für sie um Gesundheit und ein langes Leben bete. Ich selbst nehme weiter Eure Medizin, die mir besser bekommt als alles andere, was man mir sonst gegeben hat. Ich küsse in Demut Eure Füße. Geschrieben in Eurem Zimmer in Rycott am Donnerstagmorgen.

Ihrer Majestät untertänigster Diener
R. Leycester«

Die Arznei der Königin vermochte seine Krankheit jedoch nicht zu heilen, und er starb binnen einer Woche. Wir wissen nicht, wie man Elisabeth die Trauerbotschaft überbrachte, und die Höflinge schweigen sich darüber aus, wie sie sie aufgenommen hat. Wir besitzen aber den glaubwürdigen Bericht eines Spaniers, der aus London schrieb, sie habe sich »aus lauter Kummer« in ihrem Zimmer eingeschlossen und sich geweigert, mit jemand zu sprechen, bis ihr Schatzmeister und andere Räte die Tür aufgebrochen hätten, um nach ihr zu sehen.

Ihr »süßer Robin« war tot. Trotz all seiner Fehler war er der Mann gewesen, mit dem sie dreißig Jahre lang am engsten verbunden gewesen war. Sein Tod vergällte ihr die Freude am Sieg. Wie sehr sie an ihm hing, stellte sich erst nach ihrem eigenen Tod heraus, als man in einem kleinen Kästchen neben ihrem Bett unter einigen besonderen Kostbarkeiten sein Schreiben aus Rycote fand, auf dem sie mit eigener Hand vermerkt hatte: »Sein letzter Brief«.

Trotz ihrer Trauer mußte sie als Königin an den öffentlichen Freudenkundgebungen über den großen Sieg teilnehmen. Es wurden Dankgottesdienste abgehalten; auch der Jahrestag ihrer Thronbesteigung wurde mit besonderem Prunk begangen. Der Sieg über die Armada war eine Entscheidungsschlacht nicht in dem Sinn, daß sie Philipp II. in die Knie gezwungen hätte, so daß er um Frieden betteln mußte, oder daß sie den Niederländern über Nacht die Freiheit gebracht und die Furcht der Engländer vor einer Invasion ein für allemal aus der Welt geschafft hätte. Aber sie gebot dem spanischen Koloß Einhalt, nachdem er durch den Sieg bei Lepanto, durch die Eroberung Portugals und die letzten Erfolge Parmas in den Niederlanden zu bisher unerreichter Macht gelangt war. Das Große Unternehmen gegen England war ein Kreuzzug gewesen, und der Untergang der Galeonen war nun ein Beweis dafür, daß die Gegenreformation ihren Höhepunkt überschritten hatte und daß Spaniens Ansehen im Sinken begriffen war. Wer weiß, was geschehen wäre, wenn Howard von Effingham die Schlacht von Gravelines verloren und Parma es daraufhin gewagt hätte, in Rochester zu landen. Daß die Spanier England erobert hätten, ist zwar höchst unwahrscheinlich, aber immerhin hätte ein Fanatiker leicht die Königin umbringen können. So aber sah man im eigenen Land wie auch außerhalb in Englands Sieg die Hand Gottes. Der Herr war offenbar doch nicht auf seiten der großen Bataillone und der Besitzer der Silberminen. Von nun an fürchteten die französischen Hugenotten nicht mehr, daß die Bartholomäusnacht für sie das Ende der Welt bedeutete, und die niederländischen Protestanten sahen in der Ermordung Wilhelms von Oranien nicht mehr den Todesstoß für ihren Kampf.

1588, das Jahr des Unheils, gab der Sache der Protestanten neuen Auftrieb. Philipp hatte seine Instruktionen für Medina Sidonia mit den zuversichtlichen Worten begonnen: »Da alle Siege ein Geschenk Gottes des Allmächtigen sind und die Sache, für die Wir kämpfen, so völlig die Seine ist, können Wir mit Recht auf seine Hilfe und Gunst zählen.« Nun aber hatte der Gott, den er so inbrünstig in seiner Kapelle im Escorial verehrte, der Gott Roms, der Inquisition und der Jesuiten, ihm seinen Segen versagt. In England war die Krise glücklich überstanden. Ihre katholischen Untertanen zeigten sich – wie Elisabeth vorausgesehen hatte – der Propaganda Kardinal Allens immer weniger zugänglich; trotz der päpstlichen Bullen und der Lehren der Jesuiten ging ihnen die Treue zu ihrer Königin über ihre Loyalität ihrer Kirche gegenüber. Der Himmel hatte die Oberste Statthalterin gesegnet und den Allerkatholischsten König verworfen. In Elisabeths gesamter Regierungszeit hat nichts so zu ihrem Ruhm beigetragen wie der Sieg über Philipps berühmte Flotte. Auch ihre schärfsten Kritiker konnten sie nun nicht mehr als Herrin einer unbedeutenden, abgelegenen, armen Insel bezeichnen. Sie war eine mächtige Fürstin, die Siegerin über Spanien.

Zur Feier ihres Sieges kam die Königin auf die völlig neue Idee, eine Silbermedaille prägen zu lassen, die auf der Vorderseite ihr eigenes Profil und auf der Rückseite ein Schiff in den Wellen zeigte.

Im folgenden Jahr gab sie noch eine etwas größere Medaille in Gold, Silber und Kupfer heraus, die diesmal ihr Bild *en face* und auf der Rückseite eine Insel mit einem blühenden Lorbeerbaum zeigte, vor der ein Sturm Schiffe und Seeungeheuer durcheinanderwirbelte, so daß die Insel selbst verschont blieb.

Noch Jahre später erinnerte sich Bischof Godfrey Goodman lebhaft daran, wie er als Schuljunge im Winter 1588 einen Blick von Elisabeth erhascht hatte: »Ich wohnte damals am oberen Ende des ›Strand‹, in der Nähe der St.-Clemens-Kirche, als es plötzlich hieß die Königin sei in einer Ratssitzung, und wenn wir sie sehen wollten, müßten wir uns beeilen. Es war im Dezember gegen fünf Uhr nachmittags und schon sehr dunkel. Wir rannten alle hin. Die Hoftore standen offen, und niemand hinderte uns hineinzugehen. Es waren noch viel mehr Leute da als gewöhnlich bei den Fastenpredigten, und als wir eine Stunde gewartet hatten und der von Fackeln erleuchtete Hof ganz voller Menschen war, kam die Königin in vollem Staat aus dem Haus. Wir riefen: ›Gott schütze Eure Majestät! Gott schütze Eure Majestät!‹, und die Königin drehte sich nach uns um und sagte: ›Gott schütze Euch alle, meine lieben Leute!‹ und wir riefen immer wieder: ›Gott schütze Eure Majestät! Gott schütze Eure Majestät!‹ Dann sagte die Königin zu uns: ›Ihr könntet wohl eine größere Fürstin haben, aber keine, die Euch mehr liebt als ich.‹ So blickten wir uns eine Weile an, bevor sie uns verließ. Dieses Erlebnis machte einen solchen Eindruck auf uns, da derartige Schauspiele ja bekanntlich bei Fackelschein am wirkungsvollsten sind, daß wir auf dem Heimweg nur immer davon sprachen, welch wunderbare Königin sie doch sei und wie wir unser Leben ihrem Dienst weihen wollten.«

Das Leben war für Elisabeth nicht mehr wie früher, seit Leicester tot war, aber sie gab sich Mühe, tapfer zu sein. Sie suchte die menschliche Wärme, die ihr nun fehlte, bei seinem Stiefsohn Essex, bei Raleigh und bei allen, die ihr die Einsamkeit vertreiben halfen. Essex war wie ein verwöhntes Kind leicht beleidigt, wenn sie einem anderen als ihm zulächelte. Charles Blount, der Sohn Lord Mountjoys, zeichnete sich eines Tages bei einem Turnier so aus, daß sie ihm zur Belohnung eine goldene Schachkönigin aus ihrem eigenen Spiel schenkte, die er stolz mit einem roten Band am Ärmel trug. Essex geriet darüber in solche Eifersucht, daß er stichelte: »Jetzt sehe ich, daß jeder Narr hier eine Auszeichnung erhält!« Daraufhin forderte ihn Blount zum Duell im Marylebone-Park und verwundete ihn am Oberschenkel. »Zum Teufel«, rief Elisabeth, als sie davon erfuhr,

»jemand sollte ihn sich endlich einmal gründlich vornehmen und ihm bessere Manieren beibringen, sonst ist nicht mehr mit ihm auszukommen!« Sie verbot beiden, sich bei Hof sehen zu lassen, bevor sie die Sache ins reine gebracht hätten. Ein paar Wochen später geriet Essex in heftigen Streit mit Raleigh, bei dem er ihn forderte. Diesmal griff Elisabeth jedoch vorher ein und wies den Staatsrat an, das Duell zu verbieten. Es ging an ihrem Hof jetzt fast so zu wie in den ersten Jahren ihrer Regierung, als Leicester, Pickering und Arundel um ihre Gunst wetteiferten, nur war sie inzwischen fünfundfünfzig Jahre alt geworden und war nicht einmal mehr in die Liebe verliebt, wenn ihre Höflinge auch immer noch ihre jungfräuliche Schönheit priesen.

Aller Augen waren nun auf Frankreich gerichtet, wo die Gefahren eines Erbfolgestreits demonstriert wurden. Bis zur Niederlage der Armada waren Guise und die Katholische Liga Herr der Lage. Anfang 1588 hatte Elisabeths Gesandter noch einmal Heinrich von Valois bestürmt, mit der Liga zu brechen und sich mit Heinrich von Navarra zu verbünden. Wenn er sich entschließen könnte, den Herzog und seinen Bruder, den Kardinal, wegen Hochverrats zu verhaften, wollte Elisabeth für ihn in Deutschland Truppen ausheben, obwohl sich die 31000 Pfund, die sie ihm im vergangenen Jahr vorgestreckt habe, als eine so schlechte Kapitalanlage erwiesen hätten. Der französische König sah aber die einzige Lösung darin, daß Navarra zum katholischen Glauben übertrat – ein Rat, der klüger war, als es damals den Anschein hatte, und den Navarra nach jahrelangen Feldzügen schließlich auch befolgte. Am Tag der Barrikaden, dem 2. Mai 1588, an dem die Armada von Lissabon auslief, erhoben sich die Pariser für die Guisen. Der König entkam dem Herzog und floh nach Chartres, aber die Hoffnung, ihn zum Durchhalten bewegen zu können, wurde durch das Unionsedikt zerschlagen, worin Heinrich die Ketzer auszurotten gelobte.

Im Herbst, als Philipps II. Pläne, England im Sturm zu erobern, gescheitert waren, faßte Heinrich III. endlich Mut, wozu ihn Elisabeth schon so lange aufgefordert hatte. Er, von dem Guise gesagt hatte, er sei ein Mensch, dem man erst einen Schrecken einjagen müsse, ehe er handelte, holte nun zu einem Streich gegen seinen Mentor aus. Er berief die Generalstände an seinen Hof in Blois und ließ den Herzog und den Kardinal durch seine Leibgarde, die berühmten »Fünfundvierzig«, ermorden. Es war für den jungen König ein Augenblick des Triumphes. »Jetzt bin ich endlich König von

Frankreich und nicht mehr ein Gefangener und Sklave«, soll er ausgerufen haben. In Wirklichkeit war er jedoch weit davon entfernt und wurde nur Navarra in die Arme getrieben. Paris befand sich immer noch in den Händen der Liga und des Herzogs von Mayenne, und als Heinrich im folgenden August die Stadt belagerte, ermordete ein Dominikanermönch diesen letzten Valois. Bevor er die Augen für immer schloß, ernannte er Navarra zu seinem Nachfolger. Daraufhin wurde der englisch-spanische Krieg nun nach Frankreich verlegt. Als Gegenmaßnahme gegen Elisabeths Darlehen von 20000 Pfund und ihre kleine unter Lord Willoughby für Heinrich IV. kämpfende Truppe rückte Parma durch die Pikardie vor, und eine weitere spanische Truppe besetzte die Bretagne. Trotz ihrer großen Erfolge zur See im Jahre 1588 befand sich Elisabeth also immer noch im Kampf.

Seit dem September 1588 wurde Elisabeth von ihren Seekapitänen bedrängt, den Krieg in feindliche Gewässer zu verlegen. Zweifellos durfte sie sich die günstige Gelegenheit nicht entgehen lassen, die Galeonen zu zerstören, die sich zur Überholung in die Häfen der Biskaya geschleppt hatten. Elisabeth ließ sich davon überzeugen, daß man vielleicht mit einem einzigen energisch geführten Schlag gegen Santander, San Sebastian und die anderen Häfen jede von Spanien drohende Gefahr bannen und Philipp in den Niederlanden zum Frieden zwingen konnte. Außerdem bestand die verlockende Möglichkeit, von den Azoren aus der Silberflotte den Weg nach Spanien zu verlegen. Tatsächlich bestimmte Elisabeths akute Geldverlegenheit die Art der Expedition. Es bildete sich ein Kaper-Konsortium, zu dem sie zuerst nur 20000 Pfund und »sechs ihrer zweitbesten Schiffe« beisteuern konnte. Der Reservefonds in ihrer Privatschatulle war auf ein Minimum zusammengeschmolzen. Zwar hatte ihr das Parlament zweimal Hilfsgelder bewilligt, die sich insgesamt auf 280000 Pfund beliefen, aber diese durften nur allmählich im Verlauf von vier Jahren eingezogen werden. Man hat die portugiesische Expedition früher gern als klassisches Beispiel für »die Unfähigkeit der Königin in Kriegsangelegenheiten« hingestellt, doch gibt man neuerdings billigerweise ihren Befehlshabern die Hauptschuld an ihrem Scheitern. Hätte Elisabeth das Unternehmen selbst finanzieren können, wären ihr Schwierigkeiten und Enttäuschungen wohl erspart geblieben. Streitigkeiten mit den Niederländern, auf deren Hilfe die Engländer beim Transport der Soldaten angewiesen waren, verzögerten das Auslaufen der Flotte. Schließlich sah sich Elisabeth gezwungen, ihren Anteil an den Kosten auf 50000 Pfund zu erhöhen.

Die Londoner Kaufleute und andere Geldgeber, die sich begeistert mit Drake und Norris, den Befehlshabern von Flotte und Heer, zusammengetan hatten, wollten ihren Anteil an der Beute möglichst bald ausgezahlt bekommen. Außerdem fuhren doppelt soviel Soldaten mit, als ursprünglich vorgesehen waren, wodurch die Lebensmittelversorgung zusammenbrach. Die Königin hatte darauf bestanden, daß zunächst die spanischen Schiffe in den Häfen der Biskaya zerstört werden müßten. Erst dann sollte die englische Flotte die Schiffe in der Tejomündung aufs Korn nehmen. Soweit es die Umstände erlaubten, war überdies der portugiesische Exkönig Don Antonio, der sich seit acht Jahren im Exil in England befand, wieder auf seinen Thron zu setzen. Anstatt sich nach ihren Anweisungen zu richten, plünderte Drake jedoch Ende April 1589 Coruña. Er hoffte auf reiche Beute, fand aber nur eine einzige Galeone der Armada und sechs andere Schiffe vor – und Unmengen von Wein, die dem Unternehmen buchstäblich zum Verhängnis wurden. Als Elisabeth davon hörte, erinnerte sie Drake und Norris mit sehr scharfen Worten an ihr gemeinsames Versprechen. Der Hauptzweck des Unternehmens »sollte es sein, die Schiffe des Königs von Spanien zu kapern oder zu vernichten; Ihr selbst habt Euch, für den Fall, daß Ihr Euch nicht daran hieltet, damit einverstanden erklärt, Verräter gescholten zu werden«. Anstatt die Schiffe in den Häfen von Santander und San Sebastian anzugreifen, segelten die Engländer jedoch weiter nach Lissabon, und auch hier richtete sich Norris nicht nach den Instruktionen Elisabeths, sondern setzte seine Truppen etwa vierzig Meilen nordwestlich von Lissabon an Land, statt sich die Einfahrt in den Tejo zu erzwingen. Für Don Antonio etwas zu unternehmen, hielt man für überflüssig, und die Soldaten starben wie die Fliegen, noch bevor sie Lissabon zu sehen bekommen hatten.

Elisabeths Zorn war um so größer, weil Essex in flagrantem Ungehorsam sich der Expedition angeschlossen hatte. Da er von vornherein gewußt hatte, daß sie ihn nicht teilnehmen lassen würde, hatte er sich heimlich vom Hof entfernt und war auf der »Swiftsure« nach Falmouth gesegelt. Die Königin schickte zuerst Sir Francis Knollys nach Plymouth und dann auch noch Huntingdon hinterher, um ihn zurückzubeordern. Es war jedoch zu spät, und ihr kategorischer Befehl, er solle sofort an den Hof zurückkehren, erreichte ihn erst zwei Monate später.

Als er schließlich gehorchte, war sie sofort bereit, ihrem Abenteurer zu verzeihen. Sie war glücklich, ihn heil und gesund wiederzuhaben, noch dazu ohne daß er seinen militärischen Ruf durch das

Scheitern des Unternehmens eingebüßt hatte. Drake brach den Angriff auf Lissabon ab, kaperte eine Flotte mit Getreideschiffen aus Hamburg und steckte Vigo in Brand, aber alles in allem hatte Englands Armada versagt. Elisabeth warf ihren beiden Befehlshabern vor, sie hätten »mehr ihren Profit als ihren Dienst« im Kopf gehabt und bereitete ihnen bei ihrer Rückkehr einen eisigen Empfang. Ihre Beute war kaum mehr als 30000 Pfund wert, und für diese armselige Summe hatten sie sich die Gelegenheit entgehen lassen, die spanische Seemacht für immer zu vernichten. Nun konnte Philipp sich wieder erholen, und 1596 war er imstande, eine neue Armada gegen England zu schicken. Anstatt die Feindseligkeiten ein für allemal zu Ende zu führen, mußte Elisabeth den langwierigen, kostspieligen Verteidigungskrieg auf dem Festland auf sich nehmen, der den Engländern wenig lag. Erst als ihr von der Liga keine Gefahr mehr drohte und Heinrich IV. fest auf seinem Thron saß, konnte sie wieder einen größeren Angriff auf Spanien wagen.

Anfang des Jahres 1590 heiratete Essex heimlich die Witwe Sir Philip Sidneys, die eine Tochter des alten Walsingham war. Als sie im Herbst unverkennbar schwanger war, konnte man die Heirat nicht länger vor Elisabeth geheimhalten. Essex fand den Mut, es ihr selbst mitzuteilen. Es war für die Königin eine persönliche Beleidigung, daß er überhaupt geheiratet hatte, und die Tatsache, daß er es heimlich und so weit unter seinem Stand getan hatte, machte die Sache noch zehnmal schlimmer. Aber Elisabeth hatte sich langsam an die ehelichen Eskapaden ihrer Günstlinge gewöhnt, und so legte sich der Sturm schneller wieder, als Essex befürchtet hatte. Er bat Elisabeth, ihm den Oberbefehl über die englischen Truppen in Frankreich zu übertragen; nachdem sie es ihm dreimal abgeschlagen hatte, lag er zwei volle Stunden vor ihr auf den Knien, um sie zu bewegen, ihn Navarra zu Hilfe zu schicken. Endlich ließ sie sich erweichen, und Essex landete im August 1591 mit dreitausendvierhundert Mann in Dieppe zur Unterstützung der englischen Truppen, die sich unter Sir Roger Williams bereits dort befanden. Nichts wollte glücken. Im ersten Monat schon fiel Essex' Bruder Walter Devereux. Navarra dachte nicht daran, dem Vorschlag der Königin nachzukommen und sie in Portsmouth zu treffen, was sie sehr verstimmte; auch schien er sich nicht zur Belagerung von Rouen entschließen zu können. Bald wurde es Elisabeth zu viel, und sie beorderte Essex an den Hof zurück. Hier behandelte sie ihn so von oben herab, daß er protestierte: Er merke, daß sie ihn zugrunde richten wolle, aber das habe er nicht verdient. Schließlich lenkte sie wieder ein und ließ ihn aufs Schlachtfeld zurückkehren. Von hier aus schrieb er ihr, er werde sich nun bemühen, eine besondere Heldentat zu vollbringen, und sobald diese getan und seine Ehre wiederhergestellt sei, solle höchstens eine große Aufgabe in ihren Diensten ihn noch ihres Anblicks berauben: »...denn die beiden Fenster Eures Privatgemachs werden dann die Pole meines Himmels sein, an dem ich, solange Eure Majestät mich haben wollen, fest und unbeweglich stehen werde. Wenn Eure Majestät jedoch der Ansicht sein sollte, daß dieser Himmel zu gut für mich ist, will ich nicht wie ein Stern fallen, sondern wie Wasserdampf von derselben Sonne verzehrt werden, die mich so hoch emporsteigen ließ. Solange aber Eure Majestät mir gestattet zu sagen: ›Ich liebe Euch‹, wird mein Glück und meine Freude ohnegleichen sein.«

Solch liebenswürdige Beteuerungen bewirkten, daß sie ihn gern wieder am Hof gehabt hätte. Bald sprachen auch Vernunftgründe für seine Rückkehr, denn Rouen erwies sich als harte Nuß, und Krankheiten lichteten die Reihen der englischen Truppen mehr als die Kugeln der Liga. Vor allem aber litt das ganze Unternehmen unter finanziellen Schwierigkeiten. Zu Weihnachten befahl Elisabeth Essex, das Kommando an Sir Roger Williams abzutreten, und diesmal gehorchte er sofort. Als er an Bord des Schiffes ging, das ihn nach England zurückbringen sollte, küßte er das Heft seines Schwertes.

Elisabeth war in trüber Stimmung, denn es war noch keinen Monat her, daß Christopher Hatton gestorben war. Bei seinem letzten Nierenanfall hatte sie ihn in Haus Ely am Krankenbett besucht. Er hatte früher einmal von ihr gesagt, sie fische mit einem so verlockenden Köder nach den Herzen der Menschen, daß keiner ihren Netzen entgehen könne. Auch er war einer von den »armen Fischen« gewesen, »die kaum ahnten, daß sie sie im Netz hatte«. Unter allen Günstlingen war er der einzige, der ihretwegen unverheiratet geblieben war.

Die Feldzüge in Frankreich und den Niederlanden verliefen genauso enttäuschend, wie Elisabeth gefürchtet hatte, und selbst als Parma bei Rouen von einer verirrten Kugel getötet wurde, bedeutete dies keine grundsätzliche Änderung der Lage. Die englischen Kriegsschiffe befanden sich wieder in der Defensive und sperrten den Kanal. Die Beziehungen zu den deutschen Häfen der Hanse, den Dänen, Polen und besonders den holländischen Verbündeten trübten sich, denn die Engländer suchten zu verhindern, daß Geld, Getreide oder andere Schiffsladungen nach Flandern und von da aus ins offene Meer nach Spanien gelangten. Wenn auch ein Großangriff auf die spanische

Halbinsel nicht in Frage kam, so ergaben sich doch reiche Möglichkeiten für Kaperfahrten – eine Kriegsmethode, bei der Elisabeths Untertanen auf eigene Kosten Krieg führten, was ihr sehr gelegen kam. Der Fürst unter diesen Seeräuberkapitänen war Georg, Graf von Cumberland, der stets einen Handschuh am Hut trug, den Elisabeth einmal hatte fallen lassen. 1591 schickte sie sechs ihrer größten Schiffe unter Lord Thomas Howard nach den Azoren, um der Silberflotte aufzulauern, aber Philipps Begleitflotte, die westwärts segelte, um zu der *flota* zu stoßen, griff die Engländer überraschend an. Es wurde eine der berühmtesten Schlachten in der Geschichte der Seefahrt, bei der die »Revenge« Sir Richard Grenvilles fünfzehn Stunden lang versuchte, sich durch die spanischen Geschwader hindurchzukämpfen. Für Elisabeth war Raleighs Bericht über den wirklichen Verlauf der Kämpfe in den Azoren, den er nach Aussagen der Überlebenden zusammenstellte, ein schwacher Trost, denn sie wußte, daß die Spanier ungeheuer stolz darauf waren, die »Revenge« geentert zu haben, und daß sie in Grenvilles Heroismus nur eine sinnlose Vergeudung von Menschenleben sahen.

Lohnender war ein von Raleigh und seinem Bruder geführtes Unternehmen, das zum Ziel hatte, die Silberflotte in Panama anzugreifen, für das Elisabeth zwei und Cumberland sechs Schiffe zur Verfügung gestellt hatten. Sie veranlaßte, daß Raleigh sein Kommando an Frobisher abtrat, und rief ihn nach Hause zurück, nachdem er schon etwa sechzig Meilen mit der Flotte zurückgelegt hatte. Als Raleigh jedoch hörte, die Silberflotte werde dieses Jahr nicht auslaufen, traf er gegen alle Befehle neue Dispositionen. Er schickte Frobisher mit der Hälfte der Schiffe an die spanische Küste, um die Spanier irrezuführen, während Burrough mit dem Rest der Flotte bei den Azoren lag. Dann kehrte er niedergeschlagen nach Plymouth zurück. Er hatte aus mehr als einem Grund den Zorn der Königin zu fürchten, aber Burrough machte einen Fang von märchenhaftem Wert mit der »Madre de Dios«, einer riesigen portugiesischen Karake von sechzehnhundert Tonnen, deren sieben Decks mit Edelsteinen, Gewürzen, Drogen, Elfenbein und allen Reichtümern Indiens beladen waren und von denen sich die Königin den Löwenanteil sicherte.

Raleigh hätte nun in Elisabeths Gunst höher steigen können als je zuvor, denn Essex hatte geheiratet und Hatton war tot, und eben erst hatte ihm die Königin verboten, an einer gefährlichen Reise teilzunehmen. Aber Raleigh verließ sie. Ob er ihre Ehrendame Bess Throgmorton wirklich verführt hat, ist zweifelhaft. Jedenfalls glaubte die Königin dem Gerede am Hof über sein »rohes Vergehen« und handelte entsprechend. Keinem Höfling schenkte sie mehr ihr volles Vertrauen, wenn er unklug genug war, seine Gefühle einer anderen Frau zuzuwenden, vor allem wenn es sich um eine ihrer Ehrendamen handelte. Wie die beiden selbst hätten voraussehen können, wanderten sie in den Tower. Raleigh schrieb an Robert Cecil einen Brief im schönsten höfischen Stil, der für Elisabeths Augen bestimmt war: »Mein Herz war nie betrübter als heute, da ich höre, daß die Königin so weit fortgeht, sie, die ich so viele Jahre auf so vielen Reisen voller Liebe und Sehnsucht begleitet habe. Jetzt läßt sie mich in meinem dunkeln Gefängnis ganz allein zurück ... Ich war gewohnt, sie wie Alexander reiten, wie Diana jagen, wie Venus einherschreiten zu sehen ...«

Seine Vergleiche waren ein wenig weit hergeholt, und der Brief war auch etwas kränkend für Bess Throgmorton, aber in seiner verzweifelten Lage waren Schmeicheleien seine einzige Waffe. Er wurde auf sein Ehrenwort entlassen, jedoch nur um nach Dartmouth zu gehen und dort – reichlich spät allerdings – darauf zu achten, daß die Ladung der »Madre de Dios« nicht geplündert wurde. Raleigh sorgte dafür, daß Elisabeth einen weit höheren Anteil an dem Beutegut erhielt, als ihrem Einsatz entsprochen hätte, aber auch damit konnte er sich die Freiheit nicht erkaufen. Erst drei Monate später wurden er und Bess aus dem Gefängnis entlassen, doch hatte er sich die Gunst der Königin ein für allemal verscherzt.

Die reiche Beute aus der großen Karake verlockte viele Kapitäne englischer Kaperschiffe, die Meere nach ähnlichen Reichtümern abzusuchen, doch wurde kein vergleichbares Schiff mehr aufgebracht. Elisabeth sollte mit ihren Befürchtungen recht behalten, daß Philipp nach der gescheiterten portugiesischen Expedition seine Macht zur See wiederherstellen würde. Er baute neue Galeonen und sorgte für eine wirkungsvollere Verteidigung Mittelamerikas. Die Folge war, daß die letzte Reise Drakes und Howards in die Karibische See 1595/96 zu einer Folge von Schicksalsschlägen wurde. Es gelang ihnen nicht, die Schatzflotte abzufangen, und sie stritten sich; als Hawkins im Sterben lag, vermachte er der Königin 2000 Pfund, um sein Gewissen zu beruhigen, daß er ihr zu dieser Expedition geraten hatte. Drake fand Puerto Rico zu stark verteidigt, als daß er es hätte einnehmen können, und auch Nombre de Dios rühmlichen Angedenkens brachte ihm diesmal keine Reichtümer. Er erkrankte an der Ruhr und fand vor Porto Bello ein Seemannsgrab.

Indessen machte man in England Pläne für einen kombinierten Angriff auf Cadiz. Nachdem Heinrich IV. seine Herrschaft in Frankreich gefestigt hatte, war es wieder möglich, an neue Expeditionen auf die spanische Halbinsel zu denken, um so zu verhüten, daß eine neue Armada England überfiel. Während die Vorbereitungen unter größter Geheimhaltung des Bestimmungsorts der Flotte noch im Gange waren, unternahm Philipps Statthalter der Niederlande, Erzherzog Albert von Österreich, jedoch einen Überraschungsangriff auf Calais. Einige Tage lang war sich Elisabeth im unklaren, ob sie Heinrich IV. auf sein dringendes Ersuchen hin zu Hilfe kommen sollte, aber sie konnte der verlockenden Aussicht nicht widerstehen, Calais wieder von englischen Truppen besetzen zu lassen. Sie hatte die Hoffnung, es wieder zurückzuerhalten, nie aufgegeben. Am Mittwoch nach Ostern erließ sie den Befehl, die inzwischen in aller Eile in Dover bereitgestellten Truppen einzuschiffen, aber schon am nächsten Abend, als die Transporter eben aus dem Hafen auslaufen wollten, kam die Nachricht nach Dover, daß Calais gefallen sei. Calais war in den Händen der Spanier! Sie hatten damit einen sicheren Hafen für eine neue Armada, und London zitterte.

Die Königin hatte mit ihren Räten endlose Gespräche, ob es unter diesen Umständen geraten sei, ihre eigene Flotte nach Cadiz zu schicken und England dieses Schutzes zu berauben. Eines Tages sagte sie plötzlich die ganze Expedition ab, ließ sich aber dann von ihren Admiralen in Plymouth doch wieder dazu überreden, sie in See stechen zu lassen. Es war eine stolze Flotte von hundertzwanzig Segeln. Elisabeth schrieb Essex einen persönlichen Scheidegruß in Form eines Gebets, das sie für diese Gelegenheit selbst verfaßte: »... mit demütig gebeugtem Knie flehen wir Dich an, unser Werk zu segnen, uns auf dieser Fahrt mit günstigen Winden zu leiten, uns einen schnellen Sieg zu bescheren, auf daß möglichst wenig englisches Blut vergossen wird, und uns zu Deinem Ruhm und zur Sicherheit des Reiches zurückkehren zu lassen.«

Ihr Gebet wurde erhört. In den frühen Morgenstunden des 20. Juni unternahmen die Engländer einen Überraschungsangriff auf Cadiz. Die Galeonen und die anderen Schiffe, die im Hafen lagen, wurden zerstört, und die Stadt wurde eingenommen. Essex wollte in Cadiz eine Garnison errichten und ein zweites Calais, einen neuen englischen Außenposten auf dem Kontinent, daraus machen, er wurde jedoch überstimmt. »Laßt die Armee wissen, daß mir weniger daran liegt, Königin zu sein, als Herrscherin über solche Untertanen«, schrieb Elisabeth an ihre Befehlshaber.

Aber die Freude über die glückliche Rückkehr der Sieger wurde ihr vergällt, weil sie mit gutem Grund vermutete, daß ihr allzuviel von der Beute entgangen war. Auf allen Seiten wurden Unterschlagungen aufgedeckt. Einen großen Diamanten, der ihr zugedacht war, hatte man zerschlagen und bei den Londoner Juwelieren zu Geld gemacht. Elisabeths eigener Agent, Sir Anthony Ashley, der die Fahrt mitgemacht hatte, um ihre Interessen wahrzunehmen, wanderte ins Fleet-Gefängnis. Raleigh und Essex stritten erbittert darüber, wer von ihnen der eigentliche Held des Unternehmens sei, und die Höflinge sahen sich wieder einmal genötigt, zwischen ihnen Partei zu ergreifen. Essex hatte in spanischen Gewässern bleiben wollen, um der Schatzflotte aufzulauern, aber er war im Kriegsrat vom Lord-Admiral und von Raleigh überstimmt worden. Der Ärger Elisabeths war groß, als sie erfuhr, daß die spanischen Galeonen aus Indien nur zwei Tage nach dem Abzug der Engländer sicher in den Hafen von Lissabon eingelaufen waren. Um den Überfall auf Cadiz zu rächen, der der Welt zeigte, wie verwundbar Spanien war, beschloß Philipp, noch im gleichen Jahr eine neue Armada auslaufen zu lassen. Die Vorbereitungen waren jedoch ungenügend, und auch das Wetter war ungünstig. Die Oktoberstürme der Biskaya forderten ihre Opfer, und die übrigen Schiffe suchten schleunigst in den Heimathäfen Schutz.

Die vertrauten Gesichter am Hof wurden älter, und in den Jahren 1595/96 wurden die Lücken in ihren Reihen immer größer. Der Tod des Grafen Philipp von Arundel, eines Patensohnes Philipps II., bekümmerte Elisabeth wenig, denn er war aus Gewissensgründen an ihr zum Verräter geworden. Als Norfolks ältester Sohn hatte er den größten Teil seines Mannesalters in Gefangenschaft verbracht. Er hatte nicht gehalten, was er in jungen Jahren versprach, war mit zunehmendem Alter immer bigotter geworden und war nun im Tower gestorben. Elisabeth, die sich noch immer Vorwürfe machte, einst das Todesurteil gegen seinen Vater unterzeichnet zu haben, hatte die Hinrichtung zwar bei Philipp nicht vollziehen lassen, aber sie duldete nicht, daß ihn seine Kinder in seiner Zelle besuchten, solange er nicht widerrief. Im Dezember verschied auch Graf Heinrich von Huntingdon, das Familienoberhaupt der Suffolk-Linie, dem die Puritaner gern die Thronfolge gesichert hätten und der ihr trotzdem als Statthalter des Nordens so treu gedient hatte, daß sie sich keinen besseren hätte wünschen können. Als aus Westindien die Nachricht eintraf, daß Drake, »ihr Pirat«, sie in Greenwich nie mehr aufheitern und von Plymouth aus nie mehr erzürnen würde, war auch Groß-kanzler Puckering, vor dem sie große Hochachtung gehabt hatte, bereits tot. Im gleichen Monat starb ihr Vetter Hunsdon, ihr Ober-hofmeister, der sechsundzwanzig Jahre zuvor die Rebellen im Nor-den besiegt hatte, und ihm folgte im Juli ihr Schatzmeister Sir Fran-cis Knollys, Essex' Großvater. Im Jahr darauf erlitt Elisabeth einen noch schmerzlicheren persönlichen Verlust, als Blanche Parry starb. Sie war schon längere Zeit schwach und blind gewesen, doch hatte sie seit Elisabeths Kindheit, als Seymour noch mit ihr herumgetollt war, zu ihrer engsten Umgebung gehört, und die Köni-gin ließ sie nun wie eine Fürstin bestatten. Bald sollte auch Burghley sie verlassen. Der alte Mann hatte schon für seinen Nachfolger ge-sorgt, indem er die Ernennung seines Sohnes Robert zum Staats-sekretär durchsetzte, während Essex auf See war. Es war schwer für die Königin, ihre alten Diener nacheinander von der Szene ver-schwinden zu sehen. Auch für sie wurde es Winter. Sie war oft müde und mußte sich nach Ratssitzungen hinlegen.

Anthony Rudde, der Bischof von St. David, hätte sich etwas Bes-seres einfallen lassen können, als seiner Fastenpredigt im Richmond-Palace den Vers des 90. Psalms zugrunde zu legen: »Lehre uns be-denken, daß wir sterben müssen, auf daß wir klug werden.« Er ließ sich über die mystische Bedeutung verschiedener Zahlen aus und kam schließlich auf das siebenmal neunte Jahr als auf das kritische Jahr im Leben zu sprechen. Als er das finstere Gesicht seiner Köni-gin sah, suchte er sich so gut wie möglich herauszureden und sagte, das Jahr 1588 sei ja auch lange vorher schon als gefährliches Jahr bezeichnet worden, und so würde Elisabeth zweifellos auch dieses Jahr und noch viele andere gut überstehen, wenn sie nur ihre from-men Meditationen nicht versäumte. Es nützte ihm jedoch wenig, er bekam seinen Rüffel. Elisabeth sagte ihm, er hätte seine Arithmetik besser für sich behalten, aber sie sehe schon, daß die größten Kle-riker nicht immer die weisesten Männer seien.

Wer an ihrer Fähigkeit zweifelte, das kritische Jahr zu überstehen, oder wer glaubte, ihre Kraft, das Regiment zu führen, habe nach-gelassen, hätte die Zurechtweisung hören sollen, die sie dem pol-nischen Gesandten erteilte, als dieser vor ihr erschien, um England das Recht abzusprechen, den Kanal zu kontrollieren, und dagegen zu protestieren, daß ihre Kriegsschiffe den Handel der neutralen Staaten mit Spanien zu unterbinden suchten. Elisabeth saß auf ihrem Thronsessel in ihrem Audienzzimmer, als der Gesandte eintrat, ihr die Hand küßte, wieder drei Schritte zurücktrat und seine wohlvorbereitete lateinische Rede über Englands Verstöße gegen das Natur- und Völkerrecht vom Stapel ließ. Er drohte, wenn sie diese Miß- stände nicht abstelle, werde sein Herr, der König von Polen, dies tun. Elisabeth war empört, daß man sie in aller Öffentlichkeit so anzusprechen wagte, und erwiderte aus ihrer Erregung heraus auf Lateinisch; es wurde, wie Robert Cecil bemerkte, eine der besten Ansprachen, die er je gehört habe: »Hat Euch der König deshalb hierher geschickt? Ich kann mir wahrhaftig kaum vorstellen, daß er selbst sich hier einer solchen Sprache bedient hätte, sonst müßte ich annehmen, daß er noch nicht lange König ist und daß er es nicht auf Grund seiner Geburt, sondern durch Wahl wurde ... Und was Euch selbst anbetrifft, so merke ich zwar, daß Ihr viele Bücher ge- lesen habt, um Eure Argumente in dieser Sache zu stützen, aber ich möchte annehmen, daß Euch das Kapitel über die Umgangs- formen entgangen ist, die unter Königen und Fürsten üblich sind.«

Als der Gesandte mit vielen Bücklingen das Zimmer wieder ver- lassen hatte, sagte Elisabeth augenzwinkernd zu ihren Höflingen: »Verdammt noch einmal, meine Lords, ... heute habe ich mein altes, eingerostetes Latein noch einmal aufpolieren müssen«. Sie wünschte, Essex wäre dabei gewesen und hätte ihre Rede gehört, aber er hatte darauf bestanden, sich an der »Insel-Fahrt« zu beteili- gen, um sich neue militärische Lorbeeren zu holen. Cecil aber ver- stand den Wink und schickte ihm einen anschaulichen Bericht über die Audienz.

Elisabeth selbst hatte nichts für diesen Krieg übrig, für den sich Essex und seine jungen Anhänger so begeisterten. Als sie 1593 ihr letztes, ungebärdiges Parlament entließ, sagte sie: »Ich habe nie aus Ruhmsucht mein Gebiet (und damit das Eure) zu vergrößern ver- sucht. Wenn ich meine Truppen eingesetzt habe, um den Feind von Euch fernzuhalten, so habe ich es um Eurer Sicherheit willen getan und um die Gefahr, die Euch drohte, zu verringern ...«

Freilich schien der Friede jetzt so weit entfernt wie nur je, und außer bei Essex' Anhängern war der Krieg in England unpopulär geworden. Der wirtschaftliche Niedergang, die hohen Steuern, die Erschwerung des Außenhandels und die Zwangsmusterungen, wo- zu noch eine Reihe von Mißernten und Pestepidemien kamen, hat- ten dem Volk seine Illusionen genommen. Sogar Elisabeths Beliebt- heit, die doch zur Zeit der Armada so groß gewesen war, begann zu schwinden, und manche feierten sogar den Tag ihrer Thron- besteigung nicht mehr.

ZWÖLFTES KAPITEL

Die große Löwin

Die sechs Jahre, die Elisabeth noch blieben, nachdem sie das kritische dreiundsechzigste Jahr glücklich überstanden hatte, sind oft als Epilog ihrer Regierung bezeichnet worden, als eine Zeit für sich, in der Hof und Land »traurig und nachdenklich« auf den Sonnenuntergang warteten. Eine neue Generation war groß geworden. Ihr gehörten Männer an – wie etwa Robert Cecil –, die erst nach Elisabeths Thronbesteigung geboren waren und die von den Regierungsgeschäften ganz andere Vorstellungen hatten als ihre Väter. Sie lehnten es ab, den Krieg zu verherrlichen, und suchten mit allen Mitteln eine Stellung im Staatsdienst zu erlangen. In literarischen Kreisen herrschte etwas wie eine *Fin-de-siècle*-Stimmung. Aber wenn sich die Szene auch geändert hatte, so war Elisabeth doch immer noch die alles beherrschende Figur. Ihre Kräfte ließen sie noch keineswegs im Stich, und mit ihren mannigfachen Erfahrungen in der Kunst des Regierens wußte sie jetzt ihre Entscheidungen sogar schneller zu treffen als früher. Zu seiner Verwunderung mußte Essex feststellen, daß er »die große Löwin« nicht zu zähmen vermochte. Er bezahlte seine Torheit, die Tudor-Monarchie auf dem Höhepunkt ihrer Macht herausfordern zu wollen, mit dem Leben. Für Elisabeth begann der Epilog ihres Lebens erst mit ihrer letzten Krankheit im Februar 1603.

Im Frühjahr 1596 erkrankte sie an einer Brustentzündung und litt unter chronischer Schlaflosigkeit. Es waren ähnliche Symptome wie bei ihrer letzten Krankheit, was die Vermutung nahelegt, daß das Übel die ganze letzte Zeit latent vorhanden war. Sie nahm es aber auf die leichte Schulter, denn sie mochte nicht zugeben, daß sie sich nicht wohl fühlte, und verabscheute Arzeneien. Eine Zeitlang hatte sie »furchtbare Schmerzen im rechten Daumen«, aber wehe dem Höfling, der es gewagt hätte, von Gicht zu sprechen! Sie behielt ihre Mäßigkeit im Essen und Trinken bei und machte sich mehr körperliche Bewegung als die meisten Frauen ihres Alters. Manchmal begab sie sich mehrere Tage hintereinander auf die Jagd. Besondere Beschwerden verursachten ihr die Zähne, die sie schon als kleines Kind geplagt hatten, doch fürchtete sie sich jetzt wenigstens vor dem Zahnziehen nicht mehr. Als sie 1578 wieder einmal längere Zeit unter Zahnschmerzen gelitten hatte und ihre eigenen Ärzte ihr nicht hatten helfen können, hatte der Staatsrat »einen ausländischen Arzt« hinzugezogen. Da dieser jedoch ein hochverräterischer Papist hätte sein können, durfte er seine Patientin nicht persönlich behandeln. Er riet, den Zahn mit Hilfe gewisser chirurgischer Instrumente zu ziehen oder durch Anwendung eines Extraktes aus gemeinem Bockshornklee seine Wurzeln so weit zu lockern, daß er leicht mit der Hand zu entfernen sei. Bischof Aylmer von London bot sich als Versuchskaninchen an, denn »wenn er auch ein alter Mann war und nicht mehr viele Zähne übrig hatte«, wollte er ihr doch mit gutem Beispiel vorangehen. So wurde die Königin zu ihrer großen Erleichterung ihren schmerzenden Zahn los, und in den folgenden Jahren bekam sie so viele Zähne gezogen, daß man sie »nicht mehr gut verstehen konnte, wenn sie schnell sprach«.

Allmählich nahm sie ihre Zuflucht zu allerlei Kosmetika, um die Illusion der reizenden Orania noch etwas aufrechtzuerhalten. Ihr Haar war leider in keiner besseren Verfassung als ihre Zähne, und während sie sich früher darauf beschränkt hatte, ihre Locken zu färben, trug sie von nun an rötlichblonde Perücken. Nur ihre Damen wußten, wie weit sie bei ihrem Gesicht mit Schminke und Schönheitsmitteln nachhalf, bis Essex im Herbst 1599 unvermutet in ihr Schlafzimmer in Nonsuch stürmte und sie darin ohne Make-up vorfand. Puritaner wie Philip Stubbs, der einst seine rechte Hand eingebüßt hatte, weil er an Elisabeths Heiratsplänen mit Alençon Kritik übte, waren strikte Gegner dieser Kosmetika, auf welche die Renaissance so großen Wert legte. Hätten sie es gewagt, die Anwendung dieser »nützlichen Schönheitsmittel« öffentlich zu verurteilen, hätte ihnen Elisabeth zweifellos erwidert, jede Frau habe die Pflicht, ihre Pockennarben zu verdecken, vor allem aber eine Königin.

Ihre Feinde konnten es nicht erwarten, bis sie eines natürlichen Todes starb. In Flandern und Spanien heckte man immer wieder zum Teil recht ungeschickte Anschläge gegen ihr Leben aus. Man plante, ihr eine Flasche mit giftigem Parfüm in den Weg zu werfen oder eine Räucherkugel vor ihr abzubrennen, deren schädlicher Qualm sie ins Jenseits befördern sollte. Das seltsamste Attentat war dasjenige eines gewissen Edward Squier, der 1595 von den Spaniern gefangengenommen, dann in Sevilla von der Inquisition und dem exilierten Jesuiten Richard Walpole umgeschult und schließlich bei einem Kriegsgefangenenaustausch wieder nach England zurückgeschickt worden war. Er sollte Gift auf den Sattel der Königin streuen und dann auch noch Essex töten. Squier probierte die ihm von Walpole empfohlene Mischung aus Opium und Quecksilber zunächst an einem Hund aus, der auch prompt starb. Dann stahl er sich in den Marstall der Königin und beträufelte ihren Sattel mit der Lösung. Wäre er nicht sofort weggelaufen, so hätte er sehen können, daß »die große Löwin« ihren nächsten Ritt unbeschadet überstand. Squier aber ließ sich auf dem Schiff, das Essex für seine Insel-Expedition benutzte, als Matrose anheuern und bestrich den Stuhl, auf dem der Graf zu Tisch saß, mit dem Gift. Doch auch Essex trug keinen Schaden davon. Da Walpole fürchtete, Squier habe ihn belogen, ließ er ihn schließlich anzeigen, und so endete dieser als Hochverräter.

Nach dem ruhmreichen Überfall auf Cadiz war Essex zum Idol aller Abenteurer geworden, vor allem der jüngeren Söhne adliger Familien, die ihr Glück im Krieg zu machen hofften und im Soldatenhandwerk einen glorreichen Lebenszweck sahen. Der Graf erwiderte diese Sympathien: »Ich liebe diese Jungens um meiner selbst willen«, sagte er, »denn ich finde Geschmack an ihrer Unterhaltung, kräftige Unterstützung in ihrem Einsatz und Glück in ihrer Freundschaft. Ich liebe sie um ihrer Tapferkeit und Freundschaft willen... Wenn uns Frieden beschieden ist, so haben sie ihn errungen; wenn wir Krieg führen mußten, so war der Erfolg ihnen zu danken.« Kanzelredner verglichen Essex nun mit den größten Generälen aller Zeiten, in Schenken und Bierkneipen trank man auf seine Gesundheit, und der Pöbel vergötterte ihn. Hierin lag die große Gefahr. Kein anderer Günstling der Königin war beim Volk je beliebt gewesen. Leicester hatte seine Anhänger bei Hof und unter den Puritanern gehabt, aber selbst auf dem Höhepunkt seiner Laufbahn hatte er das einfache Volk verachtet. Hatton war seine eigene Partei gewesen, und Raleigh war allen wegen seiner geistigen Überlegenheit verdächtig. Essex aber buhlte um die Gunst des Volkes und versuchte, seinen Anhängern Begünstigungen zuzuschieben. Es dauerte lange, bis er merkte, daß er auf diese Weise in sein Verderben lief.

Trotz seiner offenkundigen Schwächen war auch die Königin von ihm fasziniert, so daß sie ihm, wenn er dem Hof fern blieb, gereizt den Vorwurf machte, er lasse sie im Stich. Aber sie war eifersüchtig auf seine militärischen Triumphe, die ihre eigene Popularität zu schmälern drohten, und in diesem Punkt war sie von jeher besonders emp-

findlich gewesen. Francis Bacon, der die Situation mit seinem unge-
wöhnlichen Scharfblick durchschaute, sagte Essex mit entwaffnender
Offenheit, wie er sich in den Augen der Königin ausnehmen mußte,
nämlich als »ein Mann, der nicht zu bändigen ist, der sich in der
glücklichen Lage befindet, meine Zuneigung zu besitzen und dies
weiß, als ein Höfling, dessen Vermögen in einem Mißverhältnis zu
seiner hohen Stellung steht, als ein Liebling des Volkes und ein
Heerführer, der großes Vertrauen genießt«. Bacon fand, daß ein
Monarch sich kaum ein bedrohlicheres Bild von einem Untertanen
machen könne, zumal eine Frau von Elisabeths Empfindlichkeit.
Wenn Essex sich nicht als aufrichtiger Ratgeber bewähre und seiner
Popularität, die ihm in den Schoß gefallen war, Einhalt gebiete, wäre
es sein Untergang, und er, Bacon, müsse sich sagen, daß er sich den
falschen Mann zum Gönner erwählt habe. Essex solle sich lieber
seinen Feind, Robert Cecil, zum Vorbild nehmen, der sich so eifrig
seinen Papieren widme und nicht auf seinen in Cadiz erworbenen
Lorbeeren ausruhe.

Daß Essex 1597 auf der »Insel-Fahrt« zu den Azoren das Kommando erhielt, verdankte er nicht zuletzt seiner Aussöhnung mit
Cecil. Als er in See stach, beteuerte er wie immer, er werde versuchen,
sich einer so hohen Gnade und eines solchen Glückes würdig zu
erweisen. Die Expedition hatte auch diesmal zum Ziel, die Silberflotte aufzubringen und zu verhindern, daß eine neue Armada von
Spanien auslief. Sie nahm jedoch ein klägliches Ende. Es gelang den
Engländern nicht, Prisen zu machen, und die spanischen Galeonen
konnten ungehindert auslaufen, wenn sie auch, nachdem sie eine
Woche westlich von England gekreuzt hatten, durch widrige Stürme
wieder zur Umkehr gezwungen wurden, ohne einen Schuß abgegeben zu haben. In Ferrol geriet Essex in heftigen Streit mit Raleigh,
der inzwischen die Gunst der Königin zurückgewonnen hatte und
zum Kapitän ihrer Leibgarde ernannt worden war. Sie hatte ihm
gestattet, die Reise mitzumachen, und nun erreichte er England als
erster, um ihr seinen Bericht über den unglücklichen Feldzug zu
unterbreiten. Nach Howards Aussage war niemand froher als die
Königin, als sie aus Sir Walter Raleighs schriftlichem Bericht ersah,
daß Essex sich wohlauf befand; »sie weinte vor Freude«.

In den sicheren Hafen königlicher Gunst zurückgekehrt, grollte
und schmollte Essex, wenn Elisabeth seine Freunde nicht mit Gunst-
bezeugungen überhäufte. Er machte ihnen die kühnsten Versprechungen und bedrängte hinterher die Königin unbarmherzig, diese auch
zu erfüllen. Sie blieb jedoch hart und weigerte sich zum Beispiel, Sir

Robert Sidney zum Unterkämmerer oder zum Gouverneur der Cin-que Ports zu machen, weil sie ihn ganz einfach für diese Posten für völlig ungeeignet hielt. Lieber als sich einen Kandidaten des Grafen aufzuladen, ließ sie das Amt unbesetzt. Auch Bacon, dem ein ein-trägliches juristisches Amt zugesagt war, sah sich enttäuscht. Essex könne für sich selber alles, aber für seine Freunde nichts erreichen, beschwerte sich einer seiner Gefolgsleute. Damit tat er Elisabeth unrecht, denn Essex' Anhänger erhielten ihren gerechten Anteil an den Hofämtern, vorausgesetzt, daß sie sich dafür eigneten. Die Kö-nigin war stets bemüht, zwischen seiner Partei und der Cecils das Gleichgewicht zu halten. Keine Seite sollte zu der Machtstellung gelangen, die ihr allein gebührte. Der Graf erweiterte sein eigenes Sekretariat, um seine Günstlinge unterzubringen, und unterhielt in Frankreich und andernorts eigene Agenten, die ihm wichtige Nach-richten zukommen ließen, doch war das Ganze nur ein Kartenhaus. Elisabeth verletzte es, daß er bei wichtigen Gelegenheiten, wie zum Beispiel 1597 den Feierlichkeiten anläßlich des Jahrestages ihrer Thronbesteigung, fernblieb, und es ärgerte sie, daß er sich auch im Parlament und Staatsrat nur selten sehen ließ. Bacon redete ihm aber-mals ins Gewissen, er solle sich dann eben »wie ein Höfling verstel-len« und darin dem Beispiel seines Stiefvaters Leicester folgen.»Auch der größte Untertan, der des Fürsten höchste Gunst genießt, wird nicht vermißt, wenn er abwesend ist. Auch die kleinste Unterbre-chung schon löscht Vergangenes aus, so als ob es nie gewesen wäre, und erzeugt ein Vergessen, das dem Zorn Platz macht; und der Zorn eines Fürsten ist wie das Gebrüll des Löwen.« Aber Essex glaubte immer noch, er könne »die Bestie zähmen«.

Er, der selbst als Peer geboren war, konnte Elisabeth nicht ver-stehen, wenn sie sich weigerte, seinen Anhängern die Peerswürde zu verleihen, und ihm zürnte, wenn er sie auf dem Schlachtfeld in ganzen Scharen zu Rittern schlug. Fuller formulierte es so, daß sie »ihre Ehrungen damit ehrte, daß sie sie sparsam gewährte«. Während ihrer ganzen Regierungszeit hat sie nur achtzehn Titel verliehen, zurückgegeben oder bestätigt, und dabei stammten nur Burghley und Compton aus neuen Familien. Nach Burghleys Erhebung in den Adelsstand im Jahre 1752 vergab Elisabeth bis zu ihrem Lebens-ende nur noch drei Titel: Lord Willoughby wurde gestattet, den Titel der Familie seiner Mutter zu tragen; Howard von Effingham, der Sieger über die Armada, wurde mit elfjähriger Verspätung zum Grafen von Nottingham ernannt; und Norfolks zweiter Sohn, Tho-mas Howard, erhielt schließlich noch die Würde eines Lord Howard de Walden. Nach Norfolks Hinrichtung gab es in England keinen Herzog mehr, und 1603 zählte man nur noch neunundfünfzig Peers. Essex aber hatte Sir Edward Wotton die Peerswürde versprochen, und der Ritter hatte einer Dame 1000 Pfund zugesagt, wenn sie ihm dazu verhelfen würde. Als Essex die Königin bat, Wotton zum Baron zu machen, sagte sie: »Was soll ich dann mit all den anderen machen, die ebenfalls einen Titel wollen? Ich hätte nichts dagegen, dem einen oder anderen diese Würde zu verleihen, aber ich will es nicht bei vielen tun; und immer wieder werde ich von ihren Freunden bedrängt, es doch zu machen.« Statt sich damit abzufinden, bat Essex die Königin nun, andere Anträge prüfen zu dürfen. Aber das war das letzte, was sie ihm anvertrauen konnte. Essex war wütend über den Wortlaut von Lord Nottinghams Adelspatent, in dem seine hervorragenden Verdienste bei der Eroberung von Cadiz 1588 hervorgehoben wurden, was Essex nicht ertragen konnte. Aufgebracht verlangte er eine Untersuchung und forderte Howard und seine Söhne zum Zweikampf heraus. Elisabeth stellte schließlich im Dezember 1597 durch seine Ernennung zum Großzeremonienmeister das Gleichgewicht wieder her – eine für sie typische Handlungsweise.

Essex wurde immer unausstehlicher. Cecil und sein Vater gaben sich die größte Mühe, Friedensfühler nach Spanien auszustrecken, um Elisabeth die Möglichkeit zu geben, sich dem Vertrag anzuschließen, den Heinrich IV. gerade mit Philipp abschloß, aber Essex war entschlossen, den Krieg weiterzuführen. Der alte Burghley sagte, er dürste nur nach Krieg, Gemetzel und Blut; dann schlug er sein Prayer Book auf und las den 55. Psalm vor: »Die Blutgierigen und Falschen werden ihr Leben nicht zur Hälfte bringen.« Die Königin wollte Frieden, einen ehrenvollen Frieden allerdings, der die Niederlande sicherstellte. Nichts lag ihr ferner als ein Krieg um seiner selbst willen und die verzerrte Vorstellung von militärischem Ruhm, wie ihn Essex verkörperte. Seine Heftigkeit kannte keine Grenzen, als im Staatsrat über einen Nachfolger Lord Burghs, des Lord-Statthalters von Irland, verhandelt wurde, der stark genug sein mußte, um mit dem Rebellen Tyrone fertig zu werden.

Das irische Problem hatte Elisabeth schon immer aus zwei Gründen zu schaffen gemacht: Einmal schadete die Uneinigkeit und der Ungehorsam dieses Königreichs ihrem eigenen Ansehen, und außerdem kosteten die ständigen Versuche, in Irland die Ordnung wiederherzustellen, sehr viel Geld. Der hibernische Sumpf verschlang vom Ausbruch von O'Neills Rebellion Anfang der sechziger Jahre bis

zur bedingungslosen Unterwerfung Tyrones kurz vor Elisabeths
Tod 2410000 Pfund. Dabei hatte Irland auch in den besten Zeiten
der Krone nie mehr als 5000 Pfund im Jahr eingebracht. Ein Befehlshaber nach dem anderen hatte bei dem Versuch, den Frieden in diesem unglücklichen Land wiederherzustellen, seinen militärischen Ruf
eingebüßt, und es hieß, es gebe auf der ganzen Welt kein Land, in
dem so ununterbrochen Krieg herrsche, in dem so viel Christenblut
vergossen werde und das so unter Raub, Plünderung, Brandschat-
zung und gewaltsamer Erpressung zu leiden habe, wie Irland. Es war
tatsächlich ein großes Niemandsland, wie es die schottischen Grenzgebiete in den schlimmsten Jahren gewesen waren. In Munster hatte
James Fitzmaurice Gerald sich gegen Elisabeth erhoben und 1573
mit dem Segen des Papstes eine internationale Brigade aufgestellt,
um Irland vom englischen Joch zu befreien. Ein englisches Heer
verwüstete Munster, aber trotzdem blieb das Königreich Irland »eine
tobende See...«, die Ihre Majestät mit ihrem wilden Wüten seekrank
machte«. Nun versuchte Hugh O'Neill, Graf von Tyrone, der in
diesem Jahrhundert der einzige irische Führer war, der sich durch
Erfahrung und Tapferkeit vor seinen Landsleuten auszeichnete, sich
mit spanischer Unterstützung zum König von Irland zu machen.
Elisabeth wußte, daß die Gefahr groß war, und dies um so mehr, als
Frankreich sich mit Spanien geeinigt hatte.

Sie hatte vorgeschlagen, Essex' Onkel, Sir William Knollys, zum
Lord-Statthalter Irlands zu ernennen, aber Essex bestand darauf, daß
Sir George Carew dieses Amt erhalten sollte, weil er auf diese Weise
einen leidenschaftlichen Anhänger Cecils mehr vom Hof zu entfer-
nen hoffte. Man hörte sich im Staatsrat seine wenig stichhaltigen
Argumente geduldig an. Als sich herausstellte, daß die Königin sich
das letzte Wort vorbehalten würde, drehte er ihr »gleichsam voller
Verachtung und mit trotzigem Blick den Rücken. Da verlor sie die
Geduld, gab ihm eine Ohrfeige und fuhr ihn an, er solle sich zum
Teufel scheren«. Er, der Unbelehrbare, griff daraufhin zum Schwert,
aber Großadmiral Howard trat zwischen ihn und die Königin. Bevor Essex das Zimmer verließ, schwor er, er werde solch eine Beleidigung nie und nimmer einstecken, selbst von Heinrich VIII. hätte
er sich so etwas nicht bieten lassen. Als er wieder in Wanstead war,
beruhigte er sich etwas, doch verbot ihm sein Stolz, sich zu entschuldigen:

»... Wenn ich daran denke, wie mir Eure Schönheit über alles
ging und wie ich an nichts in diesem Leben Freude hatte als daran,
immer höher in Eurer Gunst zu steigen, frage ich mich nun, was

mich wohl dazu bringen könnte, auch nur einen Tag Eure Gegenwart zu entbehren. Aber wenn ich mir dann überlege, daß Eure Majestät durch das unerhörte Unrecht, das Sie mir und sich selbst angetan hat, nicht nur alle Bande der Zuneigung zerriß, sondern sich auch gegen die Ehre Ihres Geschlechts verging..., möchte ich nie mehr an jene falschen, unbeständigen und trügerischen Freuden denken. Ich muß es dem, der alle Herzen erforscht, überlassen, meine Treue zu beurteilen, da ich auf Erden nicht zu meinem Recht komme. Euch aber wünsche ich alles Gute und Angenehme auf der Welt und keine schlimmere Strafe für das Unrecht, das Ihr mir angetan habt, als daß Ihr die Treue dessen erkennt, den Ihr verloren habt, und die niedere Gesinnung derer, die Ihr besitzt.

Eurer Majestät untertänigster Diener

R. Essex.«

Sie hätte ihn nur allzugern wieder am Hof gehabt, aber nur unter ihren Bedingungen: Er mußte persönlich zu ihr kommen und sich für seine Unbotmäßigkeit entschuldigen. Auf ein Entgegenkommen auf halbem Weg konnte sie sich nicht einlassen. »Er hat lange genug mit mir sein Spiel getrieben«, sagte sie, »nun werde ich es eine Zeitlang mit ihm treiben und ebenso auf meine Größe pochen wie er auf die seine.« Man solle dem Grafen von Essex nur ausrichten, sie schätze sich ebenso hoch ein wie er sich selbst.

Im Augenblick waren Elisabeths Gedanken auch mehr bei dem alten Burghley, der im Sterben lag, als bei Essex' Jugend. Burghley hatte sein Amt niederlegen wollen, aber Elisabeth wollte nichts davon hören, weil sie wohl wußte, daß er als Großschatzmeister von England und Lehnsgerichtsmarschall sterben wollte. Sie besuchte ihn am Krankenbett und fütterte ihren »Geist« eigenhändig mit dem Löffel. Eine einzigartige Partnerschaft hatte sie miteinander verbunden. 1569, als die Kabale Norfolks und Leicesters ihm zum Verderben zu werden drohte, hatte sie ihm zur Seite gestanden, und er hatte ihren Unwillen wegen Norfolks und Marias Hinrichtung unbeschadet über sich ergehen lassen. Sein Cambridger Protestantismus lag ihr nicht, aber er war mit den Jahren milder geworden. Auch war er ein idealer Gegenspieler Leicesters gewesen, genauso wie sein Sohn Robert sich bereits als notwendiger Ausgleich für Leicesters Stiefsohn bewährte. Niemand hatte eifriger für die Königin gearbeitet als er, wenn er seine endlosen Memoranden zu Papier brachte. Selten nur hatte er bei einer Ratssitzung gefehlt. Seine Arbeit hatte das Amt des Ersten Staatssekretärs erst geformt, und wenn er auch zu spät erst Großschatzmeister geworden war, um die dringend notwendigen Verwaltungsreformen noch selbst vornehmen zu können, so war er als alter, erfahrener Staatsmann doch nicht zu ersetzen.

Noch bevor Burghley unter der Erde war, kamen erschreckende Nachrichten aus Irland. Als englische Truppen unter Sir Henry Bagnal von Armagh aus zum Entsatz des Schwarzwasser-Forts heranmarschierten, wurden sie von Tyrone völlig aufgerieben. Manche hielten diese Niederlage für die schlimmste, die England seit dem Verlust von Calais erlitten hatte. Essex eilte an den Hof, dem er zwei Monate lang ferngeblieben war, um dem Staatsrat seine Ratschläge zu erteilen und sich als Oberbefehlshaber in Irland zur Verfügung zu stellen. Elisabeth weigerte sich noch immer, ihn zu empfangen, und übersah seine Briefe. Es war unmöglich für sie, ihm eine Audienz zu gewähren, bevor er sich ihr nicht völlig unterworfen hatte. Da erkrankte er. Vielleicht war es nur eine seiner diplomatischen Krankheiten, zu denen er ebenso neigte wie ehedem Leicester. In einem plötzlichen Impuls verzieh ihm Elisabeth und schickte ihm einen ihrer Ärzte nach Wanstead, um seine Genesung zu beschleunigen. Er hatte erreicht, daß sie nachgab, was beide wußten. Die Königin reagierte ihren Ärger an Graf Southampton ab, der nach Paris geflohen war, nachdem Elisabeth sein Verhältnis mit einer ihrer Ehrendamen entdeckt hatte. Als sich herausstellte, daß diese ein Kind erwartete, war er kurz nach London zurückgekehrt, um sie heimlich zu heiraten, dann hatte er sich sofort wieder nach Frankreich abgesetzt. Nun beorderte ihn die Königin an den Hof.

Im November, am Jahrestag ihrer Thronbesteigung, feierte Raleigh als neuer Kapitän der Garde sein Comeback am Hof, indem er seine Kompanie mit orangeroten Federn ausstaffierte. Essex brachte ihn jedoch um die beabsichtigte Wirkung, da auch er mit zweitausend Mann im Turnierhof einzog, die alle mit den gleichen Federn geschmückt waren. Dieses kindisch eitle Gebaren versetzte Raleigh in Wut und ärgerte die Königin, so daß sie den Festlichkeiten viel früher ein Ende machte als sonst. Wie schon im Jahr zuvor hatte Essex auch diesmal im Staatsrat an jedem etwas auszusetzen, der für den Oberbefehl in Irland vorgeschlagen wurde. Schließlich schnitt die Königin die nutzlosen Debatten dadurch ab, daß sie ihn selbst nach Irland schickte. In gewisser Weise war dies die Lösung, die sie beide anstrebten. Die Königin war sich bewußt, daß man einen energischen, angesehenen und erfahrenen Feldherrn brauchte, wenn man mit Tyrone fertig werden wollte, und so entschloß sie sich, Essex beim Wort zu nehmen. Der Graf war auch sofort bereit, seine militärische

Tüchtigkeit unter Beweis zu stellen. Außerdem war er froh, auf diese Weise vom Hof wegzukommen. »Mich dünkt es wünschenswerter, über Armeen als über Launen zu gebieten«, sagte er und zog am 27. März 1599 mit einem gewaltigen Heer von sechzehntausend Fußsoldaten und dreizehnhundert Mann zu Pferd nach Irland. Die Königin gab ihm genaue Instruktionen mit auf den Weg und verbot ihm ausdrücklich, Southampton zum General der berittenen Truppe zu machen.

Essex jedoch richtete sich von Anfang an nicht nach den Anordnungen der Königin. Er schlug wieder zahlreiche Hauptleute ohne Unterschied zum Ritter, obwohl es ihm außer in Fällen hervorragender Tapferkeit ausdrücklich untersagt worden war. Er hatte den Auftrag, unverzüglich gegen Tyrone nach Ulster zu marschieren, unternahm jedoch nichts, sondern vergeudete lediglich den Sold seiner Leute. Den ganzen Sommer über war Elisabeth höchst beunruhigt über seine Berichte und ermahnte ihn in jedem ihrer Briefe aufs neue, den Feldzug energischer zu betreiben und ihre Anordnungen nicht nach eigenem Gutdünken auszulegen. Sie begann zu fürchten, »daß es sein Ziel nicht war, den Krieg zu beenden«, und als er ihr eine von seinen Hauptleuten unterzeichnete Erklärung zuleitete, in der er von einem Einmarsch in Ulster abriet, war sie empört. Es erschien ihr unerhört, daß Leute von so geringer Erfahrung den offiziellen Feldzugsplan in Frage zu stellen wagten. Sie fragte Francis Bacon im Vertrauen um seine Meinung, und dieser antwortete ihr freimütig:

»Madame, wenn Ihr Lord Essex mit einem weißen Stab in der Hand, so wie ehedem Graf Leicester, hier hättet zu Eurer Gesellschaft und zur Zierde Eures Gefolges und Hofes in den Augen Eures Volkes und der ausländischen Gesandten, dann befände er sich in seinem richtigen Element. Aber wenn Ihr ihm Waffen und Macht in die Hand gebt, obwohl er sich noch in Ungnade befindet, könntet Ihr ihn zu Unbotmäßigkeit und Aufruhr verführen. Ich halte es daher für das beste, wenn Ihr ihn zurückruft und ihm hier in Eurer Gegenwart eine ehrenvolle Stelle einräumt, falls Eure gegenwärtigen Interessen, über die ich nicht im Bilde bin, dies erlauben.«

Essex glaubte aus dem Ton von Elisabeths Briefen herauszuhören, daß Cecil und seine Anhänger seinen Sturz betrieben. In Schloß Dublin heckte er mit Southampton den Plan aus, mit einem Heer nach London zu marschieren, doch brachte Blount die beiden wieder von diesem aberwitzigen Unterfangen ab. Was Essex jedoch dann statt dessen tat, war kaum vernünftiger. Er schloß mit Tyrone einen Waffenstillstand und verließ am 24. September Irland in größter Aufregung. Er tat es in flagrantem Ungehorsam gegen Elisabeths letzte Anordnungen, die ihm befahlen, unter allen Umständen in Irland zu bleiben. Vier Tage später kam er um zehn Uhr morgens in Nonsuch an und stürzte, noch in Reitstiefeln, die Treppe hinauf, direkt in die Gemächer Ihrer Majestät. Er hielt sich nicht einmal damit auf, sich den Schmutz von dem langen Ritt von Gesicht und Händen zu waschen. Er eilte durch das Audienzzimmer und das Geheimkabinett, wo er die erstaunten Pagen, Diener und Ehrendamen beiseite stieß, und drang ins Allerheiligste, das Schlafzimmer seiner Königin, ein. Elisabeth war eben erst aufgestanden und hatte kaum begonnen sich anzukleiden, so daß der Graf sie in einem Zustand erblickte, in dem sie noch keiner ihrer männlichen Untertanen gesehen hatte, ohne die Abzeichen ihrer königlichen Würde und ohne ihre kosmetischen Hilfsmittel. Da saß sie ohne Perücke und Schminke, ohne ihre große Halskrause und ihre Juwelen – von ihren schönen Händen abgesehen, eine recht häßliche alte Frau von sechsundsechzig Jahren. Er kniete nieder, um ihr die Hand zu küssen, und verließ sie sogleich wieder, um sich umzukleiden. Er zweifelte keinen Augenblick daran, daß es seinem Charme gelingen würde, sie wieder für sich einzunehmen. Ob sie ihn in ihrer Überraschung am liebsten abermals geohrfeigt hätte? Zepter und Krone kamen in Gefahr, wenn es diesem unbotmäßigen Burschen einfiel, ihr Bild als Gloriana in den Augen des Volkes zu zerstören.

Noch im Verlauf des Vormittags gewährte sie ihm eine Privataudienz, in der er ihr seinen Feldzugsplan in Irland auseinandersetzte. Sie aß allein, während der Herr Lord-Statthalter an der großen Tafel in der Halle speiste, wo die Höflinge ihn nach den neuesten Ereignissen in Irland ausfragten. Cecil und Raleigh waren der Tafel ferngeblieben. Nachmittags ließ Elisabeth Essex zu sich kommen, damit er ihr Rede und Antwort stand. Wieso war er ohne Erlaubnis zurückgekommen und hatte Irland in einer so ungewissen Lage im Stich gelassen? Was sollte es heißen, daß er es wieder gewagt hatte, Dutzende zu Rittern zu schlagen? Wieso hatte er Tyrone einen Waffenstillstand gewährt, statt ihn im Kampf zu besiegen? Sie hörte sich seine Entschuldigungen kaum an, sondern entließ ihn wieder, um sich mit Cecil und einigen anderen Staatsräten zu beraten. Um zehn Uhr abends, zwölf Stunden nachdem er in ihr Schlafzimmer gedrungen war, verurteilte sie ihn zu Stubenarrest. Am nächsten Tag nahmen ihn die Lords des Staatsrats drei Stunden lang ins Verhör. Als Essex merkte, daß seine verzweifelten Bitten bei Elisabeth nichts fruchteten, fürchtete er, sie werde ihn in den Tower werfen; aber sie beliebte, ihn nach York-House in die Obhut des Großsiegelbewahrers zu schicken. Bald machten ihn Aufregung, Schlaflosigkeit und schlechte Ernährung krank, und Lady Essex bat vergeblich, ihren Gatten besuchen zu dürfen. Ende November trat die Sternkammer zur letzten Sitzung dieser Amtsperiode zusammen, und alles drängte in den Saal, um die Schlußansprache des Großsiegelbewahrers zu hören, die sich mit dem Aufruhr im allgemeinen und Essex' Ungehorsam im besonderen befaßte. Andere Richter und Staatsräte erklärten es ebenfalls für absolut gerechtfertigt, den Grafen auch weiterhin in Gewahrsam zu halten. Sein Haushalt wurde aufgelöst. Essex' Niedergeschlagenheit machte ihn so krank und schwach, daß er dem Tode nahe schien. Wie schon so oft, weckte auch in diesem Fall die Krankheit eines ihrer Mitmenschen Elisabeths Mitgefühl; sie schickte ihm acht ihrer besten Ärzte und erlaubte seiner Gattin, ihn zu pflegen, wenn sie sich auch darüber ärgerte, daß man in den Londoner Kirchen für ihn betete. Die Arznei und das Einlenken der Königin taten ihre Wirkung, und Essex genas wieder. Er sollte zu Weihnachten vor Gericht gestellt werden; doch Elisabeth sah wieder davon ab, als er ihr einen reumütigen Brief schrieb, in dem er sich ihr völlig unterwarf. Mountjoy wurde als sein Nachfolger nach Irland geschickt, und Essex selbst blieb als Gefangener im eigenen Haus. Im Mai appellierte er aufs neue an die Königin:

»Bevor alle Briefe, welche diese Hand schreibt, verworfen werden oder der Schreiber selbst ewig verstummt ist, flehe ich Eure Majestät an, diese demütigen Zeilen zu lesen. Immer wieder habe ich aus Eurem eigenen Munde gehört, daß Ihr ›bessern und nicht vernichten‹ wollt. Seither bin ich vier Monate krank gelegen und hatte nur den Tod vor Augen, nachdem ich mir alles, was ich bisher erreichen konnte, wieder verscherzt hatte. Meinen armseligen Ruhm sah ich nicht mit mir zusammen untergehen, sondern bereits zu meinen Lebzeiten begraben, und dennoch küßte ich Eure schöne, strafende Hand und vertraute auf Euer königliches Wort. Denn ich sagte mir: ›Zwischen meinem Ruin und der Gunst meiner Königin gibt es keinen Kompromiß, und wenn sie mir ihre Gunst wieder schenkt, wird sie es mit allem tun, was ich in dieser Welt nur brauchen und wünschen kann.‹ Aber nun haben meine lange Krankheit und Euer wachsender Unwille allen eine solche Angst vor mir eingejagt, daß meine Lage hoffnungslos geworden ist und meine Freunde und Diener im Gefängnis sterben wollen, weil ich mir selbst nicht mehr helfen kann. Ich fühle nicht nur die ganze Last Eurer Ungnade, alle, die mir früher Eure Gunst neideten, verleumden mich nun und verbreiten hämische Gerüchte über mich, denn sie hassen mich von jeher. Und wie an einem Stück Aas, das man achtlos in eine Ecke warf, nagen und zerren die elendesten Kreaturen an mir herum. Der geschwätzige Wirtshausbruder redet über mich, was ihm in den Sinn kommt; man druckt mich und läßt mich zur Welt sprechen, und bald wird man mich auch noch auf der Bühne darstellen. Dies alles ist schon schrecklicher als der Tod; und doch ist es noch nicht das Schlimmste, was mir zugestoßen ist: Ihr, die außer Essex alle, denen Ihr einmal Eure Gunst schenktet, vor Schande und Verleumdung bewahrt habt und die Ihr noch nie ein huldvolles Versprechen, das Ihr einmal gegeben habt, zurücknahmt, Ihr habt in den acht Monaten meiner Gefangenschaft alle meine Briefe zurückgewiesen und Euch geweigert, mich anzuhören, was Ihr selbst bei Verrätern nie zuvor getan habt. Mir bleibt daher nichts übrig, als Euch anzuflehen, meiner Strafe und meinem Elend zusammen mit meinem Leben ein Ende zu machen, damit ich zu meinem Erlöser gehen kann, der sein Leben für mich dahingegeben hat und der mich, wie mich dünkt, aus dieser unfreundlichen Welt zu sich ruft, in der ich schon allzulange gelebt habe und in der ich mich einst nur allzu glücklich fühlte.«

Der Brief bewegte Elisabeth tief, und wenn sie es auch nicht über sich brachte, an ihn selbst zu schreiben, so bemerkte sie doch, sie habe vor, ihn zur Erkenntnis seiner selbst und seiner Pflicht zu bringen und ihn dann wieder in ihre Dienste zu nehmen. Ihre Worte wurden in Haus Essex pflichtschuldigst ausgerichtet.

Im nächsten Monat wohnte sie einer Gerichtssitzung in Haus York bei, in der Essex wegen seines Versagens im irischen Feldzug zur Rechenschaft gezogen wurde. Die Königin hatte ihm eine strenge Untersuchung in der Sternkammer erspart. Egerton, Coke und Bacon betonten nacheinander, es handle sich hier um einen Fall, in dem es keiner Anklage bedürfe, worauf der Graf niederkniete und unwandelbare Treue gelobte. Nach langen Verhandlungen gab gegen Abend jeder Richter getrennt sein Urteil ab, alle waren zur Milde geneigt und sprachen von der Gnade der Königin. Essex sollte in seinem eigenen Haus in Haft bleiben, bis Ihre Majestät bereit sei, ihn freizulassen. Bis dahin war er seiner Ämter enthoben. Die Königin ließ ihn noch zwölf Wochen im Ungewissen, dann gab sie ihm die Freiheit zurück, und er sagte, er werde den Rest seiner Tage nun in Stille und Zurückgezogenheit verbringen.

Was Essex im Augenblick Sorge machte, war nicht die Gestaltung seines weiteren Lebens, sondern seine Schulden, die auf 16000 Pfund angestiegen waren. Das Schlimmste dabei war, daß sein Pachtvertrag für den Süßweinzoll zu Michaeli ablief. Wenn die Königin ihn nicht erneuerte, war er ruiniert. So schrieb er ihr wiederum einen dringenden Brief: »Eile, Papier, zu der, aus deren Gegenwart ich Unglücklicher allein verbannt bin. Küsse ihre schöne, strafende Hand... Sage ihr, du kämst von ihrem tief beschämten, sehnsuchtsvollen, verzweifelten SX.« Als Lady Srcope ein gutes Wort für ihn einlegte, seufzte Elisabeth: »Ach ja, so ist es!« Er schrieb ihr abermals und legte ihr unverblümt dar, daß seine Gläubiger ihm auf den Fersen seien und er unbedingt auf die Erneuerung des Pachtvertrags angewiesen sei. Aber sie war entschlossen, ihm eine Lektion zu erteilen, die er nie vergessen würde. Sie erneuerte den Pachtvertrag nicht, gab ihn aber auch nicht weiter, sondern behielt ihn selbst in der Hand, in der Absicht, ihn vielleicht eines Tages Essex neu zu verleihen, falls er sich entsprechend verhielt.

Er konnte es nicht glauben, daß sein Stern untergegangen war. Da er zum Audienzzimmer keinen Zutritt mehr hatte, glaubte er den wildesten Gerüchten und überschätzte seine Möglichkeiten völlig. Als Harington ihn besuchte, äußerte er ihm gegenüber »so sonderbare Worte, die auf so sonderbare Pläne hinausliefen«, daß dieser sich schleunigst empfahl. Die Königin sei »geistig ebenso krumm und schief wie körperlich«, schimpfte er, und schließlich ließ er sich in seinem Größenwahn und aus Angst vor dem drohenden Bankrott in ein lebensgefährliches Spiel ein, bei dem seine Anhänger aus früheren Feldzügen und andere junge Abenteurer begeistert mitmachten. Sie planten, den Tower, die Stadt und den Hof in ihre Gewalt zu bringen und die alternde Königin zu zwingen, Essex zum Lord-Protektor des Reiches zu machen. Um ihre Absicht zu dokumentieren, bestachen sie die Schauspieler des Globe-Theater, am Samstag, dem 7. Februar, abends *Richard II.* aufs Programm zu setzen. Sie hatten vor, die Königin von Cecil und ihren anderen schlechten Ratgebern zu befreien, und notfalls wollten sie auch nicht davor zurückschrecken, ihr Blut zu vergießen.

In Whitehall, keine Meile von Essex' Haus entfernt, wartete Elisabeth die Entwicklung der Dinge ab. Sie ließ Essex schließlich durch den Staatsrat auffordern, an den Hof zu kommen. Er war jedoch schon zu weit gegangen, um seinen Kopf nun in die Schlinge zu legen. Am Sonntagmorgen gingen der Großsiegelbewahrer, Sir William Knollys, und andere den Strand hinunter, um mit ihm zu verhandeln. Er ließ sie jedoch gefangennehmen, während der Pöbel »Schlagt sie tot! Schlagt sie tot!« schrie. Essex' Anhänger rieten ihm, sich unverzüglich des Hofs zu bemächtigen, er aber ritt mit dem Ruf: »Für die Königin! Für die Königin! Man trachtet mir nach dem Leben!« nach London hinein, um den Lord-Mayor und die Sheriffs aufzusuchen. Dicht hinter ihm ritt ein Herold, den Cecil beauftragt hatte, ihn öffentlich als Hochverräter auszurufen. Elisabeth blieb sehr ruhig, als man ihr mitteilte, man habe Barrikaden errichtet, und der Großadmiral ziehe eine kleine Truppe zusammen, um sie gegen Essex' Haus zu führen. Beim Tischgebet sagte sie, der Herr, der sie auf den Thron erhoben habe, werde ihn ihr auch erhalten, und aß mit gutem Appetit. Sie hätte sich am liebsten selbst davon überzeugt, was diese Rebellen gegen sie zu unternehmen wagten, aber Cecil bestand darauf, daß sie im Haus blieb. Bald war alles vorüber. Ihre Stadt London, um die sie in den ersten Wochen ihrer Regierung so geworben und die sie sich damals für alle Zeiten erobert hatte, blieb ihr treu. Die Lehrlinge mochten Lord Essex hochleben lassen, aber die Bürger weigerten sich, für ihn gegen ihre Königin die Waffen zu ergreifen. Der Graf verbrachte in Lambeth Palace, wo er sich eingeschlossen hatte, eine unruhige Nacht. Am nächsten Morgen empfing die Königin den französischen Gesandten zu einer Audienz und teilte ihm mit, »ein Verrückter und Undankbarer habe endlich enthüllt, was er schon lange im Sinn gehabt habe«.

Das Urteil der Peers stand von vornherein fest. Aber würde Elisabeth das Todesurteil auch unterzeichnen? Kapitän Thomas Lee faßte den aberwitzigen Plan, in ihr Privatgemach in Whitehall einzudringen, während sie dort am Donnerstagabend allein beim Abendessen saß, und sie solange »festzuhalten«, bis sie den Befehl, seinen Herrn freizulassen, unterzeichnet habe. Man nahm ihn jedoch vor ihrer Tür fest. Essex' eigenes Geständnis, das seine Schwester und viele seiner Freunde in die Sache mit hineinzog, verdammte ihn in Elisabeths Augen noch weit mehr als das Urteil des Gerichts; denn er gab zu, daß seiner Ansicht nach England für Elisabeth und ihn nicht groß genug sei. Er sagte, die Königin sei nicht sicher, solange er lebe. Sie unterzeichnete das Todesurteil am späten Nachmittag des Fastnachtsdienstags, schickte es aber offenbar erst in den Tower, nachdem sie sich das Fastnachtsspiel angesehen hatte. Vielleicht wartete sie noch, damit er Gelegenheit habe, um sein Leben zu bitten. Er aber erkannte die Hoffnungslosigkeit seines Falles und ersparte es ihr, noch einmal darüber nachdenken zu müssen. Am Aschermittwoch des Jahres 1601 wurde er im Alter von vierunddreißig Jahren im Hof des Tower in aller Stille hingerichtet. Nach Hattons

Tod war er der einzige Mann gewesen, an dem Elisabeth wirklich gehangen hatte.

Londoner Balladen, die stets eine Art Gradmesser der öffentlichen Meinung waren, rechneten mit der Königin und dem Status quo ab. Einige klagten um Essex, aber sie wurden nur handschriftlich verbreitet, und erst unter Elisabeths Nachfolger wagte man, sie zu drucken. Eine Ballade jedoch, die offenbar nie gedruckt wurde und die so viele Verbesserungen aufweist, daß sie kaum noch zu lesen ist, feierte Essex' Sturz in Gestalt einer Fabel von der »großen Löwin« und dem »riesengroßen Kamel«, womit sie den Nagel auf den Kopf traf. Trotz all seiner eingebildeten Macht hatte der Graf in Wirklichkeit keine Chance gegenüber seiner gewaltigen Gegnerin. Auch nicht das stärkste Kamel konnte hoffen, den König der Tiere zu zähmen.

Daß Essex sich selbst zugrunde richtete, ließ die Opposition gegen Cecil verstummen. Dadurch, daß er viele Ämter auf sich vereinigte und die Vergünstigungen der Königin seinen Anhängern zugute kommen lassen konnte, gelangte er zu größerem Einfluß als irgendein anderer Minister seit Northumberland. Elisabeth hatte bisher immer die eine Hofpartei gegen die andere ausgespielt, jetzt gehörten ihre Räte sämtlich der gleichen politischen Richtung an, statt Mitglieder einer Koalition zu sein. Beim Volk aber mußte Cecil dafür büßen, daß Essex so populär gewesen war. Man nannte ihn »Robin mit dem blutigen Herzen« und »Machiavell mit dem Buckel«.

> »Klein Cecil trippelt her und hin
> und kommandiert die Königin«,

lautete ein Spottvers auf ihn. Robins Autorität war jedoch keineswegs unumschränkt. Sie hatte zum einen ihre Grenzen in der Person der Königin selbst, und zum andern war zu erwarten, daß sie ihren Tod nicht überdauern würde. Cecil mußte sich notgedrungen bereits jetzt für die Zukunft umsehen, wie es auch sein Vater 1557 getan hatte. Es gelang ihm, ohne sich unnötig zu kompromittieren. »Die Königin ist meine Herrin«, schrieb er, »und ich bin ihr Geschöpf. Ich kann sie nicht hintergehen.« Er hatte in London Besprechungen mit Abgesandten aus Edinburgh, war jedoch zu klug und vorsichtig, sich wie Essex durch blinden Ehrgeiz verführen zu lassen. Jakob VI. war bereit gewesen, notfalls eine Gesandtschaft zu Verhandlungen mit dem Grafen zu schicken, aber er hatte es nicht gewagt, sich mit Elisabeth zu verfeinden. Mit Essex zu intrigieren, schien ihm zu gefährlich; schließlich ging es um ein verlockendes

Erbe. Er erteilte dem Grafen von Mar und dem Abt von Kinloss die Anweisung, »mit den gegenwärtigen Führern bei Hof freundschaftlichen Umgang zu pflegen« und sich vorsichtig »zwischen den beiden Abgründen, der Königin und dem Volk, einen Weg zu suchen«; denn es schien ihm, als ob zwischen beiden kein gutes Einvernehmen mehr bestünde. Elisabeth behandelte seine Gesandten kühl. Es gab Gerüchte, die behaupteten, der schottische König sei in Essex' Verrat tief verwickelt gewesen, was er jedoch heftig bestritt. Elisabeth nahm seine Beteuerungen hin, vielleicht war sie sogar der Meinung, daß er in diesem Punkt überempfindlich war. Sie berichtete ihm mit Genugtuung von dem *débâcle* des Grafen, daß »binnen zwölf Stunden alles, was er im Lauf von Jahren ausgeheckt hatte, völlig zunichte gemacht worden war«. Bis zu ihrem Tod schrieb sie ihm in merkwürdig dunkeln Sätzen im Vertrauen darauf, daß er den richtigen Sinn schon herausfinden würde, während Cecil seine Korrespondenz mit Jakob in Chiffern führte. Der schottische König las aus Elisabeths Andeutungen heraus, daß sie ihm glücklicherweise nach wie vor die Thronfolge zudachte.

Im Herbst erschien eine Gesandtschaft des Zaren Boris Godunow am englischen Hof, um für dessen Sohn eine Frau zu suchen. Boris wollte ihn lieber mit einer Engländerin verheiratet wissen als mit einer Tochter des Kaisers des Heiligen Römischen Reiches. Zuerst dachte Elisabeth an die Tochter des Grafen von Derby, aber dann sagte sie sich, daß der Prinz für sie viel zu jung sei; sie hatte die spitzen Bemerkungen nicht vergessen, die man einst über ihren Altersunterschied gemacht hatte, als Alençon um sie warb. Wenn sie eine Prinzessin aus eigenem Blut gehabt hätte, schrieb sie nach Moskau, hätte sie diese gern einem solchen Mann zur Frau gegeben. Ein letztes Mal verteidigte sie ihren Entschluß, unverheiratet zu bleiben: ».... es hat Gott dem Allmächtigen gefallen, Uns so zu schaffen, daß Wir Uns nie zu einer Hingabe entschließen konnten, die zu eigenen Nachkommen hätte führen können – worüber Wir nicht um Unseretwillen betrübt sind, sondern nur deshalb, weil Wir merken, wie unendlich glücklich Unser Volk über die Gewißheit wäre, später von niemand anders als von Unseren eigenen Nachkommen regiert zu werden.«

Sie konnte jetzt nicht mehr umhin, an die Nachfolge zu denken. Als sie Ende Oktober das Parlament eröffnete, wurde sie von weit weniger Mitgliedern als sonst mit dem üblichen »Gott segne Eure Majestät« begrüßt, und als sie das Oberhaus verließ, gehorchte keiner der Lords der Aufforderung des Zeremonienmeisters, zurückzutreten und der Königin Platz zu machen. Sie war im Begriff, ihre Popularität bei dem Parlament einzubüßen, und mußte sich fragen, ob sie bereits den Kontakt mit seinen Mitgliedern verloren hatte. Sie hatte dieses Parlament einberufen, weil sie aufs neue hohe Steuern bewilligt haben mußte, auf die sie angewiesen war, um die Kosten des Kriegs in Spanien und Irland zu decken, aber die Unterhausmitglieder wandten sich sofort einer Debatte über den Mißbrauch der Monopole zu, anstatt über die Bewilligung neuer Steuern zu beraten. Als Elisabeth dem Sprecher auf sein Ersuchen die Erlaubnis gab, frei zu sprechen, lag es gewiß nicht in ihrer Absicht, diese Erlaubnis auch auf die Behandlung eines Problems auszudehnen, das ihre Vorrechte aufs engste berührte. Im stillen mag sie freilich damit gerechnet haben, daß die Rede auch auf das Monopolsystem kommen würde, das – sparsam angewandt – einst eine praktische Methode gewesen war, Höflinge für ihre Verdienste zu belohnen, das sich jedoch »in den jüngsten habgierigen Zeiten« zu einem öffentlichen Skandal entwickelt hatte. Dem letzten Parlament im Jahre 1597 hatte die Königin zugesagt, sie werde die bestehenden Monopole schleunigst überprüfen lassen und keine neuen mehr verleihen – ein Versprechen, das sie nicht gehalten hatte. Vor der großen Parlamentsdebatte tauchten Plakate und Flugblätter auf, die etwa folgenden Inhalt hatten und auch der Königin nicht verborgen blieben:

Die Höflinge begehrten alles,
Die Königin gewährte alles,
Das Parlament bewilligte alles,
Der Großsiegelbewahrer siegelte alles,
Die Damen beherrschten alles,
Monsieur Buyroome* verdarb alles,
Der listige Zwischenträger hörte alles,
Die Bischöfe bemäntelten alles,
Er, der nicht mehr ist, empörte sich gegen alles,
Die Richter verziehen alles.
Wenn daher Eure Majestät nicht schleunigst Abhilfe schafft,
Wird ohne Gottes große Barmherzigkeit alles dahingerafft.

Im Parlament unternahm Lawrence Hyde einen heftigen Angriff gegen das gesamte Monopolsystem, und Sir Robert Wroth verlas eine lange Liste der mit Monopolen belegten Waren, die von Anis

* euphemistisch für Mounseer Drybone, den Spottnamen der Syphilis

bis Weinessig reichte, und behauptete, daß dieser Zustand rapide zur »Verarmung und Versklavung« der Untertanen führe. »Steht das Brot nicht auch auf der Liste?« erkundigte sich Rechtsanwalt Hakewell. »Brot?« fragten andere verwundert. »Nun«, sagte Hakewell, »wenn man nicht darauf achtet, wird das Brot noch vor dem nächsten Parlament auch dazu gehören.« Francis Bacon verteidigte die Monopole mit juristischen Argumenten als wesentlichen Bestandteil der Privilegien der Königin, als »die Hauptperle in ihrer Krone und ihrem Diadem«. Cecil entschuldigte die Minister, sie hätten sich nicht eher mit dem Problem befassen können, weil sie zu sehr von Essex' Rebellion in Anspruch genommen worden wären. Den Sprecher kanzelte er ab, daß er einen Gesetzesantrag zu einem solchen Thema entgegengenommen habe, und dem Haus warf er vor, es benehme sich mehr wie eine Horde Schuljungen denn wie ein Parlament. Da gerieten die Abgeordneten in hellen Aufruhr, und ihre Anführer erwiesen sich als völlig unfähig, mit den Regierungsgeschäften voranzukommen.

In diesem Augenblick griff Elisabeth instinktiv ein. Sie beorderte den Sprecher zu einer Audienz und forderte ihn auf, ihren treuen Unterhausmitgliedern eine Botschaft zu überbringen. Zuerst bedankte sie sich darin bei ihnen mit überschwenglichen Worten, daß sie »so schnell und bereitwillig« die Steuern genehmigt hätten, obwohl das Haus in Wirklichkeit die Lesung dieses Antrags verschoben hatte! Dann machte sie allem Streit um die Monopole ein Ende, indem sie von sich aus die Reform in Angriff nahm. Sie widerrief einige der Monopole, setzte andere vorläufig aus und »ließ keines in Geltung, ohne daß vorher untersucht wurde, ob es mit dem Wohl des Volkes zu vereinbaren sei«. Sie versprach, eine Proklamation darüber zu erlassen, die bereits Ende der Woche im Druck erschien. Sie hatte genau zur rechten Zeit eingegriffen und den aufgeregten Gemütern den Wind aus den Segeln genommen. Das Haus war überglücklich, nicht so sehr über den eigenen Erfolg als über den Großmut seiner Königin. Man beschloß, eine Abordnung zu ihr zu schicken, um ihr den Dank des Parlaments auszusprechen, und Elisabeth erklärte sich sofort bereit, etwa hundert Mitgliedern eine Audienz zu gewähren. Die Abgeordneten fanden jedoch, daß die allgemeine Dankbarkeit so groß und einmalig war, daß sie alle kommen wollten. Die Königin war einverstanden, wenn dann auch tatsächlich am 20. November nicht mehr als etwa hundertfünfzig Abgeordnete im Ratszimmer von Whitehall zur Audienz erschienen. Der Sprecher versicherte, sie alle würden ihren letzten Blutstropfen und ihren letzten Atemzug für die Sicherheit ihrer Königin hingeben. Elisabeth nahm ihren Dank mit der gleichen Freude entgegen, mit der er ihr dargebracht wurde und hielt eine Ansprache, von der man später sagte, es sei ihre beste überhaupt gewesen:

»Ich versichere Euch, daß kein Fürst seine Untertanen mehr liebt und daß es keinen gibt, dessen Liebe der Unseren gleichkommt. Es gibt kein Juwel, so kostbar es auch sein mag, das mir teurer wäre als das Juwel Eurer Liebe. Sie gilt mir mehr als alle Reichtümer der Welt; denn deren Wert kann man schätzen, während ich Liebe und Dankbarkeit für unschätzbar halte. Und wenn Gott der Herr mich auch hoch erhoben hat, so sehe ich doch meinen höchsten Ruhm darin, daß ich mit Eurer Liebe regiert habe. Daß Gott mich zur Königin erkoren hat, macht mich nicht so glücklich, wie, daß ich die Königin eines solchen Volkes sein darf.

Daher habe ich auch keinen anderen Wunsch, als meine Untertanen zufriedenzustellen, denn dies bin ich ihnen schuldig. Ich möchte nichts weiter im Leben erreichen als Eure Wohlfahrt, sonst habe ich keinen Wunsch. Und da es mir bis jetzt mit Gottes Hilfe gelungen ist, Euch vor Unheil zu bewahren, so vertraue ich darauf, daß Gott der Allmächtige sich auch weiterhin meiner bedienen wird, Euch vor Neid, Gefahr, Unehre, Schande, Tyrannei und Unterdrückung zu bewahren. Dies wird zum Teil mit Hilfe Eurer Steuergelder geschehen, die Wir mit Freude entgegennehmen, da ihre Bewilligung ein Beweis Eurer Liebe und Treue zu Eurer Königin ist.

Von mir selbst aber kann ich behaupten, daß ich nie zu den Monarchen gehört habe, die gierig Reichtümer zusammenraffen oder geizig auf Erhaltung ihres Besitzes aus sind oder ihr Gut verschwenden. Nie hing mein Herz an weltlichen Reichtümern, sondern nur das Wohl meiner Untertanen war mir wichtig. Was Ihr mir gebt, werde ich nicht horten, sondern es in Empfang nehmen, um es Euch wieder zugute kommen zu lassen. Ja, sogar meinen eignen Besitz sehe ich als den Euren an, und ich werde ihn zu Eurem Wohl verwenden, wie Ihr mit eignen Augen sehen werdet. Richtet ihnen daher meinen Dank aus, Herr Sprecher, so wie Ihr denkt, daß mein Herz ihn empfindet, denn in Worte fassen kann ich ihn nicht.«

Dann bat sie alle, sich wieder von den Knien zu erheben, und sprach über die Monopole, die sie einigen ihrer ältesten Diener für ihre Verdienste gewährt habe. Jetzt verstehe sie jedoch, daß sie sich zu einem ernstlichen Mißstand entwickelt hätten, der mit ihrer königlichen Würde nicht länger zu vereinbaren sei. Nachdem die Tatsachen einmal zu ihrer Kenntnis gelangt seien, könne sie nicht eher Ruhe finden, bis die Übelstände beseitigt seien.

»Ich habe mir immer den Tag des Jüngsten Gerichts vor Augen gehalten und so regiert, wie ich es vor meinem höchsten Richter verantworten zu können glaubte, vor dessen Richterstuhl ich beteure, nie etwas anderes als das Wohl meines Volkes im Sinn gehabt zu haben ... Ich weiß, daß der Königstitel ein ruhmreicher Titel ist, aber ich versichere Euch, daß der Glanz fürstlicher Macht Unser Urteil nicht so verblendet hat, daß Wir nicht erkannt und Uns immer wieder ins Gedächtnis gerufen hätten, daß Wir Unsere Taten dereinst vor dem großen Richter verantworten müssen ... Es mag viele mächtigere und weisere Fürsten auf diesem Thron gegeben haben und auch in Zukunft noch geben, aber es ist keiner unter ihnen, dem Euer Wohl mehr am Herzen läge.«

Dies war ihre Botschaft, die der Sprecher dem ganzen Haus ausrichten sollte, aber zuvor bat sie alle, die zu ihr gekommen waren, vorzutreten, um ihr die Hand zu küssen, bevor sie wieder auseinandergingen.

Im Alter von achtundsechzig Jahren war ihr Instinkt für das rechte Wort zur rechten Zeit noch so sicher wie eh und je. Noch vor Weihnachten erschien ihre Ansprache im Druck. Spätere Generationen haben sie als ihre »Goldene Ansprache« bezeichnet, weil sie darin – ohne sich bewußt um eine Definition zu bemühen – das Wesen der eigenartigen Beziehung zwischen Herrscher und Volk im goldenen Zeitalter der Monarchie in Worte zu fassen verstand. Es war nicht ihre letzte öffentliche Rede, denn drei Wochen später begab sie sich persönlich zur Schlußsitzung ins Oberhaus. In der Zwischenzeit hatten die Unterhausmitglieder ihre Untertanenpflicht erfüllt und die Steuern bewilligt. Bevor alle Abgeordneten zu Weihnachten nach Hause gingen, gab sie ihnen noch einige »zu beherzigende Hinweise« zur Innen- und Außenpolitik mit auf den Weg in der Hoffnung, daß sie diese auch ihren Nachbarn in den einzelnen Grafschaften mitteilen würden. Was sie ihnen zu sagen hatte, ging weit über eine Weihnachtsbotschaft in Kriegszeiten hinaus. Es war ein meisterhafter Überblick über ihre Politik in den vierundvierzig Jahren ihrer Regierung, der Abschied einer Königin, denn, nachdem ihr die Steuern für die nächsten vier Jahre bereits bewilligt waren, wußte sie, daß sie höchstwahrscheinlich kein neues Parlament mehr erleben würde. Da sich England noch immer im Krieg befand, befaßte sie sich hauptsächlich mit der Außenpolitik. Sie erwähnte die verschiedenen Versuche, sie zu ermorden, und die Rebellion im Norden, den Wendepunkt der englischen Politik. Bezeichnenderweise ging sie nicht auf religiöse Fragen ein, denn kirchliche Angelegenheiten waren in ihren Augen wesentlich, aber nicht wichtig. Sie verweilte bei den Niederlanden von den Tagen Albas an und bestritt, dort je aus politischen Gründen im trüben gefischt zu haben. Stolz blickte sie auf die aufregenden Tage im Sommer 1588 zurück, als Philipp England vernichten zu können meinte. Leider gingen die Kämpfe nun unter seinem Sohn weiter, aber es war ein gerechter Krieg, dessen Ziel nun auch die Befriedung Irlands einschloß. Sie bedankte sich noch einmal für die Bewilligung der Gelder für diese kostspieligen Feldzüge und wies abermals darauf hin, daß auch sie ihre eigenen Einkünfte dazu benutzt habe, Englands Sicherheit zu erhöhen, und daß sie nichts weiter sein wolle als »eine Kerze aus jungfräulichem Wachs«, die sich verzehre, um ihren Untertanen Licht und Wärme zu geben. Allein zum Besten ihres Volkes wollte sie den Krieg weiterführen oder Frieden schließen. Bemerkenswerterweise schnitt sie mit keinem Wort die Frage der Nachfolge an, die doch während ihrer ganzen Regierung eine so überaus wichtige Rolle gespielt hatte. Vor langer Zeit hatte sie ihrem Parlament untersagt, sich damit zu befassen, aber nun wurde das Thema von Monat zu Monat dringlicher.

Die folgenden Wochen verliefen ruhig. Im Juni 1602 bekannte sie dem französischen Gesandten, sie sitze oft im Dunkeln und weine dabei manchmal über Essex, aber einen Monat später beobachtete sie der schottische Gesandte heimlich, wie sie allein in ihrem Zimmer vor einem Spiegel tanzte. In diesem Sommer, in dem sie den Großsiegelbewahrer in Harefield besuchte und dort von »Zeit« und »Ort« willkommen geheißen wurde, vollendete sie die Übersetzung der *Ars poetica* des Horaz; für eine Bearbeitung von Ovids *Liebeskunst* war sie inzwischen wohl zu alt geworden.

Im Oktober litt sie an Gliederschmerzen, doch waren ihre Beschwerden nicht ernster Natur. »Ihre Majestät hat gottlob den 17. November [den Tag ihrer Thronbesteigung] unter einem Jubel der Menge begangen, der so groß war, als ob man sie noch nie gesehen hätte«, schrieb Cecil zu Anfang ihres fünfundvierzigsten Regierungsjahres. Sie verbrachte Weihnachten recht angenehm in Whitehall, nachdem sie sich im letzten Augenblick entschlossen hatte, doch nicht nach Richmond zu fahren, und sah sich in ihrem Privatgemach allerlei Vorführungen und Tänze an. Scharfen Beobachtern fiel jedoch ihre zunehmende Schwäche und Melancholie auf. »Meine königliche Patin und die natürliche Mutter dieses Reiches«, schrieb Sir John Harington an seine Gemahlin, »verrät nun sichtbare Zeichen menschlicher Gebrechlichkeit – allzufrüh für den Schmerz, den uns ihr Tod bereiten wird, und doch allzu langsam für das Gute, das ihr durch die Erlösung von ihren Qualen zuteil werden wird. Sie hat mir eine Audienz gewährt, und ich habe sie in einem beklagenswerten Zustand gefunden.« Die Königin hatte ihn nach seinen Gedichten gefragt, und er hatte ihr ein paar Verse vorgelesen, sie hatte aber nur ein einziges Mal gelächelt und traurig gesagt: »Wenn du später einmal so wie ich die unerbittliche Zeit vor deiner Tür spürst, werden dir diese Nichtigkeiten auch weniger Spaß machen. Mir machen sie schon lange keine Freude mehr. Wie du siehst, schmeckt es mir auch nicht mehr. Ich habe gestern abend nur ein einziges Stück Kuchen gegessen, das mir wenig mundete.« Dabei war es der dritte Weihnachtstag! Mitte Januar hatte sie eine schwere Erkältung, aber als es ihr wieder etwas besser ging, bestand sie darauf, nach Richmond zu fahren.

Am Sonntag, dem 1. Februar, empfing sie den venezianischen Gesandten Scaramelli in Audienz und schien wieder in bester Verfassung. Als er das Audienzzimmer betrat, spielten trotz des Sonntags Musikanten zum Tanz auf, und er erblickte eine ehrfurchtgebietende Gestalt, die sich erhob, als er ihr gemeldet wurde. Die Königin trug ein mit Gold verbrämtes Kleid aus silbernem und weißem Taft und war reich mit funkelnden Diamanten geschmückt. Sie redete den Gesandten in seiner Muttersprache an und fragte ihn, warum die Venezianische Republik bis zu ihrem fünfundvierzigsten Regierungsjahr damit gewartet habe, sie mit einem diplomatischen Vertreter zu beehren. Aber dann lächelte sie und sprach huldvoller mit ihm. Sie versprach, Kommissare zu ernennen, die sich mit ihm über Handelsfragen beraten sollten. Zum Schluß sagte sie: »Ich weiß nicht, ob ich gut Italienisch gesprochen habe, obwohl ich es hoffe, da ich es ja als Kind gelernt und, glaube ich, nicht vergessen habe.« Scaramelli fand, daß sie ihre früher so berühmte Schönheit noch immer nicht ganz verloren hatte.

Als sich Ende Februar die ersten Zeichen des nahenden Frühlings bemerkbar machten, wurde sie ernstlich krank, und ihre Hofdamen wußten, daß sie sich diesmal nicht mehr ganz erholen würde. Selbst wenn sie die Krankheit noch einmal überstand, war ihr Herz zu sehr geschwächt. Der plötzliche Tod von Lady Nottingham, einer ihrer treuesten Ehrendamen, schmerzte sie tief. »Ich habe bei der Königin keine anderen Anzeichen von Krankheit bemerkt als die natürlichen ihres Alters«, schrieb Cecil, der sich täglich selbst davon überzeugte, wie es um sie stand. Er rechnete fest damit, daß seine Thronfolgepläne für König Jakob zu gut unterbaut waren, um noch scheitern zu können. An eine akute Lebensgefahr glaubte er damals noch nicht, meinte aber: »Da alles Fleisch sterblich ist, steht zu befürchten, daß diese Niedergeschlagenheit, wenn sie noch länger andauert, Ihre Majestät immer weiter schwächen wird.« Ihr Appetit besserte sich wieder etwas, auch hustete sie nicht und war fieberfrei. Zuweilen ging sie sogar im Garten spazieren. Sie klagte aber über »Hitze in der Brust und Trockenheit im Mund und auf der Zunge«, wodurch sie nicht schlafen könne. Bald wußten alle Höflinge von dieser Schlaflosigkeit. Manchmal schlief sie tagsüber ein wenig auf einem Stuhl, einem Sessel oder einem Kissen auf dem Fußboden ein, weigerte sich aber, sich ins Bett zu legen aus Furcht vor den langen, einsamen Stunden des Wachliegens. Ob sich ihre Mutter Anna, ihr Vetter Norfolk, Maria Stuart, Essex und alle die anderen auch so elend gefühlt hatten, als sie im Tower auf ihr Todesurteil warteten?

Hunsdons Sohn, Robert Carey, versuchte sie ein wenig aufzuheitern. »Nein, Robin, mir geht es nicht gut«, antwortete sie und erklärte ihm unter vielem Seufzen, wie schwer ihr ums Herz sei. Ein andermal sagte sie zu Großadmiral Howard, es sei ihr, als trage sie eine eiserne Kette um den Hals. Howard erinnerte sie daran, wie mutig sie immer gewesen sei, aber sie schüttelte den Kopf: »Es geht nicht mehr, es geht nicht mehr! Es ist alles anders geworden!« Sicher wanderten ihre Gedanken zurück zu einem früheren Admiral, zu einem anderen Howard, zu ihrem Vater in den letzten Tagen seiner Krankheit, zu Anjou, der vor dreißig Jahren gewagt hatte von ihr zu sagen, sie sei eine alte Frau mit einem schlimmen Bein, zu dem kleinen Simier und zu Alençon mit seinen Pockennarben, zu ihrer eigenen Pockenerkrankung und wie sie Dudley zum Protektor hatte machen wollen. Sie konnte sich die Mühe sparen, seinen letzten Brief noch einmal aus dem kleinen Kästchen herauszuholen, denn sie kannte ihn auswendig. Wie viele Erinnerungen kamen ihr doch in den schlaflosen Nächten!

Natürlich hat sich die Legende ihrer letzten Tage bemächtigt, wobei die Erfindungen von Lady Southwell und anderen das Ihre beisteuerten. Es ist höchst unwahrscheinlich, daß sie am 23. März Jakob von Schottland zu ihrem Nachfolger ernannt hat, während ihre Räte um ihr großes Bett versammelt waren, wie Carey in seinen Memoiren berichtet und wie auch Cecil in den ersten Tagen der neuen Regierung behauptete. Das war schon deshalb kaum möglich, weil sie nicht mehr sprechen konnte. Zehn Wochen zuvor soll sie auf einer Fahrt von Whitehall nach Richmond zu Howard bemerkt haben: »Ich sagte Euch doch, daß mein Thron der Thron von Königen war und ich nicht will, daß irgend so ein hergelaufener Kerl ihn nach mir besteigt. Wer sonst könnte mein Nachfolger werden als ein König?« Es klingt echt, aber es ist unmöglich, daß sie – wie die Geschichte weiter behauptet – noch hinzufügte: »Wer anders als mein Vetter von Schottland?« Vierundvierzig Jahre lang hatte sie sich hartnäckig geweigert, den Namen ihres Nachfolgers zu nennen, und sie war selbst jetzt an der Schwelle ihres Todes noch zu eigensinnig, um von ihrem Entschluß abzugehen. Was hätte es auch für einen Sinn gehabt, jetzt noch nachzugeben? Was morgen geschah, war Sache der anderen, sie wollte nichts mehr damit zu tun haben. Sie war zu klug, um nicht zu merken, daß Cecil längst seine Pläne schmiedete, wenn sie sie auch nicht im einzelnen kannte. Unlängst hatte sie zu dem Altertumsforscher Lambarde gesagt: »Heutzutage schleicht der schlaue Fuchs überall umher, so daß man kaum noch einen treuen, tugendhaften Menschen findet.« Bald sprach jeder nur noch von ihrem unmittelbar bevorstehenden Tod, und auch Arabella Stuart ließ sich über den Gesundheitszustand der Königin auf dem laufenden halten, obwohl sie in Hardwick Hall streng bewacht wurde. Um einer Panik vorzubeugen, verbot der Staatsrat, Nachrichten über das Befinden der Königin hinausgehen zu lassen.

Als Elisabeth am 23. März fühlte, daß ihre Stunden gezählt waren, schickte sie um sechs Uhr früh nach Erzbischof Whitgift, ihrem »kleinen schwarzen Gatten«, den sie, weil er unverheiratet war, immer besonders geschätzt hatte, und antwortete mit Zeichen auf seine Fragen nach ihrem Glauben. Er verharrte lange im Gebet, wobei er ihre Hand hielt: »O aller himmlischster Vater und barmherziger Gott, wir bitten dich in aller Demut, auf deine Dienerin, unsere Königin, voller Erbarmen herabzublicken. Schenke ihr den Trost deines heiligen Geistes ... O Herr, strafe sie nicht für ihre Vergehen, noch uns in ihr ...« Sie wollte nicht, daß er mit dem Beten aufhörte, bis sie endlich spät am Abend einschlief und ihren Frieden fand. Sie starb im Schlaf am 24. März um drei Uhr früh.

Ihr Sarg wurde zu Wasser von Richmond nach Whitehall übergeführt. Bis zu ihrer Beisetzung fünf Wochen später hielten jede Nacht einige ihrer Damen die Totenwache. Zu den Vorbereitungen für ihre prunkvolle Bestattung in der Westminster Abtei gehörte auch die Herstellung eines holzgeschnitzten, bemalten Kopfes, der in vollem Staat samt Krone, Reichsapfel und Zepter auf ihren Sarg gelegt wurde. Es war ein Werk von Maximilian Colte, und es war so lebensecht, daß »ein allgemeines Seufzen, Schluchzen und Weinen« unter den Londonern anhub, die keinen anderen Monarchen als Elisabeth gekannt hatten. »Nie zuvor hat man in der Geschichte einen solchen allgemeinen Schmerz erlebt«, bemerkte der Chronist Stow, »nie zuvor hat ein Volk, eine Zeit oder ein Staat den Tod seines Monarchen so tief beklagt.« Elisabeth hatte vierundvierzig Jahre und 127 Tage regiert, weit länger als irgendein anderer Herrscher seit Eduard III. Mit ihrem Tod ging eine Epoche zu Ende. Sie war der erste englische Monarch, der einem Zeitalter seinen Namen gegeben hat. Für ihre Zeitgenossen hat sie, wie Bischof Creighton es formulierte, »England repräsentiert wie kein anderer Herrscher je zuvor« – und dies, obwohl sie eine Frau war. Die Größe ihrer Leistung spiegelt sich selbst noch in den Reimereien der Balladendichter:

> Sie hat die Nation ganz allein regiert
> Und sich keinen Mann erkoren.
> So hat sie allein die Herrschaft geführt,
> Obwohl sie nur als Frau geboren.

Elisabeth, die so stolz darauf war, »rein englisch« zu sein, hätte sich gewiß keinen schöneren Grabspruch denken können.

1533	*7. September: Elisabeth Tudor als Tochter des englischen Königs Heinrich VIII. und seiner zweiten Frau Anna Boleyn in Greenwich geboren.*

Peru durch Francisco Pizarro erobert.

1534   Suprematsakte. Heinrich VIII. Oberhaupt der anglikanischen Staatskirche. Endgültiger Bruch Englands mit der römischen Kirche.
Ignatius von Loyola gründet den Jesuitenorden.

1535   Kanzler Thomas More, Bischof Fisher von Rochester und mehrere Mönche, die den Eid auf den königlichen Supremat verweigert hatten, werden hingerichtet.

1536—1540 Aufhebung der Klöster in England.

1536   *Anna Boleyn wird hingerichtet, ihre Tochter Elisabeth für illegitim erklärt.*
Heinrich VIII. heiratet Jane Seymour.
Juli: »Zehn Artikel« der anglikanischen Kirche.
12. Juli: Erasmus von Rotterdam (eigentlich Gerhard Gerhards) gestorben.
Aufstand in Nordengland zur Verteidigung des alten Glaubens (»Pilgrimage of Grace«).
Wales nach England eingegliedert.

1537   *Eduard Tudor, Elisabeths Halbbruder, geboren. Jane Seymour stirbt bei der Geburt.*

1539   Heinrich VIII. heiratet Anna von Kleve.

1540   Thomas Cromwell, Erster Sekretär Heinrichs VIII., muß die Ehe des Königs mit Anna von Kleve für ungültig erklären. Hinrichtung Cromwells.

1541   Jean Calvins Reformation in Genf.
El Greco geboren.
24. September: Paracelsus gestorben.

1542   Heinrich VIII. nimmt den Titel eines Königs von Irland an.
Maria Stuart als Tochter Jakobs V. von Schottland und der Maria von Guise geboren.
14. Dezember: Jakob V. von Schottland gestorben.
Heinrich VIII. im Krieg mit Schottland.
Papst Paul III. erneuert die Inquisition.

1543   24. Mai: Nikolaus Kopernikus gestorben.
Hans Holbein der Jüngere in London gestorben.
William Byrd geboren.

1545—1563 Konzil von Trient.

1546   18. Februar: Martin Luther gestorben.

1547   28. Januar: Heinrich VIII. in Westminster gestorben. Für den unmündigen Eduard VI. übernimmt sein Onkel Eduard Seymour, Herzog von Somerset, die Regentschaft.
31. März: Franz I., König von Frankreich, gestorben.
Miguel de Cervantes Saavedra geboren.

1548   Die sechsjährige Maria Stuart kommt an den französischen Hof.
Beginn der Reformation in Schottland.

1549   Der Protestantismus setzt sich in England durch. »Common Prayer Book« des Erzbischofs von Canterbury, Thomas Cranmer.
Bauernaufstände in Cornwall, Devonshire und Norfolk.
Eduard Seymour durch John Dudley, Herzog von Northumberland, verdrängt.

1551   28. Februar: Der Reformator Martin Bucer in Cambridge gestorben.

1552   Eduard Seymour, Herzog von Somerset, hingerichtet. Edmund Spenser in London geboren.
Um 1552: Walter Raleigh geboren.

1553   Eduard VI. 15jährig gestorben. Maria I., seine Halbschwester, wird englische Königin.
Katholische Restauration.
John Dudley, Herzog von Northumberland, hingerichtet.
Veröffentlichung von Glaubensgrundsätzen (»42 Artikel«).
Richard Chancellor entdeckt den nördlichen Seeweg nach Rußland.

1554   *Elisabeth wird verdächtigt, an Wyatts Komplott beteiligt zu sein. Maria I. läßt sie im Londoner Tower, dann in Woodstock gefangenhalten.*
Maria die Katholische heiratet Philipp II. von Spanien.

1555   *Elisabeth darf an den Hof zurückkehren.*
Ketzerverfolgungen in England.
Sebastian Cabot gründet die »Muscovy Company«: Handelsbeziehungen mit dem Großfürstentum Moskau werden erschlossen.
Augsburger Religions- und Landfriede. Anerkennung des lutherischen Bekenntnisses in Deutschland.

1556—1559 Französisch-spanischer Krieg.

1556   Thomas Cranmer, Erzbischof von Canterbury, wegen Ketzerei auf dem Scheiterhaufen hingerichtet.

Kaiser Karl V. dankt ab. Nachfolger werden Ferdinand I. (Reich) und Philipp II. (Spanien und Burgund).

1557   Thomas Morley geboren.

1558 – 1603 *Elisabethanisches Zeitalter.* Blütezeit der englischen Musik (William Byrd, Thomas Morley, John Bull, John Dowland).

1558   Die Franzosen erobern Calais.
Maria Stuart von Schottland heiratet den französischen Thronfolger Franz.
17. November: Maria I. die Katholische (Bloody Mary) gestorben. *Elisabeth I. wird Königin von England.*
Heinrich II. von Frankreich erhebt für Maria Stuart Ansprüche auf den englischen Thron.
William Cecil (seit 1571 Lord Burghley) Staatssekretär, Leiter der Regierung, des »Privy Council«.

1559   »Act of Supremacy« und Erneuerung der »Act of Uniformity«. Wiederherstellung der anglikanischen Staatskirche.
Elisabeth I. läßt das »Prayer Book« veröffentlichen. Heiratsangebot Philipps II. von Spanien abgelehnt. Robert Dudley, der spätere Graf Leicester, wird Günstling der Königin.
April: Friede von Cateau-Cambrésis zwischen Frankreich und Spanien.
Englisch-französischer Friede. England verzichtet auf Calais.
18. September: Franz II. besteigt den Französischen Thron. Maria Stuart Königin von Frankreich.

1560   Die Vertreibung der Franzosen aus Schottland wird von den Engländern unterstützt.
Errichtung der reformierten Staatskirche in Schottland.
5. Dezember: Franz II. von Frankreich gestorben. Regentin für den unmündigen Karl X. wird Katharina von Medici.

1561   22. Januar: Francis Bacon in London geboren.

1562 – 1598 Hugenottenkriege in Frankreich.

1562   *Elisabeth I. unterstützt die Hugenotten in Frankreich. Lebensgefährliche Pockenerkrankung Elisabeths.*
John Dowland geboren.

1563   John Bull geboren.

1564   15. Februar: Galileo Galilei geboren.
18. Februar: Michelangelo Buonarotti gestorben.
23. April (vermutl.): William Shakespeare in Stratford-on-Avon geboren.
27. Mai: Jean Calvin gestorben.

1565	29. Juli: Maria Stuart heiratet in zweiter Ehe Lord Henry Darnley.
1567	*Elisabeth I. sichert dem Parlament zu, mit Erzherzog Karl von Österreich über eine Heirat zu verhandeln.* Spanischer Angriff auf Hawkins. Staatsstreich in Schottland. Lord Darnley ermordet. Maria Stuart heiratet den Grafen Bothwell und wird durch einen Adelsaufstand zur Abdankung gezwungen. Jakob VI., ihr einjähriger Sohn, nominell schottischer König. Die Regentschaft führt James Stuart, Graf von Moray. 10. November: Robert Devereux, Earl of Essex, geboren.
1568 – 1648	Freiheitskampf der Niederlande.
1568 – 1574	Englisch-spanischer Handelskrieg.
1568	Maria Stuart flieht von Schottland nach England und wird dort gefangengesetzt.
1569	Ein pro-katholischer Aufstand in Nordengland niedergeschlagen.
1570	*Papst Pius V. exkommuniziert Elisabeth I. (Bulle »Regnans in Excelsis«) und entbindet die Untertanen vom Treueid.* Ridolfi-Verschwörung: Der Bankier Roberto Ridolfi, Thomas Howard, Herzog von Norfolk, Papst Pius V. und König Philipp II. von Spanien wollen die Eroberung Englands durch ein spanisches Heer in die Wege leiten.
1571	*Die Verhandlungen um eine Heirat Elisabeths mit dem Herzog von Anjou beginnen.* Glaubensbekenntnis der anglikanischen Kirche (»39 Artikel«), Anfänge des Puritanismus. Seesieg Don Juan d'Austrias über die Türken bei Lepanto. Vorherrschaft Spaniens im Mittelmeer. Gründung der Königlichen Börse in London. 27. Dezember: Johannes Kepler geboren.
1572	*Elisabeth tritt in Heiratsverhandlungen mit dem Herzog von Alençon ein.* Vertrag von Blois zwischen England und Frankreich. 2. Juni: Der Herzog von Norfolk, Elisabeths Vetter, wird wegen Hochverrats hingerichtet. 24. August: Bartholomäusnacht in Frankreich. Ermordung Tausender von Hugenotten. 24. November: John Knox, calvinistischer Reformator Schottlands, gestorben.
1576	27. August: Tizian gestorben.
1577 – 1580	Zweite Erdumseglung (Sir Francis Drake).

1577	28. Juli: Peter Paul Rubens geboren.
1579	*Der Kronrat entscheidet gegen eine Heirat Elisabeths mit dem Herzog von Alençon.*
1580	Portugal und Spanien in Personalunion vereinigt.
1581	Antikatholische Gesetzgebung. Walter Raleigh kommt an den Hof Elisabeths. Abfall der Niederlande: Die »Sieben Provinzen« sagen sich von Spanien los.
1582	*Christopher Baker gibt eine Sammlung lateinischer Gebete heraus, die angeblich Elisabeth I. persönlich zusammengestellt hat.* William Shakespeare heiratet Ann Hathaway. Kalenderreform Papst Gregors XIII. (Gregorianischer Kalender).
1583	Throgmorton-Komplott mißglückt. *Elisabeth gründet eine eigene Schauspieltruppe, die »Queen Elizabeth's Men«.*
1584	Herzog von Alençon gestorben. Jesuitengesetz. Jesuiten, Seminaristen und Mitglieder katholischer Orden müssen das Land verlassen. 10. Juli: Wilhelm von Oranien, Statthalter der Niederlande, in Delft ermordet. Sir Walter Raleigh gründet mit Virginia die erste englische Kolonie in Nordamerika.
1585	»Gesetz zum Schutz der Königin« vom englischen Parlament erlassen. Spanisch-französische Allianz. England verbündet sich mit den holländischen Generalstaaten und schickt militärische Unterstützung. Leicester Oberbefehlshaber der englischen Armee in den Niederlanden. Sir Francis Drake auf Kaperfahrt in Westindien.
1586	Das Babington-Komplott wird entdeckt. 25. September: Beginn des Prozesses gegen Maria Stuart. 4. Dezember: Todesurteil.
1587	*1. Februar: Elisabeth unterzeichnet das Todesurteil Maria Stuarts.* 8. Februar: Maria Stuart wird in Schloß Fotheringay hingerichtet. 1. August: Staatsbegräbnis in Peterborough. Englisch-spanischer Krieg. Philipp II. bereitet eine Invasion vor. Sir Francis Drake plündert Cadiz.

1588: 5. April: Thomas Hobbes in Malmesbury geboren. Juli/ August: Vernichtung der Spanischen Armada.
8. August: Elisabeth I. besucht die Truppen in Tilbury.
4. September: Robert Dudley, Earl of Leicester, gestorben.

1589–1792 Haus Bourbon auf dem französischen Thron.

1589 *Elisabeth unterstützt Heinrich IV. von Navarra.*
April: Sir Francis Drake plündert Coruña.
Heinrich IV. wird König von Frankreich.

1590 Edmund Spensers »Fairy Queen« erschienen.

1591 *Elisabeths Günstling Sir Christopher Hatton gestorben.*

1592 *Graf Essex, Favorit der englischen Königin, auf dem Höhepunkt seiner Macht.*

1594–1603 Irischer Aufstand unter Führung des Grafen von Tyrone gegen die englische Oberherrschaft.

1594 14. Juni: Orlando di Lasso gestorben.

1595/96 Drake und Howard unternehmen ihre letzte Reise in die Karibische See. Beide sterben auf dieser Fahrt. Sir Walter Raleigh auf Entdeckungsfahrt nach Guyana.

1596 31. März: René Descartes (Cartesius) geboren.
Frühjahr: Calais von den Spaniern erobert.
20. Juni: Die Engländer nehmen Cadiz ein.

1597 Graf Essex leitet die »Insel-Fahrt« zu den Azoren.

1598 *Elisabeth wird vom Parlament zu einer Reform des Monopolwesens gezwungen.*
30. April: Bedingte Religionsfreiheit in Frankreich durch das Edikt von Nantes garantiert.
4. August: William Cecil Lord Burghley gestorben.
13. September: Philipp II. von Spanien gestorben.

1599 16. Januar: Edmund Spenser, neben Shakespeare bedeutendster Dichter der elisabethanischen Zeit, gestorben.
22. März: Anthonis van Dyck geboren.
25. April: Oliver Cromwell geboren.
Diego Velasquez geboren.

1600 Gründung der East India Company. Beginn der Englischen Kolonialzeit.
17. Januar: Pedro Calderón de la Barca geboren.

1601 Der Aufstand unter der Führung des Grafen Essex mißlingt. Essex hingerichtet.
Elisabeths »Goldene Ansprache« im Parlament.

1602 Gründung der Niederländisch-Ostindischen Kompanie.

318

1603   *24. März: Elisabeth I. in Richmond gestorben, Haus Tudor erloschen.* Jakob I. aus dem Haus Stuart wird König von England und Schottland.
Komponist Thomas Morley gestorben.
Puritaner-Führer Thomas Cartwright gestorben.

STAMMTAFEL HAUS YORK

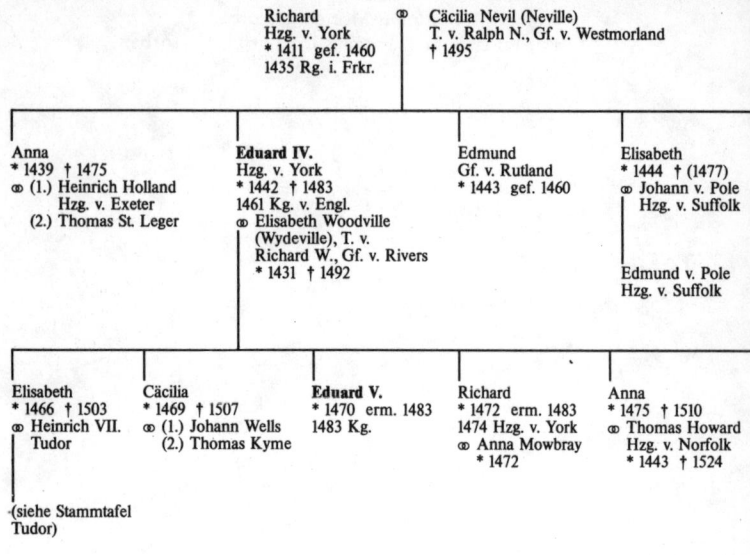

Richard
Hzg. v. York
* 1411 gef. 1460
1435 Rg. i. Frkr.

∞ Cäcilia Nevil (Neville)
T. v. Ralph N., Gf. v. Westmorland
† 1495

Anna
* 1439 † 1475
∞ (1.) Heinrich Holland
Hzg. v. Exeter
(2.) Thomas St. Leger

Eduard IV.
Hzg. v. York
* 1442 † 1483
1461 Kg. v. Engl.
∞ Elisabeth Woodville
(Wydeville), T. v.
Richard W., Gf. v. Rivers
* 1431 † 1492

Edmund
Gf. v. Rutland
* 1443 gef. 1460

Elisabeth
* 1444 † (1477)
∞ Johann v. Pole
Hzg. v. Suffolk

Edmund v. Pole
Hzg. v. Suffolk

Elisabeth
* 1466 † 1503
∞ Heinrich VII.
Tudor

Cäcilia
* 1469 † 1507
∞ (1.) Johann Wells
(2.) Thomas Kyme

Eduard V.
* 1470 erm. 1483
1483 Kg.

Richard
* 1472 erm. 1483
1474 Hzg. v. York
∞ Anna Mowbray
* 1472

Anna
* 1475 † 1510
∞ Thomas Howard
Hzg. v. Norfolk
* 1443 † 1524

-(siehe Stammtafel
Tudor)

Die englischen Könige von 1399 bis 1649 mit Regierungszeiten

HAUS LANCASTER
Heinrich IV. (1399–1413)
Heinrich V. (1413–1422)
Heinrich VI. (1422–1461, 1470)

HAUS YORK
Eduard IV. (1461–1483)
Eduard V. (1483)
Richard III. (1483–1485)

HAUS TUDOR
Heinrich VII. (1485–1509)
Heinrich VIII. (1509–1547)
Eduard VI. (1547–1553)
Maria I. die
Katholische (1553–1558)
Elisabeth I. (1558–1603)

HAUS STUART
Jakob I. (1603–1625)
Karl I. (1625–1649)

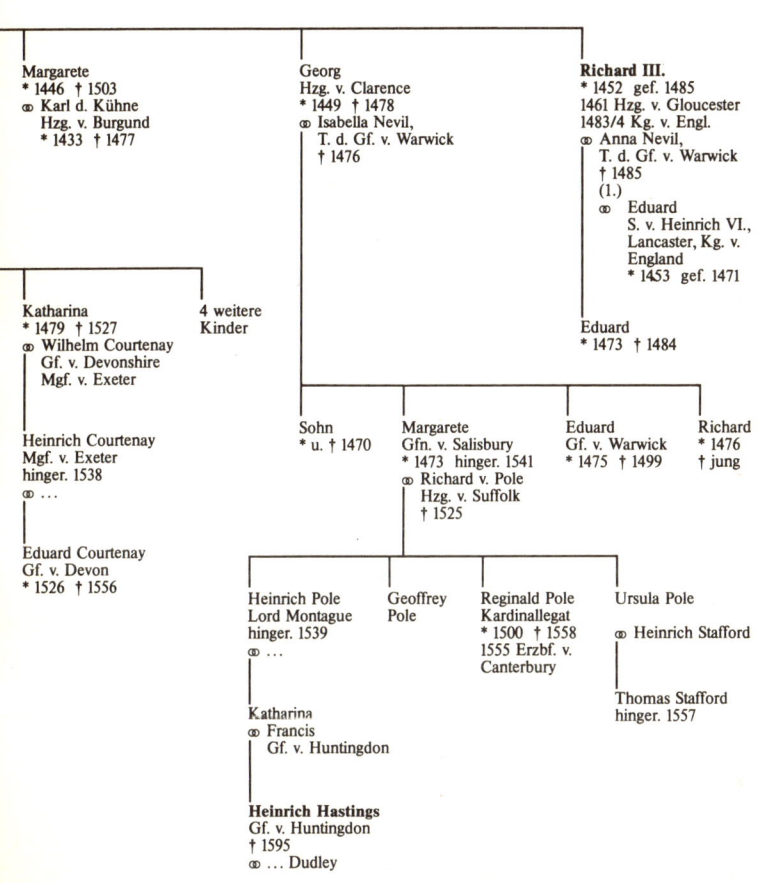

Margarete
* 1446 † 1503
∞ Karl d. Kühne
  Hzg. v. Burgund
  * 1433 † 1477

Georg
Hzg. v. Clarence
* 1449 † 1478
∞ Isabella Nevil,
  T. d. Gf. v. Warwick
  † 1476

Richard III.
* 1452 gef. 1485
1461 Hzg. v. Gloucester
1483/4 Kg. v. Engl.
∞ Anna Nevil,
  T. d. Gf. v. Warwick
  † 1485
  (1.)
  ∞ Eduard
    S. v. Heinrich VI.,
    Lancaster, Kg. v.
    England
    * 1453 gef. 1471

Katharina
* 1479 † 1527
∞ Wilhelm Courtenay
  Gf. v. Devonshire
  Mgf. v. Exeter

4 weitere
Kinder

Eduard
* 1473 † 1484

Heinrich Courtenay
Mgf. v. Exeter
hinger. 1538
∞ ...

Sohn
* u. † 1470

Margarete
Gfn. v. Salisbury
* 1473 hinger. 1541
∞ Richard v. Pole
  Hzg. v. Suffolk
  † 1525

Eduard
Gf. v. Warwick
* 1475 † 1499

Richard
* 1476
† jung

Eduard Courtenay
Gf. v. Devon
* 1526 † 1556

Heinrich Pole
Lord Montague
hinger. 1539
∞ ...

Geoffrey
Pole

Reginald Pole
Kardinallegat
* 1500 † 1558
1555 Erzbf. v.
Canterbury

Ursula Pole

∞ Heinrich Stafford

Katharina
∞ Francis
  Gf. v. Huntingdon

Thomas Stafford
hinger. 1557

Heinrich Hastings
Gf. v. Huntingdon
† 1595
∞ ... Dudley

STAMMTAFEL HAUS TUDOR

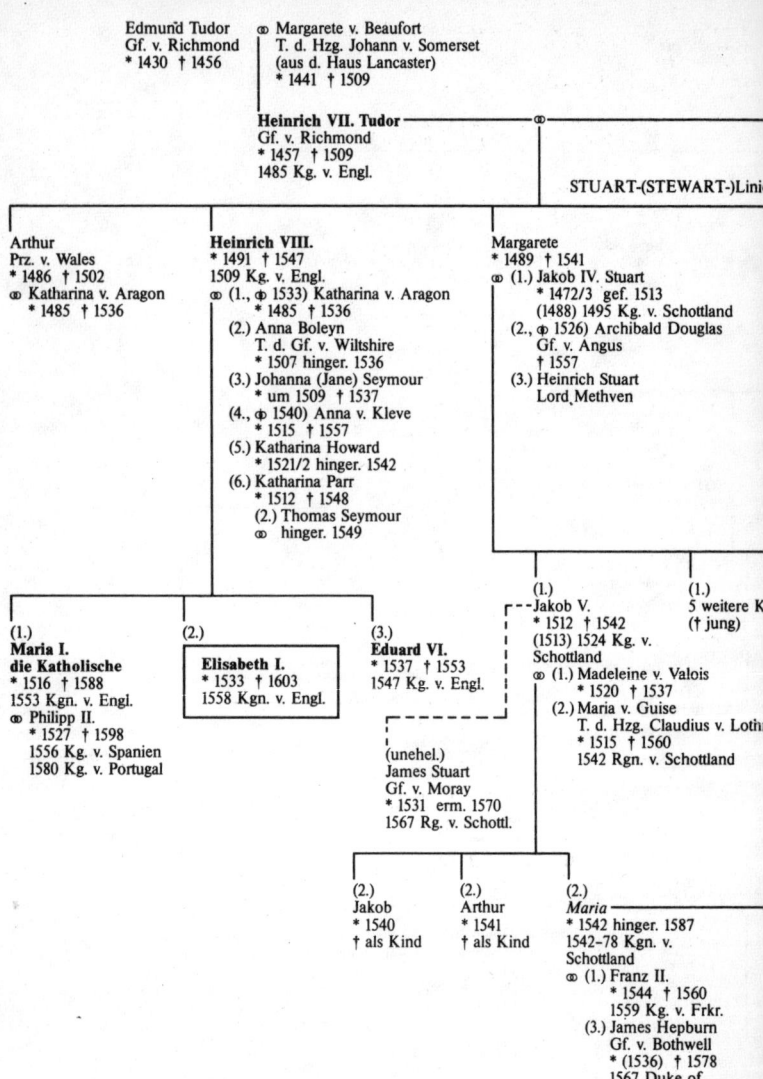

Edmund Tudor ∞ Margarete v. Beaufort
Gf. v. Richmond   T. d. Hzg. Johann v. Somerset
* 1430 † 1456   (aus d. Haus Lancaster)
  * 1441 † 1509

Heinrich VII. Tudor ──────────── ∞ ──────
Gf. v. Richmond
* 1457 † 1509
1485 Kg. v. Engl.

STUART-(STEWART-)Lini

Arthur
Prz. v. Wales
* 1486 † 1502
∞ Katharina v. Aragon
  * 1485 † 1536

Heinrich VIII.
* 1491 † 1547
1509 Kg. v. Engl.
∞ (1., ∞ 1533) Katharina v. Aragon
    * 1485 † 1536
  (2.) Anna Boleyn
    T. d. Gf. v. Wiltshire
    * 1507 hinger. 1536
  (3.) Johanna (Jane) Seymour
    * um 1509 † 1537
  (4., ∞ 1540) Anna v. Kleve
    * 1515 † 1557
  (5.) Katharina Howard
    * 1521/2 hinger. 1542
  (6.) Katharina Parr
    * 1512 † 1548
    (2.) Thomas Seymour
    ∞ hinger. 1549

Margarete
* 1489 † 1541
∞ (1.) Jakob IV. Stuart
    * 1472/3 gef. 1513
    (1488) 1495 Kg. v. Schottland
  (2., ∞ 1526) Archibald Douglas
    Gf. v. Angus
    † 1557
  (3.) Heinrich Stuart
    Lord Methven

(1.)
Jakob V.
* 1512 † 1542
(1513) 1524 Kg. v.
Schottland
∞ (1.) Madeleine v. Valois
    * 1520 † 1537
  (2.) Maria v. Guise
    T. d. Hzg. Claudius v. Loth
    * 1515 † 1560
    1542 Rgn. v. Schottland

(1.)
5 weitere K
(† jung)

(1.)
Maria I.
die Katholische
* 1516 † 1588
1553 Kgn. v. Engl.
∞ Philipp II.
  * 1527 † 1598
  1556 Kg. v. Spanien
  1580 Kg. v. Portugal

(2.)
Elisabeth I.
* 1533 † 1603
1558 Kgn. v. Engl.

(3.)
Eduard VI.
* 1537 † 1553
1547 Kg. v. Engl.

(unehel.)
James Stuart
Gf. v. Moray
* 1531 erm. 1570
1567 Rg. v. Schottl.

(2.)
Jakob
* 1540
† als Kind

(2.)
Arthur
* 1541
† als Kind

(2.)
Maria
* 1542 hinger. 1587
1542–78 Kgn. v.
Schottland
∞ (1.) Franz II.
    * 1544 † 1560
    1559 Kg. v. Frkr.
  (3.) James Hepburn
    Gf. v. Bothwell
    * (1536) † 1578
    1567 Duke of
    Orkney

halbfett = regierende Könige u. Königinnen
kursiv = Thronanwärter

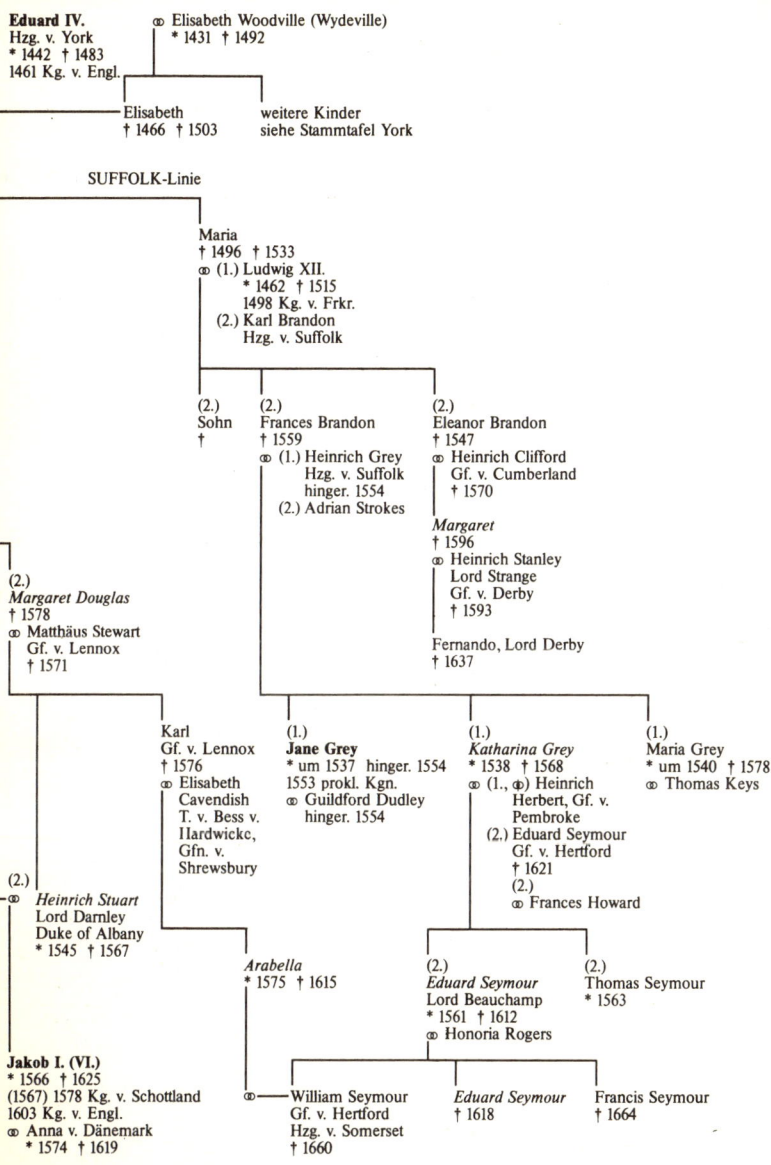

Eduard IV.
Hzg. v. York
* 1442 † 1483
1461 Kg. v. Engl.

⚭ Elisabeth Woodville (Wydeville)
* 1431 † 1492

Elisabeth
† 1466 † 1503

weitere Kinder
siehe Stammtafel York

SUFFOLK-Linie

Maria
† 1496 † 1533
⚭ (1.) Ludwig XII.
　　　* 1462 † 1515
　　　1498 Kg. v. Frkr.
　(2.) Karl Brandon
　　　Hzg. v. Suffolk

(2.)
Sohn
†

(2.)
Frances Brandon
† 1559
⚭ (1.) Heinrich Grey
　　　Hzg. v. Suffolk
　　　hinger. 1554
　(2.) Adrian Strokes

(2.)
Eleanor Brandon
† 1547
⚭ Heinrich Clifford
　Gf. v. Cumberland
　† 1570

Margaret
† 1596
⚭ Heinrich Stanley
　Lord Strange
　Gf. v. Derby
　† 1593

Fernando, Lord Derby
† 1637

(2.)
Margaret Douglas
† 1578
⚭ Matthäus Stewart
　Gf. v. Lennox
　† 1571

Karl
Gf. v. Lennox
† 1576
⚭ Elisabeth
　Cavendish
　T. v. Bess v.
　Hardwicke,
　Gfn. v.
　Shrewsbury

(1.)
Jane Grey
* um 1537 hinger. 1554
1553 prokl. Kgn.
⚭ Guildford Dudley
　hinger. 1554

(1.)
Katharina Grey
* 1538 † 1568
⚭ (1., ⚭) Heinrich
　　　Herbert, Gf. v.
　　　Pembroke
　(2.) Eduard Seymour
　　　Gf. v. Hertford
　　　† 1621
　(2.)
　⚭ Frances Howard

(1.)
Maria Grey
* um 1540 † 1578
⚭ Thomas Keys

(2.)
Heinrich Stuart
Lord Darnley
Duke of Albany
* 1545 † 1567

Arabella
* 1575 † 1615

(2.)
Eduard Seymour
Lord Beauchamp
* 1561 † 1612
⚭ Honoria Rogers

(2.)
Thomas Seymour
* 1563

Jakob I. (VI.)
* 1566 † 1625
(1567) 1578 Kg. v. Schottland
1603 Kg. v. Engl.
⚭ Anna v. Dänemark
　* 1574 † 1619

⚭——William Seymour
　　Gf. v. Hertford
　　Hzg. v. Somerset
　　† 1660

Eduard Seymour
† 1618

Francis Seymour
† 1664

BIBLIOGRAPHIE*

Anthony, K. S., La reine Elizabeth (1533–1603). Traduit de l'Anglais par S. Campaux. (= Bibliothèque historique. 82). Paris 1931.

Aretz, G., Elisabeth von England. Das Werden einer Königin. (= Illustrierte Aretz-Frauen-Biographien). Wien/Leipzig/Olten 1937.

Auerbach, E., Tudor Artists. London 1954.

Beckinsale, B. W., Elizabeth I. (= Makers of Britain). London 1963.

Belloc, H., Elizabeth, Creature of Circumstances. New York/London 1942.

–, Elizabethan Commentary. London 1942.

Berrington, D., Tudor Drama and Politics. Harvard 1968.

Bindoff, S. T., Tudor England. London 1969.

Black, J. B., The Reign of Elizabeth, 1558–1603. (= Oxford History of England. VIII). Oxford 1936, ²1959.

Boas, F. S., Queen Elizabeth in Drama and Related Studies. London 1951.

Boyd, M. C., Elizabethan Music and Music Criticism. Philadelphia ²1962.

Chamberlin, F., The Private Character of Queen Elizabeth. New York 1922.

–, Sayings of Queen Elizabeth. London 1923.

Chambers, E. K., The Elizabethan Stage. 4 vols. Oxford 1923.

Chauviré, R., Le temps d'Elisabeth. Paris 1960.

Cheyney, E. P., History of England from the Defeat of the Armada to the Death of Elizabeth. 2 vols. New York 1914–1926.

Clapham, J., Elizabeth of England. Certain Observations Concerning the Life and Reign of Queen Elizabeth. Ed. by E. P. and C. Read. (= Translations and Reprints from the Original Sources of History. 3,6). Philadelphia 1951.

Code, J. B., Queen Elizabeth and the English Catholic Historians. (= Université de Louvain. Recueil de travaux p. p. les membres des Conférences d'histoire et de philologie. Sér. 2,33). Louvain 1935.

Collinson, P., The Elizabethan Puritan Movement. London 1967.

Creighton, M., Queen Elizabeth. With an Introd. by G. R. Elton. Reprint. (= Crowell Historical Classics Series). New York 1966.

Cross, C., The Royal Supremacy in the Elizabethan Church. London 1969.

Cruikshank, C. G., Elizabeth's Army. Oxford ²1966.

Dietz, F. C., The Exchequer in Elizabeth's Reign. (= Smith College Studies. VIII). London ²1923.

---

* Ausführliche bibliographische Hilfsmittel zur gesamten Epoche und zu Einzelfragen der Regierungszeit Elisabeths I. nennen z. B.

– Schieder, T. (Hg.), Handbuch der Europäischen Geschichte. Bd. 3. Stuttgart 1971, bes. S. 902 ff. und 933 ff. und

– Johnson, P., Elizabeth I. A Study in Power and Intellect. London 1974, S. 487 ff.

Dort finden sich jeweils auch Hinweise auf Quellen-Publikationen und weitere Literaturangaben.

Dodd, A. H., Life in Elizabethan England. London 1961.
Donald, M. B., Elizabethan Monopolies. London 1961.
Dunlop, I., Palaces and Progresses of Elizabeth I. London 1962.

Elton, G. R., England under the Tudors. Cambridge 1969.

Falls, C., Elizabeth's Irish Wars. London 1950.
Froude, J. A., History of England from the Fall of Wolsey to the Defeat of the Spanish Armada. 12 vols. London 1904.
Fry, P. G. R. S., The Cankered Rose. London 1959.

Garner, T./Stratton, A., The Domestic Architecture of England during the Tudor Period. 2 vols. London 1929.

Haller, W., Elizabeth I and the Puritans. (= Folger Booklets on Tudor and Stuart Civilization). Ithaca/N.Y. 1964.
Hambro, C. J., Fra Elizabeth I. til Winston Churchill. Studier in Engelsk politikk. Oslo 1960.
Haugaard, W. P., Elizabeth and the English Reformation. The Struggle for a Stable Settlement of Religion. London 1968.
Hill, C., Society and Puritanism in Pre-revolutionary England. London 1964.
Hope-Simpson, J., Elizabeth I. London 1971.
Humbert-Zeller, M., Elisabeth Ire, reine d'Angleterre, 1533—1603. Ill. J. Debadier. (= Club du livre sélectionné). Paris 1956.
Hurstfield, J., Elizabeth I and the Unity of England. (= Perennial Library. 137). New York 1969.
—, Freedom, Corruption and Government in Elizabethan England. London 1973.
—, The Queen's Wards. London 1958.

Jenkins, E., Elizabeth and Leicester. London 1961.
—, Gloriana. Königin Elisabeth I. von England. Übertr. v. I. Kutscher. Tübingen 1959. (Engl. Ausg. u. d. T. Elizabeth the Great. London 6[1958]).
Johnson, P., Elizabeth I. A Study in Power and Intellect. London 1974.
Jones, W. J., The Elizabethan Court of Chancery. Oxford 1967.

Klarwill, V. v., Queen Elizabeth and Some Foreigners. Being a Series of hitherto. Unpublished Letters from the Archives of the Habsburg Family. Ed. with introd. Auth. transl. by T. H. Nash. London 1928.
Kocher, P. H., Science and Religion in Elizabethan England. San Marino 1953.

Lavater-Sloman, M., Herrin der Meere. Elisabeth I., Königin von England. Zürich/Stuttgart 1956.
Lemonnier, L., Elisabeth d'Angleterre. La reine vierge? Paris 1947.
Levine, M., The Early Elizabethan Succession Question, 1558—68. Stanford 1966.
Lipson, E., Economic History of England. Vol. 3. London 1956.
Luke, M. M., Gloriana. The Years of Elizabeth I. New York 1973.

MacCaffrey, W. T., The Shaping of the Elizabethan Regime. Princeton 1968.

McGrath, P., Papists and Puritans under Elizabeth I. London 1967.

MacNalty, Sir A. S., Elizabeth Tudor: The Lonely Queen. London 1954.

Marshall, B., Queen Elizabeth. London 1920.

Mayer, A. O., England and the Catholic Church under Queen Elizabeth. London 1916. (Dt. Ausg. 1911).

Maynard, T., Queen Elizabeth. London 1943.

Meyer, C. S., Elizabeth I and the Religious Settlement of 1599. Saint Louis 1960.

Momigliano, E., Elisabetta d'Inghilterra. Milano 1931.

Morrison, N. B., King's Quiver, the Last Three Tudors. London 1972.

Mumby, F. A., Elizabeth and Mary Stuart. Boston 1914.

—, The Girlhood of Queen Elizabeth. London 1909.

Neale, J. E., Königin Elisabeth. Übertr. v. G. Goyert. München 1967 ([1]Hamburg 1936). (Engl. Ausg. u. d. T. Queen Elizabeth I. Repr. London 1958).

—, Elizabeth I and Her Parliaments 1559—1581. London 1953.

—, Elizabeth I and Her Parliaments, 1584—1601. London 1957.

—, The Elizabethan House of Commons. London 1949.

Oakeshott, W., The Queen and the Poet (Sir Walter Raleigh). London 1960.

Plowden, A., Danger to Elizabeth. The Catholics under Elizabeth I. London 1973.

Pollard, A. F., Political History of England, 1547—1603. London [3]1915.

Ramsey, P. H., Tudor Economic Problems. London 1963.

Read, C., Lord Burghley and Queen Elizabeth. London 1960.

—, Mr. Secretary Cecil and Queen Elizabeth. London 1955.

—, Mr. Secretary Walsingham and the Policy of Queen Elizabeth. 3 vols. Oxford 1925.

Richardson, A., The Lover of Queen Elizabeth. New York 1908.

Rowse, A. L., The Elizabethan Renaissance: the Life of the Society. London 1971.

—, The Expansion of Elizabethan England. London 1955.

—, The England of Elizabeth I. The Structure of Society. London 1950.

Rowse, A. L./Harrison, G. B., Queen Elizabeth and her Subjects. (Repr.) Freeport, N.Y. 1970 ([1]London 1935).

Simon, J., Education and Society in Tudor England. Cambridge 1966.

Sitwell, D. E., Fanfare for Elizabeth. (Repr.) London 1962.

—, The Queen and the Hive. (Repr.) London 1962.

Smith, A. G. R., The Government of Elizabethan England. London 1967.

Smith, L. B., Zwielicht einer Zeitenwende. (The Elizabethan Epic). Übertr. v. L. Mickel. Stuttgart 1967.

Strachey, L., Elisabeth und Essex. Eine tragische Historie. Übers. u. Nachw. v. H. Reisinger. Zürich 1966. ([1]Berlin 1929). (Franz. Ausg. u.

d. T. Elisabeth et le Comte d'Essex. Histoire tragique. = Vies des hommes illustres. 41. Paris [11]1929).

Strong, R., Portraits of Queen Elizabeth I. Oxford 1963.

Strong, R./Oman, J. T., Elizabeth R. London 1971.

Tassi, M. L., Elisabetta I d'Inghilterra, la »vergine« dal pugno di ferro. Milano 1965.

Trimble, W. R., The Catholic Laity in Elizabethan England. Cambridge/ Mass. 1964.

Waldman, M., Elizabeth and Leicester. London 1944.

—, England's Elizabeth. Boston/New York 1933.

—, Queen Elizabeth I (= Makers of History). London 1966.

Wernham, R. B., Before the Armada: the Growth of English Foreign Policy 1485 — 1588. London 1966.

Williams, N., Elisabeth I. von England. Übertr. v. L. Mickel. Stuttgart 1969. (Engl. Ausg. u. d. T. The Life and Times of Elizabeth I. Introd. by A. Fraser. London 1972).

—, Elizabeth, Queen of England. London 1967.

—, All the Queen's Men. Elizabeth I and her Courtiers. London 1972.

Williams, P., Life in Tudor England. London 1964.

Williams, P. H., The Council in the Marches of Wales under Elizabeth I. Cardiff 1958.

Wilson, C. H., Queen Elizabeth and the Revolt of the Netherlands. London 1970.

Wilson, E. C., England's Eliza. (Repr.) (= Harvard Studies in English. 20). New York 1966. ([1]Cambridge, Mass. 1939).

Woodworth, A., Purveyance for the Royal Household in the Reign of Queen Elizabeth. (= Transactions of the American Philosophical Society N. S. 35,1). Philadelphia 1945.

Yates, F. A., Astraea. The Imperial Theme in the Sixteenth Century. London/Boston 1975.

Register

Abington (oder Habington), Edward 241

Alba, Don Fernando Alvarez de Toledo, Herzog von 140, 151, 156, 170, 173f., 308

Alba, Maria, Herzogin von 43

Albert, Kardinal, Erzherzog von Österreich 283

Alençon, François, Herzog von 167, 170f., 174, 176–191, 195, 228, 234, 255, 288, 303, 310

Allen, William, Kardinal 236, 269f., 274

Alleyn, Edward 221

Angoulême, Herzog von, Sohn Franz I. von Frankreich 14

Anjou, Herzog von, siehe Heinrich III. von Frankreich

Antonio, Don, Exkönig von Portugal 278

Arran, Graf von, siehe Hamilton

Arthur Tudor, Prinz von Wales 96

Arundel, Graf von, siehe Fitzalan

Arundel, Kate 176

Ascham, Roger 14, 20f., 46, 201, 203

Ashley, Sir Anthony 284

Ashley, John 14, 20–22

Ashley, Katherine, geb. Champernowne 14, 19–25, 39 45f., 53, 101, 119

Awdley, John 65

Aylmer, John, Bischof von London 21, 77, 227, 288

Babington, Anthony 232, 238–242, 244

Babington, Gervase, Bischof von Exeter, später von Worcester 86

Bacon, Francis 262, 290f., 296, 299, 305

Bacon, Sir Nicholas 92, 109, 159

Bagnal von Armagh, Sir Henry 295

Bailly, Charles 158

Ballard, John 239, 241

Balmain, Jean 15

Banister, Lawrence 158

Barker, Christopher 76

Beale, Robert 227, 250

Becket, Thomas 194, 248

Bedford, Graf von, siehe Russell

Bedingfield, Sir Henry 37–43, 138

Bendloes, Gerichtsherr 208

Bertie, Peregrine, Lord Willoughby de Eresby 259, 277, 291

Beton, John 135

Bill, Dr. (Kaplan Elisabeths) 25, 52

Blount, Charles, Lord Mountjoy 272, 275, 296, 298

Boleyn, Anna, Gemahlin Heinrichs VIII. 9, 11f., 15, 25, 31, 36, 38, 64, 71, 260, 310

Boleyn, George, Viscount de Rochfort 11

Bonner, Edmund, Bischof von London 41, 54, 67, 71, 84

Boris Godunow, Zar von Rußland 303

Bothwell, Graf von, siehe Hepburn

Bothwell, Lady 134

Bourne, John 34

Bowes, Sir George 149

Brandon, Charles, Herzog von Suffolk 18

Brandon, Eleanor, Gemahlin Henry Cliffords 18

Brandon, Frances, Gemahlin Henry Greys 18, 57

Bromley, Sir Thomas 245f., 248

Brooke, William, Lord Cobham 158f., 195

Brown, Richard 199f.

Bryan, Lady 11–13

Buckhurst, Lord, siehe Sackville

Bullinger, Henry 64

Burcot, Dr. William 107